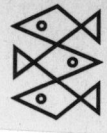

W0177841

In den letzten Jahren hat sich in der Säuglingsforschung eine geradezu revolutionäre Umwälzung vollzogen. Mit neuartigen Methoden und Fragestellungen sind Psychoanalytiker, Psychologen und Kinderpsychiater bei ihren Untersuchungen von Säuglingen zu erstaunlichen Ergebnissen gekommen. Wurde der Säugling früher als Wesen angesehen, das seinen körperlichen Bedürfnissen passiv ausgeliefert ist und die Welt und sich selbst nur unscharf wahrnimmt, so scheint heute klar, daß seine Fähigkeiten weit unterschätzt wurden. In den verschiedenen Kapiteln des Buches beschreibt der Autor die neueren Erkenntnisse über die Kompetenz von Säuglingen: Sie sehen, hören, riechen, fühlen und interagieren von Geburt an sehr viel mehr und sehr viel differenzierter, als bisher angenommen wurde. Die Bedeutung dieser Befunde für die psychoanalytische Theorie und Therapie wird ausführlich diskutiert. Der Autor plädiert für eine Intensivierung des interdisziplinären Dialogs zwischen der Psychoanalyse und den Nachbardisziplinen.

Martin Dornes, Dr. phil., Jg. 1950, Soziologe und Gruppenanalytiker, ist als Projektmitarbeiter und Dozent am Sigmund Freud-Institut in Frankfurt am Main tätig.

Martin Dornes

Der kompetente Säugling

Die präverbale Entwicklung
des Menschen

Fischer
Taschenbuch
Verlag

Einmalige Sonderausgabe
Veröffentlicht im Fischer Taschenbuch Verlag GmbH,
Frankfurt am Main, Januar 1993

© 1993 Fischer Taschenbuch Verlag GmbH, Frankfurt am Main
Alle Rechte vorbehalten
Umschlaggestaltung: Balk / Heinichen / Walch
Gesamtherstellung: Clausen & Bosse, Leck
Printed in Germany
ISBN 3-596-11533-7

Gedruckt auf chlor- und säurefreiem Papier

»Sie wissen, wir waren nie stolz auf die Vollständigkeit und Abgeschlossenheit unseres Wissens und Könnens; wir sind, wie früher so auch jetzt, immer bereit, die Unvollkommenheiten unserer Erkenntnis zuzugeben, Neues dazuzulernen und an unserem Vorgehen abzuändern, was sich durch Besseres ersetzen läßt.«
Sigmund Freud
Wege der psychoanalytischen Therapie (1919)

Inhalt

Danksagung

Das vorliegende Buch ist aus einer Reihe von Vorlesungen entstanden, die ich 1989 am Sigmund-Freud-Institut in Frankfurt am Main gehalten habe. Mein Dank gilt Sibylle Drews und Rolf Klüwer, die mich eingeladen und die Vorlesungen ermöglicht haben.

In den folgenden 1 ½ Jahren haben wir in einem Arbeitskreis, den ich mit Sybille Drews geleitet habe, über Psychoanalyse und Kleinkindforschung rege diskutiert, und ich danke den Teilnehmerinnen und Teilnehmern für viele Anregungen.

Katherine Stroczan, Birgit Diestel, Benjamin Bardé und Ludwig Dornes haben das ganze Manuskript gelesen und waren mit Verbesserungsvorschlägen behilflich; Marion Ebert-Saleh hat es mit Geduld und Geschick geschrieben.

Einleitung

Mit dieser Arbeit möchte ich zu einer empirisch angeleiteten, psychoanalytisch inspirierten Theorie der präverbalen Entwicklung beitragen. Die seelischen Prozesse und Gefühle dieser Zeit zu erhellen ist ein ebenso schwieriges wie reizvolles und lohnendes Unterfangen. Auch klinisch hat es an Reputation gewonnen, seit im Zuge des »widening scope« die frühen Störungen verstärkt diskutiert werden.

Die Erforschung der präverbalen Zeit ist mit den genuin psychoanalytischen Mitteln der freien Assoziation und der Übertragungsanalyse nur begrenzt möglich. Sie können zwar aufklären, wie die frühe Kindheit dem erwachsenen Patienten heute erscheint, aber die Frage, »wie es damals wirklich war«, ist damit nicht beantwortet. Die Geister scheiden sich an der Notwendigkeit und Möglichkeit der Beantwortung dieser Frage.

Unabhängig davon, wie die Antwort darauf im einzelnen ausfällt, halte ich eine stärkere Einbeziehung der Säuglingsdirektbeobachtung in die psychoanalytische Diskussion für wünschenswert. Dadurch wird sich die psychoanalytische Theorie in vielerlei Hinsicht verändern. Diese Änderungen sind mein Hauptthema. Sie ergeben sich, wenn wir akzeptieren, daß Rekonstruktionen aus psychoanalytischen Behandlungen nicht die einzige, ja nicht einmal die wichtigste Quelle von Theorien über die frühe Kindheitsentwicklung sein sollten.

Im *ersten* Kapitel wird diese Auffassung begründet. Die Direktbeobachtung der Säuglingsforschung und die psychoanalytische Rekonstruktion werden hinsichtlich ihrer methodischen Besonderheiten miteinander verglichen. Die Irrtumsanfälligkeit psychoanalytischer Rekonstruktionen – wenn es darum geht, entwicklungspsychologisch richtige und nicht nur klinisch nützliche Aussagen über die frühe Kindheit zu machen – wird herausgearbeitet. Ich plädiere dafür, Ergebnisse der Säuglings- und Kleinkindforschung bei der Theoriebildung über frühe Kindheitsentwicklung stärker mit heranzuziehen, als das bisher in der Psychoanalyse der Fall war.

Im *zweiten* Kapitel gebe ich einen kurzen Abriß dieser Forschung. Er dient als Hintergrund für eine Diskussion von Margaret Mahlers Theorie über Autismus und Symbiose im *dritten* Kapitel. Mahlers

Theorie erfreut sich breiter Akzeptanz und erhebt den Anspruch, aufgrund psychoanalytisch orientierter Direktbeobachtung zu ihren Aussagen gekommen zu sein. Es wird gezeigt, daß die zentralen Begriffe von Autismus und Symbiose, die den kindlichen Entwicklungsprozeß im ersten halben Lebensjahr beschreiben sollen, nicht mit den empirischen Befunden der neueren Säuglingsforschung in Einklang stehen und selbst kaum eine empirische Grundlage haben. Die Einbeziehung neuerer Forschungsresultate ergibt, daß der Säugling in den ersten sechs Monaten weder in seiner Wahrnehmungsorganisation noch in seinem Interaktionsverhalten und -erleben autistisch oder symbiotisch ist. Er ist vielmehr in allen Bereichen kompetent, aktiv und differenziert. Dieser Teil der Mahlerschen Theorie sollte deshalb aufgegeben werden.

Im *vierten* Kapitel stelle ich die Theorie des New Yorker Psychoanalytikers und Entwicklungspsychologen Daniel Stern vor. Sie wird meines Erachtens die Diskussion der nächsten zehn Jahre beherrschen, ähnlich wie Spitz und Mahler das in der Vergangenheit getan haben. Stern geht davon aus, daß die Entwicklung nicht von der Abhängigkeit zur Unabhängigkeit, von der Undifferenziertheit zur Differenzierung, von der Passivität zur Aktivität oder von Autismus / Symbiose zur Loslösung / Individuation führt, sondern daß Unabhängigkeit, Differenziertheit, Aktivität und Individuation von Geburt an in bemerkenswertem und bisher unterschätztem Umfang vorhanden sind. Der Säugling erlebt sich nicht als mit der Mutter verschmolzen, sondern als selbständig und gut abgegrenzt. Auf dieser Basis eines gut abgegrenzten Selbstempfindens sind Gemeinsamkeitserlebnisse mit dem anderen möglich und werden gesucht. Was die bisherigen Theorien Symbiose oder Verschmelzung nannten, wird neu konzipiert als Zustand, in dem das Subjekt mit dem Objekt etwas gemeinsam erlebt, nicht aber dabei mit ihm verschmilzt, sondern vermöge seiner perzeptuellen, kognitiven und affektiven Fähigkeiten das Gefühl eines abgegrenzten Selbst beibehält. Damit wird eine neue Theorie über das Verhältnis von Selbst und Objekt im ersten halben Jahr vorgeschlagen. Den Kapiteln drei und vier gemeinsam ist die Kritik der Vorstellung einer anfänglichen Undifferenziertheit von Selbst und Objekt.

Kapitel fünf und sechs verfolgen dieselbe Absicht im Hinblick auf die Affekte. Im *fünften* Kapitel beschreibe ich, daß die Affekte schon in den ersten Lebensmonaten äußerst differenziert sind. Fast alle in der Emotionsforschung als »basal« bekannten Affekte existieren bereits beim Säugling. Von undifferenzierten oder bloß in Lust–Unlust bzw.

gut–böse differenzierten Gefühlszuständen des Säuglings kann keine Rede sein. Der Säugling fühlt ebenso differenziert und reichhaltig, wie er wahrnimmt und interagiert. Im *sechsten* Kapitel werden die Konsequenzen dieser Sichtweise für die psychoanalytische Theorie der Affektentwicklung skizziert.

Das *siebte* Kapitel ist ein Zwischenspiel, das über das bisher im Mittelpunkt stehende erste halbe Jahr hinausführt und neuere Ergebnisse zur Affektkommunikation zwischen Mutter und Kind im zweiten Lebenshalbjahr vorstellt.

Im *achten* Kapitel werden einige Annahmen der Psychoanalyse über kognitive Aktivitäten des Säuglings rekapituliert und im Licht der Piagetschen Theorie betrachtet. Seine Sichtweise macht deutlich, daß fundamentale psychoanalytische Begriffe zu diesem Thema wie Primärprozeß, halluzinatorische Wunscherfüllung und die Entwicklung der Symbolbildung / Phantasie einer Umformulierung bedürfen, um mit dem Wissen von Piaget und anderen vereinbart werden zu können. Dabei geht es nicht, wie man vielleicht befürchten könnte, darum, die Psychoanalyse mit einer modischen Terminologie aufzuputzen, sondern es wird sich ein aufregendes Resultat ergeben: Wichtige psychoanalytische Theorieteile (wie z. B. der Wiederholungszwang) können durch Einbeziehung dieser Forschungsergebnisse besser formuliert werden als bisher. Der Grundgedanke des achten Kapitels ist, daß Säuglinge nicht symbolisch denken und daß die Eigenart ihres präsymbolischen Denkens die psychoanalytische Theorie vor wichtige Anpassungsaufgaben stellt. Während in den ersten sieben Kapiteln dargestellt wird, daß der Säugling mehr kann, als ihm die psychoanalytische Theorie zutraut, wird in diesem Kapitel gezeigt, daß er in einer wichtigen Hinsicht weniger kann: Er kann nicht phantasieren! Das ist eine weitreichende Behauptung und entsprechend hat mich dieses Kapitel die meiste Anstrengung gekostet. Ich habe versucht, ihre Spuren, so gut es ging, aus dem Text zu tilgen. Es bleibt jedoch ein gelegentlich fast unmögliches Unterfangen, sich mit den Mitteln des symbolischen Denkens die Eigentümlichkeiten des präsymbolischen zu vergegenwärtigen. Ich hoffe, es ist mir gelungen, meinen Ansatz verständlich darzustellen.

Im *neunten* Kapitel diskutiere ich den Beitrag der Psychoanalyse zur Säuglingsforschung. Ein zentraler Begriff der Psychoanalyse war schon immer der der Phantasie – der bewußten und der unbewußt gewordenen. Es ist zwar eher unwahrscheinlich, daß kleine Kinder bis 1 ½ Jahre Phantasien haben (s. Kap. 8), aber ihre Eltern haben welche. Ich befasse mich deshalb mit den Auswirkungen elterlicher Phantasien auf elterliches Interaktionsverhalten und versuche eine »Korrelation« zwischen Phantasie und Verhalten nachzuweisen. Die beobachtbaren Verhaltensweisen der Eltern sind ein wesentliches Medium, in dem sie ihre bewußten und unbewußten Phantasien ausdrücken und kommunizieren, und durch dieses Medium werden sie vom Säugling auch verstanden. Das Rätsel, wie schon Säuglinge die unbewußten Phantasien ihrer Eltern »verstehen« und darauf reagieren, z. B. mit Symptomen, soll so einer Aufklärung nähergebracht werden. Ich votiere für eine verstärkte Berücksichtigung der Phantasiedimension der frühen Interaktion, die in den bisherigen nichtpsychoanalytischen Interaktionsstudien vernachlässigt wurde. In der Berücksichtigung dieser Dimension sehe ich einen wesentlichen Beitrag der Psychoanalyse zur Säuglingsforschung.

Im *zehnten* und abschließenden Kapitel behandle ich den Nutzen, den die Säuglingsforschung für die psychoanalytische Therapie Erwachsener haben kann.

Die Kapitel zwei, vier und fünf sind überwiegend experimentalpsychologisch bzw. naturalistisch. Sie fordern vom psychoanalytischen Leser eine gewisse Ausdauer und die Bereitschaft, sich auf ungewohnte Methoden und Denkweisen einzulassen. Die anderen sieben Kapitel sind überwiegend psychoanalytisch.

Insgesamt gelange ich zu einer etwas optimistischeren Anthropologie als Freud und mache manche kritische Bemerkung zum Stand der psychoanalytischen Theorie. Das sollte nicht zu Mißverständnissen Anlaß geben. Der Psychoanalyse gilt meine ganze wissenschaftliche Liebe. Deshalb ist der Text zugleich eine Liebeserklärung an sie, auch und gerade wo er kritisch ist. Es geht mir nicht darum, den vielen, mehr oder weniger verdienstvollen Widerlegungen der Psychoanalyse eine weitere hinzuzufügen, sondern es geht um eine Reformulierung zum Zwecke ihrer Verbesserung und Erhaltung.

Meine grundlegende Überzeugung ist, daß sich die Psychoanalyse in den aktuellen Diskurs der Wissenschaften einmischen und sich von ihm berühren lassen muß. Ein »disziplinärer« Autismus wäre ebenso falsch, wie der entwicklungspsychologische es ist, und würde die Psychoanalyse zu der Sekte machen, für die andere sie schon lange halten. Daß sie an den Universitäten und besonders den psychologischen Fakultäten oft nicht auf Gegenliebe stößt – woran sie selbst nicht ganz schuldlos ist –, sollte sie nicht entmutigen, sondern anspornen. Wohin das führen kann, zeigt die Säuglingsforschung. Ein guter Teil der international führenden Forscher auf diesem Feld sind Psychoanalytiker. Sie gestalten das Gespräch ebenso mit, wie sie von ihm beeinflußt werden. Von welcher anderen Disziplin innerhalb der Psychoanalyse kann man das heute noch behaupten?

1. Braucht die Psychoanalyse eine direktbeobachtende Entwicklungspsychologie?

Historisches

Seit einiger Zeit gibt es einen Trend in der Entwicklungspsychologie, der auch unter Psychoanalytikern zunehmend Beachtung findet: die direkte Säuglings- und Kleinkindbeobachtung. Für das Interesse der Psychoanalyse an diesem Gebiet gibt es gute Gründe. Einer davon ist, daß sich die Psychoanalyse schon immer für die Kindheit interessiert und ihr eine überragende Bedeutung zuerkannt hat. Psychoanalyse ist essentiell Entwicklungspsychologie, und es gibt kaum eine psychoanalytische Teiltheorie (Neurosenlehre, Theorie der Technik usw.), die nicht zumindest implizit entwicklungspsychologische Annahmen enthält. Die genetische Betrachtungsweise, die seelische Erscheinungen unter dem Blickwinkel ihres Gewordenseins und ihrer späteren Transformationen im Lebenslauf betrachtet (Abrams 1977), wurde zwar erst von Rapaport und Gill (1959) in den metapsychologischen Korpus der psychoanalytischen Theorie aufgenommen; dennoch ist klar, daß auch Freud den genetischen Gesichtspunkt als für die Psychoanalyse wesentlich und unverzichtbar ansah. Er war stolz darauf, daß die Psychoanalyse als erste Psychologie mit der alten Weisheit, daß das Kind der Vater des Mannes sei, Ernst gemacht hat (Freud 1913 b, S. 411 f.).

Konsequenterweise verfügt die Psychoanalyse über eine reiche entwicklungspsychologische Tradition, auch und gerade was die direkte Beobachtung von Säuglingen und Kleinkindern angeht (Überblick bei Berna-Simons 1982; Tyson 1989). Diese war schon ziemlich früh, wenn auch nicht unumstritten, gewissermaßen das dritte Standbein der psychoanalytischen Entwicklungspsychologie, neben der Kinderanalyse und den Rekonstruktionen aus Erwachsenenanalysen. Besondere Hervorhebung verdient Bernfelds große Monographie über die »Psychologie des Säuglings« (1925). Obwohl Bernfeld selbst keine kleinen Kinder beobachtet hat, hat er in einem wahrhaft enzyklopädischen Versuch das gesamte damalige Wissen über die Säuglings- und Kleinkindentwicklung gesammelt und mit psychoanalytischen Hypothesen zu diesem Thema verglichen. In diesem Sinne ist er der Urvater einer systematischen psychoanalytischen Beschäftigung mit dem Säugling. Ab Anfang der 40er Jahre haben dann – auch mit eigenen Untersuchungen – Margaret Fries, René Spitz, Margaret Mahler, Ernst Kris u. a. das Feld der Direktbeobachtung bearbeitet, und in Gestalt des viel zuwenig bekannten Peter Wolff (1959, 1966) verfügt die Psychoanalyse über einen großen Pionier der Beobachtung von Neugeborenen aus der Zeit, als der »Boom« begann (Anfang der 60er Jahre).

Auf den »Schultern dieser Riesen« können die heutigen psychoanalytischen Säuglingsforscher aufbauen. Ein Vermächtnis dieser Tradition besteht darin, daß die Trennung zwischen psychoanalytischer und akademischer Entwicklungspsychologie nicht ganz so groß und der Graben nicht ganz so tief ist wie auf anderen Gebieten, z. B. der Gedächtnis- oder der Wahrnehmungspsychologie. Dadurch ist ein Minimum an interdisziplinärer Dialogfähigkeit geschaffen und bewahrt worden, das sich in Zukunft als ein Pfund erweisen wird, mit dem die Psychoanalyse kräftig wuchern kann – wenn sie will, und sie sollte wollen (s. a. Leichtman 1990).

Eine neue Sicht des Säuglings

Trotz dieser beeindruckenden Tradition ist der Säugling in der psychoanalytischen Theorie bis in die jüngste Zeit hinein nicht gut genug verstanden worden. Überwiegend wurde von ihm das Bild eines passiven, undifferenzierten und seinen Trieben ausgelieferten Wesens gezeichnet, das in einem langen und dramatischen Kampf die Schrecken dieser Zeit der Hilflosigkeit und Abhängigkeit bewältigen muß. Obwohl diese Sichtweise ihre Berechtigung hat, ist sie einseitig und gibt *einen* Teil der Säuglingserfahrung als ihr Ganzes aus. Deshalb ist es angebracht, einen neuen Blick auf den Säugling zu werfen. Das Ergebnis dieses Perspektivenwechsels ist eine veränderte Sicht der ersten 1 ½ Lebensjahre mit beträchtlichen Konsequenzen für die psychoanalytische Theorie. Der Säugling erscheint nun als aktiv, differenziert und beziehungsfähig, als Wesen mit Fähigkeiten und Gefühlen, die weit über das hinausgehen, was die Psychoanalyse bis vor kurzem für möglich und wichtig gehalten hat.

Als Kurzcharakterisierung für diese neue Sicht hat sich die Rede vom »kompetenten Säugling« (Stone et al. 1973) eingebürgert. In ihr kommt die Überzeugung zum Ausdruck, daß der Säugling nicht in einer »blooming buzzing confusion« (William James) lebt, sondern daß er, vermöge seiner noch zu schildernden Fähigkeiten, die Welt und sich selbst von Anfang an eher als geordnet denn als Chaos empfindet. Ab Anfang der 80er Jahre haben Psychoanalytiker mit einer systematischen Rezeption dieser Ergebnisse begonnen (Emde/Robinson 1979; Sander 1980; Dowling 1981; Lichtenberg 1981, 1982, 1983; Esman 1983).

Rekonstruktion versus Direktbeobachtung

Warum hat die psychoanalytische Theorie so lange am Bild des passiven, hilflosen und undifferenzierten Säuglings festgehalten? Dafür gibt es verschiedene Gründe.

Eine Besonderheit der entwicklungspsychologischen Dimension vieler psychoanalytischer Begriffe ist es, daß sie vorwiegend auf rekonstruktivem Wege gewonnen wurden. Freud hat nach Begründung der Psychoanalyse keine kleinen Kinder mehr beobachtet, jedenfalls nicht systematisch, sondern eher zufällig.* Die prominenteste seiner Kinderbeobachtungen findet sich in »Jenseits des Lustprinzips« (Freud 1920b), wo er das Garnrollenspiel seines eineinhalbjährigen Neffen Ernst schildert, mit dessen Hilfe dieser das Verlassenwerden durch die Mutter bewältigt. Dieser Neffe hat übrigens später selbst einige bedeutende Beiträge zur psychoanalytischen Säuglingsforschung geleistet (W. E. Freud 1967, 1971, 1975).

In erster Linie hat Freud jedoch erwachsene Patienten behandelt und in ihren und seinen eigenen Assoziationen, Träumen und Symptomen Spuren kindlicher Sexualwünsche entdeckt. Die Entdeckung der infantilen Sexualität war im wesentlichen ein Resultat seiner Selbstanalyse, auch wenn eingeräumt werden muß, daß die Sexualforschung seiner Zeit sich dieses Themas ebenfalls annahm und Freud, was die Entdeckung der infantilen Sexualität angeht, nicht ganz so einsam dastand, wie die psychoanalytische Geschichtsschreibung behauptet (Sulloway 1979). Die Aufdeckung infantiler Wünsche durch die Analyse von Symptomen, Träumen und Assoziationen gerät indessen an eine Grenze, wenn man die ersten 1 ½ Lebensjahre zum Gegenstand der Aufmerksamkeit macht. Diese präverbale und präsymbolische Zeit ist auf der Couch über den Prozeß der verbalen Assoziation und symbolischen Kommunikation nur beschränkt zugänglich.

* In seiner Zeit als Kinderneurologe am Kassowitz-Institut (ca. 1866–1889) hat er allerdings viele Kinder gesehen und war ein hervorragender Beobachter, wovon seine verschiedenen Publikationen über die kindlichen Lähmungserscheinungen Zeugnis ablegen (Jones 1953, S. 253ff.; Novick 1989)

»Ein nicht unbeträchtlicher Teil psychoanalytischer Theoreme bezieht sich auf einen Zeitraum, auf den die psychoanalytische Methode der freien Assoziation nicht angewendet werden kann, da es noch keine verbale Kommunikation gibt und Erinnerungen an die präverbale Zeit nicht auftauchen oder unzuverlässig sind« (Spitz 1950, S. 66 f.; s. a. Hartmann, 1950, S. 109).*

Die relative Unzugänglichkeit der ersten 1 ½ Lebensjahre gegenüber rekonstruktiven Bemühungen war ein Grund für die Einbeziehung von Direktbeobachtungsmethoden und ein Grund für Freud, seinen Schülern und Freunden dazu zu raten (Freud 1909 a, S. 13 f.).

Trotz dieser Einbeziehung, besonders deutlich bei Spitz und Mahler, haben diese Theoretiker, so wertvoll ihre Beiträge waren, im wesentlichen die Sicht des passiven, undifferenzierten Säuglings beibehalten. Spitz (1955, 1965 a) spricht von einer Phase der Nicht-Differenziertheit des Säuglings und bezweifelt, daß der Säugling in den ersten drei Monaten zu bedeutsamen visuellen Sinneswahrnehmungen fähig ist. Er behauptet, die Distanzwahrnehmung beginne erst mit drei Monaten. Vor dieser Zeit sei der Säugling hauptsächlich mit der Wahrnehmung innerer Zustände beschäftigt. Das affektive Spektrum beschränke sich auf die Erfahrung von Unlust und Ruhe, später Unlust und Lust. Mahler (1974) und Mahler et al. (1975) bezeichnen das Neugeborene als autistisch, ab vier bis sechs Wochen als symbiotisch. Es könne innere von äußeren Reizen nicht unterscheiden, interessiere sich auch zunächst nicht für äußere, verfüge über keine getrennte Wahrnehmung von sich und seiner Mutter u. ä. m.

Die Analyse von Mahlers Theorie des ersten Lebenshalbjahres, die ich im dritten Kapitel vornehme, zeigt, daß solche Beschreibungen weniger aus genauer Beobachtung des Säuglings resultieren, sondern eher Schlußfolgerungen sind, die aus der psychoanalytischen Theorie, insbesondere der Metapsychologie, extrapoliert werden. Die Theorie der Reizschranke, der halluzinatorischen Wunscherfüllung, des Lust-Unlust-Prinzips und des primären Narzißmus etwa sind die Hauptinformationsquellen, die festlegen, wie die Wahrnehmungs- und Erlebniswelt des Säuglings *diesen Theorien zufolge* beschaffen sein muß. Thomä/Kächele (1985, S. 48) haben das als »theoretikomorphen Mythos« bezeichnet. Der Säugling ist so, wie die Theorie über ihn es vorschreibt. Mahler et al. (1975, S. 57) haben übrigens einge-

---

* Die Übersetzung aller englischsprachigen Zitate stammt von mir.

räumt, die ersten fünf Monate weniger beobachtet als erschlossen zu haben.

Was Spitz angeht, so kann man zu seinen Gunsten geltend machen, daß zu seiner Zeit das differenzierte Beobachtungsinstrumentarium unserer Tage noch nicht zur Verfügung stand und sein Hauptwerk (1965 a) publiziert wurde, als die Säuglingsforschung gerade begann. Auch bei ihm ist aber eine Neigung unverkennbar, der Theorie widersprechende Beobachtungsdaten mit Hilfe metapsychologischer oder semantischer Bemühungen zu neutralisieren, wie seine Diskussion der Untersuchungen von Fantz über die visuelle Wahrnehmung von Neugeborenen, die damals (1961) revolutionär waren, zeigt (s. Spitz 1965 a, S. 75 ff.).

Zusammenfassend kann man festhalten, daß die Schwerzugänglichkeit der Säuglingserfahrung auf rekonstruktivem Weg, die Voreingenommenheit durch metapsychologische Konstrukte und die unzureichenden Beobachtungsmethoden wesentliche Gründe für das Festhalten am traditionellen Bild des Säuglings waren.

Probleme einer rekonstruktiven Entwicklungspsychologie

Die schon angedeutete Besonderheit eines Teils psychoanalytisch-entwicklungspsychologischer Aussagen – ihre rekonstruktive, vom Erwachsenenalter auf die Kindheit schlußfolgernde Vorgehensweise – verdient besondere Beachtung. Eine ihrer großen Chancen ist, daß so die Entwicklungspsychologie für die klinische Arbeit mit Erwachsenen fruchtbar gemacht werden kann. Sie birgt aber auch Gefahren. Peterfreund (1978) hat mit Nachdruck auf einige aufmerksam gemacht.

Neben dem schon erwähnten theoretikomorphen Mythos nennt er als zentrale Probleme der rekonstruktiven Methode den Adultomorphismus und den Pathomorphismus.

Adultomorphismus meint, daß der Säugling in Kategorien des Erwachsenen beschrieben wird. So etwa, wenn gesagt wird, er habe eine undifferenzierte Wahrnehmung. Die hat er vielleicht im Vergleich zum Erwachsenen, aber es darf bezweifelt werden, ob man der Realität der Säuglingswahrnehmung gerecht wird, wenn man sie an Erwachsenenmaßstäben mißt. Genauere Untersuchungen haben neuerdings eine erstaunliche Präzision der Wahrnehmungsfähigkeit des Säuglings nachgewiesen (s. Kap. 2). Der adultomorphe Mythos birgt weiter die Gefahr, die Phantasien älterer Kinder oder die von Erwachsenen zurückzuprojizieren und zu behaupten, so oder so ähnlich seien die Phantasien kleiner und kleinster Kinder. Die Vorstellung einer infantilen Omnipotenz und einer halluzinatorischen Wunscherfüllung bei Säuglingen ist ein typisches Produkt des Adultomorphismus (s. Kap. 8).

Theoretikomorpher und adultomorpher Mythos gehen oft Hand in Hand mit einem dritten, dem pathomorphen Mythos. Der normale Säugling wird dabei in Begriffen aus der Erwachsenenpathologie beschrieben, etwa wenn man die erste normale Entwicklungsphase des Säuglings autistisch nennt. Als Vorbild dient hier der erwachsene Autist. Er schließt sich von seiner Reizumwelt ab. Beim Neugeborenen soll es wegen der Reizschranke genauso sein. Also spricht man von einer Phase des normalen Autismus. Mit gleichem Recht könnte man folgende Behauptung aufstellen: Die Motorik des Erwachsenen mit einer cerebralen Paralyse ist unsicher. Die Motorik des Säuglings in einer bestimmten Entwicklungsphase auch. Deshalb bezeichnen wir diese Phase als die »normal cerebralparalytische Entwicklungsphase« des Kleinkindes (Mi. Klein 1981, S. 73). Diese nur wenig übertriebene Analogie macht deutlich, wie beliebig und unergiebig ein solches Verfahren ist.

Psychoanalyse und Direktbeobachtung: vereinbar oder nicht?

Empathie

Aus psychoanalytischer Sicht hat auch die Methode der direkten Beobachtung ihre Probleme. Es ist verschiedentlich geltend gemacht worden (z. B. von Kohut 1971, S. 251), daß die dabei verwendeten Verfahrensweisen mit denen der Psychoanalyse inkompatibel seien. Die Psychoanalyse kommt zu ihren Daten und Schlußfolgerungen auf dem Wege der Introspektion und Empathie. Mit ihrer Hilfe versetzt sich der Analytiker in den Patienten und versucht, die Welt mit seinen Augen zu sehen. Die Direktbeobachtung betrachtet das Subjekt »von außen«, nicht von innen, und deshalb kann sie zwar Verhalten dingfest machen, nicht aber die Gefühlsqualität erfassen, die dieses Verhalten begleitet oder ihm zugrunde liegt. Ähnlich ist es *eine* Sache, die aktuelle Interaktion von Mutter und Kind zu beobachten, aber eine *andere*, zu verstehen, wie das Kind die mütterliche Pflegehandlungen erlebt.

Ich denke, daß mit diesem Argument zweifellos vorhandene Unterschiede beider Verfahrensweisen übertrieben werden. Kohut übersieht, daß auch Direktbeobachtung durchaus empathisch verfahren kann. »Die empathische Beobachtungsweise ist in der Behandlung ebenso anwendbar wie in formaleren Forschungssettings...« (Cohler 1980, S. 83; ähnlich Stechler 1983, S. 44f.). Bestimmte Experimente und Beobachtungen wären gar nicht möglich, wenn nicht auch die Direktbeobachter äußerst sensibel auf den Zustand des Kleinkindes eingestimmt wären. Der wesentliche Unterschied zwischen beiden Methoden ist also nicht der, daß im einen Fall Empathie mobilisiert wird und im anderen nicht, sondern er liegt eher darin, daß der Analytiker teilnehmender Beobachter ist, d. h. die Übertragung empathisch begleitet *und* aktiv interveniert, während der Direktbeobachter sich des zweiten Schrittes in der Regel enthält (s. Loewald 1984, S. 169f.).

Verhalten und Erleben

Es ist allerdings ein Unterschied, ob man die aktuelle Interaktion von Mutter und Kind beobachtet und beschreibt oder ob man eine Aussage darüber machen möchte, wie das Kind diese Interaktion erlebt. In anderen Worten: Verhalten und Erleben sind zweierlei. Verhalten ist oft trügerisch und das Erleben vielleicht ein ganz anderes (Stork 1986, S. 49). Die Verschiedenheit von Verhalten und Erleben ist klinisch gut begründbar. Um nur ein Beispiel zu geben: Intrapsychisch hohe Aggressionsspannung kann mit bemerkenswert unaggressivem Verhalten einhergehen. Ich denke, daß dies beim Erwachsenen und auch beim älteren Kind in der Tat der Fall sein kann,* nicht aber beim Säugling oder Kleinkind! Bei ihm sind Körper und Psyche noch so eng verbunden, daß die Empfindungen und das Erleben sich direkt im Verhalten ausdrücken. Der Affektausdruck ist noch nicht sozialisiert, Gefühle können noch nicht verborgen oder verdrängt werden, und deshalb sind Gefühlsausdrücke, Körpermotorik und andere Verhaltensmanifestationen die besten und zuverlässigsten Auskunftgeber für das Vorhandensein oder Nicht-Vorhandensein bestimmter Gefühle. Diese Auffassung kann bestärkt werden durch Verweis auf die direktbeobachtende Säuglingsaffektforschung, der es gelungen ist, einiges Licht in das Dunkel des frühesten kindlichen Gefühlslebens zu bringen (s. Kap. 5).

---

* Wenn auch in geringerem Umfang, als gemeinhin angenommen wird. Weitere Ausführungen dazu in Kap. 6 und 9.

Ein dritter Unterschied beider Disziplinen scheint substantieller zu sein als die beiden bisher genannten. Er besteht darin, daß sich die Psychoanalyse mit Pathologie, die Säuglingsforschung mit Normalität beschäftigt. Die Psychoanalyse vertritt die Auffassung, daß Pathologie und Normalität nur gradweise voneinander unterschieden sind und daß die Pathologie oft nur eine besondere Ausprägung allgemeiner und normaler Eigenschaften ist. Verdrängung, Fixierung und Regression sind allgemein menschliche Phänomene, und bestimmte quantitative Faktoren entscheiden, ob ihr Gebrauch zu Symptomen führt oder nicht. Gerade die übertriebene Ausprägung dieser Vorgänge beim Prozeß der Symptombildung macht sie dort besonders deutlich sichtbar, während sie im Normalfall eher unauffällig und damit unzugänglicher sind.

Die Säuglingsforschung hingegen macht die Normalität, z. B. die normale Interaktion von Mutter und Kind, zu einem ihrer Hauptuntersuchungsgegenstände und behauptet erstens, daß das Studium der Pathologie oft keine gute Auskunft über den Normalfall gibt, sondern eher zu pathomorphen Verzerrungen unserer Vorstellung von Normalität führt.* Sie behauptet zweitens, daß man in Umkehrung der psychoanalytischen Vorgehensweise aus der Normalität viel für die Pathologie lernen kann (Bruner / Sherwood 1983, S. 40; Stern 1983, S. 81). Das genaue Studium der normalen Interaktion gibt Hinweise auf Kräfte und Fähigkeiten, die am Werk sind, um einen guten Ausgang zu produzieren; das Fehlen einiger davon könnte verantwortlich sein für einen weniger guten Ausgang, und so schärft eine gute Kenntnis der Normalitätsfaktoren den Blick für eventuelle Mängel oder das Fehlen dieser Faktoren in Fällen mit schlechtem Ausgang.

Ich denke, daß beide Auffassungen begründet werden können und beide bestimmte Vor- und Nachteile haben (Greenspan / Porges 1984). Diese können am ehesten vermieden werden, wenn beide Vorgehensweisen miteinander kombiniert und sowohl die pathologische als auch die normale Entwicklung studiert werden. Unter wissenschaftstheoretischen Gesichtspunkten handelt es sich bei der bevorzugten Wahl eines Ansatzes um eine Entscheidung, die »vor aller empirischen Arbeit getroffen wird und letztlich nur im Hinblick auf die Fruchtbarkeit der Ergebnisse legitimiert werden kann« (Garz 1989, S. 11). Da beide Verfahrensweisen fruchtbar sind, sollten beide Berücksichtigung finden.

* Stichwort: »Psychotischer Kern« des Menschen.

Anpassung und Konflikt

Ähnliches gilt für einen vierten und letzten Unterschied beider Disziplinen. Während die Psychoanalyse sich auf den Konflikt und seine möglichen pathogenen Konsequenzen konzentriert, betrachten die Säuglingsforscher vor allem die adaptiven Potentiale des Subjekts, die wechselseitige Regulierung der Interaktion, ihr Zusammenpassen, fast könnte man sagen, ihre Harmonie. Sie studieren die integrativen Prozesse, die Psychoanalyse die disruptiven. Diese Bemerkung bedarf einer Einschränkung. Disruptiv ist ja nur der *pathogene* Konflikt. Es gibt aber auch Konflikte ohne pathogenen Ausgang, und diese Konflikte und ihre Lösungen sind es, die in der psychoanalytischen Theorie den Stoff für die normale Entwicklung abgeben (Brenner 1972, Kap. 9). Dennoch bleibt wahr, daß Wachstum und Entwicklung in der Psychoanalyse unter dem Gesichtspunkt des Gegeneinanders, des Zusammenstoßes von Kräften betrachtet werden. In der Säuglingsforschung wird mehr betont, daß Wachstum und Entwicklung aus einem Zusammenspiel von Kräften resultieren.

Auch in diesem Punkt bin ich, ähnlich wie im vorigen Abschnitt, der Meinung, daß sich die unterschiedlichen Betrachtungsweisen eher ergänzen als einander ausschließen. Beide akzentuieren unterschiedliche Aspekte des Entwicklungsprozesses, aber deren Verwandtschaft wird deutlich, wenn man sich in Erinnerung ruft, daß auch die Psychoanalyse – etwa im Begriff der synthetischen Funktion des Ich (Nunberg 1930) oder der Psyche (Glover 1943) – die Existenz und Notwendigkeit integrativer Prozesse von Lebensanfang an betont. Integration und Adaption einerseits, Pathologie und Konflikt andererseits sind zwei Seiten derselben Medaille, und man kann die Pathogenese sowohl unter dem Gesichtspunkt gegensätzlicher Kräfte (klassische Psychoanalyse) als auch unter dem eines Mangels an integrativen Kräften (Selbstpsychologie, Säuglingsforschung) betrachten (s. a. Sander 1983 a,b).

Das rekonstruierte und das reale Kind

Die Bemühungen um Integration oder zumindest wechselseitige Befruchtung beider Disziplinen sind unter Psychoanalytikern nicht überall auf Zustimmung gestoßen. Es ist geltend gemacht worden, daß die psychoanalytische Entwicklungspsychologie nicht darstellt, wie die Kindheitsentwicklung tatsächlich verläuft, sondern nur die Berichte und Erzählungen von Patienten über ihre Kindheit wiedergibt. Nicht wie es damals wirklich gewesen ist, sondern wie das damals Gewesene dem Patienten heute erscheint – mit allen Erinnerungstäuschungen, Verzerrungen und Lücken – ist der eigentliche Gegenstand der psychoanalytischen Entwicklungspsychologie, die also eine »transformierte Entwicklungspsychologie« ist (Herzog 1986, S. 381). Als solche ist sie eine Sammlung subjektiv wahrer Geschichten, und eine Überprüfung oder Objektivierung ihres Wahrheitsgehalts ist entbehrlich.

Psychoanalytische Entwicklungspsychologie ist, so könnte man pointiert sagen, keine Theorie, die entwicklungspsychologisch richtige Aussagen anstrebt, sondern eine Mythologie oder, wie ein Vertreter dieser Richtung es ausdrückt, eine »Theorie der Kindheit als konstruierter Mythen« (Tress 1985, S. 407). Das reale und das rekonstruierte Kind fallen damit vollständig auseinander. Einzig mit dem rekonstruierten Kind soll es die Psychoanalyse zu tun haben. Sie kann dann keinesfalls »aufgrund ihrer Erfahrungen aus Behandlungen Erwachsener den rechtmäßigen Anspruch erheben, sie habe überprüfbare Befunde zur kindlichen Entwicklung vorzuweisen« (Tress 1987, S. 144). Das will sie auch gar nicht, und das ist auch kein Nachteil, sondern ein Vorteil, denn dadurch werden die Berichte der Patienten über ihre Kindheitserlebnisse in ihrer psychischen Realität erst richtig ernst genommen und nicht mit einer möglicherweise davon abweichenden tatsächlichen Realität äußerlich verglichen oder konfrontiert. Eine solche Konfrontation ist entbehrlich, weil die Wahrheit einer Rekonstruktion nicht in ihrer Übereinstimmung mit vergangenen, vielleicht gar nicht mehr erinnerbaren oder sonstwie zugänglichen Tatsachen besteht, sondern darin, daß sie zu klinischer Besserung führt.

Deutung und Rekonstruktion* sind wahr, wenn sie therapeutisch effektiv sind, und mehr sollte von ihnen nicht verlangt werden. Gelegentlich wird hinzugefügt, daß auch noch andere Kriterien relevant sind, z. B. Konsistenz, Kohärenz und Ästhetik einer Deutung, und zur Abwehr des Suggestionsvorwurfs wird auf die intersubjektive (konsensuelle) Validierungsmöglichkeit von Deutungen verwiesen (Loch 1976; Spence 1982; Schafer 1983, Kap. 11–15). Aber zentral bleibt die Auffassung, daß es keine relevante Hinsicht geben kann, in der eine Deutung falsch ist, wenn sie, vom Patienten angeeignet, diesem ein kreatives und symptomfreies Leben ermöglicht (Tress 1985, S. 392). Ja, man

---

* Diese Begriffe sind zwar nicht deckungsgleich (s. Freud 1937b, S. 398), aber eine genauere Differenzierung ist hier entbehrlich.

kann sogar sagen, daß die Deutung erst den Sinn und die Realität *schafft*, auf die sie sich dann bezieht (Loch/Jappe 1974).

Deutung und Rekonstruktion/Konstruktion stellen eine Verbindung von gegenwärtigen Assoziationen und Symptomen mit Erlebnissen oder Ereignissen der Vergangenheit her, die subjektiv sinnvoll ist, ohne daß damit der Anspruch erhoben würde, einen kausal wirksamen Zusammenhang zwischen beiden gefunden zu haben. Retrospektiv sind alle möglichen Zusammenhänge sinnvoll, ohne daß der hergestellte Zusammenhang einen damals vorhandenen kausalen oder realen Zusammenhang der jetzt miteinander verknüpften Elemente abbilden muß. Ein imaginärer Direktbeobachter der Vergangenheit würde eventuell zu ganz anderen Ergebnissen hinsichtlich der krankheitsrelevanten Ursachen gelangen als der Rekonstrukteur. »Indem wir unsere Übertragungsdeutungen formulieren, konstruieren wir die genetische Geschichte, aber wir rekonstruieren nicht die Entwicklungsgeschichte im engeren Sinn« (Loch 1976, S. 886). Deshalb ist es für diese Konzeption »von nachgeordneter Bedeutung« ob der »entwicklungspsychologische Entwurf der Psychoanalyse von der empirischen Entwicklungspsychologie bestätigt wird oder nicht…« (Tress 1986b, S. 126). Die Empfehlung, psychoanalytische Konzepte sollten »nicht gegen unser sonstiges Wissen vom Menschen und der Welt verstoßen« und die Psychoanalyse sei deshalb »gehalten, sich mit den übrigen Disziplinen abzustimmen« (Tress 1987, S. 145), ist begrüßenswert, aber aus der Logik dieser Argumentation meines Erachtens nicht mehr recht begründbar.

Die geschilderte Auffassung, von der es viele Nuancen gibt, hat durchaus ihre Stärken und ich bin beeindruckt von der intellektuellen Brillanz ihrer Vertreter. Sie hat aber auch Schwächen.[1] Eine ihrer entscheidendsten ist die, daß die psychoanalytische Entwicklungspsychologie damit vollständig »klinifiziert« wird. Ihre Aussagen werden nur noch an ihrer klinischen Nützlichkeit gemessen, nicht aber an ihrer inhaltlichen Richtigkeit, wobei unterstellt, aber nicht bewiesen wird, daß Nützlichkeit und entwicklungspsychologische Richtigkeit vollständig auseinanderfallen können. Dies bedeutet, daß die psychoanalytische Entwicklungspsychologie auf die Geltendmachung eines entwicklungspsychologischen Wahrheitsanspruchs verzichtet, daß sie also keine entwicklungspsychologisch richtigen Aussagen mehr machen will, sondern nur noch klinisch nützliche. Die Konsequenz ist, daß die Psychoanalyse konkurrierende entwicklungspsychologische Theorien gar nicht mehr zur Kenntnis nehmen muß und daß auch über die diversen, miteinander konkurrierenden psychoanalytischen Entwicklungspsychologien nicht mehr entschieden werden kann. Sofern sie alle therapeutisch effektiv sind, sind sie alle wahr.

Ich kann mich dieser partiellen Selbstkastration der psychoanalytischen Entwicklungspsychologie nicht anschließen. Sie hätte beträchtliche – wie ich glaube fatale – wissenschaftspolitische Konsequenzen, weil sie die Psychoanalyse von den Nachbardisziplinen weiter isolieren würde, statt den dringend notwendigen Dialog mit ihnen zu fördern. Fast habe ich den Verdacht, solche Auffassungen gedeihen hauptsächlich in den Köpfen von männlichen Erwachsenenanalytikern, die aus vielfältigen Gründen den Kontakt mit dem realen Kind scheuen und sich statt dessen lieber mit dem rekonstruierten Kind beschäftigen (A. Freud 1970, S. 2560; Wallerstein 1976, S. 204 f.).

Würde man tatsächlich die Reichweite der psychoanalytischen Entwicklungspsychologie auf rekonstruktiv gewonnene Aussagen einschränken, so wüßte man beschämend wenig über die frühe Kindheit, weil auf der Couch über den Prozeß der verbalen Assoziation die präverbale Zeit nur sehr eingeschränkt zugänglich ist. Aus der Analyse erwachsener Patienten könnte man nicht einmal so einfache, aber auch für die Psychoanalyse wichtige Fragen beantworten wie die, ob und was der Säugling sieht, riecht, hört, schmeckt, fühlt und empfindet, sondern nur schildern, was Patienten *glauben*, was sie als Säuglinge gesehen, gefühlt und erlebt haben. Auch das ist sicher wichtig, aber als alleinige oder Hauptinformationsquelle unzureichend. Auch Freud (1909b, S. 293) war der Auffassung, es sei nicht der ideale Zustand, wenn die psychoanalytische Kinderforschung sich von den bei Erwachsenen gewonnenen Erfahrungen beherrschen lasse. Das nur rekonstruierte Kind wäre ein

»mythisches Kind, das wir in jeder Sitzung unbekümmert um die lebensgeschichtliche Spur, die es geprägt hat, erschaffen – also eine Illusion eines Kindes, das, je nachdem, wie der Wind des Zufalls in der Kur weht, durch eine andere Illusion ersetzt werden kann« (Cramer 1984, S. 175).

Im Grunde wird ein Plädoyer für eine rein rekonstruktiv verfahrende psychoanalytische Entwicklungspsychologie auch deren Realität nicht gerecht. Keine ihrer großen Vertreter (Spitz, Mahler, Bowlby, Anna Freud, Winnicott, Klein) verfährt rein rekonstruktiv, sondern alle benützen, wenn auch in unterschiedlichem Maße, direkte Beobachtung an kleinen Kindern; *und alle* – auch die Kleinianer (z. B. Segal 1982, S. 206) – *erheben mit ihren Formulierungen implizit oder explizit den Anspruch, zutreffende Aussagen über die tatsächliche kindliche Erlebniswelt und Entwicklung zu machen und nicht nur Berichte von Erwachsenen über ihre Kindheit – wenn auch in theoretisch abstrahierter Form – nachzuerzählen.*

Es mag sein, daß es sich bei diesen Nacherzählungen um kreative Mythen oder Fiktionen über die Ursprünge menschlichen Lebens und Leidens handelt; daß auch der Mythos Wahrheiten birgt, soll gar nicht bestritten werden. Aber niemals sollte ausschließlich auf solche Mythen eine Theorie der kindlichen Entwicklung aufgebaut werden (s. Rubinfine 1981, S. 394). Eine solche Theorie ist indessen unerläßlich für die Psychoanalyse als Wissenschaft, auch wenn sie *vielleicht* entbehrlich ist für die Psychoanalyse als Behandlungsmethode.[*] Als Wissenschaft und psychologische Theorie jedoch sollte sie sich keinesfalls auf das beschränken, was durch Verwendung der psychoanalytischen Methode zugänglich ist (s. Hartmann 1950; Eagle 1984 a, Kap. 14). Kernberg widerspricht mit Recht der unter Psychoanalytikern weitverbreiteten »Neigung, Einwände gegen Beobachtungen geltend zu machen, die aus anderen als dem traditionellen psychoanalytischen Setting stammen«. Er bekräftigt, »daß Säuglingsbeobachtungen Daten liefern, die genauso akzeptabel sind wie jene, die von der Couch stammen« (zit. nach Lester 1982, S. 210 f.). Stoller (1985, S. 7) geht sogar noch einen Schritt weiter:

»Obwohl die Analyse der Übertragung eine feine Datenquelle dafür ist, wie der Patient die Kindheit erlebte, sollte man das nicht mit dem verwechseln, was tatsächlich passierte. Um letzterem näherzukommen, müssen wir auch herausfinden, was die Eltern getan und gefühlt haben. Für mich ist die genaue und kontrollierte Beobachtung von Kindern ein großer Fortschritt, der die Psychoanalyse in Richtung auf die Wissenschaft, die sie zu sein beansprucht, voranbringen kann.«[2]

---

[*] In Kap. 10 werde ich zeigen, daß auch die klinische Psychoanalyse von einer Einbeziehung der Ergebnisse der Säuglingsforschung profitieren kann.

Resümee

Aus den verschiedenen genannten Gründen ist eine Einbeziehung der Ergebnisse der direktbeobachtenden Säuglingsforschung in den Korpus der psychoanalytischen Theorie trotz der zum Teil unterschiedlichen Methodologien beider Disziplinen möglich und wünschenswert. Sie ist sogar unerläßlich für eine psychoanalytisch inspirierte Entwicklungspsychologie der frühen Lebensjahre, die den Anspruch aufrechterhält, zutreffende Aussagen über die tatsächliche Kindheitsentwicklung zu formulieren. Damit befinde ich mich in guter Übereinstimmung mit Freud, der nie, oder nur selten, Zweifel am Wert von Beobachtungsdaten gehabt hat (s. auch Kris 1950, S. 73 f.). Zum Abschluß zwei entsprechende Zitate:

»Verstünden es die Menschen, aus der direkten Beobachtung der Kinder zu lernen, so hätten diese drei Abhandlungen überhaupt ungeschrieben bleiben können« (Freud 1920 a, S. 46).

Und:

»Die Kindsheitsbeobachtung hat den Nachteil, daß sie leicht mißzuverstehende Objekte bearbeitet, die Psychoanalyse wird dadurch erschwert, daß sie zu ihren Objekten wie zu ihren Schlüssen nur auf großen Umwegen gelangen kann; in ihrem Zusammenwirken erzielen aber beide Methoden einen genügenden Grad von Sicherheit der Erkenntnis« (Freud 1905, S. 106).

2. Der kompetente Säugling

Untersuchungsmethoden

Ausgangspunkt der bisherigen Überlegungen war die Tatsache, daß die präverbale Zeit über Analysen auf der Couch nur sehr beschränkt zugänglich ist, und weiter, daß man kleine Kinder nicht fragen kann, was sie sehen, hören, schmecken und fühlen. Die Säuglingsforscher haben in den letzten 20 Jahren eine Reihe faszinierender Experimente entwickelt, um das Rätsel der frühen Kindheit zu lösen. Sie haben Säuglinge mit Hilfe von Experimenten »gefragt«, und ihr beobachtetes Verhalten als »Antwort« auf die im Experiment gestellte Frage verstanden. Einige dieser experimentellen Anordnungen möchte ich nun darstellen.*

Das Präferenzparadigma

Man kann einen drei Monate alten Säugling nicht fragen, ob er einen Unterschied zwischen zwei Gesichtern sieht. Aber man kann folgendes Experiment machen: Man zeigt ihm nebeneinander zwei verschiedene Gesichter und mißt die Zeitdauer der visuellen Fixierung. Dabei stellt sich heraus, daß der Säugling eines der beiden Gesichter länger anblickt als das andere. Er zeigt eine visuelle Präferenz für eines der beiden Gesichter, beispielsweise für das seiner Mutter. Daraus kann man schließen, daß er einen Unterschied zwischen beiden Gesichtern wahrnimmt, denn sonst müßte die Fixierungsdauer für beide Gesichter ungefähr gleich sein. Die Antwort des Säuglings – abgelesen an seinem visuellen Verhalten – lautet also: Ja, ich sehe einen Unterschied!

Dieser Typus von Experiment hat weite Verbreitung gefunden. Man nennt ihn das Präferenzparadigma. Im obigen Beispiel wurde eine spezifische Variante dieses Paradigmas geschildert, das sogenannte paarweise Präferenzparadigma. In ihm werden zwei Reize gleichzeitig präsentiert, und der Säugling kann dann wählen. Ein Beispiel für ein

---

* Die grundlegenden Methoden werden in allen einschlägigen Monographien behandelt. Besonders empfehlenswert sind, Bower (1977, 1979), Keller/Meyer (1982), Lamb/Bornstein (1987) und Rauh (1987a).

einfaches Präferenzparadigma ist folgendes: Man präsentiert einen Reiz und mißt die Fixierungsdauer. Nach einer angemessenen Pause präsentiert man einen zweiten Reiz und mißt ebenfalls die Fixierungsdauer. Signifikant unterschiedliche Fixierungszeiten sind Indikatoren für unterschiedliche Präferenzen und zeigen eine differenzierte Wahrnehmungsaktivität und Wahrnehmungsfähigkeit an. Dabei sollte sich der Säugling bei beiden Durchgängen in etwa dem gleichen Zustand von Wachheit, Aufmerksamkeit und Sättigung befinden. Mit Hilfe solcher und ähnlicher Experimente hat man eine ganze Menge über die Sehfähigkeit von Säuglingen herausgefunden.

Das Präferenzparadigma ist nicht ohne Probleme. Unterschiedliche Fixierungszeiten sollen ein Maß der Präferenzbekundung sein. In den verschiedenen Studien werden aber oft verschiedene Maße für die Fixierungsdauer gewählt. Die eine Studie wertet die Länge des ersten Blicks, die andere die Zahl der in einem bestimmten Zeitraum erfolgten Fixierungen. Dadurch kommt es gelegentlich zu widersprüchlichen Befunden (Sherrod 1981). Etwas Ähnliches gilt für Hörpräferenzen. Verschiedene »respondente Maße« sind im Gebrauch: die differentielle Veränderung evozierter Potentiale je nach Ton, die verschieden ausgeprägten Orientierungsreaktionen, wie Kopf- oder Augenwende nach der Schallquelle usw. Jede Methode hat ihre eigenen Vor- und Nachteile (Diskussion bei Aslin et al. 1983), und es muß immer darauf geachtet werden, daß die Ergebnisse hinsichtlich der verwendeten Antwortmaße vergleichbar sind.

Ein zweites Problem ist grundsätzlicher: Die Bekundung einer Präferenz besagt noch nicht viel darüber, wie der Säugling den wahrgenommenen Unterschied erlebt und was er ihm bedeutet. Damit zusammen hängt ein drittes Problem: Wenn der Säugling im Experiment keine Präferenz bekundet, geht man davon aus, daß er keinen Unterschied bemerkt. Aber diese Schlußfolgerung ist problematisch, denn es könnte ja sein, daß er zwar einen Unterschied wahrnimmt, ihm aber keine Bedeutung zumißt. Hierzu eine Analogie: Ein Erwachsener geht durch den Wald und bemerkt sehr wohl den Unterschied zwischen den verschiedenen Bäumen, schaut aber keinen Baum länger an als einen anderen, weil er daran z. B. gar nicht interessiert ist oder aber ganz andere Sorgen hat. Aus der Nichtbekundung einer Präferenz läßt sich nicht mit Sicherheit schließen, daß kein Unterschied wahrgenommen wird, und in der Tat kann man auch experimentell demonstrieren, daß Säuglinge Unterschiede bemerken, ohne notwendigerweise eine Präferenz zu bekunden (Bower 1977, S. 10 f.; Kagan 1984 a, S. 37 ff.). Das ist jedoch kein gravierender Mangel, weil dadurch die Wahrnehmungsfähigkeit des Säuglings nur unterschätzt, nicht überschätzt werden kann. Man kann deshalb sagen, daß sie mindestens so gut ist, wie in Präferenzexperimenten festgestellt, möglicherweise aber noch besser.

Das Habituierungsparadigma

Die Schwächen des Präferenzparadigmas können durch Verwendung anderer Methoden kompensiert werden, z.B. durch das Habituierungsparadigma. Dem Säugling wird ein Reiz gezeigt, und nach einer gewissen Zeit erlahmt die Aufmerksamkeit. Der Säugling »habituiert«. Daraufhin führt man einen neuen Reiz ein, und siehe da, die Aufmerksamkeit kehrt zurück, er »dishabituiert«. Dieses Ergebnis zeigt zum einen, daß die Habituierung kein physiologischer Prozeß und nicht auf die Ermüdung von Sinnesrezeptoren zurückzuführen ist, sonst wäre die frische Aufmerksamkeit beim zweiten Reiz nicht erklärlich. Zum zweiten zeigt es, daß der Säugling einen Unterschied zwischen beiden Reizen bemerkt, denn sonst würde er bei Einführung des zweites Reizes nicht dishabituieren.

Als Maß für die Habituierung kann die Dauer der visuellen Fixierung oder die differentielle Saugaktivität benutzt werden. Man läßt einen Säugling beispielsweise an einem Schnuller saugen. Das Saugen löst die Vorführung eines Films aus. Nach einer bestimmten Zeit nimmt die Saugaktivität ab, und der Säugling beginnt, sich zu langweilen. Koppelt man nun den Schnuller mit einem neuen Film, so nimmt die Saugaktivität wieder zu. Dadurch zeigt der Säugling, daß er den Unterschied zwischen beiden Filmen bemerkt. Ähnlich kann man bei auditiven Reizen verfahren.[1]

Auch das Habituierungsparadigma und seine verschiedenen Varianten sind nicht ohne Probleme (Hay 1986, mit weiterer Literatur), aber im großen und ganzen kann man damit bzw. mit einer Kombination von Habituierungs- und Präferenzparadigma zuverlässige Ergebnisse über die Wahrnehmungsfähigkeiten des Säuglings erzielen.

Überraschungsparadigma und Familiarisierungs-Neuheits-Methode

Zwei andere Paradigmen werden noch häufig verwendet. Beim Überraschungsparadigma will man wissen, ob der Säugling feststehende Erwartungen hat und Abweichungen davon bemerkt. Hierzu konfrontiert man ihn mit einem »unmöglichen« Ereignis. Man zeigt etwa das Gesicht einer Frau, die spricht (hinter einer schalldichten Glasscheibe), spielt aber den Ton ihrer Stimme so ein, daß er nicht aus dem Mund, sondern von der Seite kommt. Schon im ersten Monat sind Säuglinge darüber erstaunt, und daraus kann man schließen, daß sie erwarten, daß beides, Mund und Ton, zusammengehört. Ob diese Erwartung angeboren oder im Laufe des ersten Lebensmonats gelernt wird, ist strittig. Die Reaktion des Erstaunens kann an verschiedenen Äußerungen des Kindes abgelesen werden. Am häufigsten sind Änderungen des Gesichtsausdrucks, Unruhe, Erregtheit und Pulsfrequenzänderungen. Das eben geschilderte Experiment, das Unruhe auslöst, macht deutlich, daß die Wahrnehmung eines Unterschiedes durchaus psychische Bedeutung haben kann. Die Affektlage ist nämlich eindeutig negativ.

Ähnlich verhält es sich bei der interaktionellen Variante des Überraschungsparadigmas, der sogenannten »still-face-procedure«. Dabei wird die Mutter angewiesen, ihr natürliches Interaktionsverhalten zu verändern und ohne Veränderung der Gesichtsmimik auf die Annäherungsgesten ihres Säuglings zu reagieren. Schon drei Monate alte Säuglinge sind darüber erstaunt, bemerken also, daß sich die Mutter nicht benimmt wie sonst, und unternehmen nachdrückliche, von starken affektmotorischen Äußerungen begleitete Versuche, die Mutter umzustimmen (Tronick et al. 1979; Cohn/Tronick 1983; Lamb et al. 1987).

Beim Familiarisierungs-Neuheits-Paradigma werden zwei gleiche Reize paarweise präsentiert, beispielsweise zwei rote Kugeln. Nach Erlahmen der Aufmerksamkeit wird eine Kugel gegen eine neue Figur, z. B. einen gleichgroßen roten Würfel, ausgetauscht. Kehrt die Aufmerksamkeit zurück und wird der Würfel mehr angesehen als die Kugel, so ist das ein Zeichen dafür, daß der Säugling einen Unterschied zwischen beiden Figuren bemerkt.

Beobachtungstechnologie und Artefaktverdacht

Außer den genannten experimentellen Designs hat in den letzten 20 Jahren ein gewaltiger Fortschritt in den Aufzeichnungsverfahren zu einer Explosion des Wissens beigetragen. Die Verbesserung der Zeitlupentechnik bei Filmaufnahmen; die Entwicklung der Videotechnik, die ein unkompliziertes, beliebig häufiges Vor- und Zurückspulen von Aufnahmen erlaubt; die Erfindung der tragbaren Videokamera und der sogenannten split-screen-Technik, die es ermöglicht, zwei oder mehrere Bilder gleichzeitig auf einem Bildschirm nebeneinander abzuspielen: all das hat Beobachtungen ermöglicht, die mit dem bloßen Auge nicht zu machen sind. Vor allem die Details der wechselseitigen Regulierung der Interaktion und die genaue zeitliche Abgestimmtheit der in sie eingebundenen Verhaltensweisen, die sich im Millisekundenbereich bewegt, sind dadurch erhellt worden. Infrarotkameras, mit denen Säuglinge im Dunkeln und im Schlaf störungsfrei beobachtet werden können, und komplizierte, aber nicht intrusive Apparaturen zur Aufzeichnung und Auswertung von Augenbewegungen, vokalen Äußerungen usw. vervollständigen das Bild.*

Bei aller Begeisterung für den technischen Fortschritt kann man sich jedoch fragen, ob eine solche technologische Aufrüstung im Kinderzimmer und Labor nicht Artefakte produziert. Die beobachteten Säuglinge könnten ja durch die ganzen Apparaturen aufgeregt oder sensibilisiert werden und dann Ergebnisse produzieren, die untypisch sind. Man kann sich auch fragen, ob nicht die Begeisterung und Sensibilität der Säuglingsforscher für ihre Subjekte untypisch sensible und begeisterte Säuglinge produziert hat. Haben die erzielten Resultate also überhaupt eine ökologische Validität, d. h., stellen sie Wissen dar, das für den Säugling unter natürlichen Lebensumständen aussagekräftig ist? (Kaplan 1978, S. 229 f.; Golinkoff 1983, S. 186 ff.).

Ich glaube, ja. Von den meisten Säuglingsforschern wird die Meinung vertreten, daß bei entsprechend einfühlsamer Handhabung des Instrumentariums durch die Anwesenheit von beobachtenden Dritten keine dauerhaft verzerrenden Effekte zu befürchten sind. Der Dritte wird schnell vergessen und/oder sein Einfluß kann erfaßt und dokumentiert werden. Zu einem ähnlichen Ergebnis gelangen Thomä/Kächele (1988, S. 344 ff.) hinsichtlich der Frage, ob Tonbandaufnahmen den psychoanalytischen Prozeß stören oder nicht. Auf alle Fälle überwiegen die Vorteile, und ein grundsätzliches Verdikt scheint ungerechtfertigt.**

---

* Auf die so erhobenen Befunde sind die klassischen behaviouristischen Begriffe wie Stimulus, Response und Latenz nicht mehr sinnvoll anwendbar, weil z. B. die Reaktionszeit in Interaktionen jede bekannte Latenz unterschreitet. Die Antwort (Response) ist oft in einem Maße gleichzeitig und synchron auf den Reiz abgestimmt, daß der Eindruck eines gemeinsamen Tanzes entsteht und nicht der einer linearen, nacheinander ablaufenden Sequenz (s. Stern 1977, Kap. 6).
** Das Artefaktproblem gibt es in jeder Forschung, auch in der Psychoanalyse. Die psychoanalytische Situation ist ebenso künstlich wie das Laborexperiment und die Frage berechtigt und erlaubt, ob die in ihr erhobenen Daten und gegebenen Deutungen valide sind. Dieses Problem beschäftigt die Psychoanalyse seit ihren Anfängen und hat die verschiedensten Lösungsvorschläge nach sich gezogen, die hier nicht diskutiert werden können. Ausweichen kann man diesem Problem nicht.

Untersuchungsergebnisse*

Visuelle Wahrnehmung

Neugeborene folgen einem sich bewegenden Objekt in ihrem Gesichtsfeld mit den Augen. Maximale Sehschärfe besteht auf eine Distanz von 20 cm. Diese Entfernung wird von Eltern intuitiv eingenommen, wenn sie Blickkontakt mit ihrem Neugeborenen aufnehmen wollen. Die Akkomodationsfähigkeit des Auges ist bereits mit einem Monat so gut entwickelt, daß Objekte in verschiedenen Entfernungen recht gut gesehen werden können (Banks / Salapatek 1983).

Von Geburt an werden verschiedene Farben unterschieden. Interessanterweise ist die Farbwahrnehmung wahrscheinlich von Anfang an kategorial. Spätestens mit ein bis zwei Monaten werden rot und rosa als ähnlicher wahrgenommen als rot und grün, obwohl der Unterschied zwischen rot und rosa, gemessen in Wellenlängen, genauso groß ist wie der zwischen rosa und grün. Ähnliches gilt für andere Farben (Lamb / Bornstein 1987).

Ebenfalls von Geburt an werden verschiedene Muster unterschieden, etwa schwarz-weiße Kreise von schwarz-weißen Streifen. Gemusterte Tafeln werden länger angesehen als einfarbige, und es gibt bereits Präferenzen für bestimmte Aspekte eines Reizes. Bevorzugt werden Hell-Dunkel-Kontraste und die Ecken und Kanten eines Reizes, z. B. eines Dreiecks. Haith et al. (1977) und Haith (1978) zufolge exploriert der Säugling in den ersten Lebensmonaten einen visuellen Reiz in einer charakteristischen Reihenfolge. Dieses Abtastmuster gilt auch für die Wahrnehmung des menschlichen Gesichts. In den ersten vier Wochen werden vor allem die kontrastreichen Übergänge zwischen Haarlinie und Stirn sowie der Übergang zwischen Kopfumriß und Hintergrund erforscht. Im zweiten und dritten Monat verlagert sich die Aufmerksamkeit sukzessive auf das Gesichtsinnere, besonders Auge, Nase und Mund. Ab zwei bis vier Monaten werden richtige Gesichter von solchen unterschieden, in denen Mund, Auge und Nase falsch angeordnet sind (Maurer / Barrera 1981; Maurer 1985). Zu diesem Zeitpunkt scheint der Säugling die einzelnen Teile des Gesichts zu einer Gestalt zusammenzufassen.

---

* Der folgende Abriß ist hoch selektiv und soll nur einen ersten Eindruck vom kompetenten Säugling vermitteln. Weitere Ergebnisse stelle ich in den einzelnen Kapiteln dar. Sie sind dort eingewoben in die Diskussion psychoanalytischer Theoreme.

Ab drei bis fünf Monaten können verschiedene Gesichtsausdrücke wie Überraschung, Freude und Traurigkeit unterschieden werden (Barrera/Maurer 1981 a) und ebenso verschieden starke Ausprägungen ein und desselben Ausdrucks (Kuchuk et al. 1986). Einige wenige Forscher haben die Fähigkeit zur Unterscheidung verschiedener Gesichtsausdrücke schon im ersten Monat gefunden (Field 1985). Ab drei Monaten kann die Mutter visuell von Fremden unterschieden werden (Barrera/Maurer 1981 b). Gelegentlich ist berichtet worden, das sei bereits mit vier bis fünf Wochen möglich. In diesen Fällen wird die Unterscheidung wahrscheinlich anhand der unterschiedlichen Haarfarbe oder unterschiedlicher Kontrastlinien zwischen Haaren und Stirn vorgenommen und nicht anhand des Gesichtsinneren (Bushnell 1982 b).

Zeigt man Kindern im Alter von fünf bis sieben Monaten ein Gesicht frontal und danach von der Seite, so behandeln sie beide Darbietungen richtig als Transformationen *eines* Gesichts und nicht als zwei verschiedene Gesichter. Ebenso verhält es sich, wenn sie ein freudiges Gesicht sehen und danach dasselbe mit ärgerlichem Ausdruck. Obwohl beide Gesichter ziemlich verschieden aussehen, bemerken die Säuglinge, daß es sich nicht um verschiedene Gesichter handelt, sondern um den Ausdruckswandel *eines* Gesichts (Fagan 1976; Stern 1985, S. 97 f.; C. Nelson 1985, 1987). Dieser Befund ist für die Psychoanalyse besonders interessant, denn in ihrer Theorie der Teilobjekte behauptet sie, daß der Säugling anfänglich die Mutter als verschiedene »Teilmütter« wahrnimmt (»gute« und »böse«) und die verschiedenen Aspekte der Mutter nicht als zwei Ausprägungsformen ein und derselben Mutter erfährt. Ich komme in Kapitel 4 darauf zurück.

Neugeborene suchen bereits aktiv nach Reizen und können verschiedene Reiz voneinander unterscheiden. Ihre Reizverarbeitung ist ein aktiver und selektiver Prozeß, der bestimmten Regeln und Gesetzmäßigkeiten gehorcht. Der Reizhunger ist so groß, daß sie sogar Fütterungs- und Trinkaktivitäten unterbrechen, wenn ein attraktiver Reiz im Gesichtsfeld erscheint (Stern 1977; Emde/Robinson 1979). Visuelle Exploration kann auch zur Selbstberuhigung eingesetzt werden. Mit fünf Wochen kann man regelmäßig beobachten, wie Kinder, die unruhig und nervös sind, sich einem Objekt in ihrem Gesichtsfeld zuwenden und im Verlauf seiner Betrachtung ruhiger werden (Demos/Kaplan 1986).

Alle diese Befunde stehen im Gegensatz zu psychoanalytischen Hypothesen über den Autismus (s. Kap. 3) oder primären Narzißmus des Neugeborenen, seinen beständigen Versuch, Reize loszuwerden

(Freud 1915a, S. 83 f.), seine primär feindselige Einstellung zur Außenwelt (ebd., S. 101) und seine undifferenzierte oder überwiegend coenästhetische, d. h. nach innen gerichtete Wahrnehmung (Fenichel 1945, Kap. 4; Spitz 1945b).

Auditive Wahrnehmung

Bis etwa 1970 ging man davon aus, daß Neugeborene nichts oder fast nichts hören, u. a. wegen der Verklebung der Gehörgänge mit Käseschmiere. Dies hat jedoch, wie man heute weiß, praktisch keinen Einfluß auf die Hörwahrnehmung. Neuere Forschungen haben ergeben, daß es von Geburt an differentielle Reaktionen auf hoch- und niederfrequente Töne gibt. Hohe Töne sind beruhigender als niedrige und leise beruhigender als laute. Als Maße für die Beruhigung gelten je nach Untersuchung Veränderungen der Pulsfrequenz, der Atmung, des Muskeltonus oder des EEG.

Bereits intrauterin werden akustische Zeichen mit bemerkenswerter Genauigkeit wahrgenommen, und unmittelbar nach der Geburt besteht eine ausgeprägte Präferenz für die mütterliche Stimme. Dazu folgendes Experiment: Eine Gruppe von Müttern liest ihren Kindern im Mutterleib eine bestimmte Geschichte öfter vor. Nach der Entbindung haben die Neugeborenen die Möglichkeit, über einen speziell konstruierten Schnuller und das Saugen daran eine Tonbandwiedergabe der Geschichte abzurufen. Sie haben dabei je nach Saugrhythmus, den sie verwenden, die Wahl zwischen der Geschichte mit der mütterlichen Stimme und derselben Geschichte mit einer anderen Stimme. Sie bevorzugen signifikant die Geschichte mit der mütterlichen Stimme. In einer Kontrollgruppe ohne intrauterine Vorlesungen ist das nicht der Fall. Ähnliche Experimente zeigen, daß eine Geschichte, die bereits intrauterin gehört wurde, einer neuen vorgezogen wird, wenn die Stimme gleich ist. Hier wird also der Text, nicht die Stimme erkannt (DeCasper/Fifer 1980; DeCasper/Spence 1986).

Schon Neugeborene bemerken einen Unterschied zwischen synthetisch erzeugten Geräuschen und der menschlichen Stimme. Condon/Sander (1974) und Condon (1975, 1977) konnten nachweisen, daß bestimmte Mikrokörperbewegungen des Neugeborenen mit bestimmten Phonemen der Erwachsenensprache synchronisiert sind. Das Baby bewegt Rumpf, Arme oder Beine in genau angebbarer Weise als Reaktion auf bestimmte menschliche Lautäußerungen. Diese berühmt gewordenen Ergebnisse zur interaktionellen Synchronie sind allerdings nicht immer repliziert worden (Dowd/Tronick 1983). Ein anderer (replizierter) Hinweis auf die Unterscheidungsfähigkeit zwischen menschlicher Stimme und nicht menschlichen Geräuschen ist die differentielle Reaktion von Neugeborenen auf Babygeschrei. Ihre Antwort ist auch Geschrei, aber signifikant mehr Geschrei bei echtem Säuglingslärm als bei synthetischem (Keller/Meyer 1982, S. 35f.).

Wieder andere Untersuchungen haben ergeben, daß ein Monat alte Säuglinge verschiedene Lautäußerungen, z. B. b und p oder ba und ga, voneinander unterscheiden können (Überblick bei Aslin et al. 1983). Insgesamt gilt für die Gehörwahrnehmung,

> »daß Säuglinge schon früh in der Lage sind, eine breite Vielfalt phonetischer Kontraste der gesprochenen Sprache zu unterscheiden. Darüber hinaus scheint klar, daß die grundlegenden sensorischen Mechanismen, die dieser Unterscheidungsfähigkeit zugrunde liegen, innerhalb des ersten Monats – wenn nicht von Geburt an – vorhanden sind« (ebd., S. 634).

Geruch und Geschmack

Zu Geruchs- und Geschmackssinn gibt es vergleichsweise wenige Untersuchungen (Überblick bei Crock 1987). Ich fasse mich deshalb kurz. Der Geschmack ist bekanntlich Geschmacksache – ein paar Präferenzen gibt es jedoch auch hier. Süß ist besser als salzig oder sauer; bitter wird sogar aktiv gemieden. Verschiedene Arten von süß können von Anfang an unterschieden werden. Sacharose wird am liebsten geschmeckt, dann Fructose, gefolgt von Glucose und Lactose. Gemessen werden die Vorlieben mit Hilfe der konsumierten Flüssigkeitsmenge oder anhand differentieller Saugaktivitäten (Keller/Meyer 1982, S. 41).

Was den Geruch angeht, gibt es Experimente mit verschiedenen Substanzen. Das Referat der Präferenzen und Abneigungen erspare ich mir wegen Trivialitätsverdacht. Weniger trivial ist ein Befund von Macfarlane (1974), der die Rolle des Geruchs in der interpersonellen Wahrnehmung untersucht hat. Als Geburtshelfer hatte er den Eindruck, daß Kinder ihre Mutter am Geruch erkennen. Dies konnte durch genaue Untersuchungen bestätigt werden. Neugeborene sind ab fünf bis sechs Tagen in der Lage, den mütterlichen Geruch von dem einer anderen Frau zu unterscheiden, und bevorzugen den Geruch der Mutter. Befestigt man ein Tuch, das die Mutter am Körper getragen hat, auf der einen Seite des Bettchens und ein ungebrauchtes oder von einer anderen

Frau getragenes auf der anderen Seite, so zeigt das Neugeborene eine Präferenz für das mütterliche Tuch, ausgedrückt durch bevorzugtes Kopfwenden nach dieser Seite. Geruch und Geschmack existieren also praktisch von Geburt an als differentielle Wahrnehmungsaktivitäten. Ähnliches gilt für Tastempfindungen, Bewegungsempfindungen des eigenen Körpers und propriozeptive Empfindungen (Überblick bei Reisman 1987).

Kreuzmodale Wahrnehmung

Nimmt man einen Gegenstand in die Hand und betrachtet ihn, so sind die dadurch ausgelösten Tast- und Sehempfindungen verbunden: Ein Tisch, den man berührt, ist nicht ein anderer Tisch als der, den man sieht, sondern derselbe. Der Prozeß, in dem die verschiedenen Sinneswahrnehmungen miteinander in Beziehung gesetzt werden, heißt intersensorische Koordination oder kreuzmodale Wahrnehmung. Sinneswahrnehmungen aus verschiedenen Modalitäten (sehen, hören, tasten) werden miteinander koordiniert, und auf diese Weise nehmen wir einheitliche Objekte wahr und leben nicht in einer Welt separierter Empfindungen.

Sehen und Fühlen: Kreuzmodale Wahrnehmung funktioniert erstaunlicherweise bereits von Geburt an. Gibt man 20 Tage alten Kindern einen Schnuller mit Noppen zum Saugen und zeigt ihnen hinterher die Bilder von zwei Schnullern – einen mit Noppen, einen ohne –, so blicken sie länger den genoppten Schnuller an. Sie stellen also anscheinend eine Verbindung her zwischen dem, was sie im Mund gefühlt haben, und dem, was sie sehen. Natürlich ist dabei sichergestellt, daß der Schnuller, an dem sie gesaugt haben, dabei nicht gesehen worden ist (Meltzoff/Borton 1979). Ähnliche Ergebnisse erhält man, wenn man unvertrautere Objekte verwendet und den Neugeborenen, statt zwei Schnuller zwei Zylinder gibt. Der eine ist elastisch und verformbar, der andere hart und unverformbar. Bei der anschließenden visuellen Präsentation werden zwei Hände gezeigt, die den elastischen Zylinder verbiegen, den unelastischen nicht. Auch hier stellen die Säuglinge einen Zusammenhang her zwischen dem gefühlten und dem gesehenen Zylinder. Haben sie auf dem elastischen Zylinder gekaut, so bevorzugen sie bei der anschließenden visuellen Präsentation das Bild dieses Zylinders (Gibson/Walker 1984).

Säuglinge, die einen Gegenstand sehen, gehen davon aus, daß er auch zu fühlen ist. Zeigt man Neugeborenen (sieben bis 14 Tage alt) mit

Hilfe eines stereoskopischen Schattenwerfers illusionäre dreidimensionale Objekte, so fahren sie mit den Armen durch den Raum und sind erstaunt, wenn es nichts zu berühren gibt (Bower et al. 1970).* In dieselbe Richtung weisen Untersuchungen zum sogenannten »looming«. Konfrontiert man Säuglinge mit einem Objekt oder einer Fläche, die sich *anscheinend* schnell auf sie zubewegt, so vollführen sie Ausweichbewegungen aller Art: Sie blinzeln, versteifen sich, drehen den Kopf zur Seite und dergleichen (Bower 1976, S. 30 ff.; Überblick bei Yonas 1981).

Die Koordination zwischen Gesehenem und Gefühltem verbessert sich mit zunehmendem Alter. Gibt man 2 ½ Monate alten Säuglingen einen Ring oder eine Scheibe zum Fühlen, ohne daß sie diese Gegenstände sehen können, und zeigt ihnen anschließend die Bilder dieser Gegenstände, dann schauen sie länger auf den Gegenstand, den sie nicht gefühlt haben; er ist neu und deshalb interessanter. Dies bedeutet, daß sie mit dem Tastsinn gemachte Erfahrungen über Form, Textur und Größe eines Gegenstandes auf die visuelle Wahrnehmungsmodalität übertragen können. Sie erkennen, ob ein Bild etwas Neues darstellt oder dasselbe ist, im Vergleich mit dem, was sie vorher gefühlt haben. Sie bevorzugen in diesem Fall visuell das Neue (Streri, ref. nach Spelke 1987, S. 252 f.).[2]

Auch der umgekehrte Transfer vom Sehen zum Fühlen ist möglich. Mit Hilfe einer komplizierten Spiegelanordnung kann man Kindern ein Objekt an einem bestimmten Platz zeigen, obwohl sich tatsächlich ein anderes Objekt an diesem Platz befindet. Aufgrund der visuellen Wahrnehmung bildet sich eine bestimmte Erwartung darüber, wie sich das Objekt anfühlen muß. Mit 9 ½ Monaten sind Kinder erstaunt, wenn das Objekt, das sie fühlen, nicht das ist, das sie gesehen haben (Bushnell 1982 a).

Sehen und Hören: Wertheimer hatte schon 1963 festgestellt, daß Neugeborene den Kopf oder die Augen in Richtung einer Schallquelle bewegen. Dieser Befund ist lange Zeit kontrovers diskutiert worden, kann aber heute als gesichert gelten (Muir/Field 1979; Mehler 1985). Bei Neugeborenen scheint diese Reaktion eher einem Reflex ähnlich zu sein, während sie bei vier bis fünf Monate alten Kindern in der Absicht erfolgt, das Gehörte visuell zu explorieren (Muir/Clifton 1985; Morrongiello et al. 1990).

Mit 30 Tagen sind Säuglinge irritiert, wenn sie ein sprechendes Ge-

---

* Dieses Ergebnis ist allerdings nicht immer repliziert worden (Spelke 1987, S. 253 f.).

sicht sehen und die Stimme, die sie hören, nicht aus dem Mund kommt, sondern von der Seite (Aronson/Rosenbloom 1971). Die Irritation zeigt sich in starken Äußerungen des Unbehagens wie Unruhe, Erregtheit, Grimassieren und gelegentliches Weinen. Es kann mittels Kontrollgruppen sichergestellt werden, daß die Irritation keine Reaktion auf die Lautverschiebung als solche ist. Carpenter (1975) hat einem sprechenden mütterlichen Gesicht eine fremde Stimme unterlegt, bzw. einem fremden Gesicht die mütterliche Stimme. Säuglinge im Alter von zwei Wochen wurden dadurch irritiert. Anscheinend gehen sie schon im ersten Lebensmonat davon aus, daß Gesehenes und Gehörtes zusammengehören.*

Dies gilt auch für künstliche Reize, von denen der Säugling nicht aus Erfahrung wissen kann, daß sie zusammengehören, weil sie im Alltag nicht zusammen auftreten. Zeigt man drei Wochen alten Säuglingen weißes Licht von unterschiedlichen Helligkeitsgraden (gemessen in Lux) und läßt sie anschließend einen Ton in unterschiedlichen Lautstärken hören (gemessen in Dezibel), so bevorzugen sie den Ton, der in der Intensität zum vorher gesehenen Licht paßt. Sie nehmen dabei genau dieselbe Zuordnung vor wie Erwachsene (Lewkowicz/Turkewitz 1980).

Die meisten Untersuchungen zur Koordination von Hören und Sehen stammen von drei bis vier Monate alten Säuglingen. Spelke (1979) hat Säuglingen simultan zwei Filme auf zwei nebeneinanderstehenden Monitoren vorgeführt. Die Säuglinge zeigen keine Präferenz für einen der beiden Filme. Spielt man nun von der Mitte zwischen beiden Monitoren den Ton zu einem Film ein, so blicken die Kinder länger auf den Film, der mit dem Ton synchron ist. Je nachdem, welchen Ton man einspielt, bevorzugen die Kinder visuell den einen oder den anderen Film. Synchronisierungsdifferenzen zwischen Gesehenem und Gehörtem werden sehr genau wahrgenommen. Dodd (1979) hat zehn bis 16 Wochen alten Säuglingen ein sprechendes Gesicht mit synchroner Stimme gezeigt. Anschließend folgte ein Durchgang mit verzögertem Ton. Die Kinder bevorzugen die synchrone Darbietung und bemerken die Nichtsynchronisierung von Gehörtem und Gesehenem bis zu einer Größenordnung von ¹⁄₁₀ Sekunden.

Noch ein zweites Beispiel aus dem Gebiet der Sprachwahrnehmung:

---

* Die Untersuchung von Aronson/Rosenbloom ist methodisch kritisiert worden (McGurk/Lewis 1974), und auch die von Carpenter wurden von anderen Untersuchern nicht bestätigt (Rose/Ruff 1987, S. 349). Mittlerweile ist jedoch klar, daß spätestens ab drei Monaten einwandfreie ähnliche Resultate erzielt werden können (Broerse et al. 1983).

Kuhl/Meltzoff (1982) haben vier bis fünf Monate alten Säuglingen einen Film gezeigt, in dem eine Frau alle drei Sekunden »a« sagt. Danach einen, in dem sie »i« sagt – beides für die Dauer von jeweils zehn Sekunden. In einem dritten Durchgang zeigten sie beide Filme gleichzeitig nebeneinander und spielten erst den a-Ton und dann den i-Ton ein. Die Säuglinge betrachteten jeweils das Gesicht länger, das mit dem gehörten Ton übereinstimmte; wurde der a-Ton eingespielt, den a-Film, wurde der i-Ton eingespielt, den i-Film.

Walker-Andrews/Lennon (1985) haben fünf Monate alten Kindern zwei Filme simultan nebeneinander gezeigt. Auf dem einen ist ein Volkswagen zu sehen, der näher kommt, auf dem anderen einer, der sich entfernt. Von der Mitte zwischen beiden Filmen spielten sie abwechselnd ein Motorgeräusch ein, eines, das lauter wurde, oder eines, das leiser wurde. Beim lauteren wurde der Film mit dem näher kommenden Wagen länger angesehen, beim leiseren der Film mit dem sich entfernenden.

Walker (1982) und Walker-Andrews (1986) haben fünf bis sieben Monate alten Säuglingen ebenfalls zwei Filme nebeneinander gezeigt. Auf dem einen ist ein fröhliches Gesicht, auf dem anderen ein ärgerliches zu sehen. Dann wurde eine fröhliche, danach eine ärgerliche Stimme eingespielt (oder umgekehrt). Die Kinder sehen das Gesicht länger an, das zur Stimme paßt. Sie nehmen die Ähnlichkeit oder Äquivalenz der affektiven Ausdrucksqualität wahr, die in zwei verschiedenen Sinnesmodalitäten dargeboten wird.

Zum Abschluß ein letztes Beispiel: Läßt man sechs bis elf Monate alte Kleinkinder zuerst einen unterbrochenen Ton hören und zeigt ihnen dann zwei Bilder – eines mit einer unterbrochenen Linie und eines mit einer durchgezogenen –, so bevorzugen sie die unterbrochene Linie. Läßt man sie erst einen durchgehenden Ton hören, so bevorzugen sie anschließend die durchgehende Linie (Wagner et al. 1981; Wagner/Sakovits 1986).

Resümee

Was läßt sich aus diesen Ergebnissen lernen?

Erstens: Die Untersuchungen zur kreuzmodalen Wahrnehmung haben die Wahrnehmungspsychologie revolutioniert. Vorher wurden nur sensorische Inputs untersucht, bei denen die einzelnen Sinneswahrnehmungen, die im Alltag verknüpft sind, voneinander isoliert waren. Jetzt wird die Wahrnehmung auch unter der Alltagsbedingung der Vielfalt und Einheit der Sinne untersucht (Neisser 1976, S. 32 f.).

Zweitens: Daraus sind Kontroversen entstanden. Es wird diskutiert, ob die Fähigkeit zur kreuzmodalen Wahrnehmung angeboren oder erworben ist. Beide Positionen können gute Argumente ins Feld führen. Die einen verweisen darauf, daß die kreuzmodale Wahrnehmung praktisch schon bei Neugeborenen zu finden ist, die anderen darauf, daß sie sich im Laufe des ersten Lebensjahres beträchtlich verbessert. Obwohl der Beitrag des Lernens nicht bestritten werden kann, sind die meisten Autoren der Meinung, daß

»der Nachweis des kreuzmodalen Informationstransfers bei Säuglingen, die erst wenige Wochen alt sind, nahelegt, daß zumindest einiges an kreuzmodaler Fähigkeit ohne irgendeine oder mit nur minimaler bimodaler Erfahrung möglich ist« (Rose/Ruff 1987, S. 341).

Drittens: Sowohl Piaget als auch die Psychoanalyse gehen davon aus, daß die Selbst- und Objektwahrnehmung anfänglich fragmentiert ist. Piagets Säugling bringt Tast-, Seh- und Hörempfindungen, die zunächst voneinander isoliert sind, allmählich miteinander in Beziehung und merkt erst dann, daß der Schnuller, den er sieht, derselbe ist wie der, an dem er saugt. Ähnlich nimmt die Psychoanalyse (Glover 1943; Jacobson 1954, 1964; Spitz 1965a; Kernberg 1972, 1976) an, daß Wahrnehmungen und Empfindungen sich in der Psyche anfänglich in Gestalt voneinander isolierter Kerne oder Repräsentanzen niederschlagen, die im weiteren Verlauf integriert oder synthetisiert werden müssen. Der Entwicklungsprozeß verläuft also vom Teil zum Ganzen, wobei die Teile Schritt für Schritt zu einem Ganzen zusammengebaut werden.

Die Fähigkeit zur kreuzmodalen Wahrnehmung legt eine andere Auffassung nahe: Die Teile werden in ein Ganzes *eingebaut* oder anders ausgedrückt: Ursprünglich werden Ganzheiten wahrgenommen (z. B. die Gemeinsamkeit von Bild und Ton), und die Differenzierung dieser Ganzheiten in separate Empfindungen ist ein *Ergebnis* des Entwicklungsprozesses und nicht sein Anfang. Im vierten Kapitel werde ich – im Abschnitt über die Vitalitätsaffekte – darstellen, daß nicht nur im Bereich der Wahrnehmung, sondern auch in dem der Affekte angeborene Fähigkeiten existieren, die eine einheitliche, holistische Welt- und Selbsterfahrung von Lebensbeginn an ermöglichen. Die perzeptive und affektive Welt des Säuglings ist deshalb, so die These, in einem weit höheren Maß geordnet und von Regelmäßigkeit durchzogen, als man bisher geglaubt hat.*

Viertens: Die dargestellten Wahrnehmungsleistungen und Aktivitäten des Säuglings lassen Zweifel daran aufkommen, ob er im ersten Lebenshalbjahr in einem Zustand des Autismus oder der Symbiose lebt. Diese einflußreiche Theorie ist von Margaret Mahler und ihren Mitarbeitern entwickelt worden und soll nun näher betrachtet werden.

---

* Kohut hat sich in späteren Schaffensperioden einer ähnlichen Konzeption angenähert. In einem tiefschürfenden Aufsatz (1975) trägt er den Gedanken vor, »daß das Selbst sich nicht durch die Verschmelzung von Fragmenten entwickelt, sondern daß es unabhängig als eine den Teilen übergeordnete Konfiguration ensteht...« (S. 268). An anderer Stelle heißt es, daß die Teile nicht das Selbst aufbauen, sondern in es eingebaut werden (S. 263). Ich sympathisiere mit diesen Ideen und werde im 4. Kapitel zeigen, daß dies nicht nur für das Selbst, sondern auch für die Objekte des Säuglings gilt. Auch diese sind einheitlicher und ganzheitlicher als die psychoanalytische Theorie der Teilobjekte und der Spaltung behauptet.

3. Autismus und Symbiose: Eine Kritik

Autistische Psychosen

Mahler, eine Wiener Kinderärztin und Psychoanalytikerin, die auf der Flucht vor dem Nationalsozialismus in den 30er Jahren über England in die Vereinigten Staaten emigrierte,* hat den Begriff des Autismus zunächst zur Beschreibung einer Form kindlicher Psychosen verwendet, die der amerikanische Kinderpsychiater Leo Kanner in den 40er Jahren ausführlich beschrieben hatte. In ihrer ersten ausführlichen Arbeit zu diesem Thema schreibt sie:

> »Bei den autistischen kindlichen Psychosen gibt es keine Anzeichen einer gefühlsmäßigen Wahrnehmung anderer Menschen. Das Verhalten deutet darauf hin, daß Pflegeleistungen der Mutter – der Außenwelt – nicht affektiv wahrgenommen werden. In der Anamnese dieser Kinder findet man Beschreibungen ihres frühesten Verhaltens, die erkennen lassen, daß es keine Erwartungshaltung vor dem Stillen, kein Ausstrecken der Arme und keine spezifische Lächelreaktion gab« (1952, S. 69f.).

Die Kinder bitten nie um Hilfe, sind leicht erregbar und vermeiden jeden Kontakt. Mahler spricht von einem angeborenen Mangel an Kontakt mit der menschlichen Umwelt (ebd.).

Diese extreme Form frühkindlicher Erkrankung ist kontrovers diskutiert worden, sowohl außerhalb (Nissen 1980; Remschmidt 1986) wie innerhalb der Psychoanalyse (Bettelheim 1967; Schmauch 1978). Bettelheims Theorie ist die bekannteste psychoanalytische Alternative zu Mahler. Ein Aspekt der Bettelheim-Mahler-Kontroverse betrifft die unterschiedliche Einschätzung der krankheitsrelevanten Faktoren. Bettelheim vertritt eine eher monokausale Ätiologie, in der ein existentielles Ignoriertwerden des Kindes durch die Mutter die Hauptursache ist, während Mahler eine komplexere Ätiologie vermutet, in der psychologische Eigenarten der Mutter und die konstitutionelle Unfä-

---

* Ausführliche Angaben zur Biographie und Werkgeschichte bei Mahler (1988).

higkeit des Kindes zur adäquaten Nutzung mütterlicher Pflegeleistungen eine Rolle spielen. Entsprechend unterscheiden sich auch die empfohlenen Therapieformen. Bettelheim hält eine Trennung von Mutter und Kind für unerläßlich. Mahler empfiehlt nachdrücklich eine Einbeziehung der Mutter in die Therapie.

Autismus als normales Entwicklungsstadium

Sechs Jahre später gebraucht Mahler erstmals den Begriff des normalen infantilen Autismus (1958, S. 169f.)*. In der Folgezeit erfährt dieses Konzept verschiedene Aus- und Umarbeitungen. Vor allem die zeitliche Datierung der normalen autistischen Phase schrumpft von anfänglich zwei Monaten auf später drei bis vier Wochen. Die Wahl eines Begriffs aus der Krankheitslehre zur Kennzeichnung eines normalen Entwicklungsstadiums wird zweifach begründet. Zum einen ist der pathologische Autismus eine Fixierung und/oder Regression auf den normalen Autismus (Mahler 1958, S. 169; 1968, S. 72)**. Zum zweiten gibt es Gemeinsamkeiten zwischen beiden. Die wichtigsten sind die Wendung der Aufmerksamkeit nach innen und die Nichtwahrnehmung der Außenwelt.

Diese Begriffswahl und ihre Begründung ist eine schöne Illustration für das, was Peterfreund (s. Kap. 1) den pathomorphen Mythos in der Psychoanalyse genannt hat. Dabei dienen spezifische Charakteristika von Krankheiten als kennzeichnende Merkmale normaler Entwicklungsphasen. Den normalen Autismus in seiner endgültigen Fassung (Mahler et al. 1975) kann man so zusammenfassen: Er ist die psychophysiologische Verfassung des menschlichen Säuglings in den ersten vier Wochen nach der Geburt, und ist dadurch gekennzeichnet, daß die Aufmerksamkeit des Säuglings nach innen – vermutlich auf seine Körperempfindungen – gerichtet ist, so daß die äußere Welt und die Mutter nicht wahrgenommen werden. Es gibt kein oder kaum ein Interesse an der Außenwelt. Die vorherrschende Aufgabe dieser Entwicklungsphase ist die Etablierung einer Homöostase, d. h. eines Minimums an Koordination der inneren Subsysteme wie Schlafen und Wachen, Nahrungsaufnahme, Verdauung, Temperaturregelung etc.

---

* Diese Arbeit fehlt leider in den »Studien« (Mahler 1985).
** Manchmal behauptet Mahler auch das Gegenteil, daß nämlich die autistischen Psychosen *keine* Regressionen auf ein normales Entwicklungsstadium sind (1968, S. 61, 70, 232).

An Mahlers verschiedenen Darstellungen des Autismus fällt auf, daß kaum Beobachtungen oder Beschreibungen von Säuglingen in diesem Zustand mitgeteilt werden, aber viele metapsychologische Charakterisierungen. Es ist die Rede von der Reizschranke, die dadurch zustande komme, daß die Libido vorwiegend auf das Körperinnere konzentriert sei; erst durch eine allmähliche Besetzungsverschiebung dieser Libido zur Körperperipherie werde auch das Sensorium für die Außenwelt zunehmend aktiv. Es ist weiter die Rede von einer angeborenen Neigung zur vegetativen Regression, die erst durch Besetzungsverschiebungen zur Körperperipherie überwunden werde. Wir hören von einer halluzinatorischen Desorientiertheit des Säuglings und von halluzinatorischer Omnipotenz. Bei letzterer wird sogar in Anlehnung an Ferenczi (1913) eine absolute und eine bedingte Form unterschieden – und das alles auf wenigen Seiten (Mahler et al. 1975, S. 60, S. 62 f.).

An schönen metapsychologischen Spekulationen kann man seine Freude haben, aber ihr Übergewicht verweist auf einen Mangel an empirischen Beobachtungen, die Entscheidungskriterien für oder gegen das tatsächliche Vorliegen eines normalen infantilen Autismus bereitstellen könnten. Mahler räumt das übrigens selbst ein, wenn sie schreibt, daß sie das genaue Stadium dieser Phase anderen überlassen hätte und ihre Beschreibungen der ersten beiden Phasen (Autismus und Symbiose) deshalb metapsychologischer sei als die der folgenden (ebd., S. 57).

Normaler Autismus ist also, so kann man zusammenfassen, ein vorwiegend metapsychologisches Konzept mit zugegebenermaßen geringem empirischem Gehalt. Es soll die vermutete Wahrnehmungseinstellung des Säuglings beschreiben, die durch einen Mangel an Interesse für die Außenwelt und die Unfähigkeit zur genauen Wahrnehmung derselben gekennzeichnet ist.

Die Säuglingsforscher haben mittlerweile diese Phase studiert, und einige Befunde, die im zweiten Kapitel referiert wurden, beziehen sich auf die ersten Lebenswochen. Diese Ergebnisse stützen nicht die Auffassung von der Existenz eines normalen infantilen Autismus. Versteht man unter Autismus den Mangel an Interesse für äußere Reize und die Unfähigkeit, diese differenziert wahrzunehmen, dann ist der Säugling in den ersten vier Wochen sicher *nicht* autistisch. Erstens ist er zu erstaunlich differenzierten Sinneswahrnehmungen in allen Sinnesmodalitäten und sogar zu deren Koordination in der Lage, und zweitens ist klar, daß er die Außenwelt nicht nur wahrnehmen kann, sondern auch wahrnehmen will. Reize wecken sein Interesse, sie werden aktiv gesucht, verarbeitet und wahrgenommen.

Unter dem Eindruck dieser Ergebnisse haben sich in letzter Zeit die kritischen Stimmen vermehrt, die für eine Aufgabe des Autismuskonzepts plädieren (Peterfreund 1978; Klein 1981; Lichtenberg 1981; Brody 1982; Stern 1983, 1985; Silverman 1986; Tustin 1991). Was läßt sich zur Verteidigung des Autismus vorbringen?

Argumente für die Beibehaltung des Autismuskonzepts

Die Relativierung des Konzepts

Ein Argument lautet, daß der Autismus des Neugeborenen nicht absolut ist, sondern relativ (Pine 1981, S. 24). Gelegentlich ist auch von einem Quasi-Autismus die Rede (Weil/Harley 1979, S. 11). Die Autoren können sich auf Mahler stützen, die in ihrer letzten Beschreibung des Autismus darauf hinweist, daß es gelegentlich eine »flüchtige Reaktionsbereitschaft« auf äußere Reize gibt, die eine Art Übergang zur symbiotischen Phase darstellt. Dadurch ist eine Kontinuität zwischen beiden Phasen gesichert (Mahler et al. 1975, S. 61).

Aus zwei Gründen halte ich dieses Argument für nicht überzeugend. Zum einen ist die Reaktionsbereitschaft auf äußere Reize nicht flüchtig, sondern äußerst stabil. Neugeborene folgen einem Gegenstand in ihrem Blickfeld mit den Augen (Wolff 1966) und unterbrechen sogar die Nahrungsaufnahme, sobald ein attraktiver Reiz in ihrem Gesichtsfeld erscheint. In der Dunkelheit oder in einem objektlosen Lichtfeld machen sie Augenbewegungen, um den Reizinput zu maximieren, der für das neuronale Wachstum unerläßlich ist. Von störenden, nicht optimalen Reizen wenden sie sich nicht einfach »autistisch« ab, sondern sie verfügen über ein erstaunliches Repertoire im Umgang mit nicht optimaler Stimulation (detaillierte Beschreibungen bei Bebee/Stern 1977; Bebee 1986). Um nur ein Beispiel zu nennen:

Weist man Mütter an, ihr natürliches Interaktionsverhalten willkürlich zu verändern, etwa indem sie ihre Gesichtsmimik stillstellen oder konstant am Kind vorbeischauen, so versuchen schon zwei Monate alte Kinder mit den verschiedensten Mitteln, das Interaktionsverhalten der Mutter wieder zu normalisieren. Sie suchen Augen- und Gesichtskontakt, gestikulieren mit Armen und Beinen, verändern den Gesichtsausdruck, vokalisieren – alles in der erkennbaren Bemühung, diese dystonische Form der Stimulierung zu verändern. Erst wenn sie nach mehreren Versuchen damit keinen Erfolg haben, fangen sie an zu schreien oder sich zurückzuziehen.

Zum zweiten scheint mir die Verteidigung des Konzepts durch seine Relativierung letztendlich unfruchtbar zu sein, weil sie auf eine Immunisierung von Begriffen hinausläuft. Stellt sich heraus, daß das Neugeborene nicht autistisch ist, so wird behauptet, es sei relativ autistisch. Diese Denkfigur ermöglicht es, alle nicht-autistischen Manifestationen mit Hilfe des Begriffs »relativ« doch noch zu berücksichtigen, ohne das Konzept aufzugeben. Der Nicht-Autismus *relativiert* den Autismus, aber er *widerlegt* ihn nicht. Da kein Kriterium angegeben werden kann, wann die Relativierungen zu Widerlegungen kumulieren, kann am relativen Autismus unendlich lang festgehalten werden. Empirische Forschung kann so niemals von bestimmten Konzepten wegführen, und alle Ergebnisse der Neugeborenenforschung über die Aktivität, Soziabilität und Aufgeschlossenheit neuen Reizen gegenüber können immer wieder nur als eine Relativierung des Autismus behauptet werden.*

Ein weiterer Nachteil dieses Verfahrens ist, daß sich die ursprüngliche Bedeutung des Begriffs dabei bis zur Unkenntlichkeit verdunkelt. Hieß Autismus ursprünglich »von der Außenwelt abgeschlossen, an dieser desinteressiert«, so ist es jetzt möglich, ein äußerst starkes Interesse an der Außenwelt noch unter den Begriff des Autismus zu pressen, und zwar mit Hilfe des Wortes »relativ«. Dadurch verkehrt sich der Sinn des Begriffs in sein Gegenteil. Ich finde es treffender und auf lange Sicht auch ergiebiger, den Sachverhalt, daß Säuglinge Interesse an der Außenwelt haben und sie differenziert wahrnehmen, auch so auszudrücken und ihn nicht durch den Begriff des relativen Autismus zu verwischen.

Das Relativierungsargument hat auch eine wissenschaftstheoretische Seite. Die grundsätzliche Frage lautet: Wann und wie sollen Begriffe, die innerhalb einer Theorie und Tradition bestimmte Dienst geleistet haben, aufgegeben und durch neue ersetzt werden? Sollte dies schrittweise geschehen, durch Relativierung von Begriffen und Erweiterung ihrer Bedeutung, mit der Gefahr, daß die Bedeutungserweiterungen oft an die Grenze gelangen, an der vom ursprünglichen Be-

---

* Ähnlich verhält es sich mit dem Konzept der Undifferenziertheit oder mit dem der Passivität des Neugeborenen. Es hat sich mittlerweile herausgestellt, daß das Neugeborene ein äußerst differenziertes und aktives Wesen ist. Das veranlaßt manche Autoren, von einer relativen Undifferenziertheit des Neugeborenen, verglichen mit späteren Lebensphasen, zu sprechen (Greenspan/Porges 1984, S. 51 f.) oder von einer relativen Passivität.

griff wenig übrigbleibt? Dann werden die Begriffe oft überkomplex und nur noch für Eingeweihte, welche die Theorietradition kennen, verständlich. Die Theorie verliert ihre Anziehungskraft für »Newcomer« und innovative Temperamente und ist für Neues nur noch langsam zugänglich. Oder, so die Alternative, sollte die Ersetzung alter Begriffe durch neue ein schwungvoller Prozeß sein, der freudig betrieben wird, mit dem Vorteil größerer Begriffsklarheit und eindeutiger Begriffsinhalte, aber mit dem Nachteil geringerer theoretischer Kontinuität? Dies kann die Herausbildung eines von allen über längere Zeit geteilten Theoriekorpus erschweren und so die Konstitution einer eigenständigen wissenschaftlichen Disziplin behindern.

Beide Positionen haben etwas für sich. Zum gegenwärtigen Zeitpunkt kann die Psychoanalyse meines Erachtens allerdings von der innovativen Position mehr profitieren.

Autismus als neurologische Entwicklungsphase und die mangelnde psychische Signifikanz früher Kompetenzen

Verschiedene Säuglingsforscher haben nachgewiesen, daß es in der Entwicklung des Säuglings Zeiten gibt, in denen ein qualitativer Sprung stattfindet. Spitz (1959) hatte das in seinem Konzept der Organisatoren der Entwicklung ebenfalls behauptet. In Anlehnung daran sprechen Emde et al. (1976) von »biobehavioral shifts«, deren erster mit ca. zwei Monaten stattfindet. Sein wesentliches Merkmal ist es, daß Verhalten, das bisher unter endogener Kontrolle stand, nun exogen kontrolliert oder beeinflußt werden kann. Ganz vereinfacht gesagt, ist damit folgendes gemeint: Bestimmte Verhaltensweisen und Reflexe, die bisher spontan abgelaufen sind und von bestimmten neuronalen Prozessen im Stamm- und Mittelhirn gesteuert werden, können im Verlauf der neurologischen Reifung willkürlich gehemmt und unter den Einfluß des Großhirns gebracht werden. Das Greifen beispielsweise ist mit der Zeit kein Reflex mehr, sondern eine willkürlich einsetzbare Bewegung. Das gleiche gilt für Schlucken, Atmen u. a.

Von manchen Autoren wird das Überwiegen endogener Kontrolle oder anders ausgedrückt, die Nicht-Willkürlichkeit mancher Verhaltensweisen in den ersten vier bis acht Wochen als Rechtfertigung des Autismuskonzepts herangezogen. Autismus wird umdefiniert in die Spanne der Säuglingsentwicklung, in der die Außenwelt auf das Verhalten keinen großen Einfluß hat, weil das Verhalten vom Säugling nicht willkürlich in Anpassung an die wechselnden Erfordernisse der Außenwelt verändert werden kann.

Dies ist für viele Verhaltensweisen sicher richtig, aber ich zweifle, ob der Autismus damit zu retten ist. Statt ihn in die Zeitspanne umzudefinieren, in der das Verhalten überwiegend oder teilweise stamm- und mittelhirnreguliert ist, sollte man den gemeinten Sachverhalt lieber so ausdrücken. Die Gleichsetzung von Autismus und Stammhirnregulation ist auch deshalb überflüssig, weil es Phasenmodelle der frühen Entwicklung gibt, welche die Stammhirnregulation berücksichtigen, ohne von Autismus zu reden (z. B. Brazelton / Als 1979). Außerdem sind schon Neugeborene in der Lage, stammhirngesteuerte Reflexe willkürlich zu unterdrücken, wenn diese sie bei der Konzentration auf einen interessanten Reiz stören (s. Brazelton / Cramer 1989, S. 82, 125).

Es ist allerdings zutreffend, daß es frühe Verhaltensweisen gibt, die mit dem Wachstum der Großhirnrinde zurückgehen, beispielsweise die frühen Schreitbewegungen des Neugeborenen oder die Fähigkeit zur Lokalisierung von Tönen. Solche Fähigkeiten sind bei Geburt hoch entwickelt und werden zu diesem Zeitpunkt vermutlich vom Zwischenhirn gesteuert. Im Maße der Myelinisierung des Nervensystems gehen sie zurück, um zu einem späteren Zeitpunkt wiederaufzutauchen, jetzt aber nicht mehr vom Zwischenhirn, sondern vom Großhirn gesteuert. Dieser Entwicklungsverlauf zeigt, daß nicht alles, was differenziert ist, eine willkürliche oder intentional gesteuerte Fähigkeit sein muß. Manches davon ist ein unwillkürlich ablaufendes biologisches Programm. Dowling (1981, 1985) hat das zum Anlaß genommen, die Befunde über die Differenziertheit und Kompetenz des Säuglings hinsichtlich ihrer psychischen Signifikanz anzuzweifeln. Die beschriebenen Fähigkeiten sind seiner Meinung nach Automatismen, die keine psychische Bedeutung haben, weil sie nicht psychischer Kontrolle unterworfen oder von Bewußtsein begleitet sind. Es sei von den Kleinkindforschern zwar gezeigt worden, daß es so etwas wie eine »neonatale Organisation« des Verhaltens vor der präsymbolischen gibt, aber ihre Bedeutung für die Psychologie sei noch unklar.

Dowling hat recht, aber nur für einige der frühen Kompetenzen wie z. B. die Schreitbewegungen. Für andere gilt eher das Gegenteil. Das frühe Lächeln ist hierfür ein gutes Beispiel. Es beginnt mit der Geburt als eine reflexhafte Aktivität, der vermutlich elektrische Aktivitäten des Gehirns zugrunde liegen. Mit sechs Wochen wird das Lächeln erstmals durch einen visuellen Reiz ausgelöst, am besten durch den Anblick eines Gesichts. Während es vorher eher ein Zucken der Mundwinkel war, wird es jetzt von den Eltern als Lächeln identifiziert. Ab diesem Zeitpunkt ist es kein bloßer Automatismus mehr, sondern ein vom Affekt der Freude begleitetes Signal, das die Interaktion mit der Betreuungsperson und ihre affektive Tönung wesentlich beeinflußt, selbst wenn zu diesem Zeitpunkt noch unterschiedslos alle Gesichter angelächelt werden.

Mit ca 2 ½ bis drei Monaten beginnt selektives Anlächeln von Gesichtern, und das mütterliche Gesicht wird häufiger oder stärker angelächelt als andere. Das Lächeln ist dann nicht mehr nur ein soziales Signal, sondern ein Zeichen des Wiedererkennens einer spezifischen Person und ein Ausdruck der Freude. Nun kann das bekannte Lächelspiel beginnen, in dem der Säugling die Mutter lächeln macht und die Mutter den Säugling. Diese Evolution des Lächelns vom Automatismus zum affekthaltigen Signal zeigt, daß erstens viele dieser frühen Fähigkeiten nicht verlorengehen, sondern sich kontinuierlich entwickeln, und zweitens, daß sie oft von Affekten begleitet sind, die ihnen psychische Bedeutung verleihen. Ihre globale Abwertung als psychisch bedeutungslos ist daher nicht gerechtfertigt.

Autismus und Schlaf

Neugeborene schlafen täglich zwölf bis 16 Stunden. Kann man sie deshalb als autistisch bezeichnen? Ich glaube nicht. Der Neugeborenenschlaf ist nämlich eine ziemlich aktive Angelegenheit, und zwar sowohl in neuronaler als auch in motorischer Hinsicht. Roffwarg et al. (1966) haben in einer bahnbrechenden Arbeit über die Ontogenese des menschlichen Schlafzyklus festgestellt, daß Neugeborene ungefähr 50 % ihrer Schlafenszeit im neuronal aktiven Zustand des REM-Schlafes verbringen. Gegen Ende des ersten Jahres sind es noch 30 % und beim Erwachsenen noch ungefähr 20 %. Die Autoren haben die Hypothese aufgestellt, daß der frühkindliche Organismus nicht so sehr Reize ausschließt, als vielmehr welche sucht, und sie sehen die biologische Funktion des REM-Schlafes darin, daß er das Gehirn des Neugeborenen mit den für das Wachstum notwendigen Reizen versorgt. Bezüglich der motorischen Aktivität haben Emde et al. (1976) herausgefunden, daß sie bei Neugeborenen im Schlaf oft größer ist als in ruhigen Wachzuständen.

Der Schlaf ist also ein ziemlich aktiver Zustand, auch wenn zugegebenermaßen vorwiegend innere Reize verarbeitet werden. Diese (relative) Abgeschlossenheit von äußeren Reizen könnte die Qualifizierung des Schlafens als autistisch rechtfertigen. Man muß sich dann aber klarmachen, daß man wieder nur eine Umdefinition vorgenommen hat und statt Schlaf jetzt Autismus sagt. Ursprünglich hatte das Autismuskonzept aber etwas über die Wahrnehmungsfähigkeit im *Wachzustand* aussagen sollen. Es ist sinnvoll, diese Differenzierung klar beizubehalten, weil im Wachzustand die zwischenmenschlichen Erfahrungen gemacht werden, welche die Psychoanalyse zu Recht für charakter- und strukturbildend hält.

Resümee

Insgesamt komme ich bei Würdigung der vorgetragenen Argumente zu dem Schluß, daß das Konzept einer normalen autistischen Phase aufgegeben werden sollte. Mahler und ihre Anhänger tendieren unter dem Eindruck der Säuglingsforschung ebenfalls in diese Richtung (Lester 1983, S. 135; Bergman/Ellman 1985, S. 240; Bergman/Pollens 1985, S. 544; Stern 1985, S. 235; Kaplan 1987, S. 35, 39). Dies geschieht nicht immer ganz eindeutig und manchmal nur mit Einschränkungen, aber den verschiedenen Formulierungen kann man doch entnehmen, daß auch die Mahlerianer vom Nutzen des Autismuskonzepts nicht mehr sehr überzeugt sind. Seine Aufgabe sollte auch deshalb nicht schwerfallen, weil es für Mahlers Theorie der Entwicklung von Loslösung und Individuation keinen zentralen Stellenwert hat (Pine 1981, S. 25; Bergman/Ellman 1985, S. 251 ff.).

Beim Symbiosebegriff, dem ich mich jetzt zuwende, ist dies anders. Er ist für Mahlers Theorie ungleich bedeutsamer. Zum einen drückt sich in ihm die Vorstellung aus, daß beim Menschen biologische und psychische Geburt auseinanderfallen und der menschliche Säugling psychisch erst mit dem Ausschlüpfen aus der Symbiose geboren wird. Zum anderen ist er grundlegend für die Idee vom symbiotischen Ursprung der *conditio humana*. Dieser symbiotische Ursprung ist verantwortlich für die lebenslange, nie gänzlich zu überwindende Sehnsucht des Menschen nach dem Paradies der Zweieinheit.

Symbiose

Begriffsklärung

Der Symbiosebegriff stammt ursprünglich aus der Biologie. Er meint dort ein Zusammenleben von in der Regel artverschiedenen Organismen zum wechselseitigen Nutzen. Dieser unterscheidet die Symbiose vom Parasitismus, bei dem nur einer von beiden den Nutzen hat.

Erich Fromm hat den Begriff in die psychoanalytische Literatur eingeführt. In »Die Flucht vor der Freiheit« schreibt er:

> »Symbiose im psychologischen Sinn heißt die Vereinigung eines individuellen Selbst mit einem anderen Selbst... wobei jeder die Integrität seines eigenen Selbst verliert und eines vom anderen abhängig wird« (Fromm 1941, S. 157).

Den psychodynamischen Hintergrund symbiotischer Bedürfnisse diskutiert er im Kontext von Sadismus und Masochismus. Symbiotische Bedürfnisse sind für ihn Ausfluß von Herrschafts- und Unterwerfungsbestrebungen, die aus der gefühlten Ohnmacht oder Isolation des eigenen Selbst herrühren. Fromm konzentriert sich in seiner Analyse vor allem auf die soziologischen und sozialpsychologischen Rahmenbedingungen solcher Isolations- und Ohnmachtsgefühle.

Symbiotische Psychosen

In einem entwicklungspsychologischen Sinn verwendet Mahler diesen Begriff zunächst (1952) zur Bezeichnung einer schweren Form frühkindlicher Erkrankungen.* An symbiotischen Psychosen erkrankte Kinder zeigen in den ersten Lebensjahren selten ein auffällig gestörtes Verhalten. Die Psychose manifestiert sich entweder allmählich oder ziemlich abrupt, meist zwischen 2 ½ und fünf Jahren, mit einer Häufung zu Beginn des 4. Jahres. Hauptkennzeichen der kindlichen symbiotischen Psychose sind affektive Panikreaktionen, die Mahler darauf zurückführt, daß das Kind die Wahrnehmung eines eigenen, von der Mutter getrennten Funktionierens nicht verkraften kann. Der symbiotische Wahn ist ein Versuch, die Mutter-Kind-Einheit zu restituieren.

---

* Ähnliche Konzepte gab es allerdings in der psychoanalytischen Literatur schon früher (Überblick bei Pollock 1964).

Ein wichtiger Unterschied zwischen autistischen und symbiotischen Psychosen ist der, daß im Autismus die Mutter als Hilfs-Ich nicht genutzt wird und deshalb das Kind mit äußeren Reizen und innerer Erregung nicht umgehen kann. Es zieht sich zurück, versteift sich oft körperlich und versucht, das Reizchaos mit Hilfe immer wiederholter Bewegungsstereotypien überschaubar zu machen. Bei den symbiotischen Psychosen hat eine Besetzung oder Nutzung der Mutter stattgefunden. Sie kann dann aber, aus welchen Gründen auch immer, nicht mehr *aufgegeben* werden.*

Symbiose als normales Entwicklungsstadium

Die Idee, daß die Symbiose eine normale Entwicklungsphase des menschlichen Säuglings ist, scheint bei Mahler um 1954 entstanden zu sein. In diesem Jahr hatte sie vor der *Baltimore Psychoanalytic Society* einen Vortrag mit dem Titel »On normal and pathological symbiosis« gehalten. Eine erste ausführliche publizierte Darstellung des Konzepts erfolgte ein Jahr später (Mahler/Gosliner 1955). Hier wird erstmals postuliert, daß eine adäquat durchlaufene symbiotische Phase eine Vorbedingung für die spätere erfolgreiche Ablösung von der Mutter ist, und auch der Gedanke vom symbiotischen Paradies erscheint hier erstmals.

Das Konzept der normalen Symbiose erfuhr in den folgenden Jahren bis zu seiner endgültigen Ausgestaltung eine Reihe von Umarbeitungen und Präzisierungen. Vor allem die Dauer der symbiotischen Phase wurde von ursprünglich zwölf auf schließlich fünf Monate eingegrenzt. Ähnlich wie beim Autismus können auch für die Symbiose verschiedene Charakterisierungen aus Mahlers Texten herausgefiltert werden. Der findige Milton Klein (1981) stellt vierzehn Versionen zusammen. Ich begnüge mich mit folgender Zusammenfassung: Normale Symbiose nennt Mahler den Zeitabschnitt zwischen vier bis sechs Wochen und fünf Monaten. Sie ist gekennzeichnet durch ein dunkles Gewahr-

---

* Die klinische Realität ist oft komplizierter als diese vereinfachte Darstellung. Es kann vorkommen, daß die Reaktion auf eine nicht ausgehaltene Trennung von der Mutter kein symbiotischer Wahn ist, sondern das, was Mahler »sekundären Autismus« nennt. Er ist eine psychotische Form des Negativismus, in dem die Trennungswahrnehmung nicht durch symbiotische Phantasien, sondern durch vollständigen Rückzug, der die wahrgenommene Angst und Abhängigkeit verleugnet, bewältigt, bzw. abgewehrt wird (Mahler 1952, S. 186, 200; Mahler/Gosliner 1955, S. 162 f.).

werden der Außenwelt und des mütterlichen Objekts. Dieses Objekt wird nicht als unabhängig von der eigenen Person erfahren, sondern als mit ihr verschmolzen. Erlebt wird eine unabgegrenzte Zweieinheit. Ich und Nicht-Ich sind ungeschieden und werden wie Innen- und Außenwelt erst allmählich voneinander getrennt wahrgenommen. Wenn man das autistische Stadium objektlos nennen könnte, so das symbiotische Stadium präobjektal, und zwar in dem Sinne, daß das Objekt hier noch kein spezifisches, unverwechselbares ist, sondern nur eine Ahnung entsteht, daß da noch etwas »anderes« ist.

Das Hauptkennzeichen dieser Phase ist die »halluzinatorisch-illusorische somatopsychisch omnipotente Fusion mit der Mutter« (Mahler et al. 1975, S. 63) und ihre libidinöse Besetzung im Rahmen einer Zweieinheit. Daraus entsteht die Haupterrungenschaft dieser Phase, das libidinöse Band zwischen Mutter und Kind, ausgedrückt im spezifischen Lächeln. Ein weiteres Hauptkennzeichen ist die gesteigerte Aufmerksamkeit für Reize, von denen wir, im Gegensatz zum Säugling wissen, daß sie von außen kommen (Mahler 1974, S. 614).

Das gefühlhafte Erleben des vermuteten Verschmelzungszustandes wird metapsychologisch so erklärt: Die Selbst- und Objektrepräsentanzen sind in dieser Phase verschmolzen (bis fünf Monate). Im weiteren Verlauf werden sie in getrennte Selbst- und Objektrepräsentanzen differenziert, wobei gute und schlechte Selbst- und Objektbilder ebenfalls voneinander getrennt sind (fünf bis 18 Monate; Teilobjektbeziehungen). Anschließend findet eine zunehmende Integration der verschiedenen Repräsentanzen zu ganzen Selbst- und Objektbildern statt, die, wenn libidinöse Beziehungserfahrungen vorherrschen, überwiegend gut sind (ab 18 Monate). Diese metapsychologische Sequenz ist besonders von Jacobson (1954, 1964) und Kernberg (1972, 1976) ausgearbeitet worden.

Was bei Mahlers Beschreibungen der Symbiose auffällt, ist, ähnlich wie beim Autismus, die übermäßige Verwendung metapsychologischer Begriffe (Mahler et al. 1975, S. 62 ff.). Im Gegensatz dazu fehlt empirisches Beobachtungsmaterial von Säuglingen in dieser Phase fast vollständig. Darüber hinaus ist der Symbiosebegriff Mahlers zweideutig. Zum einen soll er eine *Phantasie* des Säuglings beschreiben, zum anderen die *tatsächliche Beziehung*. Diese Doppeldeutigkeit ist auch anderen Autoren aufgefallen (Peterfreund 1978, S. 430; Greenberg/Mitchell 1983, S. 285 f., 346 f.). Zunächst zur Symbiose als Beziehung.

Argumente für die Beibehaltung des Symbiosekonzepts

Symbiose als Beziehung

Man kann die Meinung vertreten, daß das Vorherrschen metapsychologischer Begriffe nicht ausreicht, um das Symbiosekonzept wegen mangelnden empirischen Gehalts aufzugeben, denn es könnte ja sein, daß andere Forscher Beobachtungen beibringen,die illustrativ für eine symbiotische Mutter-Kind-Beziehung sind. Brody (1982, S. 562f.) und Lang (1988, S. 39f.) weisen darauf hin, daß die Beziehung von Mutter und Kind im ersten Lebensjahr oft von besonderer Harmonie ist. Lichtenberg (1983, S. 83, 105) erwähnt, daß sich das Kind im ersten Dreivierteljahr vorwiegend innerhalb einer Interaktionsmatrix mit der Mutter bewegt und erst danach die Loslösung (disengagement) aus der Matrix beginnt bzw. zu überwiegen beginnt. Auf den ersten Blick scheint kein großer Unterschied zwischen dieser Formulierung und der von Mahler zu bestehen, daß sich das Kind in einem symbiotischen Umkreis mit der Mutter befindet. Lichtenbergs Diskussion des Problems ist aufschlußreich. Er meint (1985, S. 628ff.), daß die vielen Studien zur frühen Interaktion von Mutter und Kind, die ein erstaunliches Ausmaß an Abgestimmtheit, Wechselseitigkeit, Reziprozität und Zusammenpassen dokumentieren, das Symbiosekonzept *nicht* stützen, sondern widerlegen, weil in ihm nicht ausreichend berücksichtigt wird, daß der Säugling schon in der frühesten Interaktion ein aktiver, initiativer und kompetenter Partner ist. Viele Interaktionen werden vom Säugling eingeleitet, ihr Verlauf wird von ihm kontrolliert und reguliert, und auch die Beendigung wird von beiden Partnern in äußerst subtiler Weise ausgehandelt. Wechselseitiger Blickkontakt, Blickabwenden, Wiederaufnahme des Kontakts, bestimmte wechselseitige Vokalisierungen, bestimmte Kopfbewegungen, das genaue zeitliche Timing der verschiedenen Verhaltensweisen – dieses ganze filigrane Repertoire, das man in detaillierten Filmaufnahmen zutage fördern und dokumentieren kann zeigt, daß die interaktionelle Harmonie keine symbiotische im herkömmlichen Sinne ist. Sie ist nicht passiv und regressiv, kein seliges Verschmelzen, das der Säugling rezeptiv geschehen läßt und dem er sich hingibt, sondern etwas, was er aktiv herstellt und mitgestaltet. Kurz: Die vielfältige Aktivität in der Regulierung der Interaktionen zusammen mit den geschilderten kognitiven Fähigkeiten legen es nahe, das Konzept der Symbiose mit seinen Konnotationen der Unabgegrenztheit, Undifferenziertheit, Verschmolzenheit, Passivität und Rezeptivität skeptisch zu betrachten.

Wie sind die Mahlerianer mit den empirischen Befunden zur frühen Interaktion, die ich im folgenden Exkurs noch ausführlicher darstelle, umgegangen? Ähnlich wie beim Autismus. Sie definieren das Konzept einfach um. Symbiose soll nun nicht mehr durch passives Verschmelzen oder mangelnde Wahrnehmung der Unterscheidung von Ich und Außenwelt gekennzeichnet sein, sondern hat jetzt genau die Attribute, welche die Kleinkindforscher der frühen Interaktion beilegen: Synchronie, Aktivität, Eingestimmtheit, Wechselseitigkeit (s. Bergman/Ellman 1985, S. 240; Bergman/Pollens 1985, S. 544; Kaplan 1987, S. 39). Ich denke – in Anlehnung an meine Ausführungen zum Autismusbegriff –, daß diese Umdefinition den ursprünglichen und etablierten Bedeutungsgehalt des Begriffs so grundlegend ändert, daß eine Beibehaltung der alten Terminologie zur Bezeichnung der neuen Sachverhalte eher Verwirrung schafft als Klarheit.

Exkurs: Der kompetente Säugling II: Interaktionskompetenz

I. Das folgende Beispiel von Brazelton et al. (1975, S. 141 f.) schildert die typische Interaktionssequenz eines 60 Tage alten Säuglings mit seiner Mutter:

»Der Säugling schaut zur Seite, von der die Mutter hereinkommen wird. Er liegt völlig ruhig in seiner Kinderwippe, mit ernstem Gesicht, herunterhängenden Backen, halb geöffnetem Mund, nach unten gezogenen Mundwinkeln, aber in seinen Augen liegt ein erwartungsvoller Blick. Sein Gesicht und seine Hände weisen in dieselbe Richtung. Als seine Mutter hereinkommt, mit hoher, sanfter Stimme ›Hallo‹ sagt und sich ihm dabei nähert, folgt er ihr mit Kopf und Augen. Er wirkt jetzt gespannt, und Gesicht und Augen öffnen sich zu einer richtigen Begrüßung, die in ein Lächeln einmündet. Sein Mund wird breit und sein ganzer Körper orientiert sich in ihre Richtung. Er entspannt sich, bewegt zweimal die Zunge zwischen den Lippen, sein Lächeln erlischt, und er schaut kurz nach unten, während sie mit zunehmend auffordernder Stimme spricht. Während dessen bleibt sein Gesicht und seine Stimme still, aber sein ganzer Körper ist ihr zugewandt. Er schaut nach unten und sie beginnt, seine Hüften und Beine zart und fürsorglich zu bewegen. Er schaut mit einem breiten Lächeln wieder hoch, die Augen werden schmal, eine Hand führt er grunzend und vokalisierend zum Mund und dann fängt er an, mit Armen und Beinen in ihre Richtung zu fuchteln.

Während seine Aktivität zunimmt, wird ihr Lächeln breiter, sie fängt an, lauter und mit einer höheren Stimme zu sprechen; dabei akzentuiert sie seine Vokalisierungen mit ihren eigenen und seine Aktivität damit, daß sie seine Beine bewegt. Sein Lächeln, seine Vokalisierungen und seine fuchtelnden Arm- und Beinbewegungen kommen und gehen in einem Zwei-Sekunden-Rhythmus. So entstehen kleine Aufmerksamkeits- und Bewegungszyklen, die auf sie gerichtet sind. Sie hält seine Hüften mit ihren Händen, als wolle sie seine Erregung vor dem Überschäumen bewahren. Mit Stimme, Gesicht und Händen moduliert und akzentuiert sie sein Verhalten. Er schaut wieder nach unten, mit ernüchtertem Blick, und zieht eine Schnute (nach 40 Sekunden). Sie schaut auf seine Füße, dann in sein Gesicht, und auch er schaut sie wieder an. Sie läßt seine Beine los, und er zieht sie wieder an seinen Körper. Er bricht dreimal in breites Lächeln und staccato-ähnliche Vokalisierungen aus. Jedesmal ›öffnet‹ sich sein Gesicht ganz weit, und seine Beine und Arme strecken sich zu ihr. Sie scheint von seinen Ausbrüchen gefesselt, ihr Lächeln wird breiter und ihre Stimme heller. Nach jedem Ausbruch wird sein Gesicht ernst, seine Glieder ruhig, und sie beruhigt sich ebenso wie er. Nach 70 Sekunden wird er ganz ruhig und schaut mit dunklem, ernstem Gesicht auf seine Füße. Sie wird sehr still, ihr Gesicht ernst, ihre Stimme langsamer und tiefer. Ihr Mund ist nach unten gezogen und spiegelt seinen ernsthaften Gesichtsausdruck wider. Nach 3 Sekunden hellt sich sein Gesicht wieder auf, er lächelt breit und macht Zungenbewegungen. Dieses Mal ist er etwas zurückgezogener, die Bewegung seiner Extremitäten und seine Aufregung ist gedämpfter. Sie reagiert sofort, schüttelt auffordernd den Kopf, lächelt sanft, und ihre Stimme wird kräftiger. Er produziert zwei weitere Staccato-Vokalisierungen mit Lächeln und ruckartigen, fuchtelnden Beinbewegungen in ihre Richtung. Sie umfaßt seine Hüften, aber diesmal folgt ihre stimmliche Erregung nicht seiner körperlichen. 6 Sekunden später schaut sie nach unten und hält seine Arme mit ihren Händen, als wolle sie seine Aufregung unter Kontrolle halten. 10 Sekunden später folgt er ihrem Blick, seine Bewegungen beruhigen sich, und sein Gesicht wird ernsthaft. Jetzt, nach insgesamt 90 Sekunden, ist sie ebenfalls ganz ernsthaft. Er niest, sie antwortet mit einem ›Gesundheit‹ und nickt ihm mit aufgehelltem Gesicht zu. Sie fängt an, auf ihn einzureden, während er ernsthaft ihr Gesicht studiert. Schließlich lächelt er, sie wirft den Kopf nach hinten und lächelt breit und aufgeregt. Danach beruhigen sich beide. Er schaut sie jetzt ernsthaft und ruhig an. Sie spricht ernst mit ihm und hält seine Pobacken und seine Beine zwischen ihren Händen. Nach längeren Intervallen lächelt er sie ziemlich kurz und tastend, aber durchaus aufmunternd an. Nach jedem Lächeln wird sein Gesicht wieder ernsthaft und sein Körper völlig bewegungslos. Sie reagiert lächelnd auf sein Lächeln, verändert aber ihren Tonfall nicht und spricht weiter ruhig. Nach 135 Sekunden schaut er auf seine Füße, lächelt länger, und seine Zunge wird zwischen den Lippen sichtbar. Auch seine Beine rudern auf sie zu. Sie schaut mit ihm zusammen nach unten und fängt an, seine Beine (mit ihren Händen) mitzubewegen. Während er sie anlächelt, schaut sie hoch, ihr Gesicht hellt sich auf, sie bewegt seine Beine schneller, und ihre Stimme wird lauter. 5 Sekunden später läßt sein Lächeln nach, und er schaut wieder weg. Danach beginnt eine weitere Runde mit beidseitigen ernsten Blicken, die mit kurzen Lächelepisoden abwechseln. Sie folgt jetzt seinen Hinweisen, ›pumpt‹ mit seinen Beinen, lächelt und vokalisiert mehr und steuert auf einen endgültigen Höhepunkt zu. Beide lächeln breit, ihre Stimme wird höher, ihre Hände an seinen Beinen aktiver. Er beruhigt sich als erster und schaut ernst nach unten. Ihr breites Lächeln verschwindet, sie läßt seine Beine los und macht Anstalten wegzugehen. In diesem Augenblick schaut er sie flehentlich an, seine Mundwinkel sinken nach unten, die Augenbrauen ziehen sich zu einem Bogen, Arme und Beine beruhigen sich, und er folgt ihr mit Kopf und Augen, während sie sich entfernt.«

Das klingt nicht sehr symbiotisch! Die mikroanalytische Auswertung dieser zwei Minuten langen Episode ergibt, daß sie aus fünf Phasen besteht:
1. Initiierung der Interaktion,
2. wechselseitige Orientierung aneinander,
3. bestimmte typische Begrüßungsreaktionen,
4. der Spieldialog,
5. die jeweilige Beendigung der Interaktion.
Nicht in jeder Interaktionssequenz sind alle fünf Phasen vorhanden, und sie müssen auch nicht immer in dieser Reihenfolge auftreten, aber was immer auftritt und in diesen Beispielen besonders deutlich wird, ist der zyklische Charakter der Aufmerksamkeit und der sie begleitenden Affekte. In einem kontinuierlichen Auf- und Abschwung geht in manchen Phasen die Initiative von der Mutter aus, und das Kind folgt; in anderen übernimmt das Kind die Initiative, und die Mutter paßt ihre

Verhaltensweisen in Ton, Gesichtsausdruck und Rhythmus dem Kind an. Auffallend ist die genaue Abgestimmtheit und das Zusammenpassen der beteiligten Verhaltensweisen, die der Interaktion das Gepräge von Harmonie und Flüssigkeit geben, das für eine gelungene Interaktion charakteristisch ist.

II. Untersuchungen des frühen Blickverhaltens sind besonders interessant, weil es nicht nur eine visuelle, sondern in der Dyade auch eine soziale Aktivität ist. Bebee/Stern (1977, S. 52) und Bebee/Lachman (1988) sind der Auffassung, daß die ersten Verinnerlichungen solche von interaktiven Regulierungsprozessen sind. »...was anfänglich verinnerlicht wird, ist nicht ein Objekt per se, sondern eine Objektbeziehung: Handlungen des Selbst, die sich auf Handlungen der Objekte beziehen... Was verinnerlicht wird, schließt deshalb wechselseitig regulierte Abfolgen von mütterlichen und kindlichen Handlungen ein, die eine bestimmte zeitliche Strukturierung aufweisen.« Dies stimmt bestens mit der in der Psychoanalyse von Lorenzer (1972, S. 45) bis Kernberg (1976, S. 57) vertretenen Auffassung überein, daß primär *Beziehungen* internalisiert werden und nicht isolierte Selbst- oder Objektbilder. Das frühe Blickverhalten ist ein wesentlicher Modus der Beziehungsregulierung. Ist Blickkontakt etabliert, entsteht ein dyadisches Muster wechselseitigen Anblickens, wobei die Initiative für Hin- und Wegschauen oft vom Kind ausgeht (Stern 1974). Die Kontrolle der visuellen Interaktion ist eine Möglichkeit, den interaktionellen Input und den damit verbundenen Affekt zu regulieren und auf einem als optimal empfundenen Niveau zu halten. Das Blickverhalten des Säuglings ist eine der ersten Modalitäten in der selbstregulatorische Fähigkeiten erprobt werden und ein Gefühl entstehen kann, die eigene Affektlage zu beeinflussen.* Die Beeinflussung ist zweifach. Zum einen kann die Aufnahme von Interaktionsangeboten durch Wegblicken verringert und durch Hinblicken vergrößert werden. Zum zweiten signalisiert das Hin- und Wegblicken dem anderen ein bestimmtes Bedürfnis, reguliert also auch dessen Verhalten.

Klinisch relevant sind solche Interaktionssequenzen, weil sie auch als Beschreibung früher Bewältigungs- und Abwehrmechanismen gelesen werden können. Es gibt nämlich ausgesprochen gewalttätige Formen des Blickkontakts, in denen die kindliche Initiative und der zyklische Fluß von Aufmerksamkeit und Abwendung ignoriert wird. Das Kind

---

* Sander (1977) hat dargestellt, daß selbstregulatorische Fähigkeiten mit der Geburt beginnen.

bildet schon früh Strategien aus, um damit fertig zu werden. Brazelton et al. (1974) beschreiben vier solcher Copingmechanismen im Alter von 4 Wochen:

1. Das Kind schrumpft zusammen und wendet sich ab (Flucht);
2. Es versucht mit Händen und Füßen das Unangenehme wegzutreten (Kampf);
3. Es schaut ins Leere oder schläft ein (Verleugnung);
4. Es fängt an zu wimmern oder schreien (Prostest; Verzweiflung).

Zu ähnlichen Ergebnissen gelangt Stern (1971) in seiner Untersuchung der Interaktion einer Mutter mit ihren 3 ½ Monate alten Zwillingen. Einer der beiden Zwillinge hat ein befriedigendes wechselseitiges Blickmuster mit der Mutter etabliert, der andere nicht. Die Mikroanalyse enthüllt, daß die Mutter auf das Kopfabwenden ihres zweiten Zwillings mit vermehrten Anstrengungen reagiert, den Blickkontakt dennoch herzustellen. Das Resultat ist verstärkte Blickvermeidung von seiten des Säuglings. Es entsteht eine maligne Interaktionsspirale und der Eindruck einer kontrollierenden, überstimulierenden, fast verfolgenden Interaktion. Paranoide oder sadomasochistische Strukturen können so auf der Verhaltensebene schon früh entstehen (Köhler 1986, S. 81). Interessanterweise erwies sich dieses frühe Muster der Regulation als prägend für die spätere Entwicklung dieses Säuglings. Er war mit 15 Monaten wesentlich ängstlicher als sein Bruder, grüßte neue Leute mit einem furchtsamen Gesichtsausdruck und weigerte sich überhaupt, sie länger anzuschauen.

III. Frühe Wechselseitigkeit ist nicht auf den Blickkontakt beschränkt. Es gibt wechselseitige Vokalisierungen (Stern et al. 1975), wechselseitige Berührungen (Kaye 1977) und wechselseitige Imitationen (Pawlby 1977). Dabei sind beide Partner beteiligt und initiativ. Besonders beeindruckend ist immer wieder die genaue zeitliche Abgestimmtheit und das Ineinandergreifen der einzelnen Verhaltensweisen (s. Fogel 1977; Stern et al. 1977; Schaffer 1979; Gianino/Tronick 1988). Es entsteht der Eindruck eines Zwiegesprächs, in dem die gezeigten Verhaltensweisen kommunikative Handlungen sind: Einer spricht, und der andere antwortet. Diese Struktur des frühen Dialogs ist in der Literatur vielfach in Begriffen wie Reziprozität, Mutualität, Responsivität und ähnlich beschrieben worden.

IV. Der Austausch früher Vokalisierungen zeigt, daß es nicht nur Wechselseitigkeit im Sinne des abwechslungsweisen Nacheinander gibt, das die erwachsende sprachliche Dialogstruktur kennzeichnet, sondern auch Gleichzeitigkeit. Stern et al. (1975) schildern zwei Modalitäten frühen Vokalisierens. Im Unisono-Modus sprechen Mutter und Kind eher gleichzeitig, im Alterations-Modus eher nacheinander. Beide Arten sind lustvoll und existieren von Anfang an, wobei zunächst die Unisono-Modalität überwiegt. Die Alterations-Vokalisierungen scheinen ab vier Monate deutlich zuzunehmen (Maccoby / Martin 1983, S. 29).

Man könnte spekulieren, ob solche Gleichzeitigkeit nicht symbiotische Empfindungen hervorrufen kann (Köhler 1990, S. 42), weil bei Unisono-Vokalisierungen für den Säugling die Unterscheidung zwischen selbst- und fremd-produzierten Lauten verschwimmt, da beide gleichzeitig gehört werden. Der Säugling wäre dann von ihnen eingehüllt, ohne sagen zu können, ob sie vom Selbst oder vom Objekt herstammen. Ich glaube das nicht und zeige im 4. Kapitel, daß der Säugling sehr wohl in der Lage ist, zwischen beiden Arten von Lauten zu unterscheiden.

V. Auf die wechselseitige Imitation in der frühen Interaktion möchte ich noch etwas näher eingehen. Es ist bekannt, daß Eltern die Gesten ihrer Säuglinge schon früh imitieren. Auch das umgekehrte gilt. Pawlby (1977) hat beschrieben, daß schon vier Monate alte Kinder bestimmte Gesten von Erwachsenen wie Händeklatschen, Arm- und Fingerbewegungen, Kopfnicken, Objekte in den Mund nehmen etc. nachahmen.

In jüngster Zeit haben Untersuchungen zur frühesten Imitation großes Aufsehen erregt. Ausgangspunkt einer hitzig geführten Debatte waren die sensationellen Befunde von Meltzoff / Moore (1977), daß zwölf bis 21 Tage alte Kinder in der Lage sind, Gesichtsausdrücke und Fingerbewegungen von Erwachsenen nachzuahmen. In der Studie von Meltzoff / Moore wurden beispielsweise sequentielles Öffnen und Schließen einzelner Finger aus und zu einer Faust nachgeahmt, außerdem die Gesichtsausdrücke des Zungeherausstreckens, Lippenschürzens und das Öffnen des Mundes zu einer O-Form.

Andere Forscher haben diese Ergebnisse bestätigt und ergänzt. Bard / Milewski (1981) berichten, daß Augenbrauenbewegungen nachgeahmt werden. Dunkeld (1978) hat die Ergebnisse von Meltzoff / Moore für vier Monate alte Säuglinge repliziert, S. Jacobson (1979) für sechs Wochen alte und Meltzoff / Moore (1983 a,b) für 72 Stunden alte Neugeborene. Field et al. (1982) und Field (1985) haben beobachtet, daß schon 45 Stunden alte Neugeborene fröhliche, traurige und überraschte Gesichtsausdrücke von Erwachsenen nachahmen.*

* Siehe auch Kaitz et al. (1988), Reissland (1988), und Meltzoff / Moore (1989).

Die Auslösebedingungen und Mechanismen der Neugeborenenimitation werden noch kontrovers diskutiert, aber es ist unstrittig, daß es komplexe imitationsähnliche Verhaltensweisen von Geburt an gibt. Ebenfalls unstrittig ist, daß sie gehäuft in gesprächsähnlichen sozialen Interaktionssituationen auftreten (Fontaine 1984). Sie werden daher von Erwachsenen als Imitationen *interpretiert*, unabhängig davon, ob sie es nun sind oder nicht.* Damit erfüllen sie eine wichtige Funktion in der sozialen Interaktion. »Eltern, die dem Kind gezieltes Nachahmen zuschreiben, stimmen ihr eigenes Verhalten genauer auf das ihres Kindes ab und wiederholen immer wieder solche Interaktionsspiele, in denen das Kind dann mit zunehmender Entwicklung eine immer aktivere Rolle übernimmt...« (Rauh 1987b, S. 188f.). Diese aktive Rolle ist für die Imitation ab vier Monaten, also noch innerhalb der symbiotischen Phase gut dokumentiert (Pawlby 1977; Trevarthen 1977). Der Säugling verfügt also von Geburt an über ein differenziertes imitationsähnliches Verhaltensrepertoire, das für die Ausgestaltung und Wechselseitigkeit der Interaktion von großer Bedeutung ist und sich in der Folgezeit weiter entwickelt.**

VI. Hier noch ein letzter, aufsehenerregender Befund. Brazelton et al. (1975) und Trevarthen (1974, 1979) haben festgestellt, daß das Interaktionsverhalten von zwei bis drei Wochen alten Kindern anders ist, je nachdem, ob ein menschliches Objekt im Blickfeld des Kindes erscheint oder ein unbelebtes. Die Körperbewegungen des Säuglings sind beim Anblick eines menschlichen Objekts weicher und runder, und der Aufmerksamkeits-Rückzugs-Zyklus hat beim menschlichen Objekt eher die abgerundete Form einer Sinuskurve mit allmählichen Auf- und Abschwüngen, bei unbelebten Objekten eher die Gestalt einer steil aufsteigenden und stark abfallenden Zickzacklinie ($\sim\sim\sim$ versus $\wedge\wedge\wedge$). Brazelton versichert, daß er, wenn er in einem Film nur den Säugling sieht, spätestens ab vier bis sechs Wochen sagen kann, ob der im Film unsichtbar gemachte Interaktionspartner des Säuglings ein belebtes oder ein unbelebtes Objekt ist.

Daraus kann man schlußfolgern, daß es im Interaktionsbereich eine angeborene oder zumindest kurz nach der Geburt auftauchende Fähig-

---

* Auf die entwicklungsfördernde Rolle solcher Bedeutungszuschreibungen gehe ich im 9. Kapitel näher ein.

** Frühe Imitationen fördern nicht nur die Regulierung der Interaktionen, sondern sind auch Vorläufer von Identifizierungsprozessen. Lichtenberg (1982, S. 704) bezeichnet sie als »behavioral preidentifications«, und Fenichel (1945, S. 59) sowie Brenner (1972, S. 48f.) betrachten Imitation generell als erste Form der Identifizierung.

keit zur Unterscheidung von belebt und unbelebt gibt. Dies ist ein Beleg für die biologischen Wurzeln der Sozialität oder, wie Trevarthen (1979) es ausdrückt, für eine »primäre Intersubjektivität« des Menschen. Sie widerspricht seiner Meinung nach (1974, S. 235; 1980, S. 325) dem Menschenbild der Psychoanalyse, die in ihrer Triebtheorie von einer angeborenen Asozialität des Säuglings ausgeht.

Ich möchte noch darauf hinweisen, daß die Befunde von Brazelton und Trevarthen nicht unwidersprochen geblieben sind (Contole/Over 1981; Frye et al. 1983). Den derzeitigen Stand der Diskussion schätze ich als unentschieden ein.[1]

VII. Auch wenn die Befunde von Brazelton, Trevarthen, Condon/ Sander u. a. über die primäre Sozialität oder Intersubjektivität des Säuglings möglicherweise zu schön sind, um wahr zu sein, erhellt aus den referierten Studien, daß die Interaktion zwischen Mutter und Kind von Geburt an einfach zu differenziert ist, um angemessen mit dem Konzept der symbiotischen Beziehung erfaßt zu werden.

Symbiose als Phantasie

Wie aber steht es mit der Symbiose als Phantasie? Möglicherweise soll das Symbiosekonzept in erster Linie gar keine tatsächliche Beziehung, sondern eine Beziehungs*phantasie* beschreiben. Dies ist ein schwieriges Thema, und eine endgültige Antwort erfordert eine gründliche Diskussion der strittigen Frage, ob Säuglinge und kleine Kinder Phantasien haben oder nicht. Darauf werde ich im 8. Kapitel näher eingehen. Hier kann ich soviel sagen: Praktisch alle Säuglingsforscher sind explizit oder implizit der Auffassung, daß es in den ersten 1 ½ Lebensjahren keine Phantasien gibt, und stützen sich dabei auf Piagets Theorie der sensomotorischen Entwicklung. In ihr wird nachgewiesen, daß die Symbolfunktion erst um diese Zeit herum entsteht. Lichtenberg meint, man könne zwar nicht beweisen, daß es keine Phantasien gebe, aber man könne die Annahme ihrer Existenz entbehrlich machen, indem man für Phänomene, die eine Deutung mit Hilfe der Annahme von Phantasien erfahren, alternative Erklärungen ohne eine solche findet.[2]

Man kann die Annahme früher Phantasien nicht nur *entbehrlich* machen, sondern das bis heute verfügbare empirische Wissen um den Prozeß der Symbolbildung macht es *unwahrscheinlich*, daß es solche Phantasien vor 1 ½ Jahren gibt. Mahlers zentrales Charakteristikum der Symbiose – die »halluzinatorisch-illusorische somatopsychisch omnipotente Fusion mit der Mutter und insbesondere die illusorische Vorstellung einer gemeinsamen Grenze der beiden, in Wirklichkeit physisch getrennten Individuen« (Mahler et al. 1975, S. 63f.) – ist dann eine eher unwahrscheinliche Begebenheit. Zweifeln muß man daran um so mehr, als in diesem Zitat nicht nur behauptet wird, der symbiotische Säugling könne Selbst und Objekt nicht unterscheiden, sondern darüber hinaus unterstellt wird, er bilde eine Repräsentanz dieses Ununterscheidbaren und Verschwommenen. Zu einer solchen Repräsentationsleistung ist der Säugling, trotz aller Kompetenz, sicher nicht in der Lage.

Neuerdings begegnet man in der psychoanalytischen Literatur oft folgendem Argument. Es wird anerkannt, daß die Objektbeziehungen auf dem Verhaltensniveau differenziert sind, aber es wird bestritten, daß es differenzierte Repräsentationen, oder ein differenziertes Erleben dieser Beziehungen gibt (Pine 1977, S. 82; 1979, S. 225f.; Fast 1985a). Ich zweifle, ob diese Dichotomie sinnvoll ist, und finde es unplausibel anzunehmen, daß differenzierte Verhaltensweisen von undifferenziertem Erleben begleitet sind (s. a. Kap. 5). Davon abgesehen ist die Annahme undifferenzierter Repräsentanzen nicht haltbar, weil gezeigt werden kann, daß es in den ersten 1 ½ Jahren *überhaupt keine* Repräsentanzen im Sinne evozierbarer Phantasien gibt.

Die Frage, die natürlich auftaucht, wenn man die Existenz solcher Phantasien bestreitet, ist, was an deren Stelle treten soll. Irgendeine Form der »Aufzeichnung« des Wahrgenommenen und Erlebten wird es wohl geben. Nennt man diese Aufzeichnungen einfach mentale Repräsentationen, so lautet das zu lösende Problem, welche Gestalt und Beschaffenheit die frühesten präverbalen und präsymbolischen Repräsentationen haben. Ich werde darauf ausführlich im 8. Kapitel eingehen.

Symbiose als prägender Augenblick

Nehmen wir einen letzten Anlauf zur Rettung des Symbiosekonzepts. Die Aktivität und Differenziertheit der Säuglingsinteraktion wird anerkannt und nicht länger behauptet, daß die Symbiose die vorherrschende Beziehungsmodalität im ersten Lebenshalbjahr ist. Aber ist das überhaupt je behauptet worden? War das nicht ein Mißverständnis? Erinnern wir uns: Wenn in der Psychoanalyse von der oralen oder analen Phase die Rede ist, dann ist es ja auch nicht gemeint, daß das Kind den ganzen Tag oral oder anal ist, sondern daß diesen Erlebnissen eine psychische Signifikanz zukommt, die möglicherweise in keinem Verhältnis zu ihrer tatsächlichen Zeitdauer steht. Orale und anale Erlebnisse und Empfindungen sind psychisch bedeutsam, nicht weil sie lange andauern, sondern weil sie intensive Erlebnisse sind. Könnte für die Symbiose nicht etwas ähnliches gelten? Sie wäre dann keine Phantasie und auch keine vorherrschende Beziehungs- oder Interaktionsweise, sondern die Bezeichnung für einen kurzzeitigen Erlebnismodus innerhalb einer Beziehung (neben anderen), der aber wegen seiner vermuteten Intensität besonders wichtig ist. Pine (1981, 1986) nennt solche Augenblicke »formative moments« und symbiotische Verschmelzungserfahrungen sind in seiner Lesart solche prägenden Augenblicke von kurzer Dauer, aber intensiv und deshalb wichtig.*

Dieses Argument hat eine intuitive Anziehungskraft, weil es die aus der Triebtheorie geläufige Vorstellung aufgreift, daß intensive Erlebnisse besondere Bedeutung für die psychische Strukturbildung haben. In der Säuglingsforschung wird diese Auffassung unter dem Begriff des »high-tension-learning«, also des Lernens in hohen Spannungszuständen diskutiert. Die psychoanalytische Entwicklungspsychologie und auch die Metapsychologie gehen in weiten Teilen davon aus, daß Spannungs-Entspannungs-Zyklen psychisch zentral sind, und das Bild vom hungrigen Säugling, der gierig an der Brust trinkt und danach mit einem seligen Lächeln glücklich in den Schlaf sinkt, ist der Prototyp dieser Denkweise.

Die Säuglingsforscher meinen, daß die alltägliche, oft undramatische und relativ spannungsfreie Interaktion von ebenso großer Bedeutung ist, ja vielleicht sogar von größerer als die kurzen Augenblicke hoher Spannung. Dies wird »low-tension-learning« genannt, und ein guter Teil der normalen und auch der pathologischen Interaktion zwischen Mutter und Kind, aber auch ein guter Teil der explorativen Aktivität des Kindes findet in solchen Zuständen niederer Spannung statt. Köhler (1985, S. 123 f.) hat in Anlehnung an Sander dargestellt, daß es schon in den ersten Lebenswochen im Interaktionszyklus zwischen Mutter und Kind ein besonders wichtiges Segment gibt, den Spielraum.

»Das Kind ist gebadet, gewickelt und gestillt. Mutter und Kind haben vielleicht etwas miteinander gespielt. Vielleicht setzt die Mutter

---

* Dabei kann auf die Annahme symbiotischer *Phantasien* verzichtet werden. Das intensive, kurze *Erleben* von Verschmelzung ist als solches bedeutsam. Es wird im Gedächtnis gespeichert, ohne daß es in den ersten 1 ½ Lebensjahren als Phantasievorstellung oder Bild frei abgerufen werden könnte oder müßte.

es in ein Babystühlchen, so daß es sie in seiner Nähe fühlt, aber sie selbst tut derweilen etwas anderes, sie beschäftigt sich nicht mit ihm. Das Kind ist in einem Gleichgewichtszustand. Weder ist es von inneren Bedürfnissen bedrängt, noch nimmt die Mutter das Kind gefangen. Der Spielraum ist ein ›privater Raum in der Zeit‹ (Sander), in dem das Kind eine *Wahlmöglichkeit* hat und nicht von innen oder außen determiniert ist. Es kann seinen Interessen und seiner Aufmerksamkeit nachgehen. Es kann eigene Handlungen ingangsetzen, Initiativen entwickeln und deren Wirkung beobachten. Es kann die Erfahrung von Kontingenz, von Wechselseitigkeit machen. Wir stehen an der Schwelle des Selbst als Agenten... Wir Analytiker sind gewohnt, die Triebbefriedigung durch das Objekt als das Wesentliche für die Entwicklung psychischer Strukturen anzusehen. Hier hören wir, daß die Triebbefriedigung die Voraussetzung dafür ist, daß ein Spielraum entsteht, in dem sich das Selbst entwickelt.«

In solchen Spielräumen, aber auch in anderen interaktiven Situationen niederer Spannung wird über das Selbst und die Welt der Objekte viel gelernt.* Möglicherweise werden diese Prozesse, weil sie undramatisch sind, später nicht mehr mit der gleichen Deutlichkeit erinnert wie die hohen Spannungszustände. Ihre Auswirkung und Bedeutung für die Entstehung von psychischen Strukturen, kognitiven Stilen, Charaktereigentümlichkeiten und Charakterpathologien sind deshalb nicht genügend beachtet worden. Die Säuglingsforscher plädieren für eine Würdigung der Bedeutung von Interaktion und Aktivität in niederen Spannungszuständen und für die Ausarbeitung ihres Beitrags zur normalen und pathologischen Strukturbildung. Stern (1985, S. 192) meint, »daß die Repräsentanzenwelt hauptsächlich aus Alltagsereignissen aufgebaut wird und nicht aus außergewöhnlichen Ereignissen. Außergewöhnliche Augenblicke sind wahrscheinlich nicht mehr als herausragende, aber dennoch nur leich atypische Beispiele des Gewöhnlichen«, und Lichtenberg (1983, S. 114) vertritt eine ähnliche Auffassung.

Vor allem in der psychosexuellen Entwicklungslehre stehen die hohen, spektakulären Spannungszustände im Mittelpunkt. Orale *Spannungen* etwa und ihre Befriedigung schaffen erste libidinöse Inseln im psychischen Apparat. Anale *Kämpfe* führen zu Charaktereigentümlichkeiten wie Zwang, Kontrolle und Sparsamkeit. Das ödipale *Drama* ist wesentlich an der Über-Ich-Bildung beteiligt. Spannung, Kampf und

---

* Winnicott (1958) hat solche Spielräume als die Fähigkeit zum Alleinsein beschrieben.

Drama sind Begriffe, welche die Relevanz hoher Spannungszustände bezeugen. Diese Sichtweise hat nach wie vor ihre Berechtigung, aber sie sollte ergänzt werden durch Untersuchungen zur psychischen Relevanz niederer Spannungszustände (s. a. Demos 1983, S. 109f.; Bebee/ Lachman 1988; Zelnick/Buchholz 1990, S. 835f.).

Eine mögliche Konsequenz dieser Betrachtungsweise ist, daß das Vorherrschen von Triebbedürfnissen sowohl beim Kind als auch in der analytischen Situation nicht unbedingt eine Bestätigung der Triebtheorie ist, sondern das pathologische Resultat einer Entwicklung sein kann, in welcher der Spielraum für die freie Entfaltung des Selbst zu klein war. Die Labilität des Selbstgefühls und die Heftigkeit der Triebe und Affekte, so charakteristisch für das klinische Bild von narzißtischen und Borderline-Patienten, sind die Folge eines auf mangelhaft regulierenden Objektbeziehungen beruhenden pathologischen Ich-Selbst-Systems und einer daraus resultierenden Unfähigkeit, Triebe und Affekte als dynamisch zu empfinden, und dennoch sicher zu integrieren und zu genießen. Triebe und Affekte werden als bedrohlich empfunden, obwohl sie es »von Natur« aus nicht sein müssen. Steht das im Vordergrund, so ist es eher ein Indiz für eine pathologische als für eine normale Entwicklung (Kohut 1977; Köhler 1985, S. 125).

Die psychoanalytische Tradition ist reich und hat deshalb auch für diese Sicht der Dinge einige Vorläufer anzubieten. Balints Theorie der Grundstörung und des Neubeginns (1968) enthält eine schöne Ausarbeitung der Bedeutsamkeit von harmonischen, relativ spannungsfreien Elementen in der analytischen Situation und ihren heilsamen Wirkungen. In einem mehr entwicklungspsychologischen Kontext hat Winnicott (1958) zwischen einer ruhigen Ich-Erregung, die ebenfalls für die gesunde Entwicklung wichtig ist, und einer Es-Erregung unterschieden. Ich-Erregung findet sich beim Kind im konzentrierten Spiel und beim Erwachsenen, der hingerissen einem Konzert lauscht oder ein Buch liest. Auch in Kohuts Theorie der strukturbildenden Verinnerlichung (1971) wird betont, daß es alltägliche und geringfügige Empathiemängel der Eltern sind, die einen Anreiz zur Verinnerlichung elterlicher Funktionen darstellen. Grobe Mängel führen zu pathologischen Strukturen und/oder Entwicklungsstillständen.

Man könnte also drei Modelle psychischer Strukturbildung unterscheiden. Eines, in dem alltägliche, befriedigende Interaktionen internalisiert werden, ohne daß Frustrationen eine Rolle spielen; ein zweites, in dem Mikrofrustrationen den Hauptanreiz für Verinnerlichungen abgeben; und ein drittes, das auf die Bedeutung stärkerer Frustrationen bzw. hoher Spannungen für die Strukturbildung abhebt. Alle drei haben ihre Berechtigung.*

Die Veränderung im Begriff des Traumas, die im Verlauf der Jahrzehnte in der Psychoanalyse stattgefunden hat, bezeugt ebenfalls die Relevanz niederer Spannungszustände. Das kindliche Trauma wurde zunächst als ein besonders schwerwiegendes Ereignis oder Erlebnis betrachtet (Stichwort: Verführung). Auch andere einschneidende Lebensereignisse wie Geburt und Tod naher Familienangehöriger, Erkrankungen, Entwöhnung und Reinlichkeitserziehung galten als traumaverdächtig. Sie sind und bleiben das zu Recht, aber es wächst die Erkenntnis, daß nicht nur solche dramatischen Ereignisse und ihre Bearbeitung in der Phantasie einen pathogenen Effekt haben können, sondern auch chronische, subtile, auf den ersten Blick kaum wahrnehmbare Verzerrungen der Interaktion. Khans kumulatives Trauma (1963) und das kumulative Prinzip von Spitz (1965 a, S. 157) waren wichtige Schritte in diese Richtung, aber noch nicht das letzte Wort. Gaensbauer (1982 a, S. 59) meint, »daß sogenannte traumatische Ereignisse als solche eine sehr viel geringere Rolle bei der Bildung pathologischer seelischer Strukturen spielen als die Störungsmuster, die aus täglich wiederholten Erfahrungen entstehen, welche ihrer Natur nach weniger dramatisch, aber dafür hartnäckiger sind«.

Spiegel (1987) vertritt ebenfalls die Auffassung, daß kontinuierliche Erfahrungs*muster* eher als *spezifische* Erfahrungen die Vorläufer und Ursachen von Pathologie sind. Deshalb können Rekonstruktionen des möglichen Ursprungs von Pathologien schwierig sein, weil ein solcher Ursprung oft gar nicht existiert, jedenfalls nicht als diskretes Ereignis, das in bestimmten Phasen oder Zeitabschnitten lokalisierbar wäre. Die Muster sind nur noch als Familienatmosphäre, Familienklima oder affektiver Stil des Umgangs rekonstruier- und erinnerbar. Ihr gradueller, kumulativer Effekt kann den Entwicklungsprozeß einschneidender beeinflussen als gelegentliche dramatische Vorfälle.

Die Konzepte von Fixierung und Regression scheinen für solche Pathologien nur noch begrenzt anwendbar zu sein, und auch für andere psychoanalytische Begriffe ergeben sich interessante Perspektiven. Der Stellenwert von Deutungen, die affektiv intensive Erfahrungen auf den

---

* Das erste ist in der Psychoanalyse nicht ausreichend gewürdigt worden. Pointiert formuliert besagt es, daß psychische Strukturen nicht in Anlehnung an die »großen Körperbedürfnisse« entstehen, sondern in Anlehnung an die kleinen alltäglichen Ereignisse.

Punkt bringen, würde relativiert zugunsten von Parametern wie »Atmosphäre«, die niedrige Spannungszustände bezeichnen, aber ebenso unerläßlich für den therapeutischen Erfolg sind. Die sogenannten unspezifischen Wirkfaktoren therapeutischer Settings werden in der neueren Psychotherapie-Prozeßforschung zunehmend betont. Auch der Prozeß des Durcharbeitens, der bisher in der psychoanalytischen Theorie eher unterbelichtet ist (Cremerius 1978, S. 165; Blank/Blank 1979, S. 125; Thomä 1981, S. 90), kann entwicklungspsychologisch untermauert werden, wenn man ihn mit dem »low-tension-learning« in Verbindung bringt. Es wird dann klar, wieso auch und gerade das Durcharbeiten strukturbildend und strukturverändernd wirkt und nicht nur die Deutung. Aus solchen und ähnlichen Überlegungen können Ansätze einer entwicklungspsychologischen Lerntheorie entwickelt werden, die auch klinisch nützlich sind (s. a. Lichtenberg 1983, S. 145 ff.).

Resümee

Mahlers Konzept der Symbiose ist im Licht der bisher dargestellten Fähigkeiten des Säuglings unhaltbar. Der Säugling ist nicht symbiotisch in dem Sinn, daß er die Umwelt nur verschwommen wahrnimmt.* Er ist nicht symbiotisch in dem Sinn, daß seine Interaktion mit der Mutter überwiegend undifferenziert oder passiv ist (Symbiose als Beziehung). Und er ist nicht symbiotisch in dem Sinn, daß er Phantasien über Verschmelzung mit der Mutter haben könnte (Symbiose als Phantasie). Einzig Pines Verteidigung der Symbiose als eines zeitlich kurzen, aber wegen seiner Intensität psychisch wichtigen Erlebens hat eine gewisse Plausibilität. Aber woher wissen wir, daß der Säugling intensive Verschmelzungserlebnisse hat? Hauptsächlich durch Rekonstruktionen aus Erwachsenenanalysen, sagt Pine.

Hält man intensive Erlebnisse in der frühen Kindheit weiter für bedeutsam, was ich tue, so ist eine alternative Theorie nötig, in der die von Pine beschriebenen prägenden Augenblicke ebenfalls ihren Platz haben. Diese Theorie sollte allerdings besser mit der dokumentierten Wahrnehmungs- und Interaktionsfähigkeit des Säuglings in Einklang stehen. Prägende Augenblicke werden dann trotz ihrer relativierten Bedeutung anerkannt, aber sie werden nicht im Begriff der Symbiose beschrieben.

---

* Die weitergehende Behauptung, daß er *die Grenze* zwischen sich und Umwelt, *den Unterschied* zwischen innen und außen nur verschwommen oder gar nicht wahrnimmt, wird im 4. Kapitel diskutiert (und widerlegt).

Eine solche Alternative bietet die Theorie von Daniel Stern (1983, 1985), die ich im nächsten Kapitel darstelle. Ihr Kern ist, daß Gemeinsamkeitserlebnisse von Mutter und Kind tatsächlich stattfinden und wichtige psychische Erlebnisse darstellen. In diesen Erlebnissen, die Stern »experiences of self-with-other« nennt, findet jedoch keine Verschmelzung statt, sondern das Gefühl für die Grenze zwischen Selbst und Objekt bleibt erhalten. Intensive Gemeinsamkeitserlebnisse sind nicht von Grenzauflösung oder Konfusion begleitet, sondern sie werden vom Säugling auf der Basis eines intaktbleibenden abgegrenzten Selbstempfindens erlebt. Darüber hinaus ist das Erleben des Miteinander nicht das einzige und möglicherweise nicht einmal das vorherrschende Beziehungserleben des Kindes, sondern es gibt von Anfang an auch andere Weisen der Beziehungserfahrung, die gleichberechtigt neben Gemeinsamkeitserlebnissen stehen. Bevor ich darauf näher eingehe, möchte ich noch einen Gedanken nachtragen.

Der klinische Nutzen des Symbiosebegriffs

Bisher wurde der Symbiosebegriff vor allem unter entwicklungspsychologischen Gesichtspunkten diskutiert. Wie steht es mit seinem klinischen Nutzen?

Aus Analysen von Erwachsenen wird immer wieder berichtet, daß es Verschmelzungsphantasien gibt, vornehmlich bei schwerer gestörten Patienten (Angel 1967; Giovacchini 1972; Rose 1972; Harrison 1986). Diese treten oft auf, wenn getrenntes Funktionieren Angst hervorruft, und sie sind in der Regel nicht lustvoll, sondern ängstigend. Auf solche Phantasien kann deshalb nicht einfach zur Beruhigung zurückgegriffen werden. Einerseits mildern sie zwar die Angst, die mit eigenständigem Funktionieren verbunden ist, andererseits rufen sie neue Ängste, etwa vor Selbstverlust, auf den Plan. Warum? Ganz vereinfacht gesagt deshalb, weil die Abhängigkeit in frühester Zeit traumatisch und nicht befriedigend erlebt wurde. Eine wesentliche Ursache dafür – und damit für spätere, ambivalente Symbiosephantasien – ist die Tendenz der Mutter oder der Eltern, Regungen der Selbständigkeit, die das Kind schon in den frühesten Beziehungen äußert, einzuschränken, als gefährlich zu interpretieren, zu unterbrechen oder mit Angst zu erfüllen. Dafür mögen Eltern ihre eigenen Gründe haben, das Resultat ist, daß schon der Säugling lernt, daß selbständiges Handeln gefährlich ist, entweder für sich oder seine Eltern oder für beide. Es wird, weil mit Angst verknüpft, zugunsten einer »Flucht in die Symbiose« aufgegeben. Sie ist unlustvoll, denn es muß der Preis ständiger Einschränkungen der eigenen Entfaltung gezahlt werden, aber dieser Preis ist das kleinere Übel.

Eine Folgerung aus diesen Überlegungen ist, daß symbiotische Phantasien von erwachsenen Patienten oder älteren Kindern, wenn man sie überhaupt auf frühere Entwicklungsphasen zurückbeziehen will *, nicht aus einer normalen symbiotischen Phase, sondern aus einer frühen pathologischen Beziehung erwachsen. In ihr wurden von Anfang an vorhandene Bestrebungen nach Autonomie und Individuation aus Gründen, die im Unbewußten der Eltern liegen, behindert. Spätere symbiotische Bedürfnisse und Phantasien sind in dieser Sichtweise modifizierte Überarbeitungen einer gestörten, die Selbstregulierungsfähigkeit des Kindes übermäßig einschränkenden Eltern-Kind-Beziehung und nicht Abkömmlinge einer normalen symbiotischen Phase. Mit Hilfe dieser Überlegungen kann der klinische Nutzen des Symbiosekonzepts beibehalten werden, ohne auf die entwicklungspsychologisch fragwürdige Vorstellung einer normalen symbiotischen Phase zurückzugreifen. Die »Symbiose« ist der Zufluchtsort des *überforderten* Säuglings (s. a. Gedo 1980, S. 381; Steffens 1987, S. 182).**

Nun könnte man fragen, woher dann die »symbiotischen« Phantasien von einigermaßen normalen Erwachsenen stammen. Die unbestreitbare Attraktivität der Symbiosetheorie rührt ja unter anderem daher, daß jeder Mensch Momente intensivster und innigster Bezogenheit kennt, für die sich der Begriff »symbiotisch« eingebürgert hat. Ich halte das für einen irreführenden Sprachgebrauch. Traumwandlerisches Verständnis für und durch den anderen, unmittelbare und tiefe Einfühlung, höchste Übereinstimmung im Denken und Fühlen, gemeinsamer Orgasmus, meditative Versenkung, mystische Entrücktheit – in all diesen Zuständen wird das Subjekt meines Erachtens nicht »eins« mit dem anderen oder dem Kosmos, sondern das Gefühl für seine Ich-Grenzen bleibt intakt (s. a. Ross 1975). Solche Zustände sind außerdem oft nicht so regressiv oder passiv gefärbt, wie der Symbiosebegriff nahelegt, sondern von höchster Aktivität und Anspannung begleitet. Wenn ich einen Vorläufer für solche Momente in der frühen Kindheit suchen sollte, so

---

* Natürlich sind die späteren Phantasien nie eine bloße Neuauflage von früheren, sondern sie sind durch Abwehr, Regression, Übertragung, Gegenübertragung und reifere kognitive Strukturen modifiziert.
** Baumgart (1991) hat einen intelligenten Versuch zur teilweisen Rettung des Symbiosekonzepts unternommen.

wäre es nicht das Bild des satten, selig an der Brust in den Schlaf sinkenden Säuglings, sondern das des verzückten, überschäumenden Lächelspiels zwischen Mutter und Kind, das mit drei Monaten seinen Höhepunkt erreicht. In ihm sind beide aktiv und zugleich in größtmöglicher Übereinstimmung. »Alles fließt«, die Affekte, die Vokalisierungen, die Gebärden und Gesten – aber nicht die Grenzen! *Dieses* Paradies ist kein Ort, wo Milch und Honig in den Säugling fließen, der nur noch den Mund zu öffnen braucht, sondern einer, an dem zwei Subjekte Milch und Honig *austauschen* und über diese Aktivität in Erregung (und später Entspannung) geraten. Es gibt also intensive Bezogenheit und Intimität bei Aufrechterhaltung der Grenzen zwischen Subjekt und Objekt. Jede wirkliche Grenzauflösung oder Verschmelzung bereitet vermutlich mehr Angst als Vergnügen – dem Erwachsenen und dem Kind. Was wir im Erwachsenenleben als enge glückliche, »symbiotische« Beziehung beschreiben, sind eher Zustände intensivster Gemeinsamkeit, als wirklich symbiotische, d. h. grenzauflösende Phänomene.

4. Die Einheit der Sinne und der Prozeß der Wahrnehmung

Das Selbstempfinden (sense of self) als organisierendes Prinzip der Entwicklung

Im Zentrum von Sterns Untersuchungen (1983, 1985) steht das Selbstempfinden und seine Entwicklung. Verschiedene Gründe werden dafür angegeben. Erstens gibt es ein Selbstempfinden, lange bevor es Sprache gibt. Zweitens sind Störungen des Selbstempfindens – auch jenseits der Konjunktur dieses Themas in den verschiedenen Narzißmustheorien – klinisch von besonderer Bedeutung. Ein dritter Grund ist, daß sowohl der klinische Eindruck als auch das entwicklungspsychologische Wissen es nahelegen, Entwicklung als in Phasen oder Stufen verlaufend zu konzipieren. Die meisten großen Entwicklungspsychologen – von Freud über Piaget bis Kohlberg – sind so verfahren.

Das Selbstempfinden entwickelt sich nach Stern ebenfalls in Stufen. Es ist der zentrale Bezugspunkt und das organisierende Prinzip, aus dem heraus der Säugling sich selbst und die Welt erfährt und ordnet.

Alle bedeutenden Entwicklungspsychologien verfügen über implizite oder explizite Vorstellungen solcher organisierenden Prinzipien. In der klassischen Psychoanalyse sind es die Triebe, die Erfahrung organisieren und ihr ein bestimmtes Gepräge verleihen. Bei Erikson (1950) sind es die psychosozialen Modalitäten, die, in Anlehnung an Organmodalitäten, Erfahrung färben. Bei Piaget sind es in der frühen Entwicklung die Handlungen im explorativen Umgang mit dem Objekt, die Sinnesempfindungen hervorrufen, die in Schemata organisiert werden und so eine bestimmte Weise des Erfassens und Erfahrens der Welt ermöglichen. Für die spätere Entwicklung ist es bei Piaget die reflektierende Abstraktion (s. Kesselring 1988, S. 97 ff.), welche die kognitive Äquilibrierung und Welterfassung reguliert. Bei Melanie Klein (1946, 1960) sind es die Prozesse der Projektion und Introjektion, die Selbst- und Objekterfahrung konstituieren und verwandeln; ähnlich bei Mahler und Kernberg, wobei Selbst- und Objektrepräsentanzen die intrapsychischen Niederschläge dieser Prozesse sind. Ihre Beschaffenheit spiegelt die Art und Weise wider, wie Erfahrung organisiert wird. Bei Stern ist der entsprechende Begriff der des Selbstempfindens. Er beschreibt den Prozeß, in dem die Erfahrung, die das Subjekt im Umgang mit sich selbst und der Welt der Objekte macht, geordnet, verarbeitet und organisiert wird.

Die Entwicklungsstufen des Selbstempfindens

Vier Stufen in der Entwicklung des Selbstempfindens werden von Stern beschrieben:

1. Das auftauchende Selbstempfinden (»sense of an emergent self«) entwickelt sich zwischen 0 und zwei Monaten. Säuglinge in diesem Alter stellen Verbindungen zwischen verschiedenen Ereignissen her, zum Teil mit Hilfe angeborener Fähigkeiten, zum Teil durch Lernen. Ein erstes Gefühl von Regelmäßigkeit und Geordnetheit (»emergent organization«) wird erlebt.

2. Das Kernselbstempfinden (»sense of a core self«) herrscht zwischen 2–3 und 7–9 Monaten vor. Säuglinge dieses Alters machen die Erfahrung, daß sie und der andere physisch getrennte Wesenheiten sind, zwei Körper, die miteinander in Beziehung treten können, ohne miteinander zu verschmelzen. Diese Konzeption nimmt Abschied von der altvertrauten und fest verwurzelten psychoanalytischen Vorstellung, daß die Anfangsgründe des menschlichen Daseins symbiotisch sind. Stern postuliert als anfänglichen Zustand eine Trennung von Selbst und Objekt (»self-versus-other«), die als solche auch empfunden wird. Was bisher in der Psychoanalyse in Begriffen wie Symbiose und Verschmelzung beschrieben wurde, diskutiert er unter dem Titel »self-*with*-other«: Gemeinsamkeitserlebnisse mit dem anderen sind möglich, und in diesem Zeitraum auch reichlich vorhanden, aber in ihnen gehen die gefühlten Grenzen zwischen Selbst und Objekt im Normalfall nicht verloren, sondern bleiben intakt.

3. Die Phase des subjektiven Selbstempfindens (»sense of a subjective self«) wird auf 7–9 bis 15–18 Monate datiert. Kinder dieses Alters merken, daß es andere »minds« gibt als ihre eigenen. In bezug auf das menschliche Objekt, das Stern den Anderen (»other«) nennt, entsteht beim Säugling die Vermutung, daß er ein Wesen mit einer Psyche ist, und weiter, daß psychische Zustände des Subjekts (Affekte, Absichten, Aufmerksamkeit) und solche des Objekts »teilbar« sind, d. h. mitgeteilt und ausgetauscht werden können. Es entsteht die Idee von Psychen, die getrennt sind, sich aber »überschneiden« kön-

nen, indem sie bestimmte Erfahrungen gemeinsam haben und miteinander kommunizieren. Stern nennt diese Ahnung des Kindes eine »theory of interfaceable separate minds«. Sie ist der Beginn von Intersubjektivität im psychologischen Sinn.*

4. Das verbale Selbstempfinden beginnt mit 15–18 Monaten und ist nie abgeschlossen. Kinder entdecken, daß sie persönliches Wissen und Erfahrungen haben, die sie mit Hilfe von Symbolen kommunizieren können. Es gibt jetzt nicht mehr nur Gefühle und gemeinsame subjektive Zustände, sondern gemeinsames und symbolisch kommuniziertes Wissen um dieselben.**

In der folgenden Darstellung beschränke ich mich auf die ersten beiden Stufen des Selbstempfindens, also ungefähr das erste halbe Lebensjahr, ähnlich wie im Kapitel über Margaret Mahler, in dem Autismus und Symbiose, nicht aber die anderen Subphasen des Loslösungs- und Individuationsprozesses betrachtet wurden.

Das auftauchende Selbstempfinden

Das Alter von zwei Monaten ist ein Einschnitt in der kindlichen Entwicklung, fast wie die Geburt. Es gibt beobachtbare Veränderungen im Säuglingsverhalten in praktisch allen Bereichen. Die visuellen Abtastmuster ändern sich; das soziale Lächeln beginnt; Vokalisierungen werden ausgeprägter; eine Präferenz für mäßig neue Reize entsteht im Gegensatz zur vorherigen Präferenz für bekannte; die Lernprozesse der Konditionierung und Habituierung werden stabiler; ebenso der Auge-zu-Auge-Kontakt zwischen Eltern und Kind; viele anderen Dinge ändern sich ebenfalls. Man kann deshalb sagen, daß nach zwei Monaten eine Art Entwicklungssprung gemacht wird oder, mehr deskriptiv, daß es eine Häufung von Änderungen und Neuigkeiten beim Säugling gibt, die es nahelegen, in der Zeit um zwei Monate einen Knotenpunkt der Entwicklung zu sehen.

Die klassische Psychoanalyse betrachtet diese Zeit hauptsächlich un-

---

* Trevarthen/Hubley (1978) nennen sie »sekundäre Intersubjektivität« im Unterschied zur primären, quasi-biologischen (s. Kap. 3).
** Diesen vier Stufen fügt Stern (1989b) eine fünfte hinzu: das narrative Selbstempfinden. Es entsteht zwischen drei und vier Jahren und bezeichnet die Fähigkeit, persönliche Erlebnisse und Motive in einer erzählenden, kohärenten Geschichte zu organisieren, was über eine bloße sprachliche Beschreibung von Gegenständen oder die Mitteilung von Zuständen weit hinausgeht (s. a. Stern 1985, S. 174, 182). Eine erfahrungsnahe, stellenweise dichterische Formulierung seiner Theorie findet sich in seinem neuesten Buch (1990).

ter dem Gesichtspunkt von Körperempfindungen, Körperspannungen und deren Regulierung. Der Zyklus von Hunger, Durst und ihre Befriedigung schafft erste Empfindungen und Erfahrungen von gut und böse, angenehm und unangenehm, Lust und Unlust, und diese polaren Kategorien bezeichnen die ersten vermuteten Regelmäßigkeiten in der Erfahrung des Säuglings. Körperbedingte Triebspannungen organisieren so Wahrnehmungen und Erfahrungen in zunächst zwei Klassen, und diese zwei Klassen sind »Inseln der Konsistenz« (S. Escalona), mit deren Hilfe die Welt geordnet wird. Die Erfahrungen sind körpernah und tragen zur Bildung des Körper-Ichs oder Körper-Selbst bei. Das früheste Ich ist ein körperliches (Freud 1923, S. 294). Stern teilt mit dieser Theorie die Betonung der Bedeutung der subjektiven Empfindung. Er unterscheidet sich von ihr dadurch, daß diese subjektive Empfindung des Selbst in seiner Theorie sehr viel differenzierter und kohärenter ist, als in der Psychoanalyse bisher angenommen wurde.

Stern nennt verschiedene Fähigkeiten, die in der anfänglichen Wahrnehmungs- und Gefühlswelt für Ordnung sorgen und dafür, daß ein beginnendes, zusammenhängendes Selbstempfinden entsteht:

1. die amodale Perzeption.
2. die physiognomische Perzeption.
3. die Vitalitätsaffekte.

Diese Fähigkeiten ermöglichen dem Säugling, Verbindungen zwischen verschiedenen Erfahrungen herzustellen und dadurch sowohl in sich selbst, wie in der Welt, eine auftauchende Ordnung zu erfahren.

Amodale Perzeption: So nennt Stern das, was ich im zweiten Kapitel kreuzmodale Wahrnehmung genannt habe. Ihre Essenz ist, daß Wahrnehmungen, die mit Hilfe verschiedener Sinnesorgane gemacht werden, miteinander in Beziehung gesetzt und verglichen werden. Verschiedene Beispiele wurden genannt. Man steckt Säuglingen einen Schnuller mit Noppen in den Mund und zeigt ihnen anschließend die Bilder eines Schnullers mit und ohne Noppen. Sie bevorzugen visuell das Bild des Schnullers, den sie vorher im Mund nur gefühlt haben. Offensichtlich stellen sie eine Verbindung her zwischen dem, was sie gefühlt haben, und dem, was sie jetzt sehen. Man zeigt ihnen weißes Licht von unterschiedlichen Helligkeitsgraden, und anschließend läßt man sie einen Ton in verschiedenen Lautstärken hören. Sie bevorzugen den Ton, der in der Lautstärke zur vorher gesehenen Intensität des weißen Lichts paßt. Sie stellen eine Verbindung zwischen Gesehenem und Gehörtem her und vergleichen die Wahrnehmung in unterschiedlichen Sinnesmodalitäten hinsichtlich ihrer Gemeinsamkeiten. Zeigt man ihnen zwei Filme, so bevorzugen sie den Film, der mit dem eingespielten Ton synchron ist. Auch hier vergleichen sie anscheinend die Zeitstruktur von Gesehenem und Gehörtem und entdecken Gemeinsamkeiten und Unterschiede.

All dies zeigt, daß es Wahrnehmungserwartungen und -koordinationen gibt, die denen des Erwachsenen ziemlich ähnlich sind. Dies heißt nicht, daß die Wahrnehmungswelt des Säuglings die gleiche ist wie die des Erwachsenen. Aber es bedeutet, daß es Fähigkeiten zur Herstellung von Verbindungen und Zusammenhängen gibt, die verhindern, daß das Subjekt die Welt als Reizchaos oder sich selbst als einem solchen ausgeliefert empfindet. Der von einem Schnuller ausgehende Fühlreiz und der von ihm ausgehende visuelle Reiz sind nicht disparate Reize verschiedener Objekte, sondern zusammenhängende Reize ein und desselben Objekts und werden als solche wahrgenommen und empfunden. Es gibt, pointiert ausgedrückt, nicht zwei Schnuller, einen zum Saugen und einen zum Sehen, sondern nur einen.

Physiognomische Perzeption: In eine ähnliche Richtung wirkt eine Fähigkeit, die Heinz Werner (1927, 1953) physiognomische Perzeption genannt hat. Damit ist gemeint, daß die Gestalt, die Physiognomie eines Perzepts nicht nur wahrgenommen wird, sondern auch einen bestimmten Affekt auslöst. Es wird in Affektkategorien perzipiert. Eine ansteigende Schnörkellinie etwa (‿ᗢ) wird als »fröhlich« wahrgenommen; ein abfallender Bogen (⟍) als »traurig«. Ebenso wird ein aufsteigender Ton eher als fröhlich und ein abfallender eher als traurig empfunden. Eine gezackte Aufwärtslinie (ᐰᐱ) wird als »ärgerlich« oder »wütend« apostrophiert usw.

Dies sind die Beispiele, die Stern anführt. Andere Autoren (Kagan 1984a, S. 289) haben ähnliches für sechs bis sieben Jahre alte Kinder berichtet, und Werner hat viele solcher Beispiele von kleineren Kindern geschildert. Über eine »6« sagt ein kleines Mädchen, sie sei »traurig« und lasse den Kopf hängen. Über eine Uhr mit zwei sich gegeneinander bewegenden Pendeln wird gesagt, sie mache »bitte-bitte« (mit drei Jahren). Ein vom Vater aufgestelltes Fotostativ wird von einem 4½jährigen Buben als »stolz« bezeichnet. Ein 2¼jähriger findet einen spitzen Handtuchhalter »böse«, und ein anderer meint (mit zwei Jahren), eine auf der Seite liegende Tasse sei »müde«. Werner betont (1953, S. 48), daß diese Sicht der Dinge keine Anthropomorphisierung unbelebter Gegenstände ist, weil der physiognomischen Perzeption des Kindes die Indifferenz von Person und Sache eigen sei.

Auch Farben gelten, wie wir wissen, als freundlich, warm, hart oder kalt. Gerüche als klar oder schwer. Auch sie werden nach bestimmten affektiven und transmodalen Eigenschaften klassifiziert. Der Affekt ist hier die Währung, in welche Wahrnehmungen, die in verschiedenen Sinnesmodalitäten gemacht werden, konvertiert werden können. Der Affekt »traurig« ist das Gemeinsame in der Wahrnehmung abfallender Linien und Töne. Die Empfindung »warm« ist das Gemeinsame zwischen einem Körpergefühl und der visuellen Wahrnehmung einer Farbe. Ein Objekt oder Perzept hat also neben seinen perzeptuellen Qualitäten, wie Geometrie und räumliche Struktur, auch noch expressive Qualitäten; diese werden ziemlich früh wahrgenommen. Objekte mit verschieden perzeptuellen Eigenschaften (abfallende Töne und abfallende Linien; spitze Handtuchhalter und aufwärtsgezackte Linien) können eine ähnliche expressive Eigenschaft haben, die als ihr Gemeinsames wahrgenommen wird, und dieses Gemeinsame ist in den eben geschilderten Beispielen ein affektives. Deshalb etwas mehr über die Affekte.*

Vitalitätsaffekte: Üblicherweise werden Affekte als diskrete oder kategoriale klassifiziert: Furcht, Angst, Scham, Schuld, Freude, Wut etc. Diese Affekte haben bestimmte Dimensionen, sie sind stark oder schwach, angenehm oder unangenehm (mehr dazu im 5. Kapitel).

Die Vitalitätsaffekte sind Erlebniseigenschaften, die all diesen Affekten zukommen können, aber auch anderen Lebensäußerungen, sowohl der eigenen Person wie der des anderen. Man beschreibt diese Erlebnisqualitäten mit Begriffen wie »schneidend«, »verblassend«, »brausend«, »flüchtig«, »explosiv«, »an- und abschwellend«. Der diskrete Affekt der Freude etwa, der sich im Lächeln ausdrückt, kann »flüchtig« sein oder »explosiv«. Dies ähnelt der stark-schwach-Dimension, fällt aber in vielen Fällen nicht mit ihr zusammen. Das Lächeln z. B. kann explosiv sein, ein Ausbruch, oder anschwellend. Es kann auch eine Art Lachanfall sein, d. h. eine Weile auf einem hohen Niveau konstant bleiben. In all diesen Fällen ist die Freude und das Lächeln stark, aber in jedem Fall gibt es eine besondere Tönung, die dem Lachen und dem Gefühl der Freude seine

* Stern (1985, S. 53) schreibt, Werner habe die physiognomische Perzeption bei »young infants« gefunden. Dies ist nicht ganz richtig. Die von Werner beschriebenen Kinder sind in der Regel zwei Jahre oder älter, also keine »infants« mehr. Insofern sind die geschilderten Beispiele jenseits des Alters, das ich im Moment behandle. Ich wollte sie trotzdem mitteilen, weil sie so schön illustrieren, was mit »Einheit der Sinne« gemeint ist: die Extraktion von Gemeinsamkeiten, die in Wahrnehmungen enthalten sind, die mit Hilfe verschiedener Sinnesorgane gemacht werden. Diese Gemeinsamkeiten sind in der kreuzmodalen Wahrnehmung perzeptuelle (Lichtintensität und Tonintensität), in der physiognomischen Wahrnehmung affektive (traurig, warm). Da kreuzmodale Wahrnehmung von Geburt an existiert, darf vermutet werden, daß es sich bei der ihr verwandten physiognomischen Wahrnehmung ähnlich verhält.

besondere Prägung gibt, und zwar über die üblichen Dimensionen von angenehm / unangenehm oder stark / schwach hinaus. Ein weiteres Beispiel: Ärger und Wut können schneidend sein oder aufbrausend. Beide Male sind sie 1. Ärger und Wut, 2. stark und 3. unangenehm. Trotzdem gibt es einen Unterschied in der vitalen Empfindung des Ärgers und der Wut, die uns die unterschiedliche Verwendung der Adjektive »schneidend« und »aufbrausend« unterschiedlich gut geeignet erscheinen läßt.

Nicht nur diskrete Affekte haben eine vitale Tönung, sondern auch Handlungen.* Jemand kann abrupt und plötzlich aus seinem Stuhl aufstehen oder eine abrupte Armbewegung machen, ebenso wie er plötzlich in Lachen oder Weinen ausbrechen kann. Man kann von Licht oder Tönen überflutet werden, ebenso von Freude oder Ärger. All diese Ereignisse, die ganz unterschiedlichen objektiven Kategorien angehören, haben gemeinsame vitale Qualitäten, und der Kern von Sterns Argument bei den Vitalitätsaffekten ist, daß diese Eigenschaften schon von kleinsten Kindern wahrgenommen und empfunden werden. Die Intensitätskonturen der Welt werden wahrgenommen und als Vitalitätsaffekte im Selbst empfunden. Allein dadurch ist das Gefühlsleben des Säuglings in einem Ausmaß differenziert und von einem Reichtum, der über die bloße Lust / Unlust oder stark / schwach Unterscheidung weit hinausgeht.

Außerdem haben die verschiedenen Ereignisse im Leben des Kindes die Eigenart, daß ihre vitalen Dimensionen zueinander passen. Sie werden nicht willkürlich miteinander verknüpft, sondern ihre intrinsische Gemeinsamkeit wird perzipiert und empfunden. Wenn die Mutter mit freundlicher Stimme spricht, so paßt der Tonfall ihrer Stimme, der weich und rund ist, zu den sanften und ruhigen Bewegungen, mit denen sie das Kind aus dem Bettchen nimmt; und er paßt zu den ruhigen motorischen und sensorischen Empfindungen, die das Kind hat, wenn es allmählich hochgenommen wird. Der ärgerliche und heftige Tonfall der Mutter paßt zu ihren ruckartigen Bewegungen, mit denen sie das Kind hochreißt; und er paßt zu der sensorischen Empfindung, die beim Kind dadurch verursacht wird. Sanfte Töne sind so verknüpft mit sanften Bewegungen des Objekts und mit sanften Körper- und sensorischen Empfindungen des Subjekts.**

---

* Deshalb sind die Vitalitätsaffekte keine eigene Klasse von Affekten, wie Stern anscheinend meint, sondern dynamische Eigenschaften von Affekten, Handlungen und Wahrnehmungen (s. Nathanson 1987, S. 15).

** Man könnte hier fast poetisch werden, und das ist kein Zufall, weil gerade die Poesie und die

Resümee: Die Pointe dieser Ausführung ist, daß über kreuzmodale und physiognomische Perzeption und die Vitalitätsaffekte, die Gemeinsamkeiten von Ereignissen in verschiedenen Bereichen wahrgenommen und empfunden werden und so eine Einheitlichkeit des Welt- und Selbsterlebens zustande kommt, die man beim Säugling nicht erwartet hätte. Diese Gemeinsamkeiten und Regelmäßigkeiten im Selbst und Objektbereich bewirken, daß eine »emergent organization of self and object« erfahren wird.

Man erhält eine Ahnung von diesem frühen Organisiertheitsgefühl, wenn man daran denkt, daß Musik durch bestimmte Aufnahmetechniken visuell darstellbar ist. Akustische Töne und Rhythmen können in Bilder transformiert und dann gesehen werden. Was sichtbar wird, ist kein Durcheinander, sondern die visuelle Transformation akustischer Muster, die selbst wieder gemustert ist. Die Ordnung dieser Muster und ihre Wahrnehmung konstituiert den Ordnungskern der frühesten Erfahrungen. Dabei passen visuelle und akustische Muster zusammen. Sie sind Ausprägungen ein und desselben Ereignisses in verschiedenen Sinnesmodalitäten. Die Gemeinsamkeit der verschiedenen Ausprägungen wird vom Säugling wahrgenommen. Das heißt nicht, daß er Musik sieht, aber daß er z.B. zwischen der Musikalität und Rundheit der gehörten Stimme und der Rundheit der sie begleitenden Bewegungen eine Gemeinsamkeit wahrnimmt, ebenso wie zwischen der gesehenen und gefühlten Rundheit des Schnullers. Es gibt nicht, wie Piaget und die Psychoanalyse annehmen, anfänglich eine Hörwelt, eine Sehwelt und eine Fühlwelt, die dann im Laufe der Entwicklung zu einer einheitlichen Welt koordiniert werden, sondern eher eine einheitliche Welt, die sich im Laufe der Entwicklung in viele Welten aufgliedert.

Emergentes Selbst- und Objektempfinden bedeutet also, daß Säuglinge aufgrund bestimmter Strukturen im Wahrnehmungs- und Affektbereich in sich und der Welt Zusammenhänge, Regelmäßigkeiten und invariante Konstellation entdecken und dadurch ein Gefühl von auftauchender Ordnung entsteht. Diese Regelmäßigkeiten sind die Grundbausteine des auftauchenden Selbst- und Objektempfindens; sie entstehen aus der aktiven Anwendung der geschilderten Fähigkeiten. Die Grundbausteine des Erwachsenenerlebens sind Gedanken,

---

Musik sich dieser Klaviatur der Vitalitätsaffekte bedienen. Einen Text rühmen wir zu Recht als poetisch, wenn seine beschreibenden Worte expressive Qualitäten haben, wodurch wir in die beschriebenen Landschaften, Farben oder Gerüche hineinversetzt werden.

Bilder, Handlungen und diskrete Affekte. In solchen Kategorien klassifizieren wir unsere mentalen Aktivitäten, nicht zuletzt deshalb, weil sie so sprachlich encodiert werden können. Denken, Handeln, Fühlen und Wahrnehmen existieren am Anfang nicht als solche unterscheidbaren Aktivitäten. Sie werden empfunden als zeitliche Strukturen, Intensitäten, Gestalten, Rhythmen und als dynamische und kinetische Muster. Die Welt und das Selbstempfinden sind deshalb nicht undifferenziert oder durcheinander. Sie sind von einer besonderen Ordnung.

In gewissem Sinn kann man die kreuzmodale Wahrnehmung als Nachfolgerin und Präzisierung der synthetischen Funktion des Ich oder der Psyche ansehen. Die synthetische Funktion sorgt dafür, daß disparate Erlebnisse und Repräsentanzen im Lauf der Entwicklung zu ganzen Selbst- und Objektbildern integriert werden. Sie ist das zentrale Konzept, das den Übergang vom Teilselbst- und Teilobjektstadium zum Stadium ganzer Objekte und eines ganzen Selbst erklären soll. Die synthetische Funktion ist selbst nicht mehr erklärbar. Sie ist ein Organisator der psychischen Entwicklung, ähnlich wie es in der Gewebeentwicklung physikalisch und chemisch nicht spezifizierbare Kräfte gibt, die dafür sorgen, daß sich aus der befruchteten Eizelle ein vielzelliger Organismus entwickelt, dessen einzelne Teile sinnvoll koordiniert als ganzes funktionieren (Spitz 1959; Blechschmidt 1968). Die Gemeinsamkeit von kreuzmodaler Wahrnehmung und synthetischer Funktion besteht darin, daß beide für Ordnung und Strukturbildung im psychischen Apparat sorgen.

Es gibt jedoch auch Unterschiede. Die kreuzmodale Wahrnehmung bezieht sich auf die Vereinheitlichung *äußerer* Wahrnehmungen (Perzepte), die synthetische Funktion auf *innere* Erlebnisse und Repräsentanzen. Dieser Unterschied ist aber in Wahrheit geringer, als es scheint. Einmal, weil man durchaus sagen kann, daß kreuzmodale Wahrnehmungen nicht das äußere Objekt selbst, sondern die Objekt*wahrnehmung* vereinheitlicht, sich also auch auf seelische Aufzeichnungen bezieht. Zum zweiten, weil die Vitalitätsaffekte, die für eine Vereinheitlichung des Erlebens und nicht nur der Wahrnehmung sorgen, ebenfalls kreuzmodal funktionieren.

Der wesentliche verbleibende Unterschied zwischen beiden Konzepten ist der, daß die kreuzmodale Wahrnehmung von Anfang an funktioniert, während die synthetische Funktion erst im Laufe der Zeit die Kraft zur Vereinheitlichung entwickeln soll, weshalb die ursprüngliche Erlebensweise des Säuglings als disparat und gespalten angesehen wird. Die Kraft dieser primär-autonomen Funktion wird also von der

Psychoanalyse bisher noch unterschätzt. Auf die damit verbundene veränderte Sicht der Spaltung gehe ich weiter unten ein.

Die präreflexive Natur des auftauchenden Selbstempfindens

Das auftauchende Selbstempfinden ist kein bewußtes im Sinne des reflexiven Ich-Bewußtseins von Erwachsenen oder älteren Kindern. Letzteres entsteht erst später, etwa um 15 bis 18 Monate herum.[1] Beim frühen Selbstempfinden gibt es noch kein Bewußtsein des »Ich-bin-es«, der diese Empfindungen und Wahrnehmungen hat. Man sollte jedoch die Existenz eines reflexiven Ich-Bewußtseins nicht zur Voraussetzung für die Existenz eines Selbstempfindens machen. Wenn wir als Erwachsene vom Zehnmeterturm springen oder ein anderer uns überraschend einen Ball zuwirft, so haben wir plötzlich bestimmte nicht zufällige Wahrnehmungen und Empfindungen, die in der Regel im betreffenden Moment nicht von einem Ich-Bewußtsein begleitet sind, und trotzdem sind wir sicher, daß das *unsere* Empfindungen sind. In dieser Art stelle ich mir die präreflexive Qualität des beginnenden Selbstempfindens vor, aber letztlich bringt die Sprache hier nur annäherungsweise Metaphern und Bilder zustande.

> »Uns fehlen die Begriffe, sogar die Worte, in welchen das Niemandsland menschlichen Beginnens beschrieben werden könnte. Wir wissen noch nicht, wie von der Psyche des Neugeborenen, von den ersten Regungen des Geistes im Dämmern vor Sonnenaufgang zu sprechen ist. Der Leser möge mir verzeihen, wenn ich bei dem Versuch, mich zu orientieren, über meine eigenen unbeholfenen Metaphern stolpere...« (Spitz 1972, S. 1017).

Die klinische Bedeutung des auftauchenden Selbstempfindens

Die klinische Bedeutung dieser recht kurzen Periode von 0 bis zwei Monaten ist schwierig einzuschätzen. Die bisherigen Ausführungen haben klargemacht, daß bestimmte Fähigkeiten, die von Geburt an existieren, eine große Rolle bei der Ordnung von Empfindungen und Wahrnehmungen spielen. Entsprechend darf vermutet werden, daß Störungen dieser Fähigkeiten die Entstehung eines Ordnungsgefühls von sich und der Welt beeinträchtigen. Stern vermutet, daß *Lernstö-*

rungen auf die Beeinträchtigung der Fähigkeiten zum kreuzmodalen Informationstransfer zurückzuführen sind, macht aber dazu keine näheren Ausführungen. Die Vermutung ist intuitiv einleuchtend, weil ja ein großer Teil des frühen Lernens auf diese Fähigkeiten angewiesen und Lernen generell ein multimodaler Prozeß ist, in dem Erfahrungen aus verschiedenen Sinnesmodalitäten integriert werden.

Die Verarbeitung sensorischer Stimulation kann auch in anderer Weise beeinträchtigt sein als bei Lernstörungen. Von *autistischen Kindern* weiß man, daß sie für bestimmte Arten von Stimulation überempfindlich sind, besonders für vom menschlichen Objekt ausgehende und hier besondere für den Blick, den sie stark vermeiden. Für andere Reize sind sie weniger empfindlich. Eine Disposition für autistische Erkrankungen könnte in der Dysfunktion bestimmter Fähigkeiten zur Verarbeitung der vom menschlichen Objekt ausgehenden Reize zu finden oder zu suchen sein. Die individuell unterschiedliche Ausprägung solcher Fähigkeiten kann auch für Differenzen in der Stimulations- und Angsttoleranz bei Neugeborenen verantwortlich sein. Melanie Klein und Otto Kernberg gehen davon aus, daß ein überstarker Aggressionstrieb zu einer mangelnden Angsttoleranz beiträgt; dadurch werden Spaltungsprozesse begünstigt, die dann Dispositionen für *Borderline-Erkrankungen* schaffen. Möglicherweise rührt die mangelnde Angsttoleranz aber nicht (nur) vom (zu) starken Aggressionstrieb her, sondern von Defiziten in der Stimulusverarbeitung, die dazu führen, daß das Neugeborene sich von äußeren Reizen (nicht von inneren, aggressiven) überschwemmt fühlt. Nicht die zu starken Triebe, sondern die zu schwachen Ich-Apparate sind das Problem. Möglicherweise ist darin ein früher »kognitiver« Faktor in der Anfälligkeit für spätere Borderline-Erkrankungen zu sehen.

Das Kernselbstempfinden und seine Komponenten

Die Hauptthese von Sterns Theorie des Kernselbstempfindens ist, daß es keine Verschmelzung von Selbst und Objekt gibt. Der Hauptunterschied zwischen seiner und Mahlers Theorie besteht darin, daß für Mahler die Verschmelzung/Symbiose das Primäre ist und sich daraus die Separation entwickelt, während für Stern die Getrenntheitsempfindung das Primäre ist, und auf dieser Basis Gemeinsamkeitserlebnisse mit dem anderen möglich sind, die aber nicht das Gefühl auslöschen, ein separates Individuum zu sein. Dieses Gefühl der primären Separation/Individuation nennt Stern »self-versus-other«. Das Gefühl des Miteinander nennt er »self-with-other«. Das Kernselbstempfinden umfaßt beide Aspekte.

Zunächst zum *self-versus-other*: Stern stellt mit geradezu atemberaubender Genauigkeit dar, wieso sich Säuglinge spätestens ab zwei bis drei Monaten als getrennte Einheit empfinden und nicht als mit dem anderen verschmolzen. Bestimmte Erfahrungen des Kindes tragen dazu bei. Das Kernselbst wird, wie das beginnende Selbst, nicht bewußt erlebt, sondern ist eine Empfindung, über die nicht nachgedacht wird. Stern unterscheidet vier Komponenten, aus denen sich das Kernselbstempfinden zusammensetzt: *Self-agency, self-coherence, self-affectivity* und *self-memory*.

Das Selbst als Urheber von Handlungen

Damit ist das Gefühl des Kindes gemeint, selbst Urheber seiner Handlungen zu sein und nicht der Urheber von Handlungen, die andere an ihm ausführen. Wie bemerkt das Kind diesen Unterschied?

Willensgefühl: Der Säugling führt in diesem Alter nicht nur reflexhafte Bewegungen aus. Er ist beispielsweise schon früh in der Lage, den Daumen oder Schnuller in den Mund zu stecken, versucht Gegenstände zu greifen, strampelt mit den Beinen die Decke weg und schlägt mit den Armen gegen sein Mobile. Liegt diesen nicht reflexhaften Bewegungen des Säuglings ein Wille zugrunde, sie auszuführen? Stern bejaht das. Der Wille ist nicht bewußt, aber seine Existenz zeigt sich deutlich, wenn eine Bewegung/Handlung des Säuglings unterbrochen wird bzw. nicht den gewünschten Erfolg hat. Schon kleinste Kinder wiederholen unermüdlich die gleiche Bewegung bis zum Erfolg und werden ärgerlich, wenn man sie daran hindert.

In den nicht reflexhaften Handlungen des Säuglings dokumentiert sich also ein Wille, der von dem Gefühl begleitet ist, selbst der Urheber seiner Handlungen zu sein. Eigene Handlungen sind von einem Willensgefühl begleitet, das fehlt, wenn der andere die gleichen Handlungen ausführt. Der Säugling ist also durchaus in der Lage zu merken, ob er oder der andere das Mobile in Bewegung gesetzt hat, oder ob es die Mutter war, die ihm den Schnuller in den Mund gesteckt hat oder er selbst; nur wenn er selbst tätig wird, gibt es ein begleitendes Willensgefühl.

Propriozeptives Feedback: Selbsterzeugte Äußerungen haben Effekte. Vokalisiert der Säugling, so hört er einen Ton. Vokalisiert die

Mutter, so hört er auch einen Ton. Kann er unterscheiden, ob das, was er hört, von ihm selbst erzeugt wird oder vom anderen? Ja, und zwar aus folgendem Grund: Selbsterzeugte Handlungen ergeben (außer dem Willensgefühl) ein propriozeptives Feedback, das fremderzeugten Handlungen oft fehlt. Wenn die Mutter vokalisiert, so hört der Säugling einen Ton. Wenn er selbst vokalisiert, hört er ebenfalls einen Ton, aber er hat darüber hinaus charakteristische Empfindungen im Brustraum, im Kehlkopf und in den Stimmbändern, die nur auftauchen, wenn er den Ton selbst produziert. Anhand dieses Unterschieds ist er in der Lage zu bemerken, ob er selbst etwas gemacht hat, oder ob ein anderer aktiv war. Diese Unterscheidungsfähigkeit trägt ebenfalls dazu bei, Selbst und Objekt als getrennt und nicht als verschmolzen zu empfinden.

Es ist aber nicht immer so, daß selbsterzeugte Handlungen propriozeptive Empfindungen hervorrufen und objekterzeugte keine. Steckt die Mutter dem Säugling den Schnuller in den Mund, so entstehen dort Empfindungen. Aber, und das ist der Punkt, wenn der Säugling sich selbst den Schnuller in den Mund steckt, entstehen darüber hinaus Tastempfindungen in der Hand und Muskelempfindungen im Arm, die nur dann ausgelöst werden, wenn er den Schnuller selbst in den Mund steckt; diese Empfindungen fehlen, wenn die Mutter es tut. Wenn der Säugling seine Bettdecke wegstrampelt, passiert etwas ähnliches. Er spürt dann ein Nachlassen des Drucks und eine Bewegungsempfindung in den Beinen. Letztere fehlt, wenn die Mutter die Decke wegnimmt. Diese Unterschiede werden bemerkt und tragen dazu bei, daß der Säugling zwischen Selbst und Objekt unterscheiden kann.

Differentielle Kontingenzwahrnehmung: Öffnet der Säugling die Augen, so sieht er immer ein Bild. Vokalisiert er, hört er immer einen Ton. Man nennt dieses Verhältnis von Handlung und Effekt Kontingenzbeziehung. Sie ist im vorliegenden Fall hundertprozentig – immer wenn, dann. Selbstinitiierte Handlungen haben immer einen Effekt in bezug auf das Selbst, aber nicht immer in bezug auf den anderen. Wenn der Säugling vokalisiert, hört er immer einen Ton (perfekte Kontingenz), aber nur jedes zweite oder dritte Mal kommt die Mutter (imperfekte Kontingenz). Kinder im Alter von drei bis fünf Monaten sind in der Lage, die verschiedenen Formen von Kontingenz sicher zu unterscheiden (Watson 1979, 1985; Bahrick / Watson 1985 mit weiterer Literatur). Diese Fähigkeit trägt dazu bei, die Welt des Selbst von der der Objekte zu unterscheiden. In der Welt des Selbst haben Handlungen immer einen Effekt auf das Selbst, aber nur manchmal einen auf das

Objekt. Die Wahrnehmung dieser unterschiedlichen Formen von Kontingenz stärkt die Unterscheidungsfähigkeit von Selbst und Objekt, weil sie klarmacht, daß das Objekt anderen Gesetzen gehorcht als das Subjekt und den eigenen Handlungen nicht vollständig unterworfen ist. Sie trägt auch zu den Anfängen eines realistischen, nicht magischen Kausalitätsverständnisses bei, das neueren Forschungen zufolge viel früher auftaucht, als in Piagets Theorie behauptet wird (Leslie 1979, 1982, 1984a, b; Golinkoff et al. 1984; Sophian/Huber 1984; Leslie/Keeble 1987).*

Resümee: Alle genannten Fähigkeiten führen zu dem Gefühl, selbst zu handeln, und zur Fähigkeit, dieses Selbsthandeln vom Handeln des Objekts unterscheiden zu können. Das selbstinitiierte Handeln ist 1. von einem Willensgefühl begleitet, das fehlt, wenn das Objekt Handlungen vornimmt. 2. Es ist von propriozeptiven Empfindungen begleitet, die fehlen, wenn ein anderer dieselben Handlungen vornimmt. 3. Es hat immer einen Effekt auf das Selbst, aber nicht immer einen auf das Objekt. Diese Unterschiede werden bemerkt. Das Gefühl, selbst Handelnder zu sein, ist die Summe der drei genannten Fähigkeiten und die erste Komponente eines vom Objekt abgegrenzten Selbstempfindens.

Selbstkohärenz

Die zweite Komponente des Kernselbst nennt Stern Selbstkohärenz. Es entsteht das Gefühl, eine zusammenhängende physische Einheit zu sein, die der Ort und Sitz von Handlungen und Empfindungen ist. Wie kommt es dazu?

Das eigene Verhalten ist, ebenso wie das des Objekts, in der Regel aus verschiedenen Handlungen zusammengesetzt. Der Säugling (und auch

---

* Ein in der Psychoanalyse gern diskutiertes Beispiel ist das des hungrigen und schreienden Säuglings. Dieser soll glauben, das Erscheinen der Flasche sei ein direktes Ergebnis seiner Anstrengungen. Er meint, durch sein Schreien habe er die Flasche herbeigerufen, weil er das Erscheinen der Flasche magisch als Resultat seines Geschreis (miß-)versteht. Ähnlich könnte ein kleines Mädchen, das bei Sonnenaufgang die Arme hebt, es habe dadurch die Sonne aufgehen lassen. Lange glaubt es das nicht, und auch der Säugling glaubt ähnliches wahrscheinlich eher nicht (s. auch Butterworth 1983, S. 12 ff.) Wenn er schreit, hört er immer und sofort einen Ton, aber nur manchmal und mit Verzögerung kommt eine Flasche. Dieser Unterschied wird von ihm bemerkt und trägt dazu bei, omnipotenten Kausalitätsvorstellungen ein beträchtliches Stück weit vorzubeugen. Diese sind vermutlich das Resultat von Wünschen, daß es so sein möge, und nicht Bestandteil der normalen Wahrnehmungsorganisation. Beide psychische Organisationen – Wunsch und Wahrnehmung – können natürlich miteinander interferieren, aber erst, wenn es einen Wunsch gibt. Dies ist vor Beginn der Symbolfunktion nicht der Fall. Erkenntnistheoretisch gesprochen, sind kleine Kinder eher naive Realisten als Wunschdenker oder Psychotiker (näheres dazu in Kap. 8).

das Objekt) macht Kopfbewegungen, ändert den Gesichtsausdruck, vokalisiert, bewegt Arme und Beine. Diese verschiedenen Äußerungen des Subjekts haben trotz ihrer Verschiedenheit gewisse Gemeinsamkeiten, und zwar: 1. einen gemeinsamen Ort, 2. eine gemeinsame Zeitstruktur und 3. eine gemeinsame Intensitätskontur. Dasselbe gilt für die verschiedenen Äußerungen des Objekts; auch sie haben gemeinsame Strukturen (Ort, Zeit, Intensität), die allerdings von denen des Subjekts verschieden sind.

Sterns These ist, daß der Säugling zum einen die gemeinsamen Aspekte verschiedener Äußerungen des Subjekts oder Objekts wahrnimmt. Auf diese Weise ist er in der Lage, verschiedene Reize oder Handlungen als von *einem* Subjekt oder Objekt ausgehend wahrzunehmen. Dadurch wird das Gefühl eines kohärenten Selbst und eines kohärenten Objekts gefördert. Zum zweiten ist er in der Lage, die Unterschiede der Strukturen wahrzunehmen, je nachdem, ob eine Handlung oder eine Reizfolge vom Subjekt oder vom Objekt ausgeht. Dadurch wird die Unterscheidungsfähigkeit von Selbst und Objekt gefördert.

Gemeinsamer Ort: Betrachten wir zunächst noch einmal ein schon erwähntes Beispiel: Neugeborene wenden den Kopf und die Augen nach einer Schallquelle. Darin drückt sich die angeborene Erwartung aus, daß dort, wo etwas zu hören ist, auch etwas gesehen werden kann. Ein einheitlicher Ort für verschiedene Reizklassen wird erwartet. Seh- und Hörreize, die von einem Objekt ausgehen, sind also für den Säugling nicht zwei disparate Ereignisse oder zwei Objekte, sondern gehen von einem kohärenten Objekt aus.

Gemeinsame Zeitstruktur: Jeder Mensch kann beide Arme unabhängig voneinander bewegen. Er kann sich mit der linken Hand den Bauch reiben und mit der rechten aufs Knie klopfen. Trotz der Verschiedenheit der Bewegungen und des unterschiedlichen Tempos, in dem sie ausgeführt werden, haben diese beiden Bewegungen eine gemeinsame Zeitstruktur. Diese zeigt sich, wenn das Tempo nur einer Bewegung willkürlich verändert werden soll, was ohne Übung schwierig ist und meistens wieder in einem bestimmten Rhythmus beider Bewegungen endet. Die gemeinsame zeitliche Struktur gibt den verschiedenen Bewegungen eine Zusammengehörigkeit, die beim Objekt gesehen und beim Selbst gefühlt wird.

Solche gemeinsamen Zeitstrukturen gibt es nicht nur bei verschiedenen Bewegungen, sondern auch bei Hör- und Sehreizen. Zeigt man Säuglingen einen Film, in dem Ton und Bild synchron sind, so bevorzugen sie diesen Film gegenüber einem nicht synchronen. Beim nicht synchronen Film passen die Zeitstrukturen von Ton und Bild nicht zusammen. Der Säugling bemerkt das schon mit drei bis vier Monaten. Ebenso verhält es sich, wenn bei einem sprechenden Gesicht die Sprache nicht synchron mit den Lippenbewegungen erfolgt (s. Kap. 2). Diese Beispiele lehren zweierlei: 1. viele Reize, die von einem Subjekt ausgehen, haben eine gemeinsame Zeitstruktur. 2. viele Reize, die von einem Objekt ausgehen, z. B. der Mutter, haben ebenfalls eine gemeinsame Zeitstruktur, die aber von der des Säuglings verschieden ist. Die Wahrnehmung der Gemeinsamkeit in der Zeitstruktur ermöglicht, die unterschiedlichen Reize als zu *einem* Objekt oder Subjekt gehörig zu begreifen. Die Wahrnehmung, daß Zeitstrukturen für Objekt und Subjekt verschieden sind und jeder sozusagen sein eigenes Tempo hat, ermöglicht eine *Unterscheidung* von Subjekt und Objekt. In zweifacher Weise ist also einer Konfusion zwischen Subjekt und Objekt in der Wahrnehmungswelt des Säuglings vorgebeugt. Die Wahrnehmung der Gemeinsamkeit fördert ein kohärentes Selbst- und Objektempfinden und wirkt der Gespaltenheit der Erfahrung in multiple Selbst- und Objektbilder entgegen. Die Wahrnehmung der Unterschiede fördert die Getrenntheitsempfindungen von Subjekt und Objekt und wirkt antisymbiotisch.*

Gemeinsame Intensitätskontur: Verschiedene Reize haben nicht nur eine gemeinsame Zeitstruktur, sondern auch eine gemeinsame Intensitätsstruktur. Ein Beispiel ist der Schrei des Karatekämpfers. Eine plötzliche kurze harte Vokalisierung ist begleitet von einer plötzlichen kurzen harten Bewegung. Die Intensitätskonturen von Bewegung und Vokalisierung sind synchron, und es ist nur schwer möglich, eine harte Bewegung mit einem weichen Laut zu begleiten. Auch andere im Alltagserleben häufiger vorkommende Beispiele lassen sich finden. Produziert man einen lauten Ton, so hört man nicht nur etwas Lautes, son-

---

* Vielleicht beschäftigt den Leser mittlerweile ein begriffliches Problem. In der Psychoanalyse ist üblicherweise davon die Rede, daß Selbst- und Objekt*repräsentanzen* verschmolzen, differenziert oder gespalten sind. Ich rede davon, daß Selbst und Objekt sowohl als einheitlich wie auch als voneinander getrennt empfunden werden. Das hat seinen Grund darin, daß es Repräsentanzen im Sinne intrapsychisch evozierbarer Bilder und Symbole erst ab 1½ Jahren gibt. Darauf werde ich im 8. Kapitel näher eingehen. Davon abgesehen ist die Repräsentanzenlehre nur die metapsychologische Formulierung des vermuteten Sachverhalts, daß Selbst und Objekt als verschmolzen, differenziert oder gespalten *erlebt* werden. Beide Formulierungen meinen dasselbe. Der Zustand der Repräsentanzen soll den Zustand des Erlebens nur theoretisch erklären. Ich sehe deshalb keinen für die bisherige Diskussion relevanten Unterschied zwischen der Formulierung, daß die Selbst- und Objektrepräsentanzen verschmolzen oder getrennt sind, und der, daß Selbst und Objekt als verschmolzen oder getrennt erlebt werden.

dern man fühlt auch starke Vibrationen im Kehlkopf und im Brustraum. Die auditorische Intensität ist von einer bestimmten propriozeptiven Intensität begleitet. Entsprechendes gilt für schwache Vokalisierungen.

Säuglinge sind schon im ersten halben Jahr in der Lage, die Intensitäten unterschiedlicher Sinnesmodalitäten zu vergleichen. Beispiele dafür wurden genannt. Mit drei Wochen setzen sie Intensitäten von gesehenem Licht mit der Lautstärke von gehörten Tönen in Beziehung und bevorzugen die Kombination von Licht und Ton, die auch Erwachsene als am besten zusammenpassend empfinden. Mit drei bis vier Monaten sehen Säuglinge, wenn sie ein leiser werdendes Motorengeräusch hören, lieber einen Film mit einem sich entfernenden Auto; wenn sie ein lauter werdendes Geräusch hören, bevorzugen sie den Film eines näher kommenden Fahrzeugs. Visuelle und auditorische Intensitätskonturen werden verglichen und Synchronie bevorzugt (s. Kap. 2). Ich ziehe daraus, in Anlehnung an Stern, folgende Schlußfolgerung: Viele von einem Objekt ausgehende Reize haben eine gemeinsame Intensitätskontur. Diese gemeinsame Kontur wird wahrgenommen und ermöglicht es, verschiedene Reize aufgrund ihrer gemeinsamen Intensität als zusammengehörig, d. h. von *einem* Objekt oder Subjekt ausgehend, zu perzipieren (Anti-Spaltung). Und weiter: Jedes Subjekt und jedes Objekt hat *seine* Kontur, und die Wahrnehmung dieses Unterschieds fördert die Fähigkeit, Selbst und Objekt als getrennt wahrzunehmen (Anti-Symbiose).

Kohärenz der Form: Glauben Säuglinge an die Identität eines Perzepts, auch wenn dieses sein Aussehen ändert? Wenn ein Gesicht sich zur Seite wendet oder die Stirn runzelt, ist es für den Säugling noch dasselbe Gesicht? Wenn das nicht der Fall wäre, so würde das bedeuten, daß plötzlich ein neues Objekt da ist, das denselben Ort, dieselbe Zeitstruktur und dieselbe Intensitätskontur hat wie das alte Objekt. Es gäbe plötzlich viele Objekte mit derselben Struktur; es gäbe lächelnde Mütter und stirnrunzelnde, Profilmütter und *en-face*-Mütter. Dadurch würde zwar nicht die Unterscheidung zwischen Selbst und Objekt beeinträchtigt, wohl aber die zwischen verschiedenen Objekten, weil dann ein sich *änderndes* Objekt nicht von einem *anderen Objekt* (zumindest visuell nicht) unterschieden werden könnte. Das sich ändernde Objekt würde fälschlich für zwei oder drei verschiedene Objekte gehalten werden.

Es sieht aber so aus, als wenn es anders wäre, und zwar spätestens ab sieben Monaten. Fagan (1976) und Cohen/Strauss (1979) haben nachweisen können, daß Kinder im Alter von sieben Monaten an die Identität eines visuellen Perzepts auch über Transformationen seines Ausdrucks und Änderungen seiner Position hinweg glauben. Sie bemerken ab diesem Alter, daß ein Gesicht dasselbe ist, auch wenn es seinen Ausdruck verändert, z. B. zu lächeln anfängt oder im Profil erscheint. Das geänderte Gesicht kann zuverlässig von einem anderen Gesicht unterschieden werden. Verwendet man statt Fotografien Filme von sich bewegenden Gesichtern oder live-Gesichter, so erhält man vergleichbare Ergebnisse für das Alter von vier bis sechs Monaten (Ruff 1980, S. 883; Gibson/Spelke 1983, S. 34).

Kohärenz der Bewegung: Ich hatte schon darauf hingewiesen, daß verschiedene Bewegungen eines Subjekts oder Objekts wegen der ihnen gemeinsamen Zeitstruktur eine Zusammengehörigkeit aufweisen, die man beim Objekt sieht und bei sich selbst fühlt. Dennoch kann man sich fragen, ob der Säugling, etwa wenn der eine Arm der Mutter sich im Vordergrund bewegt und der andere im Hintergrund, die Bewegungen beider Arme nicht doch für Bewegungen verschiedener Objekte hält. Stern (1985, S. 83) hält das für möglich, ich für eher unwahrscheinlich.

Johansson (1973; 1978, S. 684 ff.) hat einer Person zehn bis zwölf leuchtende Punkte auf Arme, Beine, Rumpf und Kopf geklebt und sie dann gefilmt, wie sie geht, springt und tanzt. Bei der anschließenden Vorführung sind nur die sich bewegenden Lichtpunkte zu sehen, sonst nichts. Trotzdem sind Erwachsene und Schulkinder in der Lage, die sich bewegenden Punkte innerhalb von $^2/_{10}$tel Sekunden als eine sich bewegende Person zu identifizieren und begreifen sie nicht als zufällige Bewegung von Punkten und auch nicht als gesetzmäßige Bewegung einzelner Punkte. Ähnliche Ergebnisse gibt es für drei bis fünf Monate alte Kinder (Lasky/Gogel 1978; Fox/McDaniels 1982; Berthental/Profitt 1984; Berthental et al. 1987). Kinder dieses Alters bemerken einen Unterschied zwischen randomisierter Punktdarbietung und einer, in der biologische Bewegungsabläufe (d. h. solche von lebenden Objekten) simuliert werden. Sie bevorzugen letztere.* Eine Schlußfolgerung daraus ist, daß die figürliche Kohärenz biologischer Bewegungsabläufe wahrgenommen wird, und dies macht die Vermutung wenig plausibel, daß zwei sich bewegende Arme eines Objekts als zwei disparate Objekte wahrgenommen werden.

---

* Dabei ist experimentell sichergestellt, daß wirklich figürliche Kohärenz wahrgenommen wird und die Präferenz nicht daher stammt, daß die regelmäßige Bewegung einzelner Punkte wahrgenommen wird, die es bei biologischen Bewegungsabläufen ebenfalls gibt, bei randomisierten Punktbewegungen aber nicht.

Exkurs: Kritik der Spaltung

Die psychoanalytische Entwicklungspsychologie geht davon aus, daß in den ersten fünf Monaten Selbst und Objekt nicht als getrennt empfunden werden (Symbiose). Danach soll sich zwischen fünf und 18 Monaten eine Trennung von Selbst und Objekt herausbilden. Es entstehen voneinander getrennte Selbst- und Objektrepräsentanzen, die aber untereinander noch nicht integriert sind. Viele gute und böse Selbstrepräsentanzen und viele gute und böse Objektrepräsentanzen zirkulieren im psychischen Apparat. Dieser Zustand der Aufgespaltenheit, bei dem sowohl die Selbst- von den Objektrepräsentanzen, also auch die guten Selbstrepräsentanzen, von den schlechten und die guten Objektrepräsentanzen von den schlechten getrennt sind, ist angeblich zwischen acht und zehn Monaten stabil ausgebildet (s. Kernberg 1972, S. 234 ff.; 1976, Kap. 2; Murphy 1980, S. 335). Er soll dann ab 18 Monaten langsam durch eine Integration der diversen Selbstrepräsentanzen zu einer einheitlichen Selbstrepräsentanz und der diversen Objektrepräsentanzen zu einer einheitlichen Objektrepräsentanz überwunden werden. Der Abwehrmechanismus der Spaltung verhindert diese Integration und erhält den Zustand, der zwischen acht bis zehn und 18 Monaten normal ist, über diesen Zeitraum hinaus aufrecht.*

Im Gegensatz zu dieser Theorie machen es die von mir dargestellten Untersuchungen wahrscheinlich, daß das Gefühl vom Selbst und die Wahrnehmung vom Objekt von Anfang an wesentlich einheitlicher, integrierter und kohärenter ist, als bisher angenommen wurde. Schon im Alter von drei bis vier Monaten fanden sich viele Hinweise auf entsprechende Fähigkeiten. *Die Hypothese scheint deshalb begründet, daß ein einheitliches Selbstempfinden und eine einheitliche Objektwahrnehmung schon im ersten halben Lebensjahr existieren.*

Zu meiner eigenen Überraschung habe ich festgestellt, daß meine Überlegungen bezüglich eines wichtigen Punktes am ehesten mit denen

---

* Die Gründe für diese Spaltung, die zur Borderline-Persönlichkeitsstörung beiträgt, müssen hier nicht diskutiert werden (s. Kernberg 1975). Die Kleinianer scheinen in bezug auf die Borderline-Störungen eine andere Theorie zu vertreten. Bei Rosenfeld (1978, S. 341 f.) ist das primäre Problem des Borderline-Patienten die drohende Konfusion der Repräsentanzen. Die Patienten haben keine normale Spaltung zustande gebracht, deshalb droht die Psychose. Um die zu verhindern, treten bizarre Spaltungsprozesse auf. Während bei Kernberg also die Differenzierung der Selbst- und Objektrepräsentanzen erreicht ist und die Spaltung diesen Zustand *aufrechterhält*, um das Ich vor Angst und die guten vor den bösen Repräsentanzen zu schützen, ist bei Rosenfeld die Differenzierung der Selbst- von den Objektrepräsentanzen *nicht* sicher erreicht und wird, zwecks Abwehr der psychotischen Konfusion, durch gewaltsame Spaltung *herbeigeführt*.

von Melanie Klein übereinstimmen. Klein hat herausgearbeitet (z. B. 1935, S. 68 f.; 1946, S. 115), daß mit Beginn der depressiven Position, also ungefähr mit vier bis sechs Monaten, die Konstruktion ganzer Objekte beginnt. Sie begründet diese Hypothese zwar nicht wahrnehmungspsychologisch, aber die Übereinstimmung in den Zeitangaben ist verblüffend. Klein ist die einzige Autorin in der psychoanalytischen Entwicklungspsychologie, die das Ende der Teilobjekte so weit vorverlegt (von 18 auf sechs Monate). Wahrnehmungspsychologische Überlegungen spielen immerhin implizit ebenfalls eine Rolle. Der Kleinianer Hinshelwood schreibt: »Im Laufe der Entwicklung entwickelt das Kind die Fähigkeit, Menschen als ganze Objekte wahrzunehmen, besonders wenn vom visuellen Apparat Gebrauch gemacht wird« (1989, S. 140 f.), was mit ungefähr vier bis sechs Monaten der Fall sein soll (ebd., S. 138). Das ist zumindest eine Annäherung an meine Auffassung, wonach die Objektwahrnehmung von Anfang an, spätestens aber zwischen vier und sieben Monaten ganzheitlicher ist, als bisher angenommen.*

Gegen meine Kritik des Konzepts der Teilobjekte und Teilselbste und mein Plädoyer für ein ganzheitliches Selbstempfinden und eine ganzheitliche Objektwahrnehmung könnte man einwenden, daß vorwiegend wahrnehmungspsychologisch argumentiert wurde. Die Psychoanalyse behauptet aber, daß die Gespaltenheit im Erleben der Selbst- und Objektwelt in erster Linie darauf zurückzuführen ist, daß Wahrnehmungen, die in unlustvollen Zuständen gemacht werden, von denen, die in lustvollen Zuständen gemacht werden, getrennt organisiert und aufgezeichnet werden. Demzufolge sind es die gegensätzlichen Affekte, welche die Wahrnehmung des Subjekts und der inneren Welt spalten. Entsprechend könnte man dann zwar einräumen, daß die gute, lächelnde Mutter und die böse blickende zwar als dieselbe Mutter erkannt werden, aber nur, wenn man einseitig die Wahrnehmungsfähigkeit des Säuglings betrachtet. Die psychoanalytische These ist aber, daß heftige Affekte auf vielerlei Weise diese Wahrnehmung beeinträchtigen.

Einmal könnte die Wahrnehmung durch die Affekte trivialisiert werden. Das perzeptuelle Wissen, daß es dieselbe Mutter ist, hätte dann keine affektive Valenz mehr und träte in den Hintergrund, ähnlich wie

---

* Von einem anfänglich einheitlichen Selbstempfinden geht Klein jedoch nicht aus (s. 1946, S. 104), wohl aber Kohut (1975, 1977), wie diverse Ausführungen über das kohäsive Selbst in seiner zweiten Selbstpsychologie zeigen. Sein Konzept einer anfänglichen Einheit von Selbst und Selbstobjekt hat allerdings noch »symbiotische Schlacken«.

der erwachsene Borderline-Patient seinen Analytiker heute als gut und morgen als böse erlebt, obwohl er weiß, daß es derselbe Analytiker ist. Solche Schlußfolgerungen vom erwachsenen pathologischen Erleben auf das kindliche normale sind jedoch nicht ohne Tücken, und die Stichhaltigkeit dieses Arguments ist deshalb schwer abzuschätzen.

Eine zweite Möglichkeit, die ich nicht ausschließe, wäre, daß die differenzierte ganzheitliche Wahrnehmung des Säuglings aufgrund affektiver Belastungen zusammenbricht. Dies ist aber nicht die Regel, sondern die Ausnahme, weil niedrige und nicht hohe Spannungszustände den Alltag des Säuglings beherrschen (s. Kap. 3) und weil nur lang andauernde, ungemilderte Spannungszustände einen dauerhaft desorganisierenden Einfluß auf Wahrnehmung und Erleben haben können. Das Kennzeichen einer guten Mutter-Kind-Beziehung ist, daß intensive Affekte von der Mutter moduliert werden. Diese beseitigt sie zwar nicht gänzlich, wohl aber ihre übermäßige Dauer. Auf diese Weise erwirbt das Kind Toleranz für Affektspannungen, denn es hat erfahren und gelernt, daß bald Abhilfe geschaffen wird. Der disruptive Charakter heftiger Affekte wird so gemildert. Nur wenn das nicht der Fall ist, entstehen fragmentierte oder konfundierte Selbst- und Objektempfindungen, die dann aber kein normaler Zustand und kein Bestandteil einer normalen Entwicklungsphase sind, sondern entweder nur temporäre Erscheinungen ohne Langzeitwirkung oder dauerhafte Entgleisungen, entstanden aufgrund ständiger affektiver Überlastungen. Sie resultieren aus chronischen Unzulänglichkeiten und Inkonsistenzen der Eltern-Kind-Beziehung. Im Normalfall entstehen einheitliche Wahrnehmungen und Empfindungen von Selbst und Objekt.*

In bezug auf die Theorie der Gespaltenheit der frühen Erlebniswelt des Kindes komme ich damit zum selben Resultat wie bei der Symbiose. Im dritten Kapitel wurde argumentiert, daß Symbiosewünsche symbolische Überarbeitungen einer gestörten, die Selbstregulierungsfähigkeit des Säuglings übermäßig einschränkenden Eltern-Kind-Beziehung sind: Desintegrationsprodukte zusammengebrochener Individuationsbestrebungen. Dasselbe gilt für die Teilselbste und Teilobjekte. Sie sind das Ergebnis eines *Zusammenbruchs* der ursprünglich einheitlichen Selbst- und Objektempfindung und kein in der Säuglingszeit normaler Zustand.

* Andere Autoren sind, zum Teil auf anderen Wegen, zu ähnlichen Schlußfolgerungen gelangt (Benedetti 1977, S. 645; Lichtenberg 1983, S. 113f., 171; 1987b, S. 879; Basch 1985, S. 514; Gaensbauer 1985, S. 527f.; Stern 1985, S. 248ff.).

Sie sind die dritte und vierte Komponente des Kernselbstempfindens. Auf die Affekte und ihre Differenziertheit gehe ich im folgenden Kapitel ein. Deshalb möchte ich nur noch eine Bemerkung zum Gedächtnis machen. Die verschiedenen Komponenten des Kernselbst – Bewegungserfahrungen, Kohärenzempfindungen und Affekte – werden durch das Gedächtnis zu einem einheitlichen Kernselbstempfinden integriert. Ohne Gedächtnis gäbe es keine Kontinuität des Selbstgefühls, und alle bisher gemachten Erfahrungen von Handlung/Bewegung, Kohärenz und Affekt wären flüchtig und dauerten nur so lange an wie die jeweilige Empfindung. Die Erfahrungen von jetzt wären nicht mit denen von früher verknüpft, und es gäbe viele momentane Kernselbstempfindungen, die nicht in einer übergreifenden Einheit koordiniert wären. Der große Stellenwert des Gedächtnisses für ein stabiles, kontinuierliches, in der Zeit kohärentes Kernselbstempfinden ist offenkundig.

Stern ordnet jeder Komponente des Kernselbst ein spezifisches Gedächtnis zu. Dem handelnden Selbst ein Gedächtnis für Handlungen/Bewegungen; dem kohärenten Selbst, das sich vor allem auf die Wahrnehmung von gemeinsamen Formen, Orten, Zeit- und Intensitätsstrukturen gründet, ein Wahrnehmungsgedächtnis; dem Selbst als Träger von Affekten ein Affektgedächtnis.

Alle drei Gedächtnisarten sind im ersten halben Jahr gut ausgebildet. Ein Gedächtnis für Wahrnehmungen gibt es von Geburt an (Überblick bei Lamb/Bornstein 1987, Kap. 7). Ein Gedächtnis für eigene Bewegungen spätestens ab drei Monaten (Rovee-Collier et al. 1980; Rovee-Collier/Fagen 1981, 1983; Fagen et al. 1984). Ein Gedächtnis für erlebte Affekte ist zwischen drei und sechs Monaten experimentell nachweisbar (Gaensbauer 1982a; Nachman/Stern 1984; Stern 1985, S. 93).

Resümee

Erstens: Selbst und Objekt sind im ersten Halbjahr nicht undifferenziert oder verschmolzen (keine Symbiose). *Zweitens:* Die Theorie der Teilselbste und Teilobjekte zwischen sechs und 18 Monaten ist ebenfalls problematisch. Es gibt in diesem Zeitraum, und schon früher, normalerweise kein multiples Selbst- und Objektempfinden, sondern eher ein einheitliches (keine Gespaltenheit/Spaltung).*

Man kann sich fragen, ob der zur Wiederlegung der Symbiose- und Spaltungstheorie betriebene Aufwand nicht übertrieben ist. Ich glaube nicht, denn die Theorie einer initialen Differenziertheit von Selbst und Objekt ist ebenso innovativ wie die Theorie einer initialen Einheitlichkeit des Selbstempfindens und der Objektwahrnehmung. Nicht nur die Psychoanalyse, sondern auch Piaget und der größte Teil der sonstigen Entwicklungspsychologen sind bisher der Meinung gewesen, daß der Säugling anfangs Schwierigkeiten hat, zwischen Selbst und Objekt zu unterscheiden und in einer Welt multipler Selbste und Objekte lebt.** Wer allen bisherigen Theorien widerspricht, läuft Gefahr, sich zu übernehmen. Deshalb wurde die Darstellung breit angelegt, um eine umfassende Materialbasis bereitzustellen.

Es sollte klar sein, daß die postulierte Unterscheidung von Selbst und Objekt präreflexiv ist. Sie ist eine Empfindung und keine Leistung im Sinne des reflexiven Ich-Bewußtseins. Ob dies den Wert von Sterns Darstellung beeinträchtigt, wie Bischoff-Köhler (1989, S. 53 ff.) zu glauben scheint, bezweifle ich. In Anlehnung an die Terminologie von Lewis/Brooks-Gunn (1979) würde ich sagen, daß es im ersten halben Jahr ein existentielles Selbst gibt, das sich vom Objekt unterschieden und getrennt fühlen kann, aber kein kategoriales Selbst, das den gefühlten Unterschied zu einem klaren Ich-Bewußtsein bringt. Das Selbst ist von Anfang an ein fühlendes und wahrnehmendes, das sich als solches empfindet, aber erst später wird es auch ein Objekt der (Selbst-)Betrachtung und Selbstreflexion. Im Englischen wird dieser Unterschied als »I-self« versus »me-self« bezeichnet. Ein *I-self* existiert von Anfang an, das *me-self* ab 18 Monaten.

---

* Stern liegt besonders die erste These am Herzen. Deshalb spricht er von self-*versus*-other im ersten Halbjahr.

** Nicht nur bezüglich der Vorverlegung des Zeitpunkts, zu dem ganze Objekte entstehen, sondern auch hinsichtlich der Unterscheidungsfähigkeit von Selbst und Objekt ist Melanie Klein innerhalb der Psychoanalyse wahrscheinlich eine Ausnahme. Sie scheint implizit von einer früheren Selbst-Objekt-Differenziertheit auszugehen als andere Autoren. Sie begründet diese Annahme nicht, aber ihre Beschreibung der frühesten Introjektions- und Projektionsvorgänge macht ohne sie wenig Sinn. Außerhalb der Psychoanalyse ist diese Idee nur in der Wahrnehmungstheorie von J. J. Gibson angedeutet (s. Harris 1983, S. 744 f.). Mittlerweile haben Horner (1985) und Samuels (1986) sie aufgegriffen und unterstützt.

Self-with-other als Nachfolger der Symbiose

Die getrennte Wahrnehmung von Selbst und anderem ist unter normalen Umständen für den Säugling also kein Problem, weil er über die
dazu notwendigen Fähigkeiten verfügt. Ist es aber nicht denkbar, daß in
Zuständen affektiver Erregung diese Fähigkeiten verlorengehen und
eine Art Entdifferenzierung der Wahrnehmung stattfindet, so daß das
Objekt, das die Regulierung dieser Zustände mitübernimmt, in Wahrnehmung und Empfindung mit dem Selbst, dessen Zustand reguliert
wird, zusammenfließt? Einen großen Teil des wachen Tages befindet
sich der Säugling in sozialem Kontakt mit seinen Eltern. Sie beeinflussen viele seiner Empfindungen, und zwar nicht nur im dramatischen
Fall des Hungers, den die Psychoanalyse zu einem ihrer Paradigmen
gemacht hat, sondern auch in der alltäglichen sozialen Interaktion. Die
Empfindungen des Selbst verändern sich unter dem regulierenden Einfluß des Objekts, und die Frage ist, ob der Säugling den Auslöser der
Veränderung von der ausgelösten Veränderung unterscheiden kann,
wenn Affekte beteiligt sind.

Er kann das (Stern 1983, S. 70ff.; 1985, S. 100ff.). Wenn ein anderer
regulierend in die Empfindungen des Selbst eingreift, macht der Säugling Gemeinsamkeitserfahrungen, die er alleine nicht machen könnte;
der andere hilft oder stört bei der Erreichung einer bestimmten Affektlage. Aber die Unterscheidungsfähigkeit zwischen Selbst und anderem
geht nicht verloren, weil die bisher behandelten Fähigkeiten, die eine
getrennte Wahrnehmung und Empfindung von Selbst und anderem ermöglichen, immer wirksam und meistens erfolgreich sind. Es gibt Situationen, in denen die Unterscheidung schwieriger ist, aber wir dürfen
davon ausgehen, daß die meisten Situationen so beschaffen sind, daß die
Hinweise und Fähigkeiten, die dem Säugling die Unterscheidung ermöglichen, erhalten bleiben.*

---

* Dies gilt erstens für die Situation von Hunger und Sättigung. Das befriedigende Gefühl der
Sättigung ist zunächst nicht ohne ein Objekt zu haben, und das sich ändernde Körpergefühl, der
sich ändernde Affekt ist eingebettet in eine Beziehung. Die Handlungen des anderen und die
Empfindungen des Selbst aber, die im Verlauf dieser bedürfnisbefriedigenden Interaktion regi-
striert werden, sind hinreichend unterscheidbar, so daß eine Spezifizierung nach auslösendem
Objekt und empfindendem Subjekt möglich ist. Es gilt zweitens für die wechselseitige Imitation
von Eltern und Kind, obwohl dabei die Unterschiede zwischen Subjekt und Objekt gering werden, weil beide sich aneinander angleichen. Es gilt drittens für Zustände des Spiegelns, der Empathie, des »holding« und »containing«, in denen ein Partner zum Resonanzboden für Empfindungen des anderen wird und dabei sein eigenes Profil, anhand dessen er als distinktes Objekt
spezifizierbar ist, ein Stück weit aufgibt. Immer bleiben genügend Unterschiede zwischen
Selbst und Objekt erhalten, die eine Verschmelzungsempfindung verhindern.

Die einzige relevante Ausnahme sind wahrscheinlich extrem negative Affektzustände, die diese kognitiven Fähigkeiten einschränken und Notfallreaktionen wie Schreien hervorrufen. In solchen Zuständen sind die Sinneskanäle für andere Informationen nicht mehr aufnahmebereit, und Konfusion kann entstehen.

Im letzten Kapitel hatte ich nicht nur eine Weiterführung der Symbiosekritik angekündigt, sondern auch eine Alternative in Aussicht gestellt, die es erlaubt, in entwicklungspsychologisch stimmiger Weise *die* Erlebnisse von Zusammensein mit einem anderen zu beschreiben, die traditionellerweise im Symbiosebegriff angesprochen sind. Stern nennt solche Erlebnisse »self-with-other«. Seine Auffassung ist, daß die soziale Erfahrung des Mit-Anderen-Sein- und -Erleben eine aktive und vom Subjekt gewollte Leistung ist und nicht das passive Resultat mangelnder Differenzierung. Das Miteinander und die passiven Bedürfnisse des Umsorgt- und Umhegtwerdens führen in der Regel nicht zu einem Verschwimmen der Grenzen von Selbst und Objekt. Primär ist also die Differenziertheit von Selbst und Objekt, und auf dieser Basis werden Gemeinsamkeitserlebnisse mit dem anderen gesucht und gefunden, die im Normalfall nicht die Empfindung eines abgegrenzten Kernselbst beeinträchtigen. *Die Entwicklung verläuft nicht von der Symbiose zur Separation, sondern die Separation existiert von Anfang an und wird parallelisiert von Gemeinsamkeitserlebnissen, die nicht symbiotisch sind.* Im sicheren Gefühl der Getrenntheit wird die Gemeinsamkeit erst richtig schön. Für den Säugling gilt dann, was Ross (1975, S. 91) als Kennzeichen des Erlebens mystischer oder kreativer Zustände bei Erwachsenen beschreibt:

> »Es ist ein Kennzeichen vieler befriedigender Erfahrungen, daß es dabei zu einem Verlust des Selbst-Bewußtseins unter Beibehaltung der Selbst-Bewußtheit kommt.* Man ist ›versunken‹, ›verloren‹, ›absorbiert‹, ›besessen‹ von einer Person, einem Buch, einem Drama, einem Ziel, einer Idee, einem Musikstück, einer intellektuellen Entdeckung, einem schönen Gemälde... In solchen ›Versunkenheitszuständen‹ gibt es eine subtile Veränderung des Bewußtseins. *Es gibt keinen Identitätsverlust*: Das Selbstempfinden wird durch solche

---

* Verlust des Selbst-Bewußtseins (*self-consciousness*) unter Beibehaltung der Selbst-Bewußtheit (*self-awareness*) meint, daß in solchen Zuständen keine Reflexion über die eigene Person im Sinne des »Ich-bin« stattfindet; dennoch bleibt das Gefühl für die eigene Identität erhalten.

Erfahrungen stetig bereichert... die Realitätsbewältigung stetig verbessert« (Hervorhebung von mir).

Eine offene Frage bleibt, welche der beiden Erlebnisweisen im ersten Lebenshalbjahr *überwiegt*: Das Gemeinsamkeitsgefühl (*self-with-other*) oder das der Getrenntheit (*self-versus-other*); das »Ego« oder das »We-go« (G. Klein 1976, S. 178); das »self in alone states« oder das »fitting together«? Beide existieren simultan und von Anfang an, aber es ist strittig, ob sie auch in gleichem Umfang existieren und die gleiche Bedeutung haben. Lichtenberg (1983, S. 52 f., 83 ff.; 1985, S. 628 f., 633 f.) ist der Meinung, daß im ersten Halbjahr das Wir-Gefühl und Gemeinsamkeitserlebnisse überwiegen. Der Säugling ist zwar aktiv und differenziert, aber er bewegt sich innerhalb einer Interaktionsmatrix mit der Mutter. Die Loslösung aus der Matrix schiebt sich, obwohl von Anfang an vorhanden, erst im Lauf des zweiten Halbjahres in den Vordergrund. Sander (1983 b, S. 341), Demos (1985, S. 558 f.) und Stern (1985) sind eher der Meinung, daß zwischen beiden Modalitäten von Anfang an eine ausgeglichene Balance besteht. Ganz vereinfacht könnte man folgendes Schema aufstellen:

- Mahler: Erst Symbiose, dann Separation.
- Lichtenberg: Aktive und differenzierte Interaktion innerhalb und außerhalb der Matrix, aber vorwiegend innerhalb; d. h. Separation von Anfang an, aber doch Überwiegen einer besonderen Verbundenheit von Mutter und Kind.
- Sander, Stern und Demos: Separation und Verbundenheit von Anfang an und in gleichem Umfang, bzw. gleicher Wichtigkeit.

Die definitive Beantwortung dieser Frage bedarf weiterer empirischer Untersuchungen.

Die klinische Bedeutung des Kernselbstempfindens

Die Gemeinsamkeitserfahrungen dieser Entwicklungsphase begründen die Fähigkeit zur körperlichen Intimität. Im Zusammensein mit dem anderen entsteht 1. ein Zutrauen in die eigenen Fähigkeiten, sensorische Stimulierung regulieren zu können; 2. ein Vertrauen darauf, daß der andere dabei behilflich sein kann; 3. die Erfahrung, daß Erregung zusammen mit einem anderen angenehm sein kann. Umgekehrt begründen weniger gute Regulationserfahrungen ein reserviertes Verhältnis zu Körperlichkeit und Erregung, weil das Zutrauen in ihre Bewältigung eingeschränkt ist. Sie können deshalb nicht in der Beziehung genossen werden.

Gibt es in dieser Phase Vorläufer von Selbst-Pathologien? Nach Stern können alle Regulationsdefizite das Kernselbstempfinden bedrohen, aber nur, wenn sie ein bestimmtes Ausmaß überschreiten und von Dauer sind, haben sie bleibende negative Effekte. In bezug auf die Frage, wie sich die Bedrohung für den Säugling anfühlt, weist Stern Winnicotts Vorstellungen (1962, S. 74) zurück, der Säugling habe Angst, zusammenzubrechen, keine Beziehung zum Körper mehr zu haben, unaufhörlich zu fallen oder desorientiert zu sein. Solche Ängste sind potentielle Ängste, d. h. Ängste, daß etwas passieren könnte. Sie setzen die Antizipation von Ereignissen voraus, von denen der Säugling aber noch keine Vorstellung hat. Wahrscheinlicher ist ein aktuelles Unbehagen, eine primitive Agonie (auch ein Ausdruck von Winnicott), ein nicht lokalisierbarer Distreß, der den Körper ergreift und empfunden wird, ohne mit spezifischen Angstinhalten einherzugehen.

5. Die diskreten Affekte

Historischer Abriß[*]

Affekte in der akademischen Psychologie

Das Thema der Affekte wurde in der akademischen Psychologie lange Zeit wenig beachtet, besonders zwischen 1930 und 1975. Das ist nicht immer so gewesen. William James, der große Psychologe der Jahrhundertwende, hatte sich noch ausführlich mit ihnen beschäftigt. Vor allem der Aufstieg der Experimentalpsychologie machte die Gefühle, die sich den üblichen experimentellen Prozeduren nicht recht fügen wollten, zu einem Feld abnehmender Reputierlichkeit. Der Behaviourismus mit seinem antisubjektiven und antimentalen Impuls trug ein übriges zur Abwertung dieses Gebietes bei.

Das Aufkommen der kognitiven Psychologie in den 60er Jahren – aus psychoanalytischer Sicht insofern ein Fortschritt, als in ihr das Mentale aus der vom Behaviourismus inaugurierten Verdrängung wiederkehrte – trug zur Perpetuierung dieser Situation bei. Einmal, weil die kognitive Psychologie Forschungsressourcen von diesem dringend bearbeitungsbedürftigen Gebiet abzog; zum anderen, weil die Emotionen, wenn sie thematisiert wurden, als Epiphänomene des Bewußtseins betrachtet wurden. Die kognitiven Emotionstheorien, deren bekannteste die von Schachter/Singer (1962) wurde, versuchten alle in der einen oder anderen Form, Emotionen als Folge und Resultat kognitiver Prozesse zu begreifen. Schachter und Singer hatten behauptet, daß ein spezifisches Gefühl erst dadurch zustande kommt, daß das Subjekt einen unspezifischen physiologischen Erregungszustand aufgrund von Kontextinformationen als ein bestimmtes Gefühl interpretiert. Furcht oder Freude entstehen dadurch, daß die unspezifische Aktivierung, die beiden Zuständen zugrunde liegen soll, je nach Kontext einmal als Freude, ein andermal als Furcht gedeutet wird. Injiziert man einer Versuchsper-

---

[*] Lesenswerte Arbeiten dazu sind Rosenblatt/Thickstun (1977a, Teil II), Campos et al. (1983) und Campos/Barrett (1984). Knapp (1987) gibt einen guten, wenn auch stark kondensierten Überblick über neuere psychoanalytische und nicht-psychoanalytische Arbeiten zur Affekttheorie.

son Adrenalin, so entsteht ein Erregungszustand. Liest man dann der Versuchsperson eine freudige oder furchteinflößende Geschichte vor oder benimmt sich ein Mitarbeiter des Versuchsleiters freudig oder furchtsam, so benützt das Subjekt diese Informationen, um seinen unspezifischen Erregungszustand zu interpretieren und als eine bestimmte Emotion zu spezifizieren.

Diese Theorie war schon zum Zeitpunkt ihrer Entstehung nicht auf der Höhe der verfügbaren Informationen. Empirisch waren die berichteten Ergebnisse von geringer Signifikanz, und auch theoretisch war vieles unbefriedigend. Wer konnte glauben, daß der Unterschied zwischen Zahnschmerz und Orgasmus nur eine Frage der kognitiven Ausdeutung ist? Die Konzeption einer unspezifischen Erregung war schon beim Stand des damaligen neurophysiologischen Wissens wenig überzeugend (Tomkins 1981 b, S. 311), auch wenn ihre definitive Widerlegung erst in jüngster Zeit erfolgt ist. Neuere Forschungen (Schwartz 1982; Fox/Davidson 1986; Leventhal/Tomarken 1986; Leventhal 1988) haben ergeben, daß sowohl das autonome Nervensystem als auch das Gehirn emotionsspezifische Aktivitäten aufweisen, letzteres schon bei zehn Monate alten Säuglingen und sogar bei Neugeborenen. Unterschiedliche Hirnbereiche sind aktiv, je nachdem, ob der Säugling ein freudiges, ärgerliches oder trauriges Gesicht macht (Davidson/Fox 1982; Fox/Davidson 1984), und beim Erwachsenen ergeben sich spezifische Veränderungen von Herzschlag, Hauttemperatur und elektrischem Hautwiderstand, je nachdem, ob ein neutrales Gefühl sich in Freude, Ärger oder Traurigkeit verwandelt (Ekman et al. 1983; Ekman 1984; Leventhal et al. 1990). In gewissem Umfang gibt es also ZNS- und ANS-Spezifität der verschiedenen Emotionen.

Die Relevanz kognitiver Faktoren bei der Emotionsauslösung kann natürlich nicht bestritten werden, aber ihre Überbetonung in den kognitiven Emotionstheorien war geeignet, die Emotionen als weniger wichtig zu betrachten. Emotionen sind, wenn sie erst kognitiv spezifiziert werden müssen, keine primären Motivationssysteme, sondern sekundäre Phänomene. Zwar betrachtet Freud, wie im nächsten Kapitel dargestellt werden wird, die Affekte ebenfalls als Sekundärphänomene, nämlich als Abkömmlinge von Trieben; dennoch steht eine Emotionstheorie, die vom motivationalen Primat der Affekte ausgeht, der Psychoanalyse näher als eine, die den Kognitionen den Vorrang einräumt.*

---

* Auch die Psychoanalyse ist in ihrer Affekttheorie gelegentlich recht kognitionslastig und hat

In der akademischen Entwicklungspsychologie gab es unter dem Einfluß der kognitiven Psychologie in den 60er und 70er Jahren eine Fülle von kognitiven Emotionstheorien, die ebenfalls darauf hinausliefen, Emotionen eher als randständig und als bloße Indikatoren kognitiver Fähigkeiten anzusehen. Der Harvard-Psychologe Kagan ist einer der einflußreichsten Vertreter dieser Richtung. Er betrachtet das Lächeln (die Freude) als Resultat eines gelungenen Wiedererkennungs- und Assimilationsprozesses. Ein auftauchendes Gesicht wird wiedererkannt und an ein existierendes Gesichtsschema assimiliert; das Wiedererkennen ist ein kognitiver Prozeß, der Freude (Lächeln) auslöst, und somit ist das Auftauchen des Affekts der Freude an diese Wiedererkennungsleistung gebunden.

Ein anderer Affekt, der von der akademischen Entwicklungspsychologie ausführlich untersucht wurde, ist die Fremden-/Achtmonatsangst. Für Kagan (1974) ist sie das Resultat unassimilierter Diskrepanzen von Wahrnehmungen. Er entwickelt eine ziemlich komplizierte Theorie, derzufolge Kinder mit sechs bis sieben Monaten anfangen, Hypothesen über wahrscheinliche Ereignisse zu bilden und die aktuellen Ereignisse auf dem Hintergrund solcher Erwartungen einzuschätzen. Fremdenfurcht ist in dieser Theorie letztlich das Ergebnis fehlgeschlagener kognitiver Operationen. Eine vom Kind gebildete Hypothese über ein erwartbares Ereignis (daß es die Mutter sieht) ist nicht eingetroffen. Die Diskrepanz zwischen Erwartung und tatsächlichem Ereignis kann die Assimilationsfähigkeit des Kindes übersteigen und löst dann Furcht aus.

Auch Freuds Theorie der Fremdenangst (1916/17, S. 392 ff.; 1933, S. 518 f., 522) und die von Spitz (1965 a) hat kognitive Implikationen. Für beide ist die Angst kleiner Kinder beim Anblick fremder Personen gleichbedeutend mit der Vermutung, daß die Mutter nicht da ist. Der entscheidende Schluß des Säuglings von der Anwesenheit des Fremden auf die Abwesenheit der vertrauten Mutter ist ebenfalls eine kognitive Operation, und so wird auch hier die Kognition zum Wegbereiter des Affekts. Danach scheiden sich die Geister. Für Freud und Spitz bricht nämlich Angst aus, weil der Säugling sich vor seinen Trieben fürchtet,

---

zu lange am Postulat eines undifferenzierten oder nur grob in Lust/Unlust differenzierten Erregungszustand festgehalten, der erst durch die weitere Ichentwicklung spezifiziert wird (s. Kap. 6).

wenn er glaubt, seine Mutter habe ihn verlassen. Die Triebe sind die letzten Angstauslöser, nicht die Abwesenheit der Mutter als solche oder unassimilierbare Wahrnehmungen.*

Andere Autoren bringen das Aufkommen von Furcht zwischen sechs und acht Monaten in Zusammenhang mit bestimmten Gedächtnisleistungen. Vor dem Alter von acht Monaten sind Kinder nicht in der Lage, sich einen abwesenden Gegenstand (die Mutter) im Geist vorzustellen. Das evokative Gedächtnis ist noch nicht hinreichend entwickelt. Verschwindet ein Gegenstand real aus dem Gesichtsfeld, so verschwindet er auch aus dem Geist: aus den Augen aus dem Sinn. Das Kind kann kein inneres Bild der Mutter in ihrer Abwesenheit evozieren oder aufrechterhalten. Dies wäre aber die Voraussetzung für Trennungsangst: daß der Verlust bemerkt und nicht vergessen wird. Gedächtnisleistungen spielen in dieser Theorie eine zentrale Rolle bei der Auslösung des Furchtaffekts.

Die verschiedenen Interpretationen sind zum Teil sicher wertvoll. Was sie problematisch macht, ist weniger ihr Inhalt als die Einseitigkeit, mit der Affekte als Anzeiger oder Folgeerscheinung kognitiver Entwicklungsprozesse betrachtet werden. Der Gesichtspunkt der Bedeutung, die sie für das Erleben des Kindes und die Regulierung von Interaktionen haben können, kommt dabei zu kurz. Selbst Spitz (1965a, S. 120f.), der sich ausführlich mit den Affekten beschäftigt hatte, hat das Lächeln zwar als Indikator für eine Reihe kognitiver Errungenschaften angesehen – als Anzeichen für den Beginn von Denkprozessen und den Beginn der Distanzwahrnehmung –, nicht aber als Anzeichen oder Ausdruck des Gefühls der Freude. Allerdings hat er zu Recht darauf hingewiesen, daß das Lächeln die Objektbeziehung beeinflußt. Seine (1945a; 1946a, b) und Bowlbys (1951) Deprivationsstudien waren Ausnahmen in der Vernachlässigung der Affekte. Sie wurden, nach zunächst bemerkenswerter Resonanz, in den 60er Jahren uminterpretiert. Nun wurde betont, daß die Folgen der Mutterentbehrung deshalb so verheerend seien, weil mit der Mutter ein wesentlicher Faktor sensorischer Stimulierung wegfalle, so daß es nicht mehr in erster

---

* Die Theorie von Freud und Spitz ist in dieser Form sicher unhaltbar. Sie deutet Fremdenfurcht als Trennungsangst und Trennungsangst letztlich als Triebangst. Übersehen wird dabei, daß das Fremde als solches ängstigend wirken kann und nicht nur, weil es Trennung signalisiert. Der einfache Befund, daß es auch Fremdenangst bei Mutter*anwesenheit* gibt, hätte eigentlich genügen müssen, um diese Konzeption zu Fall zu bringen. Eine ausführliche Darstellung und Kritik habe ich andernorts gegeben (Dornes 1981).

Linie der Entzug des affektiven Austauschs war, der die katastrophalen Symptome produzierte, sondern der fehlende sensorische »input«, der mit dem Verlust der Hauptbezugsperson verbunden ist (Überblick bei Rutter 1972, 1979; Schmalohr 1975; Moog/Moog 1979). Auch diese Sichtweise ist nicht gänzlich falsch, aber doch erstaunlich einseitig.

Ein anderer Effekt der Kognitionslastigkeit der Entwicklungspsychologie war der Boom sogenannter head-start-Programme zur Frühförderung der kognitiven Entwicklung, die zu einer Invasion der Kinderzimmer mit überflüssigem und albernem Spielzeug führte und den behavioristischen Traum von der Planbarkeit menschlicher Existenz mit kognitiven Mitteln fortsetzte. Die zum Teil ernüchternden Resultate dieser Programme (Scarr 1984, S. 195 ff.; Lee et al. 1990) waren mit ein Grund für eine Neu- und Umorientierung der Entwicklungspsychologie gegen Ende der 70er Jahre.

Die Wiederentdeckung der Affekte

Zwei weitere Gründe für die Umorientierung in der Affektforschung waren der zunehmende Einfluß ethologischer Theorien und verbesserte Meßmethoden.

Ethologische Theorien

Der Aufstieg der Humanethologie in den 60er und 70er Jahren war, wie der der kognitiven Psychologie, mit dem Niedergang des Behaviorismus verknüpft. Vertrat der Behaviorismus eine Tabula-rasa-Vorstellung vom Menschen mit praktisch unbegrenzter Formbarkeit, so betonten die Ethologen die Existenz artspezifischer Instinktprogramme, die Lernen ebenso ermöglichen, wie sie unbegrenztem Lernen eine Grenze setzen. In dieser Sicht war es befremdlich, Affekte des Menschen als bloß konditioniert oder als bloße Folge von Denkprozessen zu betrachten. Ausgehend von der Annahme, daß das Vorhandensein von Affekten und Affektausdrucksmustern auch beim Menschen einen Selektionsvorteil darstellen muß, der das Überleben der Art fördert, fragte man sich, wie das im einzelnen der Fall sein kann.

Die Entwicklung der menschlichen Art ist bekanntlich verbunden mit einer Reduktion fester, das Überleben sichernder Instinktprogramme, in denen Antriebs- und Ausführungshandlungen sicher miteinander verlötet sind. Das Affektsystem* hat sich aus dem Instinktsystem entwickelt, und zwar so, daß der Verlust fester Instinkthandlungen von einer starken Ausprägung der expressiven Signalanteile des Affektsystems begleitet war. Würmer und Vögel haben keine Gesichtsmimik, aber Menschen haben eine. Dafür fehlt dem Menschen die instinktive Festgelegtheit von Angriffs-, Beutesuch- und Paarungshandlungen. Auch seine Reaktion auf die Affekte anderer ist nicht mehr rein instinktiv in dem Sinne, daß ein bestimmtes Handlungsprogramm spontan abläuft, sondern eher eine Disposition. Außerdem können beim Menschen vorhandene Reflexe und Instinkte wegen der einzigartigen Entwicklung der Großhirnrinde zum Teil willkürlich gehemmt und durch geplante und intentionale Handlungen ersetzt werden.** Die Vorteile dieser Entwicklung sind beträchtlich. Außer der Flexibilisierung von Handlungen schafft die Abkopplung von Signal- und Handlungskomponente im Affektsystem eine Art Moratorium, das die Entstehung einer Innenwelt und die Ausbildung kommunikativer Prozesse begünstigt. Wenn die Aktivierung eines Affekts in physiologischer und ausdrucksmäßiger Hinsicht nicht mehr mit einem festgelegten Verhaltensprogramm verbunden ist, mit dessen Hilfe agiert und reagiert werden kann, so können die Affekte zum Gegenstand des Bewußtseins und zum flexiblen Mittel sozialer Kommunikation werden.

»Jedes Ausdruckssystem schafft Bewußtheit, weil es nicht die Handlung oder die Sache selbst ist, sondern ein Zeichen derselben. So ist der Affektausdruck das Vermittlungsscharnier zwischen konkreter Aktion und abstrakter Vorstellung« (Luc Ciompi; zit. nach Krause 1990, S. 639).

Aus der phylogenetischen Betrachtungsweise läßt sich für die Diskussion folgendes ableiten:

* Es wird üblicherweise als eine funktionelle Einheit von fünf verschiedenen Komponenten definiert (Krause 1983, 1985). 1. Physiologische und neurohumorale Komponente; 2. Handlungskomponente, insbesondere die Innervation der Skelettmuskulatur; 3. Ausdruckskomponente, insbesondere Gesichtsausdruck, Stimme und Körperhaltung; 4. subjektive Empfindung/ Wahrnehmung der ersten drei Komponenten; 5. Interpretation der subjektiven Empfindung. Gelegentlich werden diese fünf in drei Komponenten zusammengefaßt: neurophysiologische (1), expressive (2 + 3) und phänomenologische (4 + 5).
** Eine solche Entwicklung deutet sich schon bei den Menschenaffen an. Bei ihnen »gibt es eine deutliche Verzögerung zwischen Impuls und Handlung. Schimpansen tasten die gesamte Situation sorgfältig ab, bevor sie sich in Bewegung setzen« (de Waal 1989, S. 108 f.).

»Bezogen auf eine menschliche soziale Umgebung, die durch ein Zusammenleben in kleinen Gruppen, Kinderaufzucht und gegenseitige Kooperation und Stützung gekennzeichnet werden kann, haben sich die Affekte als paradigmatische Formen der Objektbeziehungsregulierung mit hohem Überlebenswert erwiesen« (Krause 1990, S. 639).

Ich werde darauf noch zurückkommen, möchte mich aber zunächst dem zweiten Faktor zuwenden, der ein neuentstandenes Interesse an den Emotionen begünstigt hat.

Verbesserte Meßmethoden

Zwischen der Forschungsrichtung, die sich mit Verbesserungen der Meßmethoden befaßt, und der Ethologie gibt es eine Verbindung in Gestalt des großen Charles Darwin. Darwin war der erste, der sich systematisch, und zwar durch Beobachtung seiner Kinder, mit dem Affektausdruck im menschlichen Gesicht befaßt hat. Seine berühmt gewordene Monographie trägt den Titel »The Expression of the Emotions in Man and Animals« (Darwin 1872). Der Inhalt des Buches kann hier nicht wiedergegeben werden (Zusammenfassung bei Montgomery 1985). Eine seiner Thesen war, daß bestimmte Emotionsausdrücke des menschlichen Gesichts angeboren sind und sehr früh in der kindlichen Entwicklung auftauchen. Sie sind kulturinvariant und treten in allen Kulturen gleich oder ähnlich auf. Im Gefolge dieser Theorie kam es zum üblichen Streit zwischen Universalisten und Relativisten (s. Ekman 1972). Die Relativisten vertraten die Auffassung, es gebe keine Universalien im Gesichtsausdruck bzw. wo es sie gebe, seien sie gelernt und kulturabhängig, während die Universalisten das Gegenteil behaupten. Der Kampf zog sich durch die Jahrzehnte, und jede Position konnte Argumente zu ihrer Stützung beibringen. Sie waren auf beiden Seiten oft impressionistisch und bestanden meistens im Verweis auf Gelegenheitsbeobachtungen in dieser oder jener Kultur. Ein systematisches Studium der Emotionsausdrücke des menschlichen Gesichts begann erst mit den Arbeiten von Ekman und seinen Mitarbeitern Ende der 60er Jahre (Ekman et al. 1972; Ekman 1988); weitere zehn Jahre später wurden seine Untersuchungsmethoden auf Säuglinge angewandt (Oster 1978; Oster/Ekman 1978; Ekman/Oster 1979).

Gesichtsausdruck und Gefühl

Die Forschung über Gesichtsausdruck und Gefühl hat zur Aufklärung der rätselhaften Frage beigetragen, was Säuglinge und Kleinkinder, die ja keine verbalen Auskünfte über ihre Gefühle geben können, fühlen. Die bisher vorliegenden Ergebnisse erlauben begründete Schlußfolgerungen über das Gefühlsleben von Säuglingen.

Exposition der Problemstellung

Ekman und Mitarbeiter haben eine systematische Inventarisierung menschlicher Gesichtsausdrücke vorgenommen. Das Ergebnis ist ein Codierungssystem (FACS: *Facial action coding system*), das sämtliche Muskelbewegungen des Gesichts erfaßt. Auf diese Weise entsteht ein anatomisch vollständiges Repertoire von Gesichtsausdrücken. Mit Hilfe dieses Codierungssystems – oder anderer, die im Gefolge von Ekmans Untersuchungen entstanden sind – ist es möglich, die verschiedenen muskulären Komponenten emotionaler Gesichtsausdrücke zu erfassen (s. Ekman / Friesen 1982; Izard / Dougherty 1982). Beispielsweise können verschiedene Formen des Lächelns interkulturell und auf rein muskulärer Basis untersucht werden. Dabei stellt sich heraus, daß am typischen Lächeln zwei Muskeln beteiligt sind: der *Zygomaticus major* und der *Orbicularis oculi*. Auch für andere Affektausdrücke gilt, daß sie sowohl untereinander als auch von nicht emotionalen Gesichtsausdrücken aufgrund verschiedener beteiligter Gesichtsmuskelgruppen unterschieden werden können. Theoretische Überlegungen und empirische Untersuchungen führten zu dem Schluß, daß es für eine bestimmte Anzahl sogenannter Primär- oder Basisaffekte kulturinvariante Ausdrucksmuster des Gesichts gibt. In der Regel werden sieben bis neun Basisaffekte genannt, die in den verschiedenen Kulturen den gleichen Gesichtsausdruck aufweisen und von allen Mitgliedern dieser Kultur als Affektausdruck verstanden werden. Die Basisaffekte sind: Freude, Interesse-Neugier, Überraschung, Ekel, Ärger, Traurigkeit, Furcht, Scham, Schuld.

Die Intensitäten des Ausdrucks und die Situationen, in denen er auftritt, können kulturell variabel und individuell verschieden sein, weil kulturabhängige und im Laufe des Sozialisationsprozesses erworbene Ausdrucksregeln modifizierend wirken. Ebenso ergeben sich regelmäßig gemischte Affektausdrücke (*blends*). Dadurch ändert sich aber nichts an ihrer grundlegenden Klassifizierbarkeit. Ekmans Untersuchungen an Erwachsenen sind von einer Reihe von Autoren, insbesondere Oster und Izard, für Säuglinge und Kleinkinder adaptiert worden. Dies hat sich wegen einiger Besonderheiten im Gesichtsausdruck von Säuglingen, z. B. der großen Menge subkutanen Fetts unter den Wangen, als notwendig erwiesen.[1]

Der bisher geneigte Leser mag sich fragen, was das alles soll. Haben Psychoanalytiker oder psychoanalytisch interessierte Theoretiker keine anderen Sorgen, sollen sie sich jetzt auch noch um die Auszählung von Innervationen der Gesichtsmuskulatur kümmern? Nein und ja!

Nein insofern, als die Innervation der Gesichtsmuskulatur, verstanden als affektives Verhalten oder der Affekt, verstanden als mimisches Verhalten, die Psychoanalyse nur begrenzt interessiert (wenn auch, finde ich, zu wenig).

Ja insofern, als die Verhaltensweisen, die den Affekt ausdrücken, beobachtbare Indikatoren von inneren Gefühlszuständen sind, über deren Existenz und Ausprägung nur über die Erforschung des Affektausdrucks etwas zu erfahren ist.

Ja auch insofern, als sich in affektiven Verhaltensweisen nicht etwas Mentales, das selber kein Substrat hat, nur ausdrückt, sondern der Ausdruck selbst Teil des Gefühls und des Mentalen ist (s. Krause 1988, S. 77). Er ist nicht nur Indikator des Gefühls, sondern mit diesem konstitutiv verknüpft und trägt sowohl zur Entstehung wie zur Aufrechterhaltung des Gefühls bei (s. weiter unten). Dies gilt verstärkt für die präsymbolische Zeit, in der das Seelische noch gar keine körperlich unabhängige Existenz hat.

Ja zum dritten insofern, als Affektausdrücke Signale für andere sind und einen beträchtlichen Einfluß auf die Regulierung der Interaktion von Mutter und Kind haben. Sie regulieren *die* Interaktionen, die, psychoanalytisch gesprochen, später zu internalisierten Objektbeziehungen werden, und ihre regulative Kraft ist nicht denkbar ohne ihre Ausdruckskomponente. Das bloße Gefühl des Ärgers vertreibt keinen Interaktionspartner, und das Gefühl der Freude bindet ihn nicht, es sei denn, die Gefühle haben einen für den Partner wahrnehmbaren Ausdrucksgehalt. Die Gefühlskomponente ist ein *intrapsychisches* Signal, die Ausdruckskomponente ein *interpersonelles*. Im Fortgang der Untersuchungen wird sich herausstellen, daß beide sinnvoll aufeinander bezogen sind. Die Affektausdrücke sind kein weißes Rauschen der Gesichtsmimik und keine leeren, gefühlslosen Reflexe, sondern Indikatoren und Produzenten von subjektiven Empfindungen. Das Studium des Affektausdrucks, besonders des frühen, noch vergleichsweise unsozialisierten und spontanen, ist deshalb ein wesentlicher Weg zur Beantwortung der Frage, was Säuglinge fühlen. Der Rückschluß vom beobachtbaren Verhalten auf das »innere« Gefühl ist kein spekulativer, sondern einer, der sich mit den Methoden und den Überlegungen der objektiven experimentellen Wissenschaft rechtfertigen läßt.

Ich will nun etwas ausführlicher einige Untersuchungen zum Gesichtsausdruck von Säuglingen darstellen und danach die Frage behandeln, ob vom Ausdruck zuverlässig auf das Gefühl geschlossen werden kann. Die Säuglingsforschung ist zur Beantwortung dieser Frage besonders geeignet, weil die Affektausdrucksmuster bei Säuglingen wenig sozialisiert sind. Zwar beginnt Affektsozialisierung schon sehr früh, etwa zwischen drei und sechs Monaten (Malatesta/Haviland 1982, 1985)*, aber insgesamt ist der Gesichtsausdruck in den ersten 1 ½ Jahren eine ziemlich unverstellte Wiedergabe der aktuellen Gefühlslage (Malatesta et al. 1989). Demos (1982b) hat beobachtet, daß im ersten Jahr gar keine und bis 1 ½ Jahre nur wenige Anzeichen für Kontrolle oder Desintensivierung des Gesichtsausdrucks zu beobachten sind. Bewußtes Maskieren oder Posieren von Gesichtsausdrücken gibt es erst ab drei Jahren (Field/Walden 1982a; Cole 1986; Lewis et al. 1987), und ein implizites Wissen um Ausdrucksregeln ist frühestens mit drei bis vier Jahren nachweisbar (Cole 1985).

Das systematische empirische Studium der Säuglingsaffekte ist eine relativ junge Disziplin. Der Vorteil ist, daß die Literatur noch überschaubar ist, der Nachteil, daß die Befunde gelegentlich uneinheitlich sind. Es hört sich nämlich leichter an, Gesichtsmuskeln auszuzählen, als es tatsächlich ist. Ekman erzählt, daß er für eine Minute Videoaufnahme des menschlichen Gesichts ca. 100 Minuten Auswertungszeit benötigt. Abgekürzte und vereinfachte Verfahren sind deshalb wünschenswert und entwickelt worden (das EMFACS von Ekman und das AFFEX von Izard). Dadurch wird der Aufwand für die Auswertung auf 1 : 10 verringert. Subjektivere Methoden, wie die Emotionseinschätzung durch Beobachter, sind ebenfalls in Gebrauch. Die verschiedenen Verfahren können auch miteinander kombiniert werden. Es gibt

---

* Mit 3 ½ Monaten können Säuglinge bestimmte Affektäußerungen, wie Schreien, instrumentell einsetzen, d. h. die Lautstärke regulieren, je nach dem, ob jemand kommt oder nicht. Ab sechs Monaten übernehmen sie individuelle Besonderheiten des mütterlichen Gesichtsausdrucks, etwa die besondere Art, wie eine Mutter lächelt.

beträchtliche methodische Probleme bei allen (s. Keller / Meyer 1982; Campos et al. 1983), mit deren Diskussion ich mich aber jetzt nicht aufhalten möchte. Statt dessen schildere ich die Ergebnisse, die sich als einigermaßen zuverlässig erwiesen haben.

Affektausdrücke im Gesicht von Säuglingen: Ergebnisse

1. Eine der ersten Studien stammt von Hiatt et al. (1979). *Freude, Furcht* und *Überraschung* wurden bei zehn bis zwölf Monate alten Kindern untersucht. Für jede Emotion wurden jeweils zwei Situationen konstruiert, von denen man annahm, daß sie die jeweilige Emotion auslösen. Für Furcht wurde die visuelle Klippe und ein sich nähernder Fremder verwendet*; für Überraschung ein plötzlich verschwindendes Objekt; für Freude ein Versteckspiel etc. Es war sichergestellt, daß es die respektiven Situationen sind, die emotionsauslösend wirken, und keine Zufallsereignisse oder Spontanproduktionen. Die Kinder wurden gefilmt und die Aufnahmen anschließend mit Hilfe verschiedener Verfahren auf das Vorliegen bestimmter Gesichtsausdrücke und ihrer Häufigkeit ausgewertet. Die drei Gesichtsausdrücke konnten von den Beobachtern mit ziemlicher Treffsicherheit identifiziert werden. Furcht in der Hälfte aller Fälle, Überraschung bei ⅔ und Freude bei 52 von 54. Es stellte sich heraus, daß eine Emotion hauptsächlich am entsprechenden Gesichtsausdruck erkennbar ist und daß Kontextinformationen wie Körperhaltung und Vokalisierungen im Gegensatz zur bisherigen Meinung für die treffsichere Einschätzung entbehrlich sind.

2. Field (1982, 1985) berichtet, daß schon Neugeborene, die mit der Brazelton-Methode untersucht wurden, bei einigen Items dieser Untersuchung gelegentlich den Ausdruck für *Überraschung* zeigen. Auch ein überraschter Gesichtsausdruck der Mutter kann einen ebensolchen beim Neugeborenen auslösen.

3. Einige Forscher wollen den voll ausgeprägten Ausdruck des Lächelns schon bei Neugeborenen gefunden haben (Izard 1979; Field et al. 1982; Field 1985). Andere machen geltend, daß das Neugeborenen-Lächeln nicht auf bestimmte äußere Reize hin erfolgt, sondern endogen ist und daß es vorwiegend mit den Mundwinkeln er-

---

* Eine visuelle Klippe ist eine Art Tisch, der durch einen optischen Trick so aussieht, als ob er in der Mitte plötzlich steil abfiele.

folgt und die typische Innervation der Augenmuskulatur fehlt (Emde/Harmon 1972). Sie taucht mit vier bis sechs Wochen auf, und spätestens dann kann das Lächeln als Ausdruck der *Freude* betrachtet werden. Es erfolgt jetzt auch bevorzugt auf den Anblick des menschlichen Gesichts.

4. Alle Untersucher sind sich darüber einig, daß der vollausgeprägte Ausdruck für *Furcht* erstmals zwischen sechs und acht Monaten erscheint (Emde et al. 1976).

5. Izard et al. (1983; 1987) haben Schmerz und *Ärger* während der Impfung genauer untersucht und festgestellt, daß der Ausdruck von Ärger frühestens mit zwei Monaten auftaucht, und mit sechs Monaten deutlich zunimmt. Vor zwei Monaten gibt es nur Schmerzreaktionen, zwischen zwei und sechs Monaten nur undeutliche und seltene Anzeichen von Ärger.

Stenberg et al. (1983) haben weitere Untersuchungen zum Ärger vorgelegt und gefunden, daß der Gesichtsausdruck für Ärger bei sieben Monate alten Kindern in bestimmten Situationen zuverlässig auftritt. Das experimentelle Design zur Ärgerauslösung bestand darin, den Kindern ein Biskuit, an dem sie knabberten, wieder wegzunehmen. Das klingt nicht besonders empathisch (obwohl ein Psychoanalytiker an der Untersuchung beteiligt war: Emde), ist aber eine Situation, wie sie im Alltag ebenfalls häufig vorkommt, wenn auch nicht mit Biskuits, so doch mit gefährlicheren Gegenständen. Zum zweiten wurde in Fällen größeren Ärgers das Experiment abgebrochen und der Biskuit wieder ausgehändigt. Außer dem Vorliegen des entsprechenden Gesichtsausdrucks erbrachte diese Studie noch einige interessante andere Resultate. Einmal das Erwartbare, daß der Ärger mit der Zahl der Durchgänge zunimmt. Zweitens, daß mit der Zunahme des Ärgers auch andere Anzeichen für Ärger zunehmen wie z. B. Rotwerden des Gesichts. Drittens, daß sich die Kinder mehr ärgern, wenn ihnen die Mutter den Biskuit wegnimmt, als wenn es ein Fremder tut. Anscheinend rufen Frustrationen durch vertraute Personen, von denen sie nicht erwartet werden, mehr Ärger hervor als solche durch Fremde.

Stenberg (1982) berichtet, daß der Ausdruck für Ärger als Reaktion auf Einschränkung der Bewegungsfreiheit der Arme schon bei Kindern im Alter von vier Monaten auftritt; Malatesta (1985) hat bei drei Monate alten Kindern den Ausdruck für Ärger beobachtet, wenn die Mutter nach einer kurzen Trennung das Kind nicht hochnahm, und Gaensbauer (1982a) hat ebenfalls ab 3 ½ Monaten Ärger festgestellt.

6. Der Gesichtsausdruck für *Interesse / Neugier* wurde von Langsdorf et al. (1983) näher untersucht, und zwar durch Präsentation von Live-Gesichtern und unbelebten gesichtsähnlichen Reizen. Je nach Reiz und Alter der Kinder (2-4-6-8 Monate) gibt es beträchtliche Unterschiede, was die Dauer der Fixierung, die Dauer des entsprechenden Emotionsausdrucks im Gesicht und andere Variablen angeht. Je älter die Kinder sind, desto länger und stärker ausgeprägt ist der Gesichtsausdruck. Dennoch konnte schon bei zwei Monate alten Kindern in 35 % der Fälle beim Anblick des gesichtsähnlichen Reizes der spezifische Ausdruck für Interesse gefunden werden; 50 % der Kinder, die das lebendige Gesicht (Live-Gesicht) sahen, reagierten ebenso.

Oster (1978) hat den spezifischen Ausdruck für Interesse schon bei drei Wochen alten Säuglingen beobachtet, und Izard (1979) meint, er sei schon bei Neugeborenen vorhanden.

7. Der Gesichtsausdruck für *Ekel* wurde von verschiedenen Autoren unmittelbar nach der Geburt beobachtet, und zwar nach Verabreichung bitter schmeckender Flüssigkeit (Steiner 1973; Rosenstein / Oster 1981; vorsichtiger Rosenstein / Oster 1988).

8. Den Gesichtsausdruck für *Traurigkeit* gibt es nach Field / Walden (1982b) bei Neugeborenen, nach Izard / Dougherty (1982) mit einem Monat, nach Malatesta / Haviland (1982) und Gaensbauer (1982a) mit drei Monaten und nach Sullivan / Lewis (1989) mit vier Monaten.

9. Ausgehend von der Überlegung, daß es nicht nur wichtig ist, daß die entsprechenden Emotionsausdrücke objektiv vorhanden sind, sondern auch daß sie von untrainierten Beobachtern ohne Apparateaufwand erkannt werden, haben Izard et al. (1980) College-Studenten Emotionsausdrücke von Säuglingen zwischen einem und neun Monaten vorgeführt. In etwa 50 % stimmten deren Schätzungen mit der objektiven muskulären Analyse überein. Die Zufallsrate für einen richtigen Treffer liegt für die acht abgefragten Emotionen bei 12,5 %, woraus sich ein signifikanter Erkennungseffekt ergibt. Kurzes Training der Studenten erhöhte die Übereinstimmung auf ca. ⅔ aller Fälle. Am besten wurde Freude erkannt, dann Trauer, Überraschung, Interesse, Furcht, Ärger und am schlechtesten Ekel.

Die Forschungsgruppe um Emde hat einen ähnlichen Weg eingeschlagen. Auch sie wollte die ökologische Validität der objektiven Auswertungsstudien überprüfen. Da es für die Ausgestaltung der Interaktion wichtig ist, ob und wie Mütter die Ausdrücke ihrer Säuglinge erkennen, wurden in einer Studie 611 Mütter von Kindern im Alter von 0 bis 18 Monaten befragt, welche Emotionen sie bei ihren Kindern wahrnehmen (Johnson et al. 1982). Fast alle Mütter gaben an, daß zwischen 0 und drei Monaten Interesse, Freude und Unbehagen (*distress*) vorhanden seien. 86% nannten Ärger und 69% Überraschung und Furcht. Abgesehen von Ekel – aber welche Mutter gibt ihrem Neugeborenen schon bittere Flüssigkeiten zu trinken? – und Traurigkeit, wurden von den Müttern alle Ausdrücke wahrgenommen, die die Emotionsforscher auch entdeckt haben.

Eine weitere Studie von Klinnert et al. (1984) brachte ähnliche Ergebnisse und einige zusätzliche Informationen. Für verschiedene Affekte verlassen sich die Eltern verschieden stark auf den Gesichtsausdruck des Kindes als Informationsquelle. Bei Überraschung beschreiben praktisch alle den typischen O-Mund als charakteristisch; bei Furcht orientieren sie sich mehr an der Art des Schreis und bei Ärger an einer Kombination von Gesichtsausdruck und anderen motorischen Verhaltensweisen wie Kicken und Treten.

10. Da in diesen Studien die subjektiven Eindrücke abgefragt wurden, ist es denkbar, daß Eltern ihre eigenen Gefühle in die Gesichter ihrer Kinder hineinlesen, Diese Gefahr ist allerdings geringer als gemeinhin vermutet. Untersuchungen von Emde et al. (1978) und Sorce/Emde (1982) an Eltern, deren Kinder am Down-Syndrom erkrankt waren, ergaben folgendes: Die Emotionsausdrücke dieser Kinder sind oft stark gedämpft. Ihr Lächeln ist schwach, flüchtig und wenig aufmunternd für die Eltern, bei denen sich deswegen oft Hoffnungslosigkeit und Verzweiflung einstellt. Man könnte erwarten, daß die Eltern in die unklaren Ausdrücke ihrer Kinder vermehrt ihre eigenen Gefühle hineinlesen. Das ist aber nicht der Fall.

Andere Untersuchungen haben ebenfalls ergeben, daß Mütter generell Affekte gut erkennen können. Sie lassen sich von zufälligen Gesichtsbewegungen und Grimassen nicht beirren und orientieren sich in ihrem Pflegeverhalten im wesentlichen an den emotionsspezifischen Gesichtsausdrücken. Diese selektive Antwortbereitschaft trägt ihrerseits zur Stabilisierung der Ausdrücke bei (Malatesta/Izard 1984).

Als Ergebnis der referierten Arbeiten kann man festhalten:

a) Die objektiven Auswertungsverfahren haben ökologische Validität. Sie sind keine Spielereien im Labor.

b) Für die Ontogenese des Affektausdrucks im menschlichen Gesicht ergibt sich folgende Sequenz:
- Ekel, Überraschung und Interesse / Neugier existieren ab Geburt bzw. im ersten Monat;
- spätestens mit vier bis sechs Wochen kommt Freude dazu (eventuell schon ab Geburt);
- mit drei bis vier Monaten Traurigkeit und Ärger;
- mit sechs bis acht Monaten Furcht.

Diese Ergebnisse gelten für eine signifikante Anzahl normaler Säuglinge. Mindestens sechs diskrete Affekte sind also in den ersten drei bis vier Lebensmonaten im Gesichtsausdruck nachweisbar. Sollte der Ausdruck einen zuverlässigen Schluß auf das entsprechende Gefühl erlauben, so wäre die psychoanalytische Auffassung, daß das Affektleben des Säuglings zunächst undifferenziert oder bloß diffus in die beiden Kategorien von Lust und Unlust differenziert ist, revisionsbedürftig. Es würde sich vielmehr das Bild eines von Lebensbeginn an reichhaltig differenzierten Gefühlslebens ergeben.

Die initiale Konkordanz von Gesichtsausdruck und Gefühl

Ich komme nun zum zentralen theoretischen Problem. Bisher wurde gezeigt, daß der emotionale Gesichtsausdruck von Säuglingen außerordentlich differenziert ist. Das ist eine wichtige Erkenntnis, weil der Ausdruck als interpersonelles Signal eine enorme kommunikative und interaktionsregulierende Wirkung hat und die Pflegepersonen über die Befindlichkeit des Säuglings informiert. Jetzt stellt sich die Frage, ob vom Ausdruck zuverlässig auf das Vorhandensein des entsprechenden inneren Gefühls geschlossen werden kann. Erst dann hätte der Affekt nicht nur eine kommunikative Funktion nach außen, sondern auch eine motivationale nach innen, er wäre nicht nur ein interpersonelles, sondern auch ein intrapsychisches Signal, und erst dann könnte mit Fug und Recht auch von einem differenzierten Affekterleben die Rede sein.

Es gibt eine Reihe von Autoren (z. B. Sroufe 1979), die den Schluß vom Gefühlsausdruck auf das Gefühl für unzulässig halten und eine Verwechslung beider in der Diskussion beklagen. Sie erkennen zwar an, daß es differenzierte Ausdrücke bei Säuglingen gibt, bezweifeln aber, ob für das Gefühl dasselbe gilt. U. Moser (1983, S. 9) schreibt:

»Das Kind ist wohl fähig zum Ausdruck von Affekten, man nimmt jedoch nicht an, daß bereits ein Prozeß des Erlebens von Affekten vorliegt.« Andere Autoren gehen nicht ganz so weit, sind aber der Auffassung, daß die differenzierten Affektausdrücke nicht von ebenso differenziertem Erleben begleitet sind. »...Säuglinge können differenzierte Gesichtsausdrücke bei Abwesenheit differenzierter innerer Zustände zeigen« (Lewis/Michalson 1985, S. 165). Und: »...in den ersten Lebensmonaten sind die Gesichtsausdrücke des Säuglings differenzierter als sein innerer Zustand« (Lewis et. al. 1984a, S. 269). Es wird bestritten, daß eine Konkordanz von Gesichtsausdruck und Gefühl existiert und gelegentlich wird behauptet, sie sei ein Resultat von Lernprozessen. Die zuletzt genannten Autoren glauben, daß im ersten halben Jahr Diskonkordanz vorherrscht, zwischen sechs und 18 Monaten Konkordanz und danach, bedingt durch die Einflüsse der Sozialisation und die sich entwickelnde Fähigkeit, Emotionsausdrücke zu modulieren, wieder Diskonkordanz möglich wird.

Mit dem zweiten Teil der Behauptung stimme ich überein, mit dem ersten nicht. In Anlehnung an die Arbeiten von Tomkins (1962, 1963) und besonders Izard (1977, 1984; Malatesta 1985; Izard/Malatesta 1987) gehe ich davon aus, daß die Konkordanz von Ausdruck und Gefühl der primäre, nicht erlernte Zustand ist, der unter dem Einfluß sozialisatorischer Bemühungen modifiziert werden kann. Lernen ist notwendig, um Ausdruck und Gefühl voneinander zu trennen, nicht aber, um sie zusammenzubringen. Welche Argumente können für die Annahme einer initialen Konkordanz geltend gemacht werden?

Eine Feedback-Theorie des Gefühls

Das erste Argument lautet: Es ist die Innervation der Gesichtsmuskulatur, die subjektiv als Gefühl empfunden wird. Unterschiedliche Emotionsausdrücke im Gesicht führen zu unterschiedlichen sensorischen »Daten«, die im Gehirn integriert und vom Subjekt als unterschiedliche Gefühle gespürt werden. Rückmeldungen des autonomen Nervensystems (Blutdruck, Puls etc.) sind ebenfalls von Bedeutung. Auch sie sind in gewissem Umfang emotionsspezifisch und tragen zur je subjektiv verschiedenen Gefühlsqualität bei. Sie spielen allerdings bei der Auslösung des Gefühls eine geringere Rolle als die Gesichtsmuskulatur und eine größere bei der Aufrechterhaltung des einmal ausgelösten Gefühls. Veränderungen der Gesichtsmuskulatur werden sofort bemerkt (innerhalb von $3/10$tel sec.), Veränderungen des autonomen Nervensystems erst mit einer Verzögerung von zwei bis drei Sekunden. Sie rufen das Gefühl nicht hervor, sondern bewirken seine Aufrechterhaltung, wenn der Gesichtsausdruck schon wieder verschwunden ist (Demos 1982a, S. 560f.). Der primäre Auslöser des Gefühls ist der Gesichtsausdruck. Ist diese Theorie richtig, so erlaubt das Vorhandensein eines bestimmten Ausdrucks den berechtigten Schluß auf das entsprechende Gefühl. Das Verschwinden des Ausdrucks bedeutet aber nicht, daß auch das Gefühl verschwindet, eben, weil es von anderen Faktoren *aufrechterhalten* wird, als von denen, die es *ausgelöst* haben.

Die skizzierte Feedback-Theorie ist auf den ersten Blick kontraintuitiv. Sie scheint, in die Umgangssprache übersetzt, zu besagen, daß man freudig gestimmt ist, weil man lächelt, und furchtsam gestimmt, weil man ein furchtsames Gesicht macht. Die umgekehrte Auffassung scheint plausibler. Man lächelt, weil man sich freut, und blickt furchtsam, weil man sich fürchtet. Bei näherer Betrachtung ändert sich das Bild. Ich bemerke nur am Rande, daß auch für die scheinbar paradoxe Behauptung, daß Gesichtsausdrücke Gefühle produzieren, beträchtliche empirische Evidenz beigebracht werden kann (Überblick bei Laird 1984). Das ist jedoch nicht die Hauptsache. Die Paradoxie läßt sich vielmehr auf eine andere Weise schlichten. Zu diesem Zweck müssen wir die *efferente* Theorie des Gefühls-Feedbacks durch eine *afferente* Theorie der Auslösung von Gesichtsmuskelinnervationen ergänzen. Es wurde gesagt, daß die Innervation über efferente Bahnen ans Gehirn zurückgemeldet, dort integriert und subjektiv als Gefühl empfunden werden. Was aber löst die Innervationen aus?

In der Theorie von Tomkins und Izard können es die verschiedensten Auslöser sein: Umweltereignisse, Wahrnehmungen, Erwartungen, später auch Phantasien. Sie alle lösen bestimmte neuronale Aktivitäten des Gehirns aus. Die Dichte der neuronalen Feuerung pro Zeiteinheit bewirkt eine bestimmte Innervation der Gesichtsmuskulatur und so den entsprechenden Affekt. Freude ist gekennzeichnet durch einen raschen Abfall der Dichte neuronaler Feuerung*, Furcht durch einen raschen Anstieg; Ärger durch ein konstant hohes Niveau etc. Jede der neun Basisemotionen hat nach Tomkins ein spezifisches Dichtemuster neuronaler Erregung**. Dieses Muster wird auf kompli-

---

* Das ist Tomkins Version von Freuds Lustprinzip (Spannungsminderung als angenehm) und zugleich eine Lösung des Problems, wie unterschiedliche Quantitäten (von Stimulierung) zu unterschiedlichen Qualitäten (von Gefühlen) führen können.
** Grundsätzlich gibt es drei Möglichkeiten: Anstieg, Abfall und Konstanz der Feuerungsdichte. Der Anstieg kann mit zunehmender, konstanter oder abnehmender Rate erfolgen; also in

zierte, aber angebbare Weise im limbischen System verarbeitet, und von diesem werden über afferente Bahnen bestimmte Gesichtsmuskelbewegungen ausgelöst. Das (efferente) Feedback dieser Bewegungen wird im Großhirn evaluiert und subjektiv als Gefühl empfunden.

Wir hätten also folgende Sequenz: Auslöser von Emotionen können Ereignisse, Wahrnehmungen und später auch Phantasien sein → diese induzieren ein bestimmtes neuronales Erregungsmuster → welches zu bestimmten unwillkürlichen Gesichtsmuskelbewegungen führt → deren Feedback aktiviert das entsprechende Gefühl. Gefühle sind auf einem elementaren Niveau das Resultat neurophysiologischer, motorischer und sensorischer Aktivität. Diese Auffassung vom frühen Gefühlsleben impliziert zwei Formen affektiven Bewußtseins.

»Die erste ist eine Funktion der *direkten* Verwandlung sensorischer Daten in Gefühle. Das kontrastiert mit Prozessen, durch die sensorische Daten in Bilder, Schemata oder Symbole – die kognitiven Inhalte des Bewußtseins – verwandelt werden. Ich behaupte, daß beide, die affektiven und die kognitiven Inhalte des Bewußtseins, auf verschiedenen Ebenen von Bewußtheit existieren können und in der Tat existieren« (Izard 1984, S. 28; Hervorhebung von mir).

Die sensorische, präkognitive Form des Affekts herrscht im ersten Lebenshalbjahr vor (Izard 1978), während später, besonders ab 1 ½ Jahren, phantasiebedingte Emotionsauslösung und symbolische Repräsentierung von Gefühlen zunehmen und an Bedeutung gewinnen (Malatesta/Izard 1984; Malatesta/Haviland 1985). Gefühle, nicht Phantasien, sind also die ersten Formen des Bewußtseins!

Die Theorie von Tomkins und Izard, die ich nur in äußerst verkürzter und vereinfachter Form dargestellt habe, ist nicht unkontrovers (Tourangeau/Ellsworth 1979; Buck 1980; Tomkins 1981a; Izard 1981; Hager/Ekman 1981; Ellsworth/Tourangeau 1981; Laird 1984; Winton 1986; McCanne/Anderson 1987; Matsumoto 1987; Manstead 1988). Eine der Fragen, die sie aufwirft, ist, ob auch willkürlich aufgesetzte Gesichtsausdrücke zum entsprechenden Gefühl führen. Tomkins und Izard sind der Meinung, das sei nicht oder nicht in gleichem Maße der Fall, u. a. weil die willkürliche Innervation der Gesichtsmuskulatur anderen efferenten und afferenten Bahnen folgt als die spontane

---

drei Varianten; ebenso der Abfall. Konstanz gibt es auf hohem, mittlerem und niederem Niveau. Insgesamt resultieren also neun Möglichkeiten, die den neun Basisaffekten entsprechen.

und deshalb das Feedback anders ist. Das ist richtig, soll aber hier nicht vertieft werden (s. Rinn 1984).

Eine weitere Frage ist, ob vom Fehlen des Ausdrucks auf das Fehlen des Gefühls geschlossen werden kann. Das ist nicht unbedingt der Fall, obwohl die Feedback-Theoretiker behaupten und belegen, daß fehlende Rückmeldung durch Unterdrückung des Gesichtsausdrucks auch das subjektive Emotionsgefühl beeinträchtigt. Dennoch kann in Abwesenheit des Ausdrucks das entsprechende Gefühl existieren, weil einmal der Ausdruck schon verschwunden sein kann, aber die Veränderungen im autonomen Nervensystem noch andauern und das entstandene Gefühl aufrechterhalten. Zum zweiten, weil es Mikroinnervationen der Gesichtsmuskulatur gibt, die mit dem bloßen Auge nicht erkennbar sind, wohl aber mit Hilfe elektromyographischer Messungen (EMG). Dadurch können emotionsspezifische Empfindungen ausgelöst werden, selbst wenn keine *sichtbaren* Ausdrucksveränderungen vorliegen (Izard 1977; Schwartz 1982; Asendorpf 1984; McCanne / Anderson 1987).*

Insgesamt kann man sagen, daß von der Abwesenheit eines bestimmten sichtbaren Gesichtsausdrucks nicht auf die Abwesenheit des entsprechenden Gefühls geschlossen werden darf, wohl aber umgekehrt, von der Anwesenheit des Ausdrucks auf die Anwesenheit des Gefühls. Zumindest in den ersten zwei Lebensjahren, in denen keine Maskierungen oder Posierungen stattfinden, ist der Gesichtsausdruck der beste Auskunftgeber für das Vorhandensein des entsprechenden Gefühls. Die Gesichtsmuskulatur ist natürlich zum Zeitpunkt der Geburt voll ausgebildet und einsatzfähig (Ekman / Oster 1979).

Ergänzungen

Für die initiale Konkordanz von Gesichtsausdruck und Gefühl sprechen außerdem folgende Überlegungen:
1. Die Ausdruckskomponente des Affekts hat Signalfunktion, die Gefühlskomponente hat motivierende Funktion und schafft Handlungsdispositionen. Ohne motivierende Funktion wäre der adaptive, das Überleben fördernde Charakter des Affektsystems infrage

---

* Diese Befunde sind klinisch und für die Psychotherapie-Ergebnisforschung relevant. Schwartz konnte zeigen, daß depressive Patienten eine meßbare Akzentuierung der EMG-Muster zeigten, die für Traurigkeit charakteristisch sind und eine Schwächung derer, die für Freude kennzeichnend sind. Erfolgreiche Therapie führte zu signifikanten Änderungen in den EMG-Mustern (s. a. S. 151).

gestellt oder zumindest beträchtlich verringert. Das Furchtgesicht signalisiert dem anderen, daß wir Furcht haben, und ruft, falls vorhanden, Hilfe herbei. Aber das Furcht*gefühl* motiviert zur Flucht oder zum Angriff, d. h. zu situationsangepaßten, die Überlebenswahrscheinlichkeit erhöhenden Verhaltensweisen. Es wäre erstaunlich und in hohem Maße evolutionär unwahrscheinlich, wenn beide Komponenten weitgehend auseinanderfielen. Zum einen, weil ein Furchtgesicht ohne Furchtgefühl das Subjekt selbst nicht zu adaptivem Verhalten motivieren würde, zum anderen, weil es damit dem Objekt einen nicht vorhandenen Zustand signalisieren würde und es damit zu »falschen« Pflegehandlungen veranlassen könnte. Es ist schwer vorstellbar, daß die menschliche Art mit einem solch inkonsistenten Signal- und Kommunikationssystem überlebt hätte (abweichend: Buck 1983).

2. Gaensbauer (1982a) hat in einer beeindruckenden klinischen Einzelfallstudie gezeigt, daß die Gesichtsausdrücke eines 3 ½ Monate alten Mädchens in sinnvollem Zusammenhang mit lebensgeschichtlichen Erfahrungen und aktuellen Ereignissen stehen. Ich werde diese Arbeit im nächsten Kapitel ausführlich behandeln, deshalb jetzt nur soviel: Das Kind wurde in den ersten drei Monaten mehrfach von seinem Vater mißhandelt und zeigte mit drei Monaten ein Ärgergesicht, wenn es Männer sah. Der Schluß auf ein begleitendes Ärgergefühl scheint berechtigt. Das Kind war von der Mutter mehrfach getrennt und zeigte ein Traurigkeitsgesicht, u. a. kurz vor neuen Trennungssituationen. Sollten wir annehmen, es empfinde keine Traurigkeit in einer Situation, in der sie als eine angemessene und ontogenetisch adaptive Reaktion einleuchtet?* Die Art der ausgelösten Emotion ist verständlich auf dem Hintergrund der aktuellen Situation und der bekannten Lebensgeschichte, und ich fände es schwierig, einerseits das Vorliegen eines bestimmten Gefühlsausdrucks anzuerkennen und andererseits das Vorliegen des entsprechenden Gefühls zu bestreiten.

3. Gesichtsausdrücke tauchen bei Säuglingen nicht isoliert auf, sondern sind von einer Reihe anderer affektspezifischer Verhaltensweisen begleitet, die zum Gesichtsausdruck passen: das Ärgergesicht von schlagenden Arm- und tretenden Fußbewegungen, das traurige Ge-

---

* Adaptiv deshalb, weil die mit Traurigkeit einhergehende affektmotorische Verlangsamung, die Apathie und das Desinteresse für die Außenwelt eine psychobiologisch sinnvolle Schutzreaktion des durch Verlust oder Trennung überforderten Organismuses ist. Sie findet sich auch im Tierreich.

sicht von einer zusammengesunkenen Körperhaltung, das Furchtgesicht von Kopfabwenden und Vermeidung des Blickkontakts. Diese Konkordanz verschiedener affektiver Verhaltensweisen untereinander erhöht die Wahrscheinlichkeit für die Richtigkeit der Annahme, daß der Gesichtsausdruck von einem entsprechenden Gefühl begleitet ist, weil die anderen Affektindikatoren dasselbe anzeigen. Diese Übereinstimmung ist zugegebenermaßen keine vollständige. In der Regel werden einige, aber nicht alle expressiven, motorischen und autonomen Komponenten eines Affekts zusammen auftreten (s. Gaensbauer/Hiatt 1984, bes. S. 225). Die lose und damit flexible Koordination von Substrukturen ist für einen komplexen Organismus, wie den des Menschen, besonders adaptiv.

Resümee: Die initiale Konkordanz von Ausdruck und Gefühl wurde zunächst *neurobiologisch* begründet. Die Rückmeldung von spezifischen Affektausdrucksmustern des Gesichts wird subjektiv als Gefühl empfunden, und deshalb ist die Differenziertheit des Ausdrucks von einem differenzierten Gefühl begleitet. Affekte können hinsichtlich ihrer Gefühlskomponente auf einem elementaren Niveau als Empfindungskorrelate eines Feedback-Prozesses betrachtet werden. Auch *evolutionstheoretisch* ist eine Ausdrucks-Gefühls-Konkordanz wahrscheinlich, denn ein Auseinanderfallen beider Komponenten würde den adaptiven Wert des Affektsystems beträchtlich einschränken. *Klinische* Beobachtungen zur lebensgeschichtlichen und situativen Konsistenz emotionaler Gesichtsausdrücke – ihr Auftreten in Situationen, in denen sie erwartbar, prognostizierbar und intuitiv verständlich sind – stützen ebenso die Konkordanzannahme wie die Begleitung mimischer, durch passende, nicht mimische Affektausdrücke.

Gefühlsvorläufer, Gefühle, Gefühlsfamilien

Die bisher skizzierte Affekttheorie kann man als eine präkognitive bezeichnen. Sensorische und perzeptuelle Prozesse stehen im Vordergrund, nicht elaborierte Kognitionen und Phantasien. Der Affektausdruck ist differenziert, also ist es auch das Gefühl.

Das Affektsystem wird, wie schon erwähnt, üblicherweise in vier oder fünf Komponenten gegliedert:
1. die neurologisch-physiologische Komponente,
2. die Handlungskomponente,

3. die Ausdruckkomponente,
4. die Wahrnehmung der Veränderung der ersten drei Komponenten,
5. die Interpretation dieser Wahrnehmung. Der letzte Schritt ist eine kognitive Operation, und viele Theoretiker meinen, er sei wesentlich dafür, daß ein Gefühl im eigentlichen Sinne zustande kommt. Konsequenterweise unterscheiden sie deshalb in irgendeiner Form zwischen Gefühlsvorläufern und echten Gefühlen.

Lewis/Brooks-Gunn (1978) sprechen von »emotional state« und »emotional experience«. Letztere ist nach ihrer Meinung erst möglich, wenn wenigstens ein rudimentäres Ich-Bewußtsein vorhanden ist; erste Ansätze dazu kann man mit neun Monaten beobachten, wenn Kinder beim Anblick ihres Spiegelbildes vermehrt anfangen, den eigenen Körper zu betasten. Entsprechend meinen die Autoren, daß der Säugling vor diesem Alter zwar emotionale Zustände *hat*, aber keine Gefühle *erlebt*; für die westliche Zivilisation gäbe es keinen Sinn, von einem Gefühl zu sprechen, ohne »Ich fühle« denken zu können.

Der Psychoanalytiker Basch (1976a) möchte von echten Gefühlen erst ab 1 ½ Jahren sprechen. Er macht sie ebenfalls von der Existenz eines Ich-Bewußtseins bzw. Selbst-Konzepts abhängig; zusätzlich von der Existenz der Symbolfunktion. Ein Säugling mit einem freudigen oder ärgerlichen Gesicht zeigt zwar affektives Verhalten, das die Interaktion reguliert, aber er verfügt weder über ein Konzept dessen, was Glück und Ärger ist, noch über ein Selbst-Konzept, das eine Einschätzung von sich als glücklich oder ärgerlich ermöglicht. Außerdem ist er erst mit dem Erwerb der Symbolfunktion in der Lage, einen Affekt rein intrapsychisch zu evozieren. Vorstellungen und ihre intrapsychische Aktivierungen gibt es erst ab 1 ½ Jahren (s. Kap. 8). Vorher ist die Affektauslösung entweder an sensomotorische Empfindungen gebunden, und eine Handlung – etwa die Manipulation der Milchflasche – muß tatsächlich ausgeführt werden, damit der mit ihr verknüpfte Affekt entsteht – oder die Affektauslösung ist an eine Wahrnehmung gebunden, die ebenfalls tatsächlich gemacht werden muß, damit der in ihrem Gefolge entstandene Affekt wieder auftaucht. Mit dem Erwerb der Symbolfunktion ist es dann so, daß sich das Kind den Umgang mit der Milchflasche auch in deren Abwesenheit vorstellen kann, und diese Vorstellung genügt, um den damit verknüpftene Affekt hervorzurufen. Ebenso kann sich das Kind jetzt vorstellen, daß die Mutter weggeht, und es muß kein reales Anzeichen ihres Weggangs mehr wahrgenommen werden, um einen Affekt (etwa Ärger) auszulösen. Handlungen und Wahrnehmungen können jetzt phantasiert werden, Affekte sind mit solchen Phantasien verknüpft (symbolisch encodiert), und damit ist eine rein intrapsychische Affektauslösung möglich. Erst dann sollte man, nach Basch, von echten Gefühlen sprechen.

Eine dritte Variante der nur teilweisen Anerkennung der Säuglingsaffekte stammt von U. Moser (1983). Er nimmt an, daß Affekte präattentive Prozesse sind, die, obwohl sie ablaufen, nicht notwendigerweise wahrgenommen werden. Die Komponenten 1 und 2 des Affektsystems können aktiviert sein, ohne daß das Subjekt das spürt. Moser meint, daß das Erleben eines aktivierten Affekts »ein informationsverarbeitender Prozeß ist, der einem kognitiven Niveau… angehört«. Er kommt deshalb zu dem Schluß, daß Säuglinge wohl zum Affektausdruck fähig sind, nicht aber zum Erleben von Affekten (1983, S. 5, 10 u. ö.).

Alle bisher genannten Argumente laufen entweder auf eine Trennung zwischen echten Gefühlen und Gefühlsvorläufern hinaus (*emotional state* versus *emotional experience*) oder auf eine Trennung von Gefühlsausdruck und Gefühl. Mit Lewis und Basch stimme ich insofern überein, als ich ebenfalls glaube, daß der Erwerb des Ich-Bewußtseins und der Symbolfunktion das subjektive Gefühl von Freude oder Ärger verändern kann. Vor allem die Auslösesituationen werden vervielfältigt und von Phantasien abhängig. Deshalb besteht ab diesem Zeitpunkt eine größere Ähnlichkeit mit den Gefühlen Erwachsener, und Affekte existieren jetzt in doppelter Form: in einer durch Handlungen und Wahrnehmungen ausgelösten *sensorischen* und in einer durch Phantasien ausgelösten *symbolischen*. Diese wichtige Unterscheidung sollte jedoch nicht dafür verwendet werden, die Differenziertheit der Gefühlswelt des Säuglings zu bestreiten und den sensorischen Affekten als bloßen Gefühlsvorläufern einen geringeren Status zuzumessen. Ihr Erlebnisreichtum ist beträchtlich.*

Mosers Argument, daß der aktivierte Affekt nur aufgrund kognitiver Prozesse bemerkt wird, überzeugt mich nicht. Er sagt übrigens selbst, der Affekt werde nicht notwendigerweise bemerkt, was offenläßt, ob er nicht üblicherweise doch bemerkt wird. Das Nichtwahrnehmen der

---

* Die Unterscheidung zwischen sensorischen und symbolischen Affekten enthält die zweifache Bestimmung, die Freud dem Triebbegriff zuwies: Er ist ein »Grenzbegriff« zwischen Körperlichem und Seelischem (Freud 1915a, S. 85). Affekte sind ebenfalls solche Grenzwesen, aber erst ab 1 ½ Jahren. In Anlehnung an Traub-Werner (1990) könnte man von einer somatischen und einer psychischen Wahrheit der Affekte sprechen. Beide sind nicht restlos ineinander überführbar und vom sensorischen Affekt bleibt oft ein mehr oder weniger großer Rest, der nicht mit Phantasien verknüpft und damit nicht durch die symbolische Kommunikationsform der psychoanalytischen Therapie erreichbar ist. Je größer und pathogener der Rest ist, desto schwieriger wird (klassische) Psychoanalyse.

körperlichen Aspekte des aktivierten Affekts scheint mir eher ein Ereignis sozialisatorischer Einflüsse zu sein, als ein anfänglicher Zustand. Daß die Wahrnehmung des aktivierten Affekts nicht so subtil ist wie später, wenn Wahrnehmung und Kognition weiter entwickelt sind, mag zutreffen. Daß es gar keine Wahrnehmung gibt, glaube ich nicht, und zwar um so weniger, als in den bisherigen Kapiteln dargestellt wurde, wie differenziert die perzeptuellen Fähigkeiten von Säuglingen schon im ersten halben Jahr sind. Zu bestreiten, daß körperliche Veränderungen auch gefühlt werden, läuft darauf hinaus zu behaupten, sie würden nicht gefühlt, weil sie nicht bemerkt würden und nicht bemerkt, weil dazu Kognitionen notwendig seien. Als Resultat von Verdrängung oder Unterdrückung mag das Fühlen nicht mehr bemerkt werden, aber kaum als initialer Zustand. Ich gehe – in Übereinstimmung mit Panksepp (1982), Izard (1982, 1984), Leventhal (1984), Malatesta / Haviland (1985), Izard / Malatesta (1987) und Demos (1988) – davon aus, *daß Affekte und ihre Veränderungen schon vom kleinsten Säugling als differentielle Gefühle gespürt und wahrgenommen werden* und daß die Integration sensorischer und perzeptueller Daten im Gehirn, die zum Gefühl führt, auf dieser elementaren Ebene *kein* kognitiver Prozeß ist. Affekte sind dann das Ergebnis der Wahrnehmung von Informationen aus hierarchisch untergeordneten körperlichen Regulierungssystemen, wobei die Wahrnehmung direkt ist und nicht auf elaborierte kognitive Einschätzungs- oder Auswertungsprozesse angewiesen. Die Unterscheidung von emotionalem Zustand und emotionalem Erleben oder die zwischen Spüren und Erleben eines Affekts verdeckt, selbst wenn sie bis zu einem gewissen Grad plausibel ist, daß es genügend Gemeinsamkeiten zwischen präreflexiven und reflexiven, zwischen präsymbolischen und symbolischen Formen von Freude, Ärger etc. gibt, die eine Anerkennung der frühen Säuglingsaffekte als erlebte Gefühle erlauben, ohne daß dadurch der Unterschied zwischen sensorischem und symbolischem Auslösen und Erleben von Affekten unzulässig eingeebnet wird (ähnlich Lichtenberg 1982, S. 713 ff.; 1983, S. 68 f.; Izard 1984, S. 32 ff.).

Wie kann man nun sowohl den Gemeinsamkeiten als auch den Unterschieden in einem integrativen Konzept Rechnung tragen?

Campos und Mitarbeiter (Campos et al. 1983; Campos / Barrett 1984; Barrett / Campos 1987) haben vorgeschlagen, Wittgensteins Begriff der Familienähnlichkeit auf die Emotionspsychologie zu übertragen und von Emotionsfamilien zu sprechen. Die verschiedenen Arten der Freude oder des Ärgers – sensorische und symbolische – sind, ganz wie Familienmitglieder, sowohl hinreichend verschieden, um Unterscheidungen zwischen ihnen nötig zu finden, als auch hinsichtlich bestimmter Merkmale hinreichend ähnlich, um sie als Mitglieder derselben Familie zu betrachten. Die Furcht, die wir empfinden, wenn wir aus der Zeitung oder dem Fernsehen vom Kollaps der Börsenkurse hören (sofern wir Aktienbesitzer sind) unterscheidet sich von der Furcht des sieben Monate alten Kindes auf der visuellen Klippe; und die Freude über einen Lottogewinn unterscheidet sich von der Freude des sechs Wochen alten Kindes beim Anblick seiner Mutter. Börsenkurs und Lottogewinn sind eben keine emotionsauslösende Stimuli für Säuglinge. Im Laufe der Entwicklung findet eine kognitive Anreicherung der Affekte und eine zunehmende Interaktion von Kognition und Affekt statt. Das bedeutet aber nicht, daß es keine Gemeinsamkeiten mehr zwischen den verschiedenen Glücks- oder Furchtgefühlen gibt. Es gibt sie, und zwar

1. in Gestalt bestimmter Ausdrucksmuster des Gesichts, der Stimme und der Körperhaltung;
2. in Gestalt emotionsspezifischer Aktivitäten des autonomen Nervensystems. Da diese Körperprozesse biologisch verankert sind und trotz sozialisatorischer Einflüsse eine beträchtliche Eigenständigkeit bewahren können, ist auch
3. die Empfindungskomponente in Gestalt eines gleichen oder ähnlichen Gefühlstonus über die Lebensspanne hinweg relativ konstant. Freude bleibt Freude, beim Lottogewinn oder beim Anblick der Mutter; und Furcht bleibt Furcht, beim Sturz der Börsenkurse und auf der visuellen Klippe.*

Der affektive Kern des Selbst und die Kontinuität des Selbstgefühls

Daraus ergibt sich fast zwanglos eine Antwort auf die Frage, wieso wir uns trotz des beträchtlichen Wandels unserer Denkgewohnheiten und Lebensumstände im Laufe des Lebenszyklus immer als dieselben empfinden: weil die Affekte und ihre Familienähnlichkeit substantiell zu einer Kontinuität des Selbsterlebens beitragen. Sie begleiten uns ein Leben lang, auch wenn die Situationen und Anlässe, in denen sie auftreten, wechseln. Izard meint,

---

* Tomkins (1987) diskutiert ausführlich für die Scham, wieso man trotz unterschiedlicher Auslösebedingungen und Gefühlsschattierungen diese trotzdem als *einen* Affekt betrachten sollte.

»...daß das emotionsspezifische Gefühl ein zentraler Bestandteil von Selbstheit und des Empfindens des Selbst als aktiv und kontinuierlich über Zeit und Situationen hinweg ist« (1984, S. 25).

Und Emde drückt es so aus: »Trotz vieler Veränderungen im Lauf der Entwicklung, garantiert die biologische Organisation unseres affektiven Kerns die Kontinuität unserer Erfahrung...« (1983 a, S. 165).

Die kognitive Alternative dazu ist, die Kontinuität des Selbstgefühls aus dem Erwerb des Ich-Bewußtseins zu erklären. Auch das ist möglich, und kann u. a. den interessanten Befund erklären helfen, daß die Entwicklung in den ersten zwei Lebensjahren in mancher Hinsicht flexibler und die Erholungskraft gegenüber aversiven Einflüssen größer ist, als in späteren Lebensphasen. Die Entstehung eines Ich-Bewußtseins führt zu einem Identitätsgefühl, das einfach nicht mehr aufgegeben werden kann und nur ungern geändert wird. Kaum jemand möchte ernsthaft mit einem anderen tauschen oder ein anderer sein, wenn er sich einmal als Person konstituiert hat, nicht einmal, wenn es dem anderen offenkundig besser geht. Aus dieser, mit dem personalen Ich-Gefühl und der symbolischen Repräsentation des Selbst entstehenden Selbst-Konstanz kann man eine abnehmende Veränderungsbereitschaft und Veränderungsfähigkeit ableiten (Kagan 1984 b). Natürlich gibt es noch andere Gründe für die größere Änderungsfähigkeit des jüngeren Organismus, besonders seine biologische Plastizität, die es ihm erlaubt, belastete Entwicklungspfade zu verlassen und andere einzuschlagen (s. Emde 1987, S. 1312 f.). Vermutlich spielen kognitive und affektive Faktoren bei der Kontinuität des Selbstgefühls eine sich ergänzende Rolle.

6. Die psychoanalytische Theorie der Affektentwicklung

Einleitung

Der Zustand der psychoanalytischen Affektlehre ist unbefriedigend. Obwohl es viele gute Überblicksarbeiten aus der Feder namhafter Psychoanalytiker gibt (Rapaport 1953; Rangell 1967; Schur 1969; Brenner 1974b; Arlow 1977; Green 1977; Emde 1980 a, b,; Kutter 1980), und obwohl alle fünf Jahre ein Panel stattfindet (Löfgren 1968; Castelnuovo-Tedesco 1974; Jaffe/Naiman 1978; Lester 1982), beginnen oder enden die meisten Beiträge mit der Feststellung, daß viele Fragen und Probleme ungeklärt sind. Sandler/Sandler (1978, S. 285) resümieren mit einigem Humor: »Unsere Affekttheorie ist bestenfalls in einem Zustand von gesundem, konstruktivem Chaos...« Das Chaos persistiert bis auf den heutigen Tag. Angesichts dieser Situation kommt man unwillkürlich auf die Idee, daß vielleicht die Natur der Affekte für dieses Chaos mitverantwortlich ist oder daß die klinische psychoanalytische Situation inhärente Restriktionen aufweist, die der Erforschung der Affekte bzw. einer konsistenten Theorie derselben im Wege stehen.

»Man kann sich fragen, ob das Fehlen einer allgemein akzeptierten Affekttheorie nicht auf die Begrenztheit des analytischen Feldes zurückzuführen ist. Was man im Bereich der klassischen Indikationen der Analyse über die Affekte sagen konnte, ist an eine Grenze gestoßen, über die man nicht mehr hinausgehen kann oder über die man zumindest nicht hinausgegangen ist. Worin die mehr oder weniger nützlichen Klärungen auch bestehen mögen... alles erweckt doch den Anschein, als könne die Achtung vor den klinischen Fakten über eine phänomenologische Beschreibung nicht hinausführen, die dann in metapsychologischen Begriffen paraphrasiert wird, ohne daß dadurch irgend etwas Neues hinzukäme. Im Gegenteil, der Gebrauch, den man in dieser Sichtweise von der Metapsychologie macht, führt nicht zur weiteren Klärung des Problems, er verstellt es nur« (Green 1977, S. 708).

Aus diesem Dilemma gibt es verschiedene Auswege. Einer, den Green wählt, ist die Überschreitung des Rahmens der »klassischen Indikationen der Analyse« in Richtung auf nicht klassische Störungsbilder. Ein anderer, den ich eingeschlagen habe, ist die Einbeziehung extraklinischen Wissens. Die Vermittlung dieses Wissens mit einer psychoanalytischen Affekttheorie bleibt eine zu leistende Aufgabe.

Im folgenden gebe ich einen Abriß der Geschichte der psychoanalytischen Affekttheorie. Einige prominente Themen werden herausgearbeitet. Diese Themen werden mit denen der akademischen Affektpsychologie verglichen. Anhand einer ausführlichen Fallstudie wird die Nützlichkeit der Einbeziehung experimenteller Ergebnisse in protoklinische Situationen demonstriert und die Konsequenzen für die psychoanalytische Affekttheorie werden diskutiert. Abschließend deute ich kurz die Relevanz der neueren Affektforschung für die Objektivierung von Übertragungsphänomenen an.

Abriß der psychoanalytischen Affekttheorie

Die Affekttheorie hat, ebenso wie die Triebtheorie, verschiedene Wandlungen durchgemacht. Interessanterweise ist die Beschäftigung mit den Affekten in der Psychoanalyse älter als die mit den Trieben. Während von einer einigermaßen ausformulierten Triebtheorie erst ab 1905 die Rede sein kann, sind die Affekte schon in den »Studien über Hysterie« (Freud 1895) Gegenstand ausführlicher Betrachtungen. Die Entwicklung der Affekttheorie läßt sich in verschiedene Phasen einteilen (Rapaport 1953; Henseler 1989).

In der *ersten* Phase der Freudschen Theoriebildung ist es nicht der Trieb und seine Verdrängung, sondern der in einer traumatischen Situation entstandene und in seiner Abfuhr blockierte Affekt(betrag), der für Krankheit und Symptom verantwortlich ist. Die Blockierung der Abfuhr führt zur Konversion der im Affekt enthaltenen Energie in hysterische Symptome. Diese Abfuhrtheorie betrachtet Affekte als Entladungsphänomene, und die Behinderung ihrer Abfuhr als wesentliche Krankheitsursache. Sandler et al. (1972) sprechen vom Affekt-Trauma-Modell der Psychoanalyse, das bis 1897 vorherrscht.

Im Laufe der Entwicklung des topographischen Modells und der Triebtheorie (*zweite* Phase; ca. 1897–1923) verlieren die Affekte ihren Status als primäre Krankheitsursache. Die Triebe treten an ihre Stelle. Affekte sind nun Abkömmlinge und Ausdrucksformen von Triebvorgängen, und es ist nicht mehr der eingeklemmte Affekt, der das Symptom verursacht, sondern die nicht abgeführte Triebenergie, die sich im Affekt ausdrückt. Auch hier finden wir eine Abfuhrtheorie der Affekte, aber eine etwas andere als in der ersten Phase. Dort war es die Energie des eingeklemmten Affekts, die in das Symptom konvertiert wurde. Jetzt ist es die Energie nichtbefriedigter Triebe, die sich in Affekten manifestieren. Rapaport (1953) spricht in diesem Zusammenhang von einer »Konflikttheorie der Affekte«, weil ein Konflikt, d. h. ein Mindestmaß an Hemmung der Triebabfuhr, durch die äußere Realität und später das Ich die Voraussetzung der Entstehung eines Affekts ist. Ohne Hemmung des Triebes kein Affekt. Affekte sind in dieser Sichtweise selbst eine Art Konversionssymptom oder, wie Freud noch 1926 (S. 274) sagt, normale Äquivalente hysterischer Attacken. Es ist unmittelbar einsichtig, daß dies für die negativen Affekte plausibler ist als für die positiven, und daran zeigen sich die ersten Grenzen dieses Modells.

Die triebtheoretische Unterfütterung der Affekte wird besonders deutlich in Freuds erster Angsttheorie*. In ihr ist der Angstaffekt das Resultat nicht abgeführter, »sauer« gewordener Triebenergie. Er entsteht als Konsequenz nicht befriedigter Libido, als ihr quasi toxisches Stoffwechselprodukt. Zugleich wird im Angstanfall ein Teil dieser Libido abgeführt. Diese Theorie, so elegant sie war, hatte ihre Probleme. Angst war in ihr die *Folge* von Verdrängung bzw. Nicht-Befriedigung, aber es blieb unklar, was die Ursache von Verdrängung ist. Die übliche Antwort, es sei die Anstößigkeit der Triebregungen für das Ich / System-Bw läßt ungeklärt, wie diese bewußte Einschätzung dem schwachen Ich die Kraft zur Verdrängung verleihen soll und wieso Verdrängungsprozesse in der Regel unbewußt verlaufen.

Diese Probleme führten in der *dritten* Phase der Theoriebildung (1923 ff.) mit der Einführung des Strukturmodells zu einer Revision der Angsttheorie und damit eines zentralen Punktes der Affektlehre. Angst ist jetzt nicht mehr die Folge, sondern die Ursache von Verdrängung, und zwar dergestalt, daß die abgeschwächte mentale Antizipation einer traumatischen Situation ein Angstsignal hervorruft, welches das Ich zur Verdrängung veranlaßt. Auf diese Weise wird der Angstaffekt an die Ichentwicklung gebunden, denn er tritt nicht mehr nur automatisch, sondern als Folge einer kognitiven Operation des Ichs – der psychi-

---

* Zum Verhältnis von erster und zweiter Angsttheorie s. Brenner (1972, Kap. 4) und Rangell (1968); ansonsten Freud (1917, 1926, 1933).

schen Antizipation der gefährlichen Situation – auf. In Abhängigkeit vom Stand der Ichentwicklung ergibt sich eine Sequenz prototypischer Gefahrensituationen: Angst vor Objektverlust, Angst vor Liebesverlust, Kastrationsangst, Überich-Angst. Unklar blieb, wo die Angst »ihren Sitz« hat, denn, wie Rangell (1968, S. 252) und Schur (1969, S. 656) betonen, wird sie zwar vom Ich erfahren und gespürt, aber nicht produziert.

Es gab noch andere Unklarheiten. Im Verlauf der oben skizzierten Entwicklung hat Freud seine Auffassung, ob Affekte bewußt oder unbewußt sind und ob sie verdrängt werden können oder nicht, verschiedentlich modifiziert. In der topographischen Periode und nach Einführung der Triebtheorie sind Affekte zu Triebabkömmlingen geworden. Freud betrachtet nun den Trieb als primäre Kraft des Seelenlebens und sagt, er sei repräsentiert durch Affekt und Vorstellung (1915 b, S. 113). Nur über diese, seine Repräsentanzen, ist er überhaupt zugänglich. Der Trieb selbst kann nicht verdrängt werden, nur seine Repräsentanzen. Aber welche: Affekt oder Vorstellungsrepräsentanz?

Nach einiger Diskussion entscheidet sich Freud dafür, daß auch der Affekt nicht verdrängt und damit unbewußt werden kann[*], sondern nur die Vorstellungsrepräsentanz des Triebes. Da Affekte strenggenommen nicht unbewußt werden können, sondern nur der Vorstellungsanteil einer tabuierten und affektbesetzten Szene, wird der nicht verdrängte und weiterexistierende Affekt bzw. Affektbetrag mit harmloseren Vorstellungen verknüpft und auf diese Weise entschärft. Aus verschiedenen Gründen war Freud mit dieser Lösung nicht zufrieden und 1923 deutet er erstmals die Existenz unbewußter Affekte an.[**] Kurze Zeit später in der Arbeit über den »Fetischismus« (1927) revidiert er seine Auffassung endgültig, daß nur Vorstellungen unbewußt werden können, und kommt zu einem die bisherige Theorie praktisch umkehrenden Ergebnis: Der Begriff der Verdrängung sollte eigentlich für die Affekte reserviert werden, während Vorstellungen verleugnet und nicht verdrängt werden – eine Lösung, die, wie Henseler (1989, S. 8) bemerkt, sich unter Psychoanalytikern nicht durchgesetzt hat.

Außer der Frage der Unbewußtheit der Affekte warf die Verknüpfung

---

[*] »Zum Wesen eines Gefühls gehört es doch, daß es verspürt, also dem Bewußtsein bekannt wird« (Freud 1915 c, S. 136).
[**] Pulver (1971) hat darauf hingewiesen, daß sich in den klinischen Schriften von Freud schon früher vielfach Äußerungen über unbewußte Affekte finden, die aber mit den theoretischen Ausführungen zur notwendigen Bewußtheit des Affekts nicht harmonieren.

der lustvollen Affekte mit Spannungsabfuhr und der unlustvollen mit Spannungsanstieg Schwierigkeiten auf. Mit dieser Verknüpfung ist Freud spätestens seit 1924 nicht mehr zufrieden und gibt zu bedenken, daß es auch angenehme Spannungszustände gibt bzw. daß Spannungsanstieg auch als lustvoll empfunden werden kann. Er vermutet, daß das, »was als Lust oder Unlust gefühlt wird, nicht die absolute Höhe der Spannung, sondern der Rhythmus ihrer Veränderung« ist (Freud 1924, S. 344). Diese Idee ist erstaunlich modern und hat eine gewisse Ähnlichkeit mit der Theorie von Tomkins, in der Affekte durch die Dichte neuronaler Feuerungsimpulse ausgelöst werden. In beiden Fällen ist es ein Rhythmus oder Gradient, der die Art des Affekts bestimmt (s. Kap. 5). Die Idee kehrt bei Freud verschiedentlich wieder, zuletzt im »Abriß« (1940, S. 68), aber es kommt nicht zu einer systematischen Integration dieser Überlegungen in den metapsychologischen Korpus der Theorien über das Lust-, Konstanz- und Nirwana-Prinzip. Eine solche Integration erfolgt erst in den Arbeiten von E. Jacobson (1953, 1971). Die Kompliziertheit ihrer oft bis zur begrifflichen Haarspalterei gehenden Überlegungen ist meines Erachtens ein Indiz dafür, daß bestimmte Probleme der Affekttheorie im Rahmen der klassischen Metapsychologie und besonders ihres ökonomischen Gesichtspunkts nicht befriedigend zu lösen sind.

Wie aus diesem kurzen Abriß ersichtlich, hat sich im Laufe der Entwicklung des Freudschen Denkens die Theorie der Affekte entwickkelt, aber die Entwicklung ist keine einheitliche. Alte Aspekte, wie der Abfuhraspekt, werden weiter beibehalten und von neuen, wie dem Signalaspekt, weniger ersetzt als überlagert. Ähnliches gilt für das Lust-Unlust-Problem.

Die *vierte* Phase der psychoanalytischen Theoriebildung über die Affekte ist die nach-freudsche. In ihr werden verschiedene Theorieteile ausgebaut, insbesondere die Theorie der Signalangst von den Ichpsychologen, und eine Objektbeziehungstheorie der Affekte entsteht. Der ichpsychologische Ausbau der Affektlehre führt zu einer Betonung der kognitiven Anteile der Affektauslösung, denn die Signalangsttheorie betont ja, daß es die Antizipation einer drohenden Gefahr durch das Ich ist, die Signalangst und Verdrängung ins Werk setzt. In der Fortsetzung dieser Theorielinie wird die Entwicklung des Ichs als wesentlich für die weitere Affektdifferenzierung betont. Brenner (1974a, b; 1982, Kap. 3), einer der Hauptvertreter einer ichpsychologischen Affekttheorie, hebt hervor, daß Affekte zwei Komponenten haben: Empfindungen (*sensations*) und Vorstellungen (*ideas*). Während die Empfindungen im Erwachsenenalter sich nicht sehr von denen in der Kindheit unterscheiden, unterliegen die Vorstellungen im Laufe der Ichentwicklung beträchtlichen Verfeinerungen und Wandlungen. Dadurch vermehren sich die Möglichkeiten zur phantasiegebundenen Affektauslösung. Jeder Affekt kann nun durch eine Vielzahl von Phantasien ausgelöst werden, und welche Phantasie welchen Affekt hervorruft, ist in hohem Maße von den individuellen Lebenserfahrungen abhängig.

> »Daraus folgt, daß die Entwicklung der Affekte und ihre Ausdifferenzierung von der Ich- (und Über-Ich-)Entwicklung abhängt. Man kann in der Tat sagen, daß die Entwicklung des Affektlebens ein Aspekt der Ichentwicklung ist...« (Brenner 1974b, S. 535).

Die Empfindungskomponente der Affekte konstituiert in dieser Theorie die undifferenzierte Matrix, aus der sich unter dem Einfluß der Ich- und Phantasieentwicklung die verschiedenen Affekte herausdifferenzieren.*

Der wertvolle Beitrag dieser von der Signalangsttheorie ausgehenden Betrachtungen liegt darin, daß Affekte als intrapsychische Signale betrachtet werden. Sie sind nicht nur disruptiv und potentiell pathogen, sondern potentiell adaptiv, weil sie Maßnahmen zur Bewältigung drohender Gefahren in die Wege leiten.

Dieser intrapsychische Signal- und Regulierungsaspekt wird in den Objektbeziehungstheorien um den Aspekt der interpersonellen Beziehungen ergänzt und erweitert (Überblick bei Green 1977, S. 709ff.). Von Objektbeziehungstheoretikern, z. B. Modell (in: Castelnuovo-Tedesco 1974), ist gelegentlich bemängelt worden, daß die Abfuhr- und die Signaltheorie des Affekts die Rolle und Bedeutung der Objektbeziehungen für das Affektleben vernachlässigt. Rangell (ebd.) hat darauf geantwortet, dies sei unzutreffend, denn Kastrationsängste (ein Über-Ich-Signal) seien auch Ängste vor einem strafenden Vater und Trennungsängste (Ich-Signal) seien Ängste vor dem Verlust der Mutter. Dies ist in gewissem Sinne richtig, schafft aber die relative Vernachlässi-

---

* Eine ähnliche Auffassung vertritt der Kognitionspsychologe George Mandler: »Die Gefühle des Kindes (und des Erwachsenen) werden im Lauf der Entwicklung ausgestaltet. Die Ausgestaltung wird in großem Ausmaß von der kognitiven Entwicklung des Individuums abhängen... Aus meiner Sicht ist die emotionale Entwicklung... eine Funktion der kognitiven Entwicklung« (1982, S. 337f.).

gung der Objektbeziehungen in der Trieb- und Ich-Psychologie nicht aus der Welt. In ihr wird nämlich die Trennungsangst damit erklärt, daß der Verlust des Objekts nur deshalb Angst hervorruft, weil das Kind dann mit seinen Trieben allein ist. In der Triebtheorie ist somit zwar eine indirekte Objektbeziehungstheorie enthalten, die aber unzureichend ist, weil sie dem eigenständigen Bedeutungsstatus des Objekts nur unbefriedigend Rechnung trägt. Objektverlust ist auch ohne Triebangst angstauslösend, und die Einsetzung des Objekts in die zentrale Position, die ihm im Seelenleben zukommt, wird in vollem Umfang erst von den Objektbeziehungstheorien entfaltet, am radikalsten von Fairbairn und Bowlby.*

Die erste Vertreterin einer Objektbeziehungstheorie der Affekte ist Brierley (1937), die sich für einen prinzipiellen Objektbezug der Affekte stark macht. In ihrer Arbeit finden sich erstaunlich moderne Gedanken über »primary emotions«, u. a. der, daß sich solche primären Emotionen nicht von libidinösen oder aggressiven Trieben ableiten lassen. Diesen Gedanken werden Kernberg (1976, Kap. 3) und andere vierzig Jahre später aufgreifen.

Die Objektbeziehungstheorie der Affekte betont, daß Affekte eine Interaktion und einen Austausch zwischen Subjekt und Objekt anbahnen und betrachtet die Ausprägung der Affekte als eine Funktion der Objektbeziehung. Dieser Gedanke ist in Balints Konzept der primären Liebe als harmonischer Verschränkung (1937, 1960) ebenso enthalten wie in Winnicotts »holding« (1960, 1963), das die Funktion der Mutter als Vermittlerin und Modifikatorin der Affekte des Kindes betont. Auch Melanie Kleins Konzept der projektiven Identifizierung (1946) und Bions Vorstellung von der Mutter als einem »container« (1959), der die frühen Affektstürme des Kindes aufnimmt, verdaut und in modifizierter Form zurückgibt, so daß sie vom Kind assimiliert werden können, sind hier erwähnenswert.

Resümee: Dem Abfuhraspekt des Affekt-Trauma- und des topographischen Modells und dem intrapsychischen Signal- und Regulations-

---

* Spitz (1953) hat die Symptome des Hospitalismus anfänglich vorwiegend triebtheoretisch gedeutet. Wegen des Objektverlusts entmischen sich Libido und Aggression, und die entmischte Aggression wird in Ermangelung eines Objekts, an dem sie abgeführt werden kann, gegen die eigene Person gewendet. Daraus entstehen die Symptome. Erst zehn Jahre später (1963, 1965 b) hat er sich zu dem Dialogtheoretiker entwickelt, als den wir ihn heute kennen. Jetzt betont er verstärkt die Rolle des *Affektaustauschs* zwischen Mutter und Kind. Hospitalismus und anklitische Depression sind dann die Folgen einer fehlenden Affektkommunikation und nicht so sehr durch eine Wendung der Aggression gegen die eigene Person hervorgerufen.

aspekt des Strukturmodells wird im Objektbeziehungsmodell der Aspekte der Kommunikation und interpersonellen Regulation hinzugefügt bzw. er wird dort deutlicher ausgearbeitet.

Gemeinsame Themen in der psychoanalytischen und akademischen Affektpsychologie

Nach diesem Ritt über den Bodensee der psychoanalytischen Affektlehre ist hoffentlich deutlich geworden, daß es *die* psychoanalytische Affekttheorie nicht gibt, sondern nur ein recht heterogenes Sammelsurium von interessanten Theoriestücken, die in verschiedene Richtungen ausgebaut wurden und die viele Fragen zurücklassen.

Drei Themen sind herausgearbeitet worden: der Abfuhraspekt, der intrapsychische Signal- und Motivationsaspekt und der der interpersonellen Kommunikation und Regulation. Alle drei finden sich auch in der akademischen Affektpsychologie, wenn auch mit unterschiedlicher Gewichtung.

1. Der Abfuhraspekt, der den potentiell pathogenen und disruptiven Charakter von Affekten betont, wird in der neueren akademischen Affektpsychologie am wenigsten diskutiert. Ich hatte oben darauf hingewiesen, daß ethologische Argumente zu einer Wiederbelebung der Affektforschung beigetragen haben und daß in ethologischer Perspektive vor allem nach dem adaptiven Wert von Phänomenen gefragt wird und weniger nach ihrem disruptiven.

2. Dieser adaptive Gesichtspunkt wird in der Signaltheorie des Strukturmodells thematisiert. Der adaptive Sinn der Signalangst besteht darin, traumatische Angstentbindung zu verhindern und so disruptive Affektzustände zu vermeiden. Wo sie dennoch entstehen, hat das Ich versagt. In dieser ichpsychologischen Tradition wird die Stärke des Ichs oft mit seiner Affekt- und Triebzähmungsfähigkeit assoziiert und Ich-Schwäche mit einem Mangel derselben (z. B. Fenichel 1941). Die Betonung der Affekt*beherrschung* läßt allerdings das Affekt*erleben* gelegentlich zu sehr in den Hintergrund treten. Der Motivationsaspekt von Affekten ist im Strukturmodell ebenfalls angesprochen: Affekte sind intrapsychische Informationen über Zustände, die vom Ich ausgewertet und mit entsprechenden Maßnahmen wie Kampf, Flucht oder Verdrängung beantwortet werden.

3. Affekte als Signale im interpersonellen Austausch finden ihre volle Anerkennung erst im Objektbeziehungsmodell.* Spitz und Bowlby haben schon früh die Affektausdrücke des Lächelns, Weinens und Schreiens als beziehungsbeeinflussend beschrieben. Diese Perspektive, in der die Affektausdrücke wichtig sind, wird in der Säuglingsforschung besonders thematisiert. Die Gründe dafür wurden im vorigen Kapitel genannt und ebenfalls, daß die Kenntnis des Ausdrucks etwas über das Vorhandensein des entsprechenden Gefühls lehren kann.

In die psychoanalytische Sprache übersetzt, könnte man sagen, daß die Säuglingsforschung triebtheoretische Gesichtspunkte der Affekte kaum, ich-psychologische und objektbeziehungstheoretische hingegen mehr thematisiert. In erster Linie bringt sie die adaptiven, kommunikativen und regulierenden Eigenschaften der Affekte zur Sprache und nicht die desorganisierenden. Da diese Forschung sich mit der Normalentwicklung und mit alltäglichen Interaktionen in niederen Spannungszuständen befaßt, ist das eine Konsequenz ihres Vorgehens, ebenso wie die Betonung potentiell pathogener heftiger Affekte eine Konsequenz des psychoanalytischen Vorgehens ist. Die Psychoanalyse gewinnt ihre Einsichten am Patienten, bei denen Affekte mehr als bei anderen ihren Anpassungswert verloren haben und darüber hinaus in einem Setting, das die Regression fördert und deshalb zum Studium von Bewältigungsmechanismen und adaptiven Potentialen wenig geeignet ist (s. a. White 1963, S. 13 ff.). Im Hinblick auf eine umfassende Affektpsychologie können sich beide Disziplinen ergänzen und wichtige Informationen liefern.

Eine Fallstudie zur Integration

Nach diesen allgemeinen Bemerkungen zu Parallelen und Unterschieden zwischen psychoanalytischer Affekttheorie und Säuglingsaffektforschung möchte ich ein konkretes Beispiel für die Integration beider Forschungsgebiete und ihren Nutzen darstellen. Gaensbauer (1982 a)

---

* Die psychoanalytische Objektbeziehungstheorie und die Betonung der Interaktion in der Säuglingsforschung können natürlich nicht umstandslos gleichgesetzt werden. Die Psychoanalyse fokussiert nicht in erster Linie auf Interaktion, sondern auf *internalisierte* Objektbeziehungen. Dennoch bleibt wahr, daß den internalisierten Objektbeziehungen reale Interaktionen zugrunde liegen, aus denen sie sich entwickeln. Mit Bowlby (1988, S. 65) bin ich der Meinung, daß die frühen Repräsentationen das tatsächliche Verhalten der Eltern genauer wiedergeben, als üblicherweise angenommen wird.

schildert den Fall eines 3 ½ Monate alten Mädchens, das wegen Kindesmißhandlung in die Klinik eingeliefert wird. Zur Vorgeschichte werden
folgende Informationen zusammengetragen. Im Alter von zwei Wochen
erscheinen die Eltern mit dem Kind im Krankenhaus, um einen Armbruch behandeln zu lassen. Eine einigermaßen plausible Geschichte, die
den Armbruch erklären soll, wird erzählt. Die Mutter habe das Kind, das
vom Wickeltisch zu fallen drohte, im letzten Moment heftig am Arm
gepackt, um einen Sturz zu verhindern. Der behandelnde Arzt und ein
anwesender Sozialarbeiter haben den Eindruck eines liebevollen Umgangs der Eltern mit dem Kind, und alle drei werden ohne weitere Untersuchungen nach Hause entlassen.

Mit 7 ½ Wochen wird bei einer Routineuntersuchung ein Bluterguß
am Rücken des Kindes festgestellt. Es bleibt über Nacht im Krankenhaus. Elterliche Gewaltanwendung wird vermutet; die Eltern werden
zum Gespräch gebeten. Nach einigem Zögern werden sie nach Hause
geschickt, nicht zuletzt wegen des fürsorglichen Eindrucks, den der
elterliche Umgang mit dem Kind erneut macht. Die Eltern erhalten die
Auflage, wöchentlich einen Eheberater zu konsultieren, denn die Häufung der Verletzungen hat das Klinikpersonal doch stutzig gemacht. Der
Eheberater berichtet, daß die Eltern regelmäßig zur Sitzung erschienen
sind und das Kind oft dabeigewesen ist. Wie schon die Beobachter vor
ihm, ist er von der Wärme des Umgangs mit dem Kind beeindruckt.

Mit drei Monaten stürmt die Mutter nach einem Streit mit dem Vater
aus dem Haus, und als sie drei Stunden später wieder zurückkommt, hat
das Kind einen Bluterguß und eine eigenartige Armhaltung. Im Krankenhaus wird ein erneuter Armbruch diagnostiziert. Das Kind bleibt
dort, und gegen den Vater wird ein Ermittlungsverfahren eingeleitet, da
alle Verletzungen sich in seiner Anwesenheit ereignet haben.

Trotz der verschiedenen Übergriffe macht das Kind nach Gaensbauer
einen emotional und entwicklungsmäßig guten Eindruck. Es ist gesellig,
fröhlich und reagiert auf seine Mutter ausgesprochen positiv. Die Mutter
wirkt etwas kindlich und derb, ist aber im großen und ganzen gut auf ihr
Kind eingestellt. Beide sehen sich bei der Fütterung und beim Spiel
herzlich an, und die Mutter ist während des Krankenhausaufenthalts ständig bei ihrem Kind. Andeutungen der erlebten Traumatisierung sind jedoch erkennbar. Jenny ist nicht knuddelig, wenn man sie auf den Arm
nimmt, und übermäßig wachsam. Der Kinderarzt meint, sie sei in der
Lage, zwischen männlichen und weiblichen Erwachsenen zu unterscheiden und reagiere nervös auf männliche Erwachsene. Als er sie das erste
Mal untersucht, beginnt sie zu schreien und ist nicht mehr zu beruhigen.

Nach fünf Tagen Krankenhausaufenthalt mit der Mutter wird Jenny, jetzt drei Monate und fünf Tage alt, für die Dauer von drei Wochen in eine Pflegefamilie überstellt. Die Mutter besucht sie wöchentlich. Das bedeutet für Jenny zum einen die abrupte Entwöhnung von der Brust, zum anderen einen beträchtlich reduzierten Umgang mit ihrer bisherigen Hauptbetreuungsperson. Die Pflegemutter hat schon drei Pflegekinder und kümmert sich um Jenny nur marginal. Bei Hausbesuchen wird das Kind in verdreckten und angetrockneten Windeln vorgefunden und hat ein zerkratztes und verschmutztes Gesicht. Die Pflegemutter erzählt, das Kind habe in den ersten 24 Stunden gebrüllt wie am Spieß, aber seitdem ginge es besser. Jenny ißt wenig, feste Nahrung überhaupt nicht. Beim ersten Besuch der Mutter ist der Beobachter davon beeindruckt, wie das Kind die Mutter begrüßt. Es strahlt, lächelt und streckt die Arme aus – eine eher untypische Begrüßung in solchen Situationen. Beim zweiten Besuch ist das Kind gedämpfter, noch mehr beim dritten. Einen Tag später, Jenny ist jetzt drei Monate und 25 Tage alt, werden Mutter und Kind in Gaensbauers Labor gebeten.

Drei Dinge fallen dort besonders auf. Erstens bietet das Kind ein Bild, das man klinisch als Depression klassifizieren würde. Es ist lethargisch, körperlich zusammengesunken und desinteressiert an seiner Umwelt. Zweitens zeigt es Anzeichen von Fremdenfurcht. Wenn Gaensbauer sich ihm nähert, wendet es den Kopf ab und beginnt zu schreien. Nicht so bei einer weiblichen Kollegin. Drittens vermeidet es den Blickkontakt mit der Mutter. Die Vermeidung hat jedoch eine andere Qualität als die unmittelbar mit Schreien einhergehende Reaktion in bezug auf Männer. Wenn die Mutter nach kurzem Verlassen des Labors wieder zurückkehrt, blickt das Kind sie kurz und ernst an, wendet dann die Augen ab und zieht sich vor allen Annäherungsversuchen stumm zurück. Die Mutter ist dadurch deprimiert.

Die weibliche Kollegin, die oben erwähnt wurde, ist Susan Hiatt, eine Entwicklungspsychologin und Expertin im Auswerten von Videoaufnahmen des menschlichen Gesichts. Die Auswertung der Aufnahmen von Jennys Besuchen im Labor ergaben folgendes: Die mimischen Komponenten von fünf diskreten Affekten sind gut beobachtbar: Trauer, Furcht, Ärger, Freude und Interesse. Die Ausdrücke sind zwar flüchtig und dauern oft nur ein bis zwei Sekunden, treten aber, wenn sie auftreten, oft gehäuft hintereinander auf und in Verbindung mit Verhaltensweisen, die zu dem vom Gesicht signalisierten emotionalen Zustand passen. Außerdem erscheinen sie in Situationen, in denen sie von Erwachsenen intuitiv als passend empfunden werden.

– Der Gesichtsausdruck der *Traurigkeit* ist begleitet von Apathie, Zurückgezogenheit und motorischer Verlangsamung. Diese Zeichen sind immer dann besonders ausgeprägt, wenn der Trauerausdruck im Gesicht ebenfalls da ist.
– Der Gesichtsausdruck der *Furcht* ist begleitet von Blickabwenden, Körperabwenden und Orientierung zur Mutter. Er tritt bevorzugt auf, wenn Gaensbauer sich dem Kind zuwendet.
– Der Gesichtsausdruck des *Ärgers* taucht gelegentlich zusammen mit dem der Furcht auf. Die den Ärger begleitenden Verhaltensweisen unterscheiden sich aber von denen, die die Furcht begleiten. Es sind vor allem schlagähnliche Bewegungen der Arme und eine Versteifung der Nackenmuskulatur und des Oberkörpers.
– Lächeln gibt es nur selten, vor allem in vertrauten Spielsituationen. Es hat eher reflektorische und flüchtige Qualität und entsprechendes kann man vom korrespondierenden Gefühl der *Freude* vermuten.
– *Interesse / Neugier* werden am häufigsten beobachtet, wenn Gaensbauer abwesend ist und Hiatt sich dem Kind vorsichtig nähert, es auf den Arm nimmt und ihm ein Spielzeug zeigt. Der Neugierausdruck im Gesicht ist begleitet von einer Vitalisierung der Körperbewegungen, die zusammengesunkene Haltung verschwindet, und das Kind »dehnt« sich in Richtung des Spielzeugs.

Unmittelbar nach der Laborsitzung wird das Kind an eine neue Pflegemutter vermittelt, da die erste einsieht, daß sie von vier Kindern überfordert ist. Mit der neuen Pflegemutter hat Jenny mehr Glück. Gaensbauer beschreibt sie als eine sympathische Frau, die das Kind sofort in ihr Herz schließt. In den ersten Tagen ist Jenny noch schwierig, nervös, blickvermeidend und lächelt wenig, erholt sich aber in den folgenden Tagen beträchtlich. Sie ißt gut, erbricht nicht mehr und nimmt auch feste Nahrung zu sich. Sie lächelt häufiger und vokalisiert zufrieden mit ihrer Pflegemutter. Ihre Stimmung bessert sich auffallend. Ein mehrstündiger Besuch des Kindes bei der Mutter gestaltet sich schwierig. Jenny schreit viel, ist unruhig und kaum zu beruhigen. Nach der Rückkehr zur Pflegemutter hat sie einen flachen, unbewegten Gesichtsausdruck, lächelt nicht und vermeidet wieder den Blickkontakt.

Der gute Eindruck von der Pflegemutter und von der Erholung des Kindes bestätigt sich beim nächsten Besuch im Labor. Das Kind ist jetzt vier Monate und acht Tage alt. Die Depression ist verschwunden, Jenny lächelt oft mit ihrer Pflegemutter und gelegentlich sogar mit Gaensbauer. Den Bayley-Test absolviert sie überdurchschnittlich. Einige Residuen der Traumatisierung wie intermittierende Blickvermeidung und leichte Irritierbarkeit dauern an. Die Analyse der Gesichtsausdrücke ergibt, daß Traurigkeit verschwunden ist und auch die furchtsamen Verhaltensweisen sind zurückgegangen. Der einzige deutlich vorhandene negative Affekt ist Ärger. Die Entwicklung bis zur nächsten Sitzung mit fünf Monaten und 17 Tagen ist gut, die wöchentlichen Besuche der Mutter weiter schwierig. Die Pflegemutter bittet deshalb darum, davon Abstand zu nehmen. Man überredet sie zum Gegenteil aus der Überlegung heraus, daß die spätere Rückkehr zur leiblichen Mutter wahrscheinlich beträchtlich erschwert wird, wenn das Band zur Pflegemutter zu eng und zu exklusiv wird.

Im Laufe der nächsten zwei Monate lassen die Schwierigkeiten beim Besuch der Mutter nach, und mit acht Monaten kehrt Jenny endgültig zu ihrer leiblichen Mutter zurück. Mutter, Pflegemutter und Sozialarbeiter berichten übereinstimmend von einem vergleichsweise leichten Übergang, was die Klugheit des Entschlusses, die mütterlichen Besuche trotz Schwierigkeiten aufrechtzuerhalten, bestätigt. Mit 20 Monaten bietet sich ein insgesamt erfreuliches Bild. Jenny hat sich in jeder Hinsicht gut entwickelt, und die Mutter-Kind-Beziehung wird vom Sozialarbeiter als ausgesprochen positiv beschrieben. Eine etwas verminderte Frustrationstoleranz und gelegentliche Temperamentsausbrüche sind die einzigen Überbleibsel der früheren Traumatisierung. Insgesamt ist die Erholung des Kindes beträchtlich und der Zustand besser, als nach der Serie von schweren Übergriffen und Trennungen erwartet werden durfte. Sollten sich diese Ergebnisse verallgemeinern lassen, wofür einiges spricht (s. Emde 1981; Tress 1986a), so muß man Säuglingen eine erhebliches Erholungspotential zutrauen, mit dem sie die Folgen früherer Traumatisierungen überwinden bzw. mildern können, vorausgesetzt, die aktuellen Umstände und Objektbeziehungen sind entsprechend günstig. Auch hinsichtlich der Frage, ob und wie früh diskrete Affekte bei Säuglingen vorhanden sind, ist die Studie von Gaensbauer sehr ergiebig und bestätigt das Bild früher Affektdifferenzierung, das im vorigen Kapitel skizziert wurde, auf eindrucksvolle Weise.

Bevor ich die Schlußfolgerungen aus dem bisher dargestellten Material ziehe, noch eine kurze methodische Bemerkung. Gegen Einzelfallstudien, wie die von Gaensbauer, kann man einwenden, daß Untersuchungsergebnisse an einem Kind keine genügend breite Datenbasis darstellen, um zu zuverlässigen und verallgemeinerbaren Ergebnissen zu gelangen. Dieses Problem ($N = 1$) wird auch in der Psychoanalyse ausführlich diskutiert. Edelson (1984, Kap. 4 u. 5) meint, daß intensive Untersuchungen an kleinen Stichproben durchaus zuverlässige Resultate produzieren können. Piagets frühe Studien (1936, 1937) an seinen drei Kindern sind das beste Beispiel dafür. Nicht alle, aber ein beträchtlicher Teil seiner Befunde ist später bestätigt worden. Selbst wenn das nicht der Fall gewesen wäre, waren diese Arbeiten in einem so außerordentlichen Maße hypothesengenerierend und forschungsanregend, daß ihr Nutzen für die empirische Kinderpsychologie größer war als der vieler methodisch exakterer, aber vom Anregungspotential her sterilerer Arbeiten. Ähnliches gilt für die frühen Publikationen von Spitz zur Mutterdeprivation, die in methodischer Hinsicht mangelhaft (Pinneau 1955), in forschungsanregender Hinsicht hingegen außerordentlich produktiv waren (Emde 1983 b).

Natürlich ist es wünschenswert, Studien mit kleinen Stichproben zu replizieren. In zwei weiteren Arbeiten (Gaensbauer 1982 b; Gaensbauer / Hiatt 1984) wurden Kinder im Alter von sechs bis 27 Wochen bzw. zwölf bis 18 Monaten untersucht, die Mißhandlungen oder starker Vernachlässigung ausgesetzt waren, und mit einer Kontrollgruppe von normalen Kindern verglichen. Die an Jenny gemachten Beobachtungen wurden bestätigt. Auch hier wurde festgestellt, daß der jeweilige Gesichtsausdruck von dazu passenden Verhaltensweisen begleitet ist und daß er in Situationen auftaucht, in denen er sinnvoll auf die Lebensgeschichte und vergangene Erfahrung der Säuglinge bezogen werden kann. Darüber hinaus erbrachte der Vergleich der mißbrauchten mit den normalen Kinder folgendes:

– Normale Kinder zeigen häufiger positive Affektausdrücke als mißbrauchte, insbesondere mehr Freude und Interesse. Umgekehrt sind die negativen Affektausdrücke in der Gruppe der mißbrauchten Kinder sehr viel häufiger.
– Negative Affektausdrücke tauchen bei mißbrauchten Kindern früher auf als bei normalen. Beobachtet man die Interaktion eines mißbrauchten 2 ½ Monate alten Kindes mit Mutter und Vater, so zeigen sich in den einschlägigen Situationen Traurigkeit, Furcht und Ärger. Diese Affektausdrücke fehlen bei normalen Kindern dieses Alters völlig! Bei ihnen tauchen Traurigkeit und Ärger erstmals zwischen drei und vier Monaten, Furcht zwischen sechs und sieben Monaten auf (s. Kap. 5). Dieser Befund ist beeindruckend, zeigt er doch, daß lebensgeschichtliche Erfahrungen beträchtliche zeitliche Abweichungen im ersten Auftreten von Affektausdrücken produzieren können.

- Bei vernachlässigten, aber nicht mißhandelten Kindern, ist sowohl der Ausdruck positiver wie negativer Affekte verarmt. Blanke, affektlose Gesichtsausdrücke überwiegen.

Konsequenzen

1. Der Gesichtsausdruck für die meisten »basic emotions« ist im Alter von drei bis vier Monaten vorhanden. Bei traumatisierten Kindern tauchen negative Affektausdrücke früher und häufiger auf als bei normalen.
2. Der Gesichtsausdruck ist keine zufällige Reaktion und auch kein bloßes biologisches Programm, das nur soziale Signalfunktion hat, sondern erlaubt den Schluß auf entsprechende Gefühle.
3. In der psychoanalytischen Literatur ist viel die Rede von der Undifferenziertheit des Neugeborenen. Dieser Terminus bezieht sich auf so verschiedene Sachverhalte wie die Undifferenziertheit von Ich und Es, von Selbst und Objekt, von innen und außen, von Primär- und Sekundärprozeß, von Libido und Aggression. In bezug auf die Affekte ist die vorherrschende Meinung bisher die gewesen, daß sie im ersten Lebenshalbjahr – oder zumindest in den ersten drei bis vier Monaten – ziemlich undifferenziert sind. Globale Affektzustände von Lust und Unlust beherrschen das Gefühlsleben des Säuglings, und erst im Laufe der weiteren Ichentwicklung differenzieren sich aus dieser anfänglichen Lust-Unlust-Matrix spezifischere Gefühle heraus. Spitz (1965a, S. 161f.) formuliert das bündig:

»Diese beiden Erlebnisse, das der Lust und das der Unlust, sind die beiden wichtigsten Erfahrungen in der frühen Kindheit. Alle anderen Erlebnisse der Neugeborenen sind entweder affektiv neutral... oder sie sind nur mit ganz geringen Affektmengen ausgestattet... Aus dem Flachland der Indifferenz des Säuglings gegenüber den meisten anderen Erlebnissen ragen sie wie zwei einsame Gipfel empor.«

Und:

»Wir sollten daran denken, daß beim Säugling nicht nur die Affekte chaotisch und undifferenziert sind, sondern auch die Wahrnehmung« (ebd., S. 64).

Die Theorie der undifferenzierten Affektzustände ist selbst zu undifferenziert. Die vorliegenden Forschungen machen deutlich, daß die Differenziertheit des Gefühlslebens im ersten Lebenshalbjahr wesentlich größer ist, als die psychoanalytische und andere Theorien bisher annahmen. Ich komme bei der Diskussion der »affektiven Kompetenz« des Säuglings zu einem ähnlichen Resultat wie bei der Diskussion der perzeptuellen und interaktiven Kompetenz. Dort war das Resultat gewesen, daß die Auffassung von der anfänglichen Undifferenziertheit von Selbst und Objekt revisionsbedürftig ist. Die in der Symbiosetheorie Mahlers und in vielen anderen Theorien von Spitz über Jacobson bis Kernberg und Piaget postulierte Unfähigkeit des Säuglings, Selbst und Objekt getrennt wahrzunehmen, hat sich angesichts der außerordentlichen Wahrnehmungsfähigkeit des Säuglings als fragwürdig erwiesen. Als Alternative wurde vorgeschlagen, von einer initialen Differenziertheit im Wahrnehmen und Erleben von Selbst und Objekt auszugehen. Dasselbe gilt für die Affekte. Sie sind – so wenig wie Selbst- und Objektwahrnehmungen – undifferenziert, global, verschmolzen und dergleichen, sondern von Anfang an differenziert.

4. Die Existenz der Vitalitätsaffekte ergänzt das bisher entworfene Bild vom differenzierten Affektleben des Säuglings. Empfindungen haben nicht nur eine stark/schwach- oder Lust/Unlust-Dimension, sondern weisen vielfältige dynamische Qualitäten wie »rasch«, »plötzlich«, »anschwellend«, »abschwellend«, »explosiv«, »flüchtig«, »schneidend« auf. Diese Merkmale können mit diskreten Affekten verknüpft sein, müssen es aber nicht. Auf alle Fälle tragen sie zur Differenziertheit des frühen Gefühlslebens bei.

5. Gaensbauers Fallbeispiel zeigt nicht nur, daß diskrete Affekte sehr früh vorhanden sind, sondern auch, daß sie in Situationen evoziert werden, die aus der Biographie des untersuchten Kindes nachvollziehbar und verständlich sind. Dies belegt, daß schon im Alter von 3 ½ Monaten ein beträchtliches Maß an psychischer Organisation erreicht ist. Aufgrund bestimmter lebensgeschichtlicher Erfahrungen existiert bereits zu diesem frühen Zeitpunkt eine unverwechselbare Persönlichkeitsstruktur des Kindes. Wie dauerhaft oder reversibel sie in Anbetracht sich ändernder Umstände ist, ist eine andere Frage. Ihre Differenziertheit ist meines Erachtens nicht zu bezweifeln.

6. Die Theorien und Autoren, die die Bedeutung der Ichentwicklung betonen, haben nicht unrecht. Ihre Arbeiten enthalten wertvolle Beiträge und Gedanken, und ich bestreite nicht, daß die Ichentwick-

lung zur Affektdifferenzierung beiträgt. Dennoch erweist sich die mehr oder weniger ausschließliche Bindung der Affektdifferenzierung an die Ichentwicklung als einseitig und unterschätzt den primären und von anderen Subsystemen der Persönlichkeit relativ unabhängigen Status des Affektsystems. Die Arbeit von Gaensbauer zeigt beeindruckend, daß nicht nur die Ichentwicklung zur Affektdifferenzierung beiträgt, sondern daß umgekehrt die Affekte zur Ichentwicklung beitragen, ja, daß sie bestimmte kognitive Fähigkeiten geradezu herauszüchten können. Die frühe Traumatisierung durch die Schläge des Vaters resultiert in einer frühreifen Fähigkeit, männliche und weibliche Personen visuell verläßlich zu unterscheiden. Die Furcht vor Männern verweist darüber hinaus auf eine Gedächtnisleistung, die in diesem Alter ebenfalls ungewöhnlich ist, nämlich die Fähigkeit zum »recall« eines Affekts mit Hilfe eines Hinweisreizes (Gaensbauer), der mit dem Originalreiz (dem Vater) nicht identisch ist. Bisher wurde diese Fähigkeit für Affekte erst ab sechs Monaten demonstriert (Nachman/Stern 1984). Krause (1990, S. 646) spricht davon, daß frühe Traumatisierungen eine Art archaische Ordnungsbildung schaffen, in der das mentale und perzeptuelle Feld (z. B. Mann) nach dem evozierten Affekt (z. B. Furcht) gegliedert wird.

Andere psychoanalytische Autoren haben ebenfalls auf die prägende Kraft früher Affekt- oder zumindest Triebzustände für die Wahrnehmungsorganisation hingewiesen (Spitz 1965 a, S. 192 f.; Kernberg 1976, S. 32). Insofern ist die Beeinflussung der Ichfunktionen durch Affekt- und Triebzustände für die Psychoanalyse nichts Neues, und sie wird auch in der akademischen Psychologie vermehrt diskutiert (G. Bower 1981; Eagle 1983; Fiedler 1985; Blaney 1986). Ob das nur für extreme Fälle gilt und ob Affekte immer zentrale oder im Normalfall nur gleichberechtigte Organisierungsprinzipien von Erfahrungen sind (neben Kognition, Perzeption und Handlung), ist eine offene Frage (Stern 1988 a).

Neu am vorliegenden Ansatz ist, daß die Ichentwicklung nicht mit der Trieb-, sondern in erster Linie mit der Affektentwicklung in Zusammenhang gebracht wird und daß von einer Differenziertheit des Affektlebens von Geburt an ausgegangen wird.

7. Die vergleichsweise Unabhängigkeit der Differenzierung des Affektsystems von der Ichentwicklung und die Präsenz diskreter Affektzustände von Lebensanfang an legen nahe, daß Affekte zumindest im ersten Lebenshalbjahr über eine beträchtliche Autonomie in bezug auf die Ichentwicklung verfügen.

8. Die vorliegenden Untersuchungen machen die im psychoanalytischen Schrifttum vorherrschende Auffassung, daß Affekte Abkömmlinge von Trieben sind, unbefriedigend. Das Thema des Verhältnisses von Affekt und Trieb kann hier nicht ausgeschöpft, aber einige Andeutungen können gemacht werden:

a) Das in hohem Maße situationsspezifische Auftauchen und der entsprechend schnelle Wechsel von Affektzuständen im Verlauf einer Laborsitzung bei Gaensbauers Säugling lassen sich nur schwer mit Fluktuationen innerer Triebzustände erklären. Triebzustände können gar nicht so schnell fluktuieren, als daß sie den raschen und situationsspezifischen Wandel der Affektlage angemessen erklären könnten.

b) Zwei Triebe, Libido und Aggression sind einfach zu wenig, um acht oder neun Primäraffekte zu erklären (s. a. Blum 1989, S. 165 f.). Den Ärger könnte man noch als Manifestation des Aggressionstriebes betrachten und die Freude als eine der Libido. Aber was ist mit Interesse / Neugier? Ist sie schon im Alter von zwei oder drei Monaten oder ab Geburt eine Sublimierung bzw. Neutralisierung infantiler Sexualneugier? Sicher nicht. Und was ist mit der Überraschung, für die es meines Wissens gar keine triebtheoretische Erklärung gibt? Was mit der Traurigkeit ab drei Monaten, die in Mahlers Theorie (1961, S. 264 ff.) eine beträchtliche Ichentwicklung voraussetzt und in Spitzens Theorie (1953) der anaklitischen Depression das Resultat von durch Objektverlust entmischter und gegen das Selbst gerichteter Aggression ist. Sollte man solche Triebentmischungsprozesse schon mit drei Monaten annehmen, wo doch Spitz zufolge die Mischung von Libido und Aggression erst mit sechs Monaten stattfindet? *

c) Ich halte die Probleme einer triebtheoretischen Affektlehre für unlösbar und denke, daß die Triebtheorie zwar ihre (begrenzte) theoretische und klinische Nützlichkeit bei der Behandlung erwachsener Patienten erwiesen hat, daß sie aber nicht gleichermaßen nützlich ist, wenn es darum geht, das Affektleben des Säuglings zu erklären. Dazu sollte man besser davon ausgehen, daß die diskreten Affekte eine beträchtliche Autonomie von Zuständen der Triebspannung oder Triebentspannung haben. Affekte sind in dieser Sichtweise primäre Motivationssysteme, die die Inter-

---

* Das Konzept der Triebmischung und -entmischung hat in der Psychoanalyse generell einen höchst unklaren Status (Laplanche / Pontalis 1967, S. 529 ff.).

aktion mit der Umwelt überwachen und adaptive Verhaltensweisen motivieren (Emde 1988a, b). Sie informieren das Subjekt über den Stand der derzeitigen Interaktion und evaluieren aktuelle Wahrnehmungen nach Maßgabe vergangener und gegenwärtiger Erfahrung. Sie sind motivierend, regulierend und signalisierend. Sie führen keine Spannung ab und sind auch kein Ausdruck aufgestauter Spannung – jedenfalls zu oft nicht, um in den Rahmen der klassischen Triebtheorie zu passen.

Im vorliegenden Entwurf nehmen die Affekte als primäre Motivationssysteme den Platz ein, den bisher die Triebe besetzt hielten. Ich sehe keinen einfachen Weg zur Versöhnung dieser Affekttheorie mit der psychoanalytischen Trieblehre.

d) Was ich sehe sind zwei Tendenzen. Zum einen die Tendenz zur Aufgabe der Triebtheorie als einer für die frühe Kindheit erklärungskräftigen Theorie und ihre Ersetzung durch eine von der Triebtheorie unabhängigen Affektlehre, z. B. bei Demos (1982a, 1983, 1985), Sander (1983a, b), Krause (1983, 1990), Stern (1985), Stechler (1987), Stechler/Halton (1987) und Emde (1988a, b). Zum andern die Tendenz einer Vermittlung beider Theorieteile, wobei die Triebtheorie als zentrales Motivationsparadigma zumindest für die ersten beiden Lebensjahre ebenfalls eingeschränkt, aber nicht gänzlich aufgegeben wird. Hier sind Autoren wie Kernberg (1976, Kap. 3; 1984, Kap. 14) Gaensbauer (1982a; 1985) und Lichtenberg (1983, Kap. 11; 1985, S. 636 ff.) zu nennen. Auch sie halten die Affekte für die primären Motivationssysteme und die Triebe finden, je nach Autor, in unterschiedlicher Weise Beachtung*. Das Feld ist hier noch recht unübersichtlich und die Diskussion im Fluß, so daß eine abschließende Stellungnahme nicht möglich ist. Erkennbar ist jedoch die Tendenz, Affekte und nicht Triebe als »gewachsenen Fels« zu betrachten, auf dem eine psychoanalytische Motivationstheorie ruhen muß. Mit Sicherheit wird die zukünftige psychoanalytische Affekttheorie von der Triebtheorie unabhängiger sein als bisher (s. a. Karush 1989; Wurmser 1990, S. 383).

---

* Lichtenberg (1988, 1989a) hat mittlerweile eine grundlegende systemtheoretische Neuformulierung der psychoanalytischen Motivationstheorie vorgelegt. Soweit ich sehe, spielt in ihr die klassische Triebtheorie eine (noch) geringere Rolle als in seinen früheren Publikationen.

Übertragung und Gesichtsausdruck

Die bisher skizzierte Affekttheorie kann zur Objektivierung von Übertragungsphänomenen beitragen. Krause/Lütolf (1989) haben eine Kurztherapie von zwölf Stunden Dauer gefilmt und die Gesichtsausdrücke von Patient und Therapeut ausgewertet. Die Idee dabei war, daß sich der zentrale Konflikt des Patienten in seinem Gesicht wiederfinden läßt und daß sich seine Mimik im Laufe einer erfolgreichen Behandlung in vorhersagbarer Weise verändern wird. Bei dem Patienten handelt es sich um einen 35 Jahre alten Angestellten mit schwerer angstneurotischer Symptomatik. Es wurde vermutet, daß sich der damit verknüpfte Ambivalenzkonflikt, die zugleich unterwürfige und rebellierende Einstellung gegenüber Autoritäten, auch in der Gesichtsmimik während der psychotherapeutischen Sitzungen zeigt. In der Tat ergab die Auswertung des Filmmaterials mit Hilfe des FACS von Ekman ein häufiges Auftreten negativer Affekte, insbesondere Wut, Verachtung und Ekel, die durch ein chronisches Lächeln maskiert wurden. Im Verlauf der Durcharbeitung des zentralen Konflikts veränderten sich die affektiv ambivalenten mimischen Verhaltensweisen des Patienten, die für seine Übertragung kennzeichnend waren, in signifikanter Weise. Die mit Lächeln maskierten negativen Affektausdrücke gingen zurück, und das »echte« Lächeln nahm zu. Diese Entwicklung ist ein objektiver Indikator für die erfolgreiche Durcharbeitung des Ambivalenzkonflikts und erschwert es, Besserungsbehauptungen von Patienten oder Therapeuten als Formen verständlicher, aber rein subjektiver Selbsttäuschungen zu (dis)qualifizieren. Die Wirklichkeit des Konflikts und seine Veränderung im Laufe der Therapie zeigt sich im Gesicht, und die verbalen Mitteilungen können auf averbaler Ebene bestätigt und überprüft werden *

---

* Eine wachsende Zahl von Psychoanalytikern betont mittlerweile die Bedeutung nonverbaler Signale, wie Körperhaltung und Handbewegungen, für die Analyse der Übertragung und Gegenübertragung, z.B. Deutsch (1952), Suslick (1969), Lilleskov (1977), Mahl (1977), Jacobs (1973, 1986), Anthi (1983), Herdieckerhoff (1985, 1986) und McLaughlin (1987, 1989).

7. Intersubjektivität und Affektivität

Intersubjektivität

Bisher wurden die Affekte im ersten halben Jahr behandelt. Die nun folgende Phase der Entwicklung von sieben/neun bis 15/18 Monaten bringt eine neue gewaltige Errungenschaft. Nach Stern (1985) entsteht das Gefühl eines intersubjektiven Selbst und das von intersubjektiver Bezogenheit. Das Kind entdeckt, daß es innere Erfahrungen mit einem anderen teilen und kommunizieren kann. Im Bereich des zwischenmenschlichen Austauschs findet eine Verschiebung von der Interaktion zur Beziehung statt. Während bei der Interaktion affekthaltige Handlungen ausgetauscht werden, ist in der Beziehung der Affekt selber das Ziel und der Gegenstand des Austauschs. Mutter und Kind kommunizieren nicht nur Affekte, sondern *über* Affekte. Damit beginnt psychische (sekundäre) Intersubjektivität als »mutual joining of inner experiences«. Der Fokus verschiebt sich von der Regulierung auf die »Teilung« innerer Zustände.

Zeigt man kleinen Kindern einen entfernten Gegenstand, indem man mit dem Finger darauf deutet, so hat man damit bis zum Alter von acht Monaten in der Regel wenig Erfolg. Die Kinder blicken auf die zeigende Hand und nicht auf den gezeigten Gegenstand. Das ändert sich ab ca. neun Monaten. In diesem Alter fangen Kinder auch an, *anderen* etwas zu zeigen, während sie vorher nur *auf* etwas gezeigt haben. Beide Formen des Zeigens lassen sich verläßlich unterscheiden (Trevarthen/Hubley 1978, S. 221), z. B. durch den erkennbar überlegteren Charakter des späteren Zeigens.

Eine ähnliche Entwicklung wie beim Zeigen gibt es beim visuellen Blickverhalten. Scaife/Bruner (1975) haben herausgefunden, daß Kinder zwischen acht und zehn Monaten in der Lage sind, der Blickrichtung eines Erwachsenen und ihrem Wechsel zu folgen. Das Charakteristische bei beiden Formen des Zeigens (mit der Hand und mit den Augen) ist, daß dadurch ein gemeinsamer Aufmerksamkeitsfokus zwischen Mutter und Kind entsteht.* Die geschilderten Beispiele belegen,

---

* Weitere Untersuchungen siehe Murphy/Messer (1977) und Butterworth (1981)

daß Kinder dieses Alters eine Dezentrierungsleistung vollbringen, die ihnen Piaget nicht zugetraut hatte. Wenn sie dem Blick oder der Geste eines anderen folgen, übernehmen sie die Perspektive eines anderen als Anleitung für eigenes Handeln, was eine Relativierung der eigenen Perspektive einschließt. Die Geschichte geht aber noch weiter. Das Kind blickt nämlich, wenn es das Gezeigte gesehen hat, wieder zurück zur Mutter, wie um sich zu vergewissern, daß beide das Gezeigte gemeinsam sehen. Ebenso verhält es sich, wenn das Kind der Mutter etwas zeigt. Auch dann blickt es vom gezeigten Objekt zurück in ihr Gesicht. Dieses Verhalten geht über die Schaffung eines gemeinsamen Aufmerksamkeitsfokus hinaus und ist ein Versuch zu überprüfen, ob der gemeinsame Fokus erreicht ist. Darin dokumentiert sich das Bedürfnis, die eigene Wahrnehmung mit anderen zu teilen. Es geht nicht nur darum, daß beide *dasselbe* sehen (joint attention), sondern darum, daß sie es *gemeinsam* sehen (*shared attention*).

Ein solches »sharing« gibt es nicht nur für kognitive Zustände wie die Aufmerksamkeit, sondern auch für Affekte. Konfrontiert man neun Monate alte Kinder mit einem interessanten, aber Unsicherheit erzeugenden Objekt, z. B. einem blinkenden und piepsenden Roboter, so schwanken sie zwischen Furcht und Neugier und schauen zur Mutter. Deren Reaktion bestimmt den sich entwickelnden Affekt des Kindes. Macht die Mutter ein furchtsames Gesicht, wird sich das Kind fürchten, lächelt sie, so beginnt es, neugierig auf den Roboter zuzukrabbeln. Dieses Phänomen heißt »social referencing« (Klinnert et al. 1983; Sorce et al. 1985; Hornik et al. 1987; Dickstein/Parke 1988; Hirshberg/Svejda 1990; Hirshberg 1990).

Die Fähigkeit, im Gesicht des anderen einen Affekt zu lesen und ihn auf die eigene Situation zu beziehen, ist keine Selbstverständlichkeit und entwickelt sich in Etappen. Mit zwei Monaten konzentrieren sich Kinder bei der Gesichtswahrnehmung auf Teilkomponenten des Gesichts, können also verschiedene Emotionsausdrücke noch nicht unterscheiden. Zwischen zwei und fünf Monaten bemerken sie zwar einen Unterschied zwischen einem fröhlichen und einem traurigen Gesicht, reagieren aber auf den bemerkten Unterschied selbst nicht emotional. Erst zwischen fünf und sieben Monaten (eher mit sieben Monaten) beginnen sie, auf Emotionsausdrücke des Gesichts selbst emotional zu reagieren, auf ein freudiges Gesicht mit Lächeln, auf ein trauriges mit trauriger Miene. Mit neun Monaten ist sicher, daß es sich dabei nicht um eine Imitation, sondern um ein wirkliches Affektverständnis handelt und die Kinder einen Zusammenhang zwischen den eigenen und den bei anderen wahrgenommenen Gefühlen herstellen. Affektzustände zweier Subjekte werden aufeinander bezogen, und es entsteht Interaffektivität.

Natürlich gibt es Affektkommunikation und gemeinsame Affekte schon früher, etwa beim Lächelspiel zwischen Mutter und Kind mit drei Monaten oder beim gemeinsamen Vokalisieren. Neu ist, daß jetzt erstens das Kind den mütterlichen Affekt »lesen« kann und zweitens in der Lage ist, ihn auf sich selbst zu beziehen. Vorher war es von den elterlichen Affektäußerungen nur irgendwie betroffen, zum Guten oder zum Schlechten; nun empfindet es sich als Adressat von Mitteilungen und richtet seine eigenen Gefühle nach diesen Mitteilungen aus. Damit beginnt die Sozialisierung von Gefühlen mit psychischen Mitteln.*

Affect Attunement

Social referencing ist eine affektive Kommunikation zweier Personen unter Bezugnahme auf ein äußeres Objekt (Roboter). Es gibt Formen der Affektkommunikation, die ohne diesen Umweg erfolgen. Eine davon beschreibt Stern (1985; Stern et al. 1985) unter dem Titel »affect attunement« (Affektabstimmung).

Beispiele

– Ein neun Monate altes Kind schlägt mit der Hand auf ein Spielzeug, zunächst ein bißchen ärgerlich, dann mit wachsendem Vergnügen und in einem bestimmten Rhythmus. Die Mutter kommentiert das mit freudigem Gesicht und mit einem »KAA-BAM«, wobei das langgezogene KAA zum Heben des Arms, das BAM zum Fallen paßt.
– Ein 8 ½ Monate alter Junge sitzt in seinem Stuhl und greift nach einem Spielzeug. Er erreicht es nicht ganz und streckt Körper und Arm aufs äußerste. Die Mutter kommentiert das mit einem langgezogenen »UUUH«, das vokal und prosodisch die Körperdehnung des Kindes wiedergibt.

---

* Es gibt übrigens eine Parallele zwischen dem *social referencing* und der analytischen Situation. In beiden wird qua Setting Unsicherheit erzeugt. Der Unterschied ist, daß der Versuch des Patienten, sich am Analytiker zu orientieren, gedeutet wird und nicht, wie im *social referencing*, beantwortet. Die Gründe dafür sind bekannt. Aus den geschilderten Befunden läßt sich die Vermutung ableiten, daß Patienten im Zustand großer emotionaler Verwirrung oder schwerer gestörte Patienten ein Minimum an Antwort im Sinne einer Orientierung bedürfen. Ob Deutungen dazu immer ausreichen, ist die Frage.

– Ein zehn Monate altes Mädchen hat gerade das letzte Stück eines Puzzles gelegt, wirft die Arme begeistert hoch, und die Mutter sagt: »Yes, that's a girl«, wobei das Yes im Tonfall und Betonung die hochfliegenden Arme »nachahmt« und der Rest des Satzes ihr Niedersinken. Die mütterliche Stimme ist dabei freudig erregt.

Diese Kommentare sind keine Imitationen, denn sie benützen eine andere Sinnesmodalität als die kindlichen Handlungen. Im ersten Beispiel fängt die Mutter nicht ebenfalls an zu klopfen, sondern nimmt die Charakteristika des Klopfens, seinen Rhythmus und seine Geschwindigkeit in sprachlicher Form auf. Die Einstimmung bezieht sich auch nicht in erster Linie auf das äußere Verhalten des Kindes, sondern auf einen Gefühlszustand, der sich darin ausdrückt. Das Schlagen mit dem Spielzeug drückt die wachsende Freude des Buben aus, und *die* wird im »KAA-BAM« der Mutter aufgenommen. Affect attunement bezieht sich also auf die amodalen Eigenschaften von Affekten, auf ihre Intensität, ihren Rhythmus, ihre zeitliche Kontur. Es verwendet meistens eine andere Modalität und gibt nicht Verhalten als solches wieder, sondern Gefühle, die sich darin ausdrücken.

Formen des Attunements

Fragt man Mütter, welche Absichten sie mit ihren Einstimmungen verfolgen, so erhält man zwei Antworten. Entweder möchten sie *mit* dem Kind sein: »To join, to share, to be with, to participate«. Diese Form nennt Stern *communing attunements*. Sie sind Intersubjektivität pur, hier geht es um teilen, gemeinsam haben und sonst nichts. Keine Veränderung oder Beeinflussung des wahrgenommenen Zustandes wurde angestrebt.

So edel und rezeptiv ist die menschliche Seele jedoch nicht immer (wenn auch oft, nämlich in 40 bis 45 % der Fälle), und eine zweite Antwort macht deutlich, daß Mütter durch den Gebrauch des *attunements* auch etwas beabsichtigen können. Sie wollen das Kind dann beruhigen, anspornen, zur Wiederholung, Änderung oder zum Aufhören veranlassen.* Stern entwickelt eine subtile Klassifikation des bewußt oder

---

* von Zeppelin/Moser (1987, S. 149 f.) beschreiben einen ähnlichen Unterschied in anderer Begrifflichkeit: Als »affective resonance« bezeichnen sie Prozesse, in denen eine Parallelisierung der Gefühle mit dem Ziel der Gemeinsamkeit im Vordergrund steht; als »affective response« solche, die eine Veränderung der Beziehung anstreben oder bewirken. Sterns *communing attunements* entsprechen der *affective resonance*, die anderen Formen des *attunements* der *affective response*.

unbewußt absichtsvollen *attunement*-Gebrauchs, von denen ich zwei Arten schildere.

Beim *selektiven attunement* sind die Eltern auf bestimmte Affektäußerungen ihrer Kinder eingestellt, auf andere nicht. Der obengenannte Junge, der freudig mit seinem Spielzeug auf den Tisch haut und dabei die Freude seiner Mutter erntet, wird lernen, daß bestimmte Formen expressiv-expansiver Freude von ihr geteilt werden. Ganz anders kann es sich mit der freudigen Exploration seiner Genitalien verhalten. Explizite Verbote sind heutzutage auf diesem Gebiet zwar außer Mode, aber die bloße Nichtbeachtung oder das mimisch subtil ausgedrückte Mißbehagen wird eine Botschaft senden, die das Kind über die Abneigung seiner Eltern informiert. Auch ohne Verbot lernt es, welche Gefühle und Handlungen intersubjektiv teilbar sind und welche nicht. Was nicht geteilt werden kann, muß deshalb, anders als beim verinnerlichten Verbot, nicht unbedingt verdrängt werden. Es ist denkbar, daß die entsprechenden Gefühle der genitalen Lust als private weiterempfunden werden können, aber ihre Einbettung in eine Beziehung ist beeinträchtigt.* Auf jeden Fall kommunizieren Eltern durch selektive Einstimmung auf averbalem Weg ihre bewußten und unbewußten Wünsche und Abneigungen und werden vom Kind so verstanden.

Beim *tuning* wird auf bestimmte Gefühlsäußerungen des Kindes positiv geantwortet, aber die Antwort fällt entweder etwas stärker oder schwächer aus als der kindliche Ausdruck. Stern (1985, S. 208 f.) erzählt von einer Mutter, die auf den natürlichen Enthusiasmus und die Lebhaftigkeit ihres Kindes immer eine Spur übertrieben reagierte. Die narzißtische Freude am Kind war zu groß. Im Laufe der Zeit schleicht sich in den Enthusiasmus des Kindes ein falscher Unterton ein. Aus dem Enthusiasmus wird ein Exthusiasmus, aus der spontanen Äußerung des Kindes eine Vorstellung für die Mutter. Die narzißtische Überbesetzung des Kindes ist auf averbalem Weg kommuniziert und entziffert worden.

---

* Ob Gefühle, die nicht in eine Beziehung eingebettet sind und von anderen nicht validiert werden, tatsächlich privat weiterbestehen können und wie, ist eine schwierige Frage. Stolorow/Atwood (1989) vertreten die Auffassung, daß sie verblassen oder verkümmern, aber nicht verschwinden. Sie sind nicht Bestandteil des dynamischen Unbewußten, weil sie nicht verdrängt werden, sondern Teil dessen, was die Autoren »unvalidated unconscious« nennen: Erfahrungen, die nicht bewußt werden, weil sie wegen fehlender intersubjektiver Anerkennung nicht *ausgearbeitet* worden sind. Das unvalidierte Unbewußte unterscheidet sich von Freuds Vorbewußtem dadurch, daß es, ähnlich wie das dynamische Unbewußte, nur durch einen langwierigen Prozeß verändert werden kann. Es ist eher ein Defekt, der geheilt, als ein Konflikt, der aufgedeckt werden muß.

Tuning ist »gefährlicher« als selektive oder vollständige Nichtbeachtung einzelner Äußerungen, weil es ein Weg ist, *in* das Kind und sein Gefühlsleben hineinzukommen und es von innen heraus zu verändern. Im Falle der Nichtbeachtung erfolgt eine Kommunikation von außen, gegen die sich das Kind wehren kann. Das ist beim *tuning* schwerer. Hier kann man die Anfänge des falschen Selbst vermuten, aber diese Vermutung ist riskant, weil ein gewisses Maß an *tuning* unvermeidlich ist, einfach weil Eltern eigene Wesen mit eigenen Wünschen und Ängsten sind. Es ist schwer zu sagen, wo der Säugling anfängt, nicht mehr er selbst zu sein, weil er niemals nur er selbst war, sondern unvermeidlich und von Anfang an der Adressat elterlicher Absichten. Deshalb gibt es auf die Frage, was das wahre Selbst ausmacht, keine theoretisch befriedigende Antwort, sondern nur eine klinisch-praktische. Leidet das Individuum unter Symptomen und dem Gefühl innerer Entfremdung, so dürfen wir annehmen, daß sein Gefühlsleben zu stark modifiziert wurde.*

Attunement als Transmissionsriemen elterlicher Phantasien

Die verschiedenen Varianten des *attunements* sind »Kanäle«, auf denen Eltern ihre Kinder, jenseits von expliziten Ge- und Verboten, beeinflussen. Folgendes Beispiel verdeutlicht, wie elterliche Phantasien in der präverbalen Zeit dem Kind mitgeteilt werden (Stern 1985, S. 211 f.). Mutter und Kind spielen miteinander. Immer, wenn das Kind sich freut, die Arme hochwirft und die Mutter anstrahlt, antwortet sie eine Spur zu gedämpft. Die Intensität ihrer Reaktionen paßt nicht ganz zur Intensität der kindlichen Verhaltensweisen und Gefühle. Die Forscher fragen die Mutter, ob ihr das schon aufgefallen ist. Ja, sagt sie, nachdem sie eine Weile überlegt hat, das ist ihr vage bewußt, aber sie befürchtet, daß, wenn sie genau die Affektlage des Kindes trifft, ihr Sohn sich nicht mehr anstrengt, seine Initiative verliert und sich zu sehr auf sie konzentriert.

Im weiteren Gespräch wird klarer, warum sie der Gedanke stört, daß die Initiative gelegentlich auf sie übergehen könnte. Sie kennt das schon

---

* Das wahre Selbst ist wie der wahre Jakob eine Wunschphantasie des neurotischen, entfremdeten Subjekts und dennoch ein unverzichtbares Konzept: Es ist die Utopie eines nicht entfremdeten Zustandes, der, wie alle guten Utopien, nicht positiv beschrieben und nie vollständig erreicht werden kann. Die unbestreitbare Attraktivität der Bücher von Alice Miller (z. B. 1979, 1980, 1981) besteht – ebenso wie ihre Schwäche – darin, diese Sehnsucht als endgültig erfüllbar darzustellen.

zur Genüge von ihrem Mann! Immer muß sie alles allein entscheiden: ob sie ausgehen oder nicht, ob sie Geschlechtsverkehr haben oder nicht etc. Sie will nicht, daß ihr Sohn in dieser Hinsicht wird wie ihr Mann. Über selektives attunement wird diese Phantasie verhaltensmäßig ausgedrückt und so dem Kinde übermittelt. Die Kommunikation bewußter, vorbewußter und unbewußter Phantasien erfolgt im Medium averbaler Affektsignale und ihrer Modulierung und wird auf diesem Weg vom Kind verstanden. Im neunten Kapitel werde ich dieses Thema fortsetzen. Ein mögliches Ergebnis im geschilderten Beispiel kann sein, daß die Mutter den Sohn produziert, den sie bewußt nicht will. Ihre lahmen Antworten, aus Furcht, das Kind könne seine Initiative verlieren, kann deren Verlust zur Folge haben, falls das Kind den Eindruck gewinnt, daß die Mutter seine Lebhaftigkeit nicht teilt.

Harmonie als Entwicklungsmotor

Eine Paradoxie der vollständigen Einfühlung (*communing attunement*) ist, daß sie vom Kind scheinbar nicht bemerkt wird. Keine sichtbare Veränderung im Verhalten oder Affekt signalisiert, daß es die Einstimmung wahrgenommen hat.* Beispiel: Ein neun Monate alter Junge spielt mit seinem Spielzeug. Er haut es zufrieden auf den Boden und ist schwungvoll bei der Sache. Sein Vitalitätsaffekt ist »lebhaft«, sein diskreter Affekt »Freude«. Die Mutter kommt von hinten dazu, legt ihm die Hände auf die Hüften und wackelt ihn in einem Rhythmus hin und her, der zu seinen Armbewegungen paßt. Das Kind dreht sich nicht einmal um und spielt weiter wie bisher. Instruiert man die Mutter, beim nächsten Mal ihren Rhythmus absichtlich so zu verändern, daß er ein klein wenig von dem des Kindes abweicht, so dreht sich das Kind um und blickt die Mutter erstaunt an (Stern 1985, S. 150 f.)

Hieraus lassen sich verschiedene Schlußfolgerungen ziehen. Erstens: Neun Monate alte Säuglinge verfügen über eine gutentwickelte Fähigkeit, Abweichungen im Grad des Zusammenpassens von Verhaltensweisen, die *attunement* ausdrücken, zu bemerken. Die zweite Schlußfolgerung ist etwas spekulativer: Die Genauigkeit des Zusammenpassens ist ein Ziel in sich selbst und entwicklungsfördernd. Abweichungen werden bemerkt und unterbrechen den Fluß der Aktivität – bei Häufung zum Schaden der weiteren Entwicklung.

Psychoanalytische Kliniker haben ähnliche Gedanken geäußert.

---

* »Befriedigende mütterliche Fürsorge wird nicht bemerkt«, heißt es bei Winnicott (1960, S. 67).

Winnicott (1960, S. 70; 1962, S. 78) hebt die Bedeutung der Kontinuität des Seinsgefühls (*continuity of being*) für die gesunde Entwicklung hervor. Balint (1937, 1960) hat darauf aufmerksam gemacht, daß die »primäre Liebe« durch eine »harmonische Verschränkung« gekennzeichnet ist, die gleichsam unbemerkt existiert. Erst ihr Fehlen führt zu lärmenden Reaktionen, wie das Fehlen von Sauerstoff zu keuchender Atmung. Kohuts Betonung einer empathischen Selbst-Selbstobjekt-Matrix weist in dieselbe Richtung. »Goodness of fit« auf der Interaktionsebene und »communing attunement« auf der Ebene der Intersubjektivität sind die modernen Nachfolger dieser Denktradition, welche die entwicklungsfördernde und therapeutische Bedeutung der intersubjektiven Einstimmung nachdrücklich thematisiert hat. Man könnte auch spekulieren, ob »fit« und »attunement«, also die Prozesse der Feinabstimmung, nicht die wichtigsten Situationen sind, in denen der Säugling ein Objekt und eine Beziehung als gut erfährt. »Gutes« Objekt und gute Beziehung würden sich dann nicht in erster Linie auf bedürfnisbefriedigende oder spannungslösende Handlungen des Objekts und damit verknüpfte intensive Lustgefühle beziehen, sondern auf die eher unterschwelligen, subkutanen Muster des harmonischen Zusammenspiels (Bebee 1986).

Am entwicklungsfördernden Effekt der vollständigen Einstimmung ist gelegentlich gezweifelt worden. Passett (1981, S. 180) und Thomä (1981, S. 38) meinen, daß bloßes Spiegeln kein Wachstum, sondern Stillstand produziert. Wenn, wie im Spiegel, immer das gleiche zurückkommt, wo bleibt der Unterschied, der einen Entwicklungsanreiz darstellt?

Die Ausführungen zum *communing attunement* haben aber deutlich gemacht, wieso auch ein vergleichsweise wenig modifizierendes »Spiegeln« wichtig ist und keineswegs zum Stillstand führt, es sei denn, es ist die einzige Beziehungsmodalität.* *Communing attunement* erlaubt und ermöglicht maximale Gemeinsamkeit im Erleben von Gefühlen. Es kreiert die Erfahrung, daß innere Zustände keine privaten Ereignisse sind, sondern soziale- und Beziehungsangelegenheiten. Es ist die Antwort auf die Frage: Siehst du, was ich fühle? Und es ist eine positive Reaktion auf das anthropologisch tiefsitzende Bedürfnis nach Wahr-

---

* *Communing attunement* ist kein Spiegeln, weil es die kindliche Affektäußerung meistens in einer anderen Sinnesmodalität aufnimmt und kommentiert. Dennoch steht es dem Spiegeln nahe, weil der Akzent auf paßgenauer Affektkommentierung liegt. Genauere Ausführungen zur Abgrenzung des *attunement* von verwandten Begriffen wie Spiegeln und Empathie s. Stern (1985, S. 142 ff., 219 f.).

nehmung und Anerkennung des eigenen Gefühlszustands. Balints beeindruckende Schilderung des tiefregredierten Patienten, der in seinem So-Sein anerkannt werden will, seine »Regression im Dienst des Erkanntwerdens« (1968), die im Grunde eine Progression ist und die entscheidende Stelle, an der der Neubeginn stattfinden kann, ist das klinische Pendant dieses allgemeinen menschlichen Bedürfnisses.

Es ergibt sich also noch einmal, daß ein gewisses Bedürfnis nach Harmonie und seine Befriedigung oder Anerkennung ein wesentlicher Bestandteil der kindlichen Entwicklung ist.

Die ganze Diskussion um die Frage der zwei Behandlungstechniken (Cremerius 1979, 1983; Thomä 1983, 1984; Haynal 1987, 1988; u. v. a.), die mütterlich einfühlende und die väterlich aufdeckende, dreht sich meines Erachtens ein gutes Stück um das Problem, ob durch praktizierte Einfühlung und »Harmonie« die existierenden Konflikte zugedeckt werden oder ob nicht erst dadurch ein Zugang und eine Voraussetzung für eine erfolgreiche Konfliktanalyse geschaffen wird. Vermutlich läßt sich diese Frage nicht grundsätzlich, sondern nur in bezug auf bestimmte Patientengruppen beantworten, für die, je nach Sachlage, das eine oder andere Verfahren schwerpunktmäßig besser geeignet ist. Möglicherweise braucht ein und derselbe Patient zu unterschiedlichen Zeiten unterschiedliche Schwerpunkte, so daß die zwei Techniken keine Alternativen, sondern Komplemente sind, die jeder Analytiker in seinem Repertoire haben sollte, ebenso wie die Eltern *attunement* und *misattunement*. Im Gegensatz zu Reiche (1990, S. 52) halte ich den Technikpluralismus *nicht* für eine »Kapitulation der psychoanalytischen Methode vor dem psychoanalytischen Wissen im Zustand seiner Unintegriertheit«. Natürlich kommt die »holding function« und die Empathie des Analytikers bei allen Patienten zum Tragen und ist nicht einfach eine »zusätzliche Aktivität«, wohl aber ist es ihre besondere Akzentuierung bei entsprechenden Patienten und in entsprechenden Zuständen (s. z. B. Winnicott 1963, S. 316 ff.).

Auf alle Fälle ist, so hoffe ich, deutlich geworden, daß die klassisch psychoanalytische Betonung des Konflikts als Entwicklungsmotor nicht ohne Einseitigkeiten ist, die auch aus entwicklungspsychologischer, nicht nur aus klinischer Sicht ergänzungsbedürftig sind.

Intersubjektivität und Triebtheorie

Diese Einseitigkeiten sind durch die enge Verknüpfung des Konflikt-
modells mit der Triebtheorie bedingt. Die Relativierung des Konflikt-
modells muß deshalb einhergehen mit einer Relativierung der Triebtheorie als grundlegendem Motivationsparadigma der Psychoanalyse.
Dazu abschließend einige Bemerkungen.

Der Kern der Intersubjektivität, so wurde gesagt, besteht darin, kognitive und affektive Zustände mit anderen zu teilen bzw. diesen mitzu-
teilen. Eine interessante Frage ist, ob das Bedürfnis danach nicht ebenso
fundamental ist wie die Triebe. Das Bedürfnis nach Intersubjektivität
wäre dann ein basales Motivationssystem und ein primäres psychobio-
logisches Bedürfnis. Eine Theorie der gewünschten Intersubjektivität,
in der das Bedürfnis nach dem Objekt zum Zwecke des affektiven Austauschs und der affektiven (und sonstigen) Einstimmungen eine her-
vorragende Rolle spielt, würde an die Stelle oder zumindest an die Seite
der Triebtheorie treten.

Eine solche Theorie geht erkennbar von einem primären Bedürfnis
nach Sozialkontakt aus und nicht wie die Triebtheorie von der asozia-
len Natur des Menschen. Der Drang zum Objekt ist in dieser Theorie
ein primärer Impuls und nicht wie in der Triebtheorie eine Folge unge-
löster oder alleine unlösbarer Triebspannungen. Berührungspunkte
mit der Selbstpsychologie Kohuts, den Objektbeziehungstheorien und
der Bindungstheorie Bowlbys sind unübersehbar. Balints schon erwähntes Konzept der Regression mit dem Ziel des Erkanntwerdens, bei
dem es um die Wahrnehmung und Anerkennung eines bestimmten Ge-
fühlszustandes des Patienten durch den Analytiker geht, erhält dadurch
eine normalpsychologische Untermauerung. Dieses Bedürfnis ist ein
allgemein menschliches, auch wenn es beim grundgestörten Patienten,
vermutlich wegen seiner chronischen Nicht-Befriedigung in der Kindheit, stärker im Vordergrund steht. Ich bin mir darüber im klaren, daß
eine solche Intersubjektivitätstheorie auch ihre Schwächen hat. Eine
davon ist die relative Vernachlässigung organismischer bzw. körper-
naher Bedürfnisse und ihrer Bedeutung in der Entwicklung.

Die Diskussion über die psychoanalytische Motivationstheorie
wird, so denke ich, in Zukunft auf eine erhebliche Pluralisierung derselben hinauslaufen. Ansätze dazu sind in den verschiedenen Narzißmustheorien bereits gemacht worden. Außerdem haben die letzten 20 Jahre
Diskussion um die Triebtheorie innerhalb und außerhalb der Psychoanalyse gezeigt, daß ihr energetischer Teil unhaltbar und ihr Beitrag zur

Erklärung der Entstehung zwischenmenschlicher Beziehungen einseitig ist.*

Die Triebtheorie geht von der anaklitischen Natur der Objektbeziehungen aus und glaubt, daß sich menschliche Beziehungen in Anlehnung an die Befriedigung lebensnotwendiger (oraler) Bedürfnisse entwickeln. Der Mangel *treibt* das Subjekt zum Objekt, und die Lust *bindet* dieses an jenes. Beide Behauptungen sind fragwürdig. Das Bindungsverhalten von Mensch und Tier entstammt einem primär autonomen Motivationssystem der Zuneigung, das von Hunger, Sexualität und Aggression relativ unabhängig ist (Überblick bei Bowlby 1969; Eagle 1984 a, Kap. 2; Bischoff 1985; Küfner 1989). Das Subjekt wird nicht (nur) durch den Mangel zum Objekt getrieben, sondern geht freiwillig hin, und es wird nicht (nur) durch Lust gebunden, sondern (auch) durch das Gefühl von Sicherheit und Kontakt. Die Bedürfnisse danach sind ebenfalls biologisch stark verwurzelt.

Ich denke, daß das diskutierte Bedürfnis nach Intersubjektivität, ebenso wie das nach Lösung von Triebspannungen, nur eine Facette unter vielen ist. Trieb(ent)spannung, Sicherheit und Kontakt, affektive Einstimmung – wer wollte sagen, was das Wichtigste ist? Vermutlich gibt es mehrere Regulationsprinzipien des psychischen Geschehens und mehr als einen Antreiber des psychischen Apparates.

Die Triebtheorie war, historisch und wissenschaftlich betrachtet, die Stärke der Psychoanalyse und zugleich ihre Schwäche. Die Stärke, weil sie ein gemeinsames Theorieparadigma gestiftet hat, um das sich eine Reihe intellektuell kampfesmutiger Individuen versammelte, die fähig und in der Lage waren, einer bis dahin unzureichend gewürdigten Wahrheit zur Sprache zu verhelfen. Die zur Durchsetzung solcher Wahrheiten notwendige Einseitigkeit war ihre Schwäche. Sie produzierte Dissidenten, die vernachlässigte Aspekte im Theoriegebäude entdeckten. Ihre berechtigte inhaltliche Kritik wurde gelegentlich der Einheit der »Bewegung« geopfert, obwohl sie, wie die spätere Entwick-

---

* Innerhalb der Psychoanalyse ist sie von Bowlby (1958, 1960, 1969; Kurzfassung 1980, Kap. 3), Applegarth (1971), Peterfreund (1971, Kap. 3), Rosenblatt/Thickstun (1970, 1977 b), Kubie (1975), Basch (1976 a), Holt (1976), G. Klein (1976, Kap. 3 u. 6), Gill (1977), Swanson (1977), Künzler (1980), König (1981), Schmidt (1983, 1984), u. a. kritisiert worden. Eine freundlichere Sichtweise und weitere Literatur findet sich bei Loewald (1971), Galatzer-Levy (1976), Wallerstein (1977), Horowitz (1977), Shevrin (1983), Compton (1983 a, b), Sigusch (1984) und McIntosh (1986). – Außerhalb der Psychoanalyse haben sich die Ethologen kritisch zu Wort gemeldet, z. B. Harlow (1958), Hinde (1960) und Kaufman (1960). Lorenz (1963) war einer der letzten, der auf diesem Gebiet noch eine energetische Triebtheorie vertrat. Er hat sich später (1978) ebenfalls von ihr verabschiedet.

lung zeigte, oft genug eine Bereicherung und keine Verwässerung der psychoanalytischen Theorie war. Mit Holt (1976, S. 158) meine ich deshalb:

»Ihre Motivationstheorie ist zugleich Ruhm und Schande der Psychoanalyse... Sie bedarf dringend grundlegener Überarbeitung; aber dieser Prozeß muß zugleich radikal und konservativ sein – was nicht gut ist, muß an der Wurzel ausgerissen, aber was gut ist, muß beibehalten werden.«

Dies auszusortieren, bleibt eine Aufgabe für die Zukunft.

8. Kognitive Entwicklung

Piagets Theorie des frühen Denkens

Piagets Auffassung über die Denkfähigkeit des präverbalen Kindes ist für die psychoanalytische Entwicklungspsychologie von großer Bedeutung. Trotz einer beträchtlichen Literatur zum Thema Freud-Piaget (z. B. Anthony 1957; Wolff 1960; Cobliner 1965; Haynal 1975; A.-M. Sandler 1975; Peters 1978; Greenspan 1979; Ciompi 1982; Leon 1984; Liebsch 1986; Furth 1987) sind ihre Konsequenzen nicht ausgeschöpft. Die ernsthafte Berücksichtigung seiner Überlegungen zum präsymbolischen Denken nötigt zu einer Revision zentraler psychoanalytischer Vorstellungen über die Denk- und Phantasietätigkeit von Säuglingen und Kleinkindern.

Die Entstehung des permanenten Objekts

Piaget (1936, 1937) unterteilt die ersten zwei Jahre (sensomotorische Phase) in sechs Subphasen: Die *erste Phase* von null bis einem Monat ist gekennzeichnet durch die Anwendung von Reflexen auf Objekte. Ein Objekt, an dem gesaugt wird, ist kein Objekt im erwachsenen Sinn. Es hat keine vom Subjekt unabhängige Existenz in Raum und Zeit. Es ist, wie Piaget meint, identisch mit den Empfindungen, die beim Saugen ausgelöst werden, also ein vollständig »subjektives Objekt«. Wenn der Säugling an der Brust saugt, hat er bestimmte Empfindungen im Mund, wenn er an die Brust greift, hat er bestimmte Empfindungen in der Hand. Diese Empfindungen sind Piaget zufolge nicht koordiniert, und so ist die Brust, die der Säugling im Mund spürt, etwas anderes als die, die er in der Hand fühlt, und beide sind wieder etwas anderes als die Brust, die er sieht. Piaget geht, ebenso wie die Psychoanalyse, von einer anfänglichen Welt der Teilobjekte aus, in der die gesehene, gefühlte und geschmeckte Brust noch unverbunden nebeneinanderher existieren und erst später zu einem einheitlichen Objekt zusammengefaßt werden.*

---

* Die Befunde über kreuzmodale Wahrnehmung, die im 2. und 4. Kap. geschildert wurden,

Im *zweiten Stadium*, zwischen ein und vier Monaten, beginnt der Säugling mit gezielten Wiederholungen reflexähnlicher Handlungen, die zu angenehmen Empfindungen geführt hatten. Bekommt er zufällig seinen Daumen in den Mund, so verursacht das angenehme Empfindungen und veranlaßt ihn, dieses Verhalten zielstrebig zu wiederholen. Diese Wiederholungen bezeichnet Piaget als primäre Zirkulärreaktionen.* Dabei bilden sich erste Gewohnheiten und zielgerichtete Verhaltensweisen aus, die über die bloße Anwendung von Reflexen hinausgehen. Außerdem findet in diesem Stadium eine erste Koordination der verschiedenen Empfindungen statt. Greifempfindungen und Saugempfindungen werden jetzt aufeinander bezogen, und das Kind bemerkt, daß ein Objekt gleichzeitig für zwei Handlungen geeignet sein kann. War der Schnuller bisher einmal identisch mit den Empfindungen, die er beim Greifen ausgelöst hat, ein andermal identisch mit denen, die er beim Sehen auslöste, je nachdem, welcher Umgang gerade mit ihm stattfand, so dämmerte es dem Säugling allmählich, daß das, was er greift, auch gesehen werden kann, und er beginnt gezielt, die Dinge, die er greift, auch zu betrachten.

Eine erste Koordination von Sehen und Greifen und der respektiven Eindrücke findet statt, allerdings auf einem noch elementaren Niveau. Der Säugling kann Sehen und Greifen beispielsweise nur dann koordinieren, wenn sowohl die Hand als auch der Gegenstand im Blickfeld liegen. Gegen Ende dieser Stufe sind Greifschema und Sehschema ansatzweise koordiniert, d. h., verschiedene, von einem Objekt ausgehende Empfindungen werden erstmals als vom selben Objekt hervorgerufen verstanden. Dadurch wird das Objekt ein wenig aus dem konkreten Handlungs- und Wahrnehmungsvollzug herausgelöst, in dem es bisher gefangen war. Das ergriffene Ding ist nun nicht mehr vollständig identisch mit dem Greifen und den dadurch vermittelten Empfindungen, sondern es ist auch noch etwas anderes, z. B. etwas Sehbares.**

Die Entwicklung schreitet fort und in der *dritten* Phase, zwischen

haben geklärt, wieso diese Auffassung problematisch ist: Weil die Koordination verschiedener Aspekte des Objekts unmittelbar und von Lebensanfang an erfolgt und nicht erst allmählich über Lernprozesse in Gang kommt. Natürlich spielen Lernprozesse bei der Verbesserung dieser Fähigkeit ebenfalls eine Rolle.

* Er erklärt sie anders als die Psychoanalyse, nicht in Begriffen von Trieb- und Spannungsabfuhr, sondern mit Hilfe des Konzepts der reproduktiven und funktionellen Assimilation (Kurzfassung bei Buggle 1985, S. 54 f.).

** Piaget ist der Meinung, daß die visuelle Wahrnehmung allein (ohne begleitende Handlung) vier und acht Monaten, kann der Säugling einen Schnuller, den er sieht, in den Mund, und eine Rassel, die er spürt, vor die Augen führen. Piaget nennt diese Handlungen sekundäre Zirkulärreaktionen. Sie unterscheiden sich von den primären dadurch, daß sie vorwiegend an Objekten der Außenwelt (Schnuller) und nicht am eigenen Körper (Daumen) vorgenommen werden. Der Säugling, der zufällig ein interessantes Ereignis ausgelöst hat, beginnt mit Versuchen, es andauern zu lassen oder zu wiederholen. Wenn er durch Armbewegungen ein interessantes Geräusch produziert hat, wiederholt er die Bewegung und lauscht. Tut sich nichts, probiert er keine neue Bewegung, sondern hört nach einer gewissen Zeit damit auf.

Piaget sieht in solchen Verhaltensweisen die ersten Anfänge der Intentionalität, allerdings auf einem Handlungsniveau und nicht auf einem begrifflich-symbolischen. Das Kind antizipiert das Beabsichtigte nicht im Geist, sondern es versucht mit Hilfe von Handlungen interessante Ereignisse aus der Vergangenheit wieder ins Leben zu rufen. Dasselbe Verfahren wird angewendet, wenn das interessante Ereignis von einem anderen ausgelöst wurde. Piaget (1936, S. 208) berichtet, wie sein Sohn Laurent mit sieben Monaten auf ein Kissen einschlägt. Der Vater begleitet diesen Vorgang mit einem hörbaren Fingerschnippen. Laurent blickt auf die Hand, und als nichts geschieht, drischt er, begleitet von einer erwartungsvollen Mimik, immer heftiger auf das Kissen ein. Als das Fingerschnippen wieder ertönt, hört er auf, wie wenn das Ziel erreicht wäre. Diese »magische« Kausalitätsvorstellung zeigt, wie wenig das Ereignis noch aus dem Handlungsvollzug herausgelöst und objektiviert ist. Es scheint, als glaube Laurent, die Erscheinungen der Objektwelt stünden zu seiner Disposition, und er selbst sei ihr Urheber.[*]

Bis zu diesem Zeitpunkt wird nach einem verschwundenen Objekt

---

nicht zu einem relevanten Schema führt. Die bedeutsamen Schemata sind für ihn Aufzeichnungen von Handlungen, und frühe Erkenntnis über die Welt kommt in erster Linie nicht durch Wahrnehmungen, sondern durch handelnden Umgang mit ihr zustande. Er hat, wie wir heute wissen, die Bedeutung der Wahrnehmung für den *handlungsunabhängigen* Erwerb von Wissen unterschätzt (Boden 1979, S. 47; J. Mandler 1983, S. 435 f.; Schurz 1985).

[*] Auch an diesem Befund sind mittlerweile beträchtliche Abstriche nötig. Realistische Kausalitätsvorstellungen gibt es wahrscheinlich schon früher, als die von Piaget geschilderten Beispiele nahelegen (s. Kap. 4). Sie entwickeln sich im Bereich der von Piaget vernachlässigten Wahrnehmung und ohne Handlungsanteil. Alan Leslie hat faszinierende Experimente zur frühen Kausalitätswahrnehmungen gemacht. In einem davon zeigt er drei bis vier Monate alten Säuglingen eine Kugel, die auf eine andere zurollt und sie in Bewegung setzt, *bevor* sich beide berühren. Die Säuglinge sind über dieses unmögliche Ereignis ebenso erstaunt wie Erwachsene, haben als bereits realistische Erwartungen über Raum-Zeit-Kausalität.

nicht gesucht. Deckt man einen vor dem Säugling liegenden interessanten Gegenstand mit einem Tuch zu, so schweifen die Augen ab, und der Säugling macht keinen Versuch, das Tuch wegzuziehen, obwohl er motorisch dazu in der Lage ist. Piagets Schlußfolgerung lautet, daß der Säugling nicht an die Weiterexistenz (Permanenz) des Objekts glaubt, wenn es verschwunden ist. Er handelt nach der Devise: »Aus den Augen, aus dem Sinn« oder »Aus der Hand, aus dem Sinn«. Das Objekt existiert für ihn nur, solange es sinnlich wahrnehmbar, also konkret anwesend ist. Vom abwesenden Gegenstand kann er sich kein Bild machen. Gelegentlich sind jedoch sensomotorische Leerlaufhandlungen zu beobachten, die man als erste Versuche betrachten kann, sich das abwesende Objekt zu vergegenwärtigen. Fällt dem Säugling beispielsweise ein Gegenstand plötzlich aus der Hand, so sucht er zwar nicht danach, wiederholt aber ein paarmal die Greifbewegungen, die er zuletzt mit dem Objekt ausgeführt hatte, bevor es verschwand. Dies zeigt, daß Anfänge von Objektpermanenz entstehen, aber auch, daß das Objekt immer noch Teil der Handlung ist und keine von ihr unabhängige Existenz hat. Die Wiederholung einer Handlung, die ursprünglich mit dem Objekt verknüpft war, soll das Objekt wiederbringen. Der Säugling glaubt nicht an die »substantielle Permanenz des Dinges unabhängig von der Geste« (Piaget 1937, S. 33).

Diese Permanenz beginnt im *vierten Stadium* der sensomotorischen Entwicklung zwischen neun und zwölf Monaten. Nun sucht der Säugling ein verdecktes Objekt, indem er das Tuch wegzieht, oder ein Hindernis, das ihm die Sicht auf das Objekt verdeckt, wegstößt. Er scheitert allerdings an folgender Aufgabe: Jacqueline ist zehn Monate alt und hält einen Spielzeugpapagei in der Hand. Piaget nimmt den Papagei und versteckt in zweimal nacheinander unter der Matratze zur Linken des Kindes an einer Stelle A. Beide Male sucht Jacqueline sofort danach und zieht ihn hervor. Im dritten Durchgang führt Piaget den Papagei langsam vor den Augen des Kindes an die entsprechende Stelle rechts unter der Matratze zu B. Jacqueline sieht aufmerksam zu, und in dem Moment, wo der Papagei rechts (bei B) verschwindet, dreht sie sich nach links und sucht bei A (Piaget 1937, S. 57). Dieses verblüffende Verhalten ist als A-B-Irrtum berühmt geworden und mittlerweile eines der bestuntersuchten Phänomene der Säuglingspsychologie (Überblick bei Bremner 1985; Wellman et al. 1986; Harris 1983, 1987). Es belegt, daß das Objekt immer noch in beträchtlichem Umfang als Teil der eigenen Handlung begriffen wird. Obwohl der Säugling ansatzweise an die Permanenz des Objekts glaubt, auch wenn er es nicht mehr sieht, sucht er, wenn es verschwunden ist, dort, wo die Such*handlung* beim letzten Mal erfolgreich war. Selbst die visuelle Wahrnehmung, daß das Objekt links verschwunden ist, kann nichts ausrichten gegen das *Handlungs- wissen*, daß es rechts gefunden wurde. Es ist, wie wenn das Suchen bei rechts das Objekt wiederbringen könnte, weil es beim letzten Mal durch dieses Suchen zum Vorschein kam! Das Objekt, obwohl in er- sten Ansätzen permanent, verliert diese Eigenschaft wieder, wenn es seinen Ort verändert. Es wird dann wieder zum Teil einer Handlung, die es hervorgebracht hat und hat keine von ihr unabhängige (objektive) Existenz mehr. Die Permanenz des Objekts existiert also nur unter ele- mentarsten Bedingungen und geht bei einfacher Ortsverlagerung sofort wieder verloren.[1]

Das ändert sich in der *fünften Phase*, zwischen zwölf und 18 Mona- ten. Jetzt sucht das Kind gleich dort, wo es den Gegenstand zuletzt verschwinden sieht, und nicht mehr dort, wo es ihn beim ersten Mal gefunden hat. »Der Gegenstand ist nicht mehr an eine praktische Situa- tion gebunden (d. h. den früheren Erfolg des Säuglings), sondern hat eine eigene Permanenz gewonnen« (Ginsburg/Opper 1969, S. 84). Nach Piaget ist das der Fall, wenn sichtbare Verlagerungen berücksich- tigt werden, also kein A-B-Irrtum mehr begangen wird (ab ca. zwölf Monaten).

Schwierig wird es bei unsichtbaren Ortsveränderungen. Dazu ein typisches Experiment: Piaget nimmt seine Uhrkette und schließt die Hand darum. Hand und Kette versteckt er unter einem Tuch und zieht die leere, geschlossene Hand wieder hervor. Das Kind sucht in der Hand, und wenn nichts drin ist, hört es mit dem Suchen auf. Es sucht nicht unter dem Tuch, d. h., es »folgert« nicht, daß die Kette unter dem Tuch sein muß, wenn sie nicht in der Hand ist (Piaget 1937, S. 73 f.). Bald wird auch dieses Problem bewältigt, aber ein an- deres Beispiel zeigt, wie wenig sicher die geschlußfolgerte Bewegung noch ist. Piaget (ebd., S. 80) nimmt eine Sicherheitsnadel, schließt die Hand darum, steckt beides unter eine Decke A und zieht die ge- schlossene, leere Hand wieder hervor. Das Kind sucht zuerst in der Hand und dann unter der Decke A. Das ist ein Fortschritt. Beim nächsten Durchgang findet das gleiche Spiel mit einer Decke bei B statt. Als das Kind beim Öffnen der Hand nichts findet, wendet es sich wieder der Decke bei A zu und sucht dort, obwohl diese Decke diesmal gar nicht im Spiel war. Angesichts unsichtbarer Ortsverän- derungen werden also früher erfolgreiche Handlungen wiederbelebt und eine Regression zum schon überwunden geglaubten A-B-Irrtum findet statt.

Erst im *sechsten Stadium*, zwischen 18 und 24 Monaten, werden allmählich alle auftauchenden Probleme gelöst. Das Objekt wird permanent und vollständig von Handlungen unabhängig. Das ist Piaget zufolge möglich, weil das Kind in dieser Zeit eine symbolische Vorstellung vom Objekt erwirbt, also die Fähigkeit, sich das Objekt in dessen Abwesenheit bildhaft vorzustellen und gleichsam mit dem geistigen Auge anzuschauen. Das Objekt ist nun Gegenstand der Betrachtung und nicht mehr Teil einer Handlung: »Object of contemplation« und nicht »thing of action« (Werner/Kaplan 1963, S. 67).

Die Entstehung des inneren Bildes

Gelegentlich wird behauptet, daß es bildhafte Vorstellungen vom abwesenden Objekt schon früher geben könne. Ab acht bis neun Monaten wird ja nach einem verschwundenen (verdeckten) Gegenstand gesucht, was ein Anzeichen für ein Bild vom Objekt sein könnte. Piaget hält diese Deutung für falsch.

> »Einen Gegenstand unter einer Schirmwand zu suchen, wenn man ihn dort hat verschwinden sehen (viertes und fünftes Stadium), setzt nicht unbedingt voraus, daß das Subjekt sich das Objekt unter dieser Schirmwand vorstellt, sondern einfach, daß es die Beziehung der beiden Objekte in dem Moment verstanden hat, als es sie wahrgenommen hat (in dem Moment, als man das Objekt bedeckt hat), und daß es daher die Schirmwand als Indikator für die gegenwärtige Präsenz des Objektes auffaßt. Es ist in der Tat etwas anderes, die Permanenz eines Objekts anzunehmen, wenn man es gerade wahrgenommen hat und wenn ein anderes augenblicklich wahrgenommenes Objekt an seine Präsenz erinnert, als sich das erste Objekt vorzustellen, wenn keine augenblickliche Wahrnehmung seine versteckte Existenz bezeugt. Die wirkliche Vorstellung beginnt also von dem Moment an, in dem kein wahrgenommener Indikator den Glauben an die Permanenz befiehlt« (Piaget 1937, S. 87 f.; ähnlich 1936, S. 257).

Und an anderer Stelle heißt es kurz und bündig:

»Während der Stadien I–V der sensomotorischen Entwicklung gibt es keine geistigen Bilder. Erst im sechsten Stadium dieser Periode... tritt das bildhafte Vorstellen erstmals ...« (Piaget 1945, S. 99).*

Piaget ist deshalb so sicher, weil er sich bei seiner Aussage nicht nur auf die bisher referierten Untersuchungen zur Entwicklung der Objektpermanenz stützen kann, sondern auch auf seine Untersuchungen zur Entwicklung der Nachahmung in den ersten zwei Lebensjahren. Die Entwicklung der Objektpermanenz hatte gezeigt, daß das Objekt vor 18 bis 24 Monaten Teil einer Handlung ist. Es gibt keinen Grund anzunehmen, daß Vorstellungsbilder von ihm evoziert werden können. Damit ist aber noch nicht geklärt, wie ein Kind überhaupt die Fähigkeit zur bildhaften Vorstellung erwirbt – es sei denn, man nimmt an, es habe diese Fähigkeit von Anfang an. Diese Annahme macht die Psychoanalyse in ihrer Theorie der halluzinatorischen Wunscherfüllung, auf die ich noch zu sprechen komme.

Piaget zeigt in einer genauen Analyse der Entwicklung der Nachahmung, daß das geistige Bild aus einer Verinnerlichung von Handlungen, insbesondere von Nachahmungen *hervorgeht*. Ich verzichte auf ein Referat dieser komplizierten Theorie (Kurzfassung bei Greenspan 1979, S. 155 ff.; Szagun 1986, S. 99 ff.). Sie läuft darauf hinaus, die Fähigkeit zur bildhaften Vorstellung von Objekten aus der handelnden Nachahmung derselben abzuleiten. Auf einer bestimmten Stufe der Nachahmung, der sogenannten aufgeschobenen Nachahmung (ab 18 Monaten), kann diese »interiorisiert« werden, und erst dadurch entstehen bildhafte Vorstellungen. Sie sind kein »Nachbild« visueller Wahrnehmungen, sondern verinnerlichte Handlungen. Die Analyse der Nachahmung führt also zum gleichen Resultat wie die der Objektpermanenz: kein inneres Bild vor Stadium VI (Piaget 1936, S. 356 f.; 1945, Kap. 3; Piaget / Inhelder 1966, S. 14 ff.).**

---

* Bischoff (1987 betont ebenfalls, daß das bloße Suchen nach einem gerade verschwundenen Objekt noch kein Vorstellungsbild impliziert. Die Jagd des Löwen nach der Gazelle endet nicht, wenn sie hinter einem Baum verschwindet, sondern wird fortgesetzt, ohne daß man dem Löwen die Fähigkeit zusprechen müßte, ein Bild der verschwundenen Gazelle im Geist zu evozieren. Der Löwe nimmt, ganz im Sinne von Piagets Formulierung, den Busch als Indikator für die verschwundene Gazelle und jagt weiter. Er hat also mindestens Stufe IV der Objektpermanenz erreicht. Das Suchen auf Stufe IV ist auf der Wahrnehmungsebene möglicherweise etwas ähnliches wie ein bedingter Reflex auf der physiologischen. Der Pawlowsche Hund speichelt beim Ton der Glocke, weil dieser ein Zeichen für Nahrung ist. Ähnlich sucht das acht bis neun Monate alte Kind unter dem Tuch, weil das Tuch ein Zeichen für das verschwundene Objekt ist. In beiden Fällen ist die Annahme eines evozierten Objektbildes zur Erklärung des betreffenden Verhaltens unnötig.

** Eine phylogenetische Parallele zu dieser ontogenetischen Theorie der Symbolbildung drängt

Auch dieser Aspekt von Piagets Theorie ist in der post-piagetschen Entwicklungspsychologie nicht gänzlich unkontrovers. Ähnlich wie bei der Objektpermanenz (s. Anmerkung 1) haben neuere Forschungen zur verzögerten Nachahmung ergeben, daß sie früher auftreten kann, als Piaget glaubte (Meltzoff 1985, 1988). Entsprechend könnte der Erwerb der Symbolfunktion einige Monate früher erfolgen als Piaget dachte (Mandler 1983, 1988). Dies ändert jedoch nichts an der grundsätzlichen Richtung seines Arguments, das den Erwerb des inneren Bildes zu einer Fähigkeit macht, die nicht von Anfang an existiert. Es ist vielleicht nicht so wichtig, den genauen Zeitpunkt anzugeben, zu dem bildliche Vorstellungen beginnen, als vielmehr die Reihenfolge der Prozesse hervorzuheben, die zum Vorstellen führen.

»Die sensomotorische Theorie sagt, daß globale Handlungsmuster ohne Vorstellungen schrittweise zur Entstehung des vorstellungsmäßigen Denkens führen und daß das Denken eher ein verinnerlichtes Derivat der Handlung als ein Handlungsersatz ist« (Wolff 1967, S. 877f.).

Zusammenfassung

Die Objektvorstellung in den ersten 1½ Lebensjahren ist kein Bild, sondern ein Schema. Ein Schema ist eine Vielfalt von zunehmend miteinander koordinierten Sinneseindrücken eines Objekts. Wenn das Subjekt das Objekt schmeckt, greift und sieht, entstehen Empfindungen, die gespeichert werden und das Schema begründen. Nach der Schemabildung kann der Säugling ein Objekt wiedererkennen, wenn er es wiedersieht oder wieder in die Hand bekommt, aber er kann sich das Objekt nicht vorstellen, wenn es nicht da ist. Das Objekt ist für ihn identisch mit der Summe der Empfindungen und Wahrnehmungen, die es auslöst. Da abwesende Objekte keine aktuellen Empfindungen verursachen, existieren sie für den Säugling nicht mehr. Die Aufzeichnungen vergangener Empfindungen und Wahrnehmungen können erst aktiviert werden, wenn das Objekt konkret erscheint. Dann werden die aktuellen Empfindungen mit den aktivierten der Vergangenheit verglichen und ein Wiedererkennen ist möglich (rekognitives Gedächtnis).

sich auf. Die ersten Symbole des Menschen, die Höhlenmalereien der primitiven Urmenschen, sind wahrscheinlich aus einer Nachahmung der Natur entstanden. Der Urmensch fühlte sich von Naturereignissen überwältigt und distanzierte sich von ihnen, zunächst durch Nachahmung, später durch symbolisch-bildhafte Darstellungen.

*Ein Aktivieren der Aufzeichnungen in Abwesenheit des Objekts ist un-
möglich* (evokatives Gedächtnis). Die bedingte Evokation stellt eine
Zwischenstufe dar, bei der nicht die Präsenz des Objektes selbst, sondern ein mit ihr verknüpfter Hinweisreiz (*cue*) zur Aktivierung von im
Gedächtnis gespeicherten Material führt, z. B. wenn die Wahrnehmung
des Tuchs zur Aktivierung des Suchverhaltens nach dem verdeckten
Objekt führt. Was aber Piaget zufolge aktiviert wird, ist kein Bild vom
Objekt und auch keine sensomotorische oder taktile »Halluzination«,
sondern eine *Handlung*, die am Objekt ausgeführt wurde. Die Objektvorstellung in der sensomotorischen Periode ist eine Objektempfindung und als solche auf die Präsenz des Objektes angewiesen. *Deshalb
gibt es keine Objektvorstellung, die an die Stelle des abwesenden Objekts treten könnte.* Denken ist in dieser Phase ein intelligentes Handeln, und die kognitiven Strukturen (Schemata) sind Aufzeichnungen
dieses Tuns. Es gibt kein symbolisches Denken, d. h. kein Denken mit
Hilfe von Bildern oder sprachlichen Zeichen, die in Abwesenheit konkreter Objekte rein intrapsychisch evoziert werden können.

Diese Auffassung unterscheidet sich radikal von der traditionellen
psychoanalytischen, in der das Denken aus der Abwesenheit des Objekts hervorgeht (s. z. B. Fenichel 1945, S. 77; Green 1975, S. 517). Bei
Piaget entsteht es aus der Anwesenheit! Denken ist nicht der Ersatz des
Abwesenden durch ein Bild, sondern das Bild entsteht aus der Nachahmung und Verinnerlichung des Anwesenden.

Wenn diese Überlegungen zutreffen, gibt es keine infantilen Phantasien, mit deren Hilfe Säuglinge etwas herbei- oder hinwegphantasieren,
sich abwesende Eltern oder vergangene Befriedigungssituationen halluzinatorisch vergegenwärtigen, Impulse und deren psychische Repräsentanzen projizieren oder introjizieren. Fragwürdig an diesen Ideen
ist, daß das präverbale Denken nach dem Modell des erwachsenen Denkens konzipiert wird. Nicht das Mentale bei Säuglingen steht zur Debatte, wohl aber die Form und Gestalt, die es hat. Diese unterscheidet
sich nach Piaget grundlegend von der des Erwachsenen und von der des
Kindes nach Erwerb der Symbolfunktion. Die mentalistische Phanta-
sieterminologie mag nach 1 ½ Jahren statthaft sein, vor diesem Zeitpunkt ist sie es nicht.[2]

Überprüfen wir nun einige psychoanalytische Begriffe über mentale
Prozesse bei Säuglingen im Lichte der bisherigen Ausführungen.

Die psychoanalytische Theorie des frühen Denkens

Infantile Grandiosität

Piagets Sohn, der auf das Kissen schlägt, um das Fingerschnipp-Geräusch wieder zu hören, unterliegt scheinbar einer magischen Kausalitätsvorstellung. Er handelt, als ob er dadurch Vorgänge in der Außenwelt beeinflussen könnte. Die psychoanalytische Idee einer infantilen Omnipotenz oder Grandiosität (beide Begriffe werden oft austauschbar verwendet; s. Levin 1986) scheint dadurch eine Bestätigung zu erfahren. Ich denke, daß einige Einschränkungen nötig sind. Der Glaube an die eigene Allmacht ist nämlich nicht symbolisch repräsentiert, d. h., der Säugling denkt sich nicht als allmächtig, sondern er handelt, *als ob* er so denken würde. In Wirklichkeit *empfindet* er, daß er etwas bewirken kann, ohne daß diese Empfindung jedoch in Form einer symbolischen Vorstellung *repräsentiert* ist. Diese Unterscheidung ist wichtig, denn sie zeigt, daß Grandiosität oder das bekannte Größenselbst noch keine intrapsychischen Strukturen sein können. Allenfalls kann das Kind fälschlich oder zu Recht das *Gefühl* haben, es habe etwas in der Außenwelt bewirkt, nicht aber eine *Phantasie* seiner eigenen Größe. Generell halte ich die Omnipotenz nicht für ein primäres Gefühl des Säuglings, sondern für eine spätere Phantasiebildung, die eine Reaktion auf Mißlingen oder Verlust ist. Das primäre Gefühl ist Wirkmächtigkeit (s. a. Benjamin 1988, S. 228, Anm. 50).

Das gleiche gilt in verstärktem Maße für die sogenannte idealisierte Eltern-Imago. Die Zuschreibung von Allmacht an die Eltern und die anschließende Verschmelzung mit ihnen, die in Kohuts schöner Theorie das kompensatorische Resultat nicht aufrechtzuerhaltender Größenselbst-Bestrebungen ist, haben einige Voraussetzungen. Eine davon ist, daß die Allmacht eine repräsentationale Vorstellung sein müßte, ein mentaler Inhalt, der einem anderen zugeschrieben werden kann. Solche Manipulation mentaler Inhalte und insbesondere ihre Transferierung auf andere Personen (Projektion), einschließlich eventuellem Rücktransfer (Introjektion), impliziert – sofern es sich dabei um aktiv intendierte Prozesse handelt, was der psychoanalytische Sprachgebrauch nahelegt – kognitive Fähigkeiten des Phantasierens und Repräsentationsleistungen, über die der Säugling in den ersten 1 ½ Jahren mit Sicherheit nicht verfügt. Gelegentlich begegnet man dieser Meinung auch in der psychoanalytischen Literatur, ohne daß sie sich mit der notwendigen Breitenwirkung durchgesetzt hätte.

»…es steht fest, daß das organisierte Denken (und somit auch der Aufbau organisierter Phantasien) seine Anfänge frühestens gegen Ende des ersten Lebensjahres nimmt. Damit ist aber nicht gemeint, daß die *Erlebnisse* im ersten Jahr unwichtig seien. Erinnerungsspuren sensorischen Erlebens von motorischen und anderen Tätigkeiten finden wahrscheinlich schon sehr früh ihre ersten Niederschläge, und es ist so gut wie sicher, daß sie die psychische Entwicklung des Säuglings in ganz wesentlichem Maße beeinflussen. Allem Anschein nach finden dann solche Erinnerungen leichten Eingang in das spätere Phantasieleben, das dann… einem viel früheren Zeitpunkt zugeschrieben wird« (Sandler/Dare 1970, S. 774).

Oder:

»Der relativ späte Beginn assoziativen (d. h. symbolischen; M.D.) Denkens läßt vermuten, daß sogenannte infantile Phantasien eigentlich eine Überarbeitung früherer Erlebnisse und deren Interpretation durch den reiferen Geist des Kindes darstellen« (Basch, 1981, S. 162).

Und:

»Am Anfang stehen Handlung und Geste. Phantasien, Gedanken, Träume, Spiel und Vorstellung folgen nach. Die psychische Realität ist etwas Nachträgliches! Handlungen und Gesten rufen sie hervor und bestimmen ihr Schicksal und ihr Los« (Khan 1983, S. 173).

So ist es. Meine Schlußfolgerung hinsichtlich der infantilen Omnipotenz und der idealisierten Elternimago lautet, daß Subjekt und Objekt schon früh als etwas bewirkend und in diesem Sinne als wirkmächtig *empfunden* werden können, aber nicht als solche *phantasiert* werden.*

---

* Melanie Klein hat diesen wichtigen Unterschied vernachlässigt. Von Kestenberg, darauf angesprochen, hat sie geantwortet: »Gedanken? Gefühle? Was ist der Unterschied?« (Grosskurth 1986, S. 412). Indem sie vom phantasierten Affekt als der elementarsten Einheit ausgeht, setzt sie beides gleich. Aus dem obigen und den folgenden Ausführungen wird hoffentlich klar, wieso ich diese Gleichsetzung problematisch finde. In der Terminologie des 5. Kap. könnte man sagen, daß sie den sensorischen nicht vom symbolischen Affekt unterscheidet. Auch Isaacs (1948, S. 86) dehnt in ihrer bemerkenswerten Arbeit über die frühen Phantasien den Begriff so, daß er sich von Empfindungen nicht mehr unterscheidet. »Am Anfang tragen Empfindung und Affekt das ganze Gewicht von Wunsch und Phantasie«. Ich denke, daß am Anfang das Gewicht von Wunsch und Phantasie nicht von Affekten und Empfindungen *getragen* wird, sondern daß die sensorischen Affekte sozusagen die Sache selbst und nicht der Träger von etwas anderem sind. Die beste

Die halluzinatorische Wunscherfüllung ist nach Meinung vieler Autoren *das* Modell der psychoanalytischen Theorie des frühen Denkens und Phantasierens (Freud 1900, S. 538 ff., 568 ff.; 1911; Rapaport 1960 a, S. 28; Fraiberg 1969, S. 37; Basch 1976 b, S. 401; Ciompi 1982, S. 232; Silverman 1986, S. 59). Ein Säugling hat bestimmte befriedigende Erfahrungen mit der mütterlichen Brust gemacht. In Zuständen wachsender Triebspannung aktiviert er die Aufzeichnungen dieser Befriedigungserlebnisse und bringt sie dadurch zu halluzinatorischer Klarheit. Wenn auf die Dauer keine reale Hilfe aus der Außenwelt kommt, bricht die Halluzination zusammen. Durch solche Frustrations- und Mangelerfahrungen wird der Säugling gezwungen, die Realität zur Kenntnis zu nehmen.

Bei Freud und auch im sonstigen psychoanalytischen Schrifttum (z. B. Fenichel 1945, S. 55; Zepf et al. 1986, S. 132) findet sich immer wieder die Behauptung, daß Frustration und Versagung für die Hinwendung zur Realität notwendig sind. Wenn auf jede Triebspannung und jede Halluzination rechtzeitig die entsprechende reale Befriedigung erfolgen würde, so hätte der Säugling angeblich gar kein Motiv, die Realität wahrzunehmen. Er würde im Zustand des primären Narzißmus verbleiben, den er nicht freiwillig, sondern nur gezwungenermaßen verläßt. Zepf et al. machen immerhin, was selten genug ist, deutlich, daß sich der Säugling nicht nur aus Not (wegen der zusammengebrochenen Halluzination) der Realität zuwendet, sondern auch, weil er feststellt, daß die reale Befriedigung lustvoller ist als die halluzinierte. Auch hier bleibt allerdings die Grundannahme, daß der Säugling kein primäres Interesse an der Realität hat und zu ihrer Kenntnisnahme durch die größere Lustprämie besonders motiviert werden muß.

Ich halte diese Theorie für problematisch, insbesondere 1. die Annahme, daß ein abwesendes Objekt oder eine vergangene Befriedigungssituation unter dem Einfluß von Triebspannungen halluziniert werden kann, und 2. die Annahme, daß der Zusammenbruch der Halluzination, also Frustration, der wesentliche Faktor bei der Hinwendung zur Realität ist.

Die zweite Annahme halte ich für einseitig, weil Säuglinge vermöge ihrer perzeptuellen Fähigkeiten von Geburt an die Realität zur Kennt-

---

Darstellung der Kontroversen über den Kleinianischen Phantasiebegriff findet der Leser bei Hayman (1989).

nis nehmen. Sie haben kein primär feindseliges Verhältnis zur Außenwelt und müssen zur Realitätswahrnehmung nicht speziell motiviert werden. Sie nehmen die Realität nachweislich nicht erst als Reaktion auf Frustration oder Spannungszustände wahr, sondern eigentlich immer, und besonders in Zuständen von Spannungsfreiheit im Triebbereich. Die Realitätswahrnehmung ist kein Umweg, der zustande gebracht, erzwungen oder motiviert werden müßte, sondern die selbstverständliche Ausübung und Anwendung angeborener perzeptueller und motorischer Fähigkeiten (Ich-Apparate) von Lebensbeginn an.

Wenn man überhaupt am Halluzinationsmodell festhalten will, dann müßte eher postuliert werden, daß eine dauerhaft frustrierende Realität zum *Rückzug* in Halluzinationen zwingt, und nicht, daß eine auf Dauer nicht befriedigende Halluzination zur Realitätshinwendung führt. Es ist eine unplausible Annahme, einen geistigen Fortschritt, wie die Realitätswahrnehmung, in frustrierenden Situationen zu verorten, in denen eher Regression als Progression wahrscheinlich ist (Holt 1967, S. 371). Auch mit solchen Modifizierungen, in denen die Halluzination nicht der Vorläufer der Realitätswahrnehmung ist, sondern das regressive Zerfallsprodukt eines frustrierenden Realitätskontakts, bleibt das Konzept fragwürdig. Wäre es richtig, würde die Überlebenswahrscheinlichkeit des Säuglings dramatisch sinken. Halluzinationen haben nämlich die Eigenschaft, von der Realität (auch der inneren) abzulenken. Streßzustände und Körpersignale werden unter ihrem Einfluß nicht mehr wahrgenommen. Die Auffassung, daß die Halluzination irgendwann zusammenbricht, weil sie als unbefriedigend empfunden wird, ist deshalb wenig einleuchtend. Könnte der Säugling wirklich halluzinieren, wäre es eher wahrscheinlich, daß er sich lustvoll zu Tode halluzinieren würde, ohne die drohende Gefahr überhaupt zu bemerken (Basch 1981, S. 157). Der Übergang zur Realität wäre völlig inhibiert. Freud (1911, S. 18 f.) formuliert diesen Einwand selbst und entkräftet ihn mit dem Hinweis, die Mutter würde den drohenden Tod des Säuglings schon verhindern. Das ist richtig und rettet den Säugling, aber nicht die Theorie der halluzinatorischen Wunscherfüllung, weil ihre Kernidee – die Fähigkeit zur Halluzination eines abwesenden Objekts – auf zwei gleichermaßen problematischen Voraussetzungen ruht:

1. Der Säugling halluziniert, d. h., er evoziert *Bilder*.
2. Es handelt sich dabei um eine *freie* Evokation, d. h. eine in Abwesenheit des Objekts. Beide Annahmen sind falsch, wenn Piaget recht hat, denn beides ist erst nach Erwerb der Symbolfunktion möglich.

Was aber ist vor dieser Zeit möglich? Leeres Greifen, leeres Saugen und autistische Schaukelbewegungen sind zweifellos Versuche der Objektvergegenwärtigung, aber – und das ist der entscheidende Punkt – keine halluzinatorisch-bildhaften, sondern sensomotorisch-handlungsmäßige. Es wird kein Bild einer befriedigenden Situation evoziert, sondern eine Handlung wiederholt, die mit dem jetzt abwesenden Objekt verknüpft war. Möglicherweise geschieht das in der Absicht oder mit dem »Wunsch«, durch diese Handlung eine Empfindung oder einen Affekt auszulösen, der in Abwesenheit des Objekts erfahren wurde. Vielleicht ist die Handlung ein Versuch, das Objekt zurückzubringen. Irgendeine Form der Sehnsucht und des gespürten Mangels drückt sich darin sicher aus. Da aber erstens die Handlung im Gegensatz zur Halluzination das Objekt nicht wiederbringt und zweitens die durch sie ausgelösten Empfindungen nur in sehr rudimentärer Weise befriedigend sind, solange das Objekt nicht wirklich kommt, sollte nicht von Wuncherfüllung die Rede sein, sondern höchstens von Bedürfnisaktualisierung und Bedürfnisausdruck. Eine Erfüllung des Bedürfnisses findet gerade nicht statt, weder in der Realität noch in der Phantasie.

Resümee: Die Theorie der halluzinatorischen Wuncherfüllung ist nicht haltbar. Die Kritik richtete sich zum einen gegen die bildhaften Implikationen des Halluzinationsmodells, zum zweiten gegen die Idee, daß die Realitätswahrnehmung eine Umwegfunktion und das Ergebnis eines Mangels ist. Ein dritter Punkt war, daß die Objektvergegenwärtigungsversuche, die als Halluzinationsäquivalente diskutiert wurden, weniger befriedigend sind, als das Halluzinationsmodell suggeriert.[3]

Primär- und Sekundärprozeß

Die halluzinatorische Wuncherfüllung ist ein Beispiel für primärprozeßhaftes Denken. Die Beschreibung zweier Arten seelischer Vorgänge ist nach Jones (1953, S. 458f.) Freuds wichtigster Beitrag zur Psychologie, wichtiger noch als seine Entdeckung des Unbewußten und der infantilen Sexualität. Egal, ob man Jones zustimmt oder nicht, auf alle Fälle sind die Begriffe Primär- und Sekundärvorgang für Freud immer grundlegend geblieben (Laplanche/Pontalis 1967, S. 397, 621). So unstrittig ihre Bedeutung für die Freudsche Lehre insgesamt ist, so strittig ist mittlerweile Freuds Konzeptualisierung (Gill 1967; Holt 1967; Jappe 1971, Kap. 3; McLaughlin 1978; Noy 1969, 1979; Rogers 1980; Lichtenberg 1983, Kap. 10; Fast 1985b; Liebsch 1986; Tyson/Tyson 1990, Kap. 10).

Freuds verschiedene Darstellungen (1900, 1911, 1915 c, 1917) zeichnen sich nicht immer durch leichte Verständlichkeit aus. Ich destilliere aus ihnen folgende Kurzfassung heraus: Primär- und Sekundärprozeß sind Begriffe, die sich auf verschiedene Funktionsweisen des psychischen Apparats beziehen. Der Primärprozeß heißt so, weil er die ontogentisch primäre Form seelischen Funktionierens ist, aus welcher der Sekundärprozeß später hervorgeht. Beide Prozesse können hinsichtlich zweier Merkmale unterschieden werden. Zum einen durch die Qualität der verwendeten Triebenergie, zum anderen durch die verschiedenen Arten der Symbolverwendung.

Zunächst zum ersten Punkt. Der Primärprozeß verwendet freibewegliche Triebenergie, beim Sekundärprozeß ist die Energie gebunden. Die freie Beweglichkeit der Energie ist für die Haupteigenart des Primärprozesses verantwortlich, seine Neigung zur unmittelbaren Entladung und die damit verbundene leichte Beweglichkeit, mit der Besetzungen verschoben werden können, wenn ursprüngliche Befriedigungsmöglichkeiten blockiert sind. Diese Tendenz kennzeichnet das Unbewußte/Es. Im Gegensatz dazu ist beim Sekundärprozeß die unmittelbare Triebabfuhr gehemmt. Seine Besetzungen haften fester an den Objektrepräsentanzen und sind weniger leicht verschiebbar. Die Hemmung der unmittelbaren Triebabfuhr und die Besetzungskonstanz sind Eigenschaften, die eher dem System Bw/Ich als dem Es zugeschrieben werden.*

Beide Prozesse unterscheiden sich nicht nur bezüglich der Verwendung und der Qualität der Triebenergie, sondern stellen auch zwei Formen des Denkens dar. Dem Primärprozeßdenken fehlt eine Logik im Sinn des erwachsenen Denkens. Es toleriert Widersprüche, hat kein sequentielles Zeitgefühl und akzeptiert keine Verneinung oder Einschränkung. Es ist bildhaft und ohne Grammatik und Syntax. Verdichtung und Verschiebung sind damit verbundene Eigenarten. Verdichtung meint die Darstellung mehrerer Vorstellungen durch ein Bild, einschließlich der Zusammenziehung der Besetzung der verschiedenen Bilder auf eines. Verschiebung meint die Darstellung eines Teils durch das Ganze oder die Ersetzung einer Vorstellung durch andere, mit ihr assoziierten, sowie die entsprechende Verschiebung der respektiven Besetzungen. Der Primärprozeß ist eher unlogisch, bildhaft und ge-

---

* Die Theorie vom Primär- und Sekundärprozeß ist nie systematisch in die 1923 entstandene Strukturtheorie integriert worden. Die Zuordnung von Primär- und Sekundärprozeß zu Es und Ich ist deshalb weniger eindeutig als die zu Ubw und Bw. Der Primärprozeß ist immer unbewußt, aber nicht immer Es. Unbewußte Anteile können ebenfalls primärprozeßhaft operieren.

horcht dem Lustprinzip; der Sekundärprozeß eher sprachlich, logisch und am Realitätsprinzip orientiert.

Beziehen wir diese Ausführungen auf Piagets Theorie, so ergeben sich folgende Revisionen:

1. Da evozierbare bildhafte Vorstellungen eine Entwicklungserrungenschaft sind und erst ab ca. 1 ½ Jahren existieren, ist der Primärprozeß nicht primär im ontogenetischen Sinn, d. h. nicht die erste Form des Denkens. Die erste Form des Denkens ist die sensomotorische. Der Primärprozeß ist die erste Form des bildhaft-symbolischen Denkens, nicht des Denkens überhaupt.

2. Der Spracherwerb und die sprachlich-symbolische Encodierung der Realität beginnt mit 1 ½ Jahren. Syntax und Grammatik sind Hauptcharakteristika des Sekundärprozesses. Der Beginn des Sekundärprozesses kann deshalb ebenfalls auf 1 ½ Jahre datiert werden. Das behauptete Nacheinander von Primär- und Sekundärprozeß sollte durch eine Parallelitätshypothese ersetzt werden. Beide Denkformen entstehen gleichzeitig. Historisch betrachtet, hat Rapaport (1960 b, S. 841 ff.) als einer der ersten für Parallelität votiert. Wenn es, wie Freud (1937 a) gegen Lebensende in Erwägung zog, angeborene Ich-Anteile gibt, dann müssen, so Rapaports Argument, auch Rudimente des Sekundärprozesses von Anfang an vorhanden sein.[*]

3. Das erste Denken ist sensomotorisch und als solches auf die Realität angewiesen, ohne die es nicht stattfinden kann. *Über das Abwesende kann der Säugling nicht nachdenken.* Das präsymbolische Denken kann deshalb nicht realitätsabgewandt sein, wie die halluzinatorische Wunscherfüllung und der Primärprozeß suggerieren, sondern es ist in extremer und später nie wieder erreichter Weise realitätsabhängig. Das bedeutet nicht, daß es auch realistisch und objektiv ist. Die Realität wird in der magischen Kausalitätsvorstellung oder im frühen Objektbegriff nicht erfaßt, wie sie ist, sondern auf eine subjektiv verzerrte Weise, die Piaget »egonzentrisch« nennt. Diese Verzerrungen sind aber keine symbolisch phantasierten. Außerdem ist der egonzentrische Zugang zur Realität in gewissem Sinne adaptiv, denn in ihm wird viel über die Beschaffenheit der Objektwelt gelernt, und er ist die notwendige Voraussetzung für die spätere Dezentrierung und objektive Welterfassung, die sich schrittweise daraus entwickelt. Das frühe Denken ist weder realitätsabgewandt noch ausschließlich im Dienste des Lustprinzips, sondern realitätsabhängig

---

[*] Diese Behauptung ist in der Literatur nicht unkontrovers. Es gibt verschiedene Versuche, das zeitliche Nacheinander aufrechtzuerhalten (s. dazu weiter unten).

und im Dienste des Realitätsprinzips, wenn auch auf eine, verglichen mit dem Erwachsenendenken, beschränkte Weise.

Bevor ich zum nächsten Punkt komme, muß ein weiteres Stück Piaget-Lektüre eingeschaltet werden. Das Denken wird ab 1½ Jahre symbolisch, aber es weist, gemessen am späteren Denken, noch einige Eigentümlichkeiten auf. In der ersten Hälfte der präoperationalen Periode, dem sogenannten vorbegrifflichen Stadium zwischen zwei und vier Jahren, kommt es zu Schwierigkeiten, von denen zwei besonders interessant sind.

Das Kind hat Probleme, das Verhältnis von Teil und Ganzem zu verstehen. Piaget (1945, S. 287) berichtet von seinen fruchtlosen Versuchen, einer seiner Töchter dieses Verhältnis zu erklären. Jacqueline glaubt, das Haus der Großmutter sei identisch mit der Stadt Lausanne. Sie versteht nicht, daß Lausanne aus allen Häusern besteht und das Haus der Großmutter nur ein Teil davon ist. Sie behauptet, auch nach entsprechender Belehrung, daß das Haus der Großmutter Lausanne *ist*. Ein Objekt wird hier zum Repräsentanten einer Gruppe von Objekten. Ähnlich ist es, wenn das Kind einen Hund oder eine Schnecke sieht. Beim nächsten Hund und der nächsten Schnecke wird es »der Hund«, »die Schnecke« rufen, auch wenn dieser Hund ganz anders aussieht. Es versteht nicht, daß ein Hund Teil einer Gesamtmenge von Hunden ist, und die Merkmalsunterschiede der verschiedenen Hunde werden unterschlagen. Dadurch wird eine Angleichung verschiedener Objekte untereinander bewerkstelligt. Diese Art des Denkens ist die Basis für das, was die Psychoanalyse Verdichtung nennt. Es ist wichtig zu sehen, daß dieser Vorgang anfänglich kein aktiver und intendierter ist, sondern auf der mangelnden Fähigkeit, das Verhältnis von Teil und Ganzem zu verstehen beruht.

Eine zweite Schwierigkeit besteht darin, Gegenstände, die mehr als eine Eigenschaft haben, in stabile Gruppen zu klassifizieren. Gibt man dem Kind graphische Objekte, z. B. rote und blaue Kreise und Vierecke, dann kann es sie entweder nach den Farben (alle blauen, alle roten) oder nach der geometrischen Form (alle Kreise, alle Vierecke) einordnen. So beginnt es auch, aber im Verlauf des Ordnungsprozesses ändern sich die Kriterien quasi fluktuierend. »Es macht z. B. eine Reihe von 4 Quadraten, von denen die beiden letzten rot sind. Dann, als hätte ›rot‹ das Übergewicht über die Form bekommen, fügt es rote Kreise… hinzu« (Pulaski 1971, S. 55). Auch Affekte können dabei beteiligt sein. Eines von Piagets Kindern hat Fieber und verlangt Orangen. Die neue Ernte ist noch nicht da, und die Eltern versuchen, dem Kind klarzumachen, daß die Orangen noch grün sind. Man könne sie noch nicht essen, weil sie noch nicht diese schöne gelbe Farbe hätten. Statt dessen wird Kamillentee gereicht. Das Kind meint: »Die Kamillen sind nicht grün, sie sind gelb, gib mir Orangen.« Seine Schlußfolgerung lautet anscheinend: Wenn Kamillen gelb sind, können es Orangen auch sein (Piaget 1945, S. 293 f.).

In beiden Beispielen besteht die Schwierigkeit für das Kind darin, Objekte nach stabilen Merkmalen zu klassifizieren. Bestimmte Eigenschaften, die für ein Objekt signifikant sind (die Form der Orangen und Kamillen), werden vernachlässigt und unter das zweite gemeinsame Merkmal »gelb« subsummiert. Auf diese Weise können Objekte mit mehreren Eigenschaften ihre Identität verlieren und als gleich erscheinen. Kamillen und Orangen erscheinen hinsichtlich ihrer »Gelbheit« als gleich, obwohl sie es ihrer Form nach nicht sind.

»Dieser passive Generalisierungseffekt aufgrund mangelnder Differenzierung legt offenbar den Grund für den Mechanismus der Verschiebung. Wichtig ist: Am Beginn der präoperationalen Periode kann es sich nicht um eine gelenkte Aktivität handeln, da die Regulationsfähigkeit bezüglich komplexerer Gegenstands- oder Kollektionsabgrenzungen dem Kind noch abgeht. Dieses Entwicklungsproblem wird erst mit dem Eintritt in die konkret-operationale Phase (ab ca. sechs Jahren; M.D.) angegangen« (Liebsch 1986, S. 234).

In der Psychoanalyse werden Verdichtung und Verschiebung in der Regel durch die freie Beweglichkeit der daran beteiligten Energien erklärt (Drews / Brecht 1975, S. 263). Das Energiekonzept ist in den letzten 15 Jahren in der Psychoanalyse eingehender Kritik unterzogen worden. Dieser Kritik stimme ich zu (Literatur s. Kap. 7). Die obigen Ausführungen machen deutlich, daß Verdichtung und Verschiebung dadurch entstehen, daß bestimmte kognitive Fähigkeiten – wie Klassen- und Relationslogik – unzureichend ausgebildet sind (s. a. Dowling 1990, S. 101 ff.). Wir brauchen zu ihrer Erklärung nicht auf eine hypothetische freibewegliche Energie zurückzugreifen. Vielmehr stellen wir fest, daß die wesentlichen Eigenarten des Primärprozesses (Verdichtung und Verschiebung) für das präoperationale Denken überhaupt charakteristisch sind, und zwar nicht nur für die wunschbestimmten, sondern auch für die realitätsorientierten Teile dieses Denkens (s. Liebsch 1986, S. 228, 234 f.). Dabei können affektive Faktoren, wie im Beispiel der Kamillen, die vorhandenen Eigenarten des Denkens verstärken, nicht aber sie erzeugen! In anderen Worten: Die primärprozeßhaften Eigenschaften des Denkens ergeben sich aus dem Niveau der kognitiven Strukturen in einem bestimmten Alter. Eine separate »Erklärung« dieser Eigenarten durch Hinweis auf verschiedene daran beteiligte Energieformen ist entbehrlich.*

Ein Problem bleibt. Wie erklärt sich die Persistenz des Primärprozeßdenkens über das Alter hinaus, in dem es ein normaler Bestandteil der Entwicklung ist? Wieso denken auch Erwachsene und Adoleszente, die über eine elaborierte Klassen- und Relationslogik verfügen, noch primärprozeßhaft? Deshalb, so Piaget, weil frühe kognitive Strukturen nie endgültig überwunden werden. Sie verschwinden nicht, sondern werden überlagert und können in gewissem Umfang und unter bestimmten Umständen wiederbelebt werden.

Ich möchte die vier Schlußfolgerungen aus dem bisher Gesagten noch einmal zusammenfassen:

1. Der Primärprozeß ist nicht die erste Form des Denkens, sondern entsteht mit der Symbolfunktion.

2. Der Sekundärprozeß im Sinne sprachlich-logischer Organisierung entsteht gleichzeitig.

3. Der Primärprozeß steht auch im Dienste der Realitätsbewältigung und nicht nur im Dienst des Lustprinzips und der Wunscherfüllung. Wem die Beispiele aus dem Gebiet der Klassen- und Relationslogik zu unpsychoanalytisch sind, der sei auf die neuere Diskussion der psychoanalytischen Traumtheorie verwiesen (Überblick bei Thomä/Kächele 1985, Kap. 5; Mertens 1991, Kap. 17). In ihr wird betont, daß der Traum, also *das* Exempel für Primärprozeßdenken, neben seiner wunscherfüllenden auch eine problemdarstellende und problemlösende Funktion hat. Traumtheorie und Traumanalyse führen also ebenfalls zur Anerkennung der adaptiven Natur des Primärprozesses.

4. Die Verknüpfung von Primär- und Sekundärprozeß mit unterschiedlichen Triebenergien sollte aufgegeben werden.

Diese Schlußfolgerungen sind weder neu noch revolutionär und in

---

* Vergleichbares gilt für die primärprozeßhafte Sprache des Traums, die in der klassischen Theorie das Ergebnis eines Kompromisses zwischen Triebwunsch und Zensur ist. »Heute müssen wir diese Hypothese wohl modifizieren. Es sind die primär vorgegebenen Charakteristika des REM-Schlafes, dieses besonderen Bewußtseinszustandes, die die Besonderheiten der Traumsprache, der Traum›logik‹ und Traum›symbolik‹ bedingen« (Mentzos 1982, S. 71). Im REM-Schlaf ist das neuronale Funktionieren der Hirnrinde desorganisiert, und *deshalb* ist begrifflich-logisches Denken erschwert. Das durch REM-Schlaf bedingte primärprozeßhafte Denken kann, wenn es erst einmal vom Gehirn *erzeugt* ist, vom Träumer im Dienste der Verhüllung *verwendet* werden. Aber seine Existenz läßt sich nicht aus einem Kompromiß zwischen Triebwunsch und Zensur erklären – ebensowenig, wie sich die Existenz primärprozeßhaften Denkens kleiner Kinder aus freibeweglichen Triebenergien erklären läßt.

der einen oder anderen Form im psychoanalytischen Schrifttum enthalten. Sie machen deutlich, daß zentrale »kognitionshaltige« Begriffe der Psychoanalyse unter Einbeziehung außerpsychoanalytischen Wissens neu formuliert werden können. Dadurch wird es möglich, die Begriffe weiterzuverwenden, ohne theoretisch ein schlechtes Gewissen zu haben. Ihr klinischer Nutzen wird nicht länger durch einen zweifelhaft gewordenen triebenergetischen Unterbau diskreditiert. Ähnlich verhält es sich mit dem Wiederholungszwang, auf den ich im übernächsten Abschnitt eingehe.

Zunächst aber noch einige Nachträge zum Primär- und Sekundärprozeß, die der eilige Leser, der es nicht so genau wissen will, überschlagen kann.

Offene Fragen

1. Die Option für die Parallelitätshypothese ist nicht zwingend, sondern hängt davon ab, welches Kriterium für den Beginn des Sekundärprozesses festgelegt wird. Macht man die beginnende Sprachbeherrschung zum Kriterium, so wird man zur Parallelität neigen; verweist man auf die mangelnde Klassen- und Relationslogik als charakteristisch für den Primärprozeß, so könnte man wieder die Hypothese des Nacheinander vertreten. Der Sekundärprozeß beginnt dann mit der Überwindung dieser kognitiven Defizite ab etwa vier bis sechs Jahren, während der Primärprozeß ab 1 ½ Jahren beginnt (Wygotski 1934, Kap. 2; Dowling 1985; Liebsch 1986). Wir stehen vor dem etwas unbefriedigenden Resultat, daß sowohl Parallelität als auch Nebeneinander von Primär- und Sekundärprozeß möglich ist, weil der Beginn des Sekundärprozesses mit guten Gründen sowohl auf 1 ½–2 als auch auf 4–6 Jahre datiert werden kann.

Eine elegante Lösung dieses Dilemmas findet Holt (1967). Bei ihm *beginnt* der Sekundärprozeß mit dem Spracherwerb, also zeitgleich mit dem Primärprozeß (ab 1 ½ Jahren). Er entwickelt sich allerdings langsamer bzw. seine Entwicklung ist erst später – mit dem vollständigen Erwerb des begrifflich-logischen Denkens (ab ca. 14 Jahren) – *abgeschlossen*. Holt schlägt somit beide Fliegen mit einer Klappe: Parallelität zu Beginn, Nacheinander, was die weitere Entwicklung und den Abschluß angeht. Das ist schön ausgedacht, impliziert aber die bisher nicht erwähnte Auffassung, daß sich nicht nur der Sekundärprozeß, sondern auch der Primärprozeß entwickelt. Noy (1969, 1979) befaßt sich damit ausführlich. Im Gegensatz zu Holt veranschlagt er für den Primärprozeß dasselbe Entwicklungstempo wie für den Sekundärprozeß. Dann gilt wieder Parallelität.

Eine andere Variante stammt von Fast (1985 b). Sie postuliert zwei Arten von Primärprozeß. Einen archaischen, der das regressive Resultat mißlungener Realitätsbewältigung ist, und einen reifen, der eine Verwendung von Primärprozeßeigenschaften für Zwecke der Realitäts- und Problembewältigung darstellt. Der erste macht keine Entwicklung durch und bleibt archaisch, der zweite entwickelt sich insofern, als er Verbindung mit dem Sekundärprozeß aufnimmt und aufrechterhält. Der archaische Primärprozeß ist halluzinatorisch und realitätsabgewandt, der reife steht weiter in Beziehung zur Objektwelt. Was gemeint ist, läßt sich anhand der bekannten »Regression im Dienste des Ich« verdeutlichen. In meiner Lesart ist sie eine temporäre Umbalancierung von Sekundärprozessen zugunsten einer *reifen Verwendung* von Primärprozeßeigenschaften (Verdichtung und Verschiebung), während die halluzinatorische Psychose als Regression auf das Es, der Zusammenbruch von Sekundärprozessen und die *rein halluzinatorische Verwendung* solcher Primärprozeßeigenschaften ist. Der Traum ist ein Kompromiß, in dem beide Verwendungsarten in verschiedenen Abstufungen gemischt sind. Die Entwicklung des Primärprozesses besteht in der progressiven Art der Verwendung von Primärprozeßeigenschaften des Denkens und weniger in einer Änderung oder Entwicklung dieser Eigenschaften selbst.

2. In der bisherigen Darstellung wurde der Begriff des Symbols unterschiedslos sowohl für kognitive wie für psychoanalytische Symbole benutzt. Ist das nicht eine unzulässige Vereinfachung? Generationen von Psychoanalytikern haben seit Jones klassischen Arbeiten (1919, 1922) darauf hingewiesen, daß psychoanalytische Symbole sich fundamental von kognitiven Symbolen unterscheiden (Beres 1965; Lorenzer 1971; Moersch 1976; Speidel 1977, 1978; Blum 1978; Wiertz 1982; Edgcumbe 1984). Der Hauptunterschied besteht darin, daß psychoanalytische Symbole *etwas Verdrängtes* mental und ersatzweise repräsentieren, während kognitive Symbole *etwas in der externen Welt Abwesendes*, das nicht verdrängt werden muß, darstellen. Beim psychoanalytischen Symbol ist die Beziehung zwischen Zeichen und Bezeichnetem (Symbol und Verdrängtem) unbewußt, beim kognitiven oder semantischen Symbol ist sie es nicht.

Diese Unterschiede haben manche Autoren veranlaßt, beide Symbolarten als grundsätzlich verschieden zu betrachten. Blum (1978) postuliert zwei Symbolbildungszentren und bringt sie mit den beiden Hirnhemisphären in Verbindung. Die linke Hälfte ist für kognitive, die rechte für psychoanalytische Symbole zuständig. Psychoanalytische Symbole beginnen früher (mit sechs bis zwölf Monaten) als kognitive (mit 18 Monaten). Daraus leitet er ab, daß es Bilder schon früher gibt, als in Piagets Theorie. Ich neige eher zu Piagets Annahme einer einheitlichen Symbolfunktion (1945, S. 219 ff.) bzw. Lorenzers (1971, S. 71) Annahme eines einheitlichen Symbolbildungszentrums. Beide Symbolarten entstehen gleichzeitig. Die frühere Annahme von psychoanalytischen Symbolen erscheint mir unplausibel, und der kognitive Symbolismus eher als eine Voraussetzung für den psychoanalytischen. Auch die bildliche Darstellung verdrängter Inhalte durch psychoanalytische Symbole setzt ja voraus, daß es überhaupt Bilder gibt. Erst dann kann die unbewußte Vorstellung des Penis durch eine Schlange oder das weibliche Genital durch eine Vase symbolisiert werden. Solange Piagets Analyse der Entwicklung innerer Bilder mit 18 Monaten nicht überzeugend widerlegt ist, sollte auf die Annahme ihrer früheren Existenz verzichtet werden.

Ich halte die frühere Existenz psychoanalytischer Symbole auch deshalb für unwahrscheinlich, weil sie etwas Verdrängtes darstellen sollen, zu ihrer Existenz also die Verdrängung voraussetzen. Da Verdrängung aber an Vorstellungen ansetzt, ist deren Bildung eine Voraussetzung für die Verdrängung, und die Existenz kognitiver Symbole somit die Voraussetzung für psychoanalytische Symbole und nicht ihr Nachfolger. Damit ist das Thema zwar nicht erschöpft, aber diese Andeutungen müssen genügen.[4]

Frühe Erfahrungsrepräsentierung, Skripttheorie, Wiederholungszwang

Die neuere Psychoanalyse geht davon aus, daß frühe Erfahrung in Form von Selbstrepräsentanzen, Objektrepräsentanzen und sie verbindenden Affekten aufgezeichnet wird. Für Kernberg (1976, S. 58 ff., 86) sind diese drei Elemente die Grundbausteine des seelischen Apparates. Die Piaget-Lektüre hat ergeben, daß die Bildung solcher Repräsentanzen als intrapsychisch evozierbarer Symbole, die phantasiert werden können, eine nachsensomotorische Errungenschaft ist. Deshalb ist eine Alternative nötig, die skizziert, wie frühe

(Interaktions-)Erfahrung in der präsymbolischen Zeit aufgezeichnet wird. Piaget hat sich nicht explizit mit der sozialen Interaktion beschäftigt, aber man kann seine sensomotorische Theorie entsprechend erweitern. Objekterfahrung und Interaktion werden in Form sensomotorischer Schemata gespeichert. Die Schemata umfassen die Gesamtheit aller Empfindungen, die im handelnden Umgang mit dem Objekt gemacht werden.

Piagets Vernachlässigung der (visuellen) Wahrnehmung bei der Schemabildung und der Affekte in der Interaktion macht es erforderlich, die sensomotorischen Schemata um diese beiden Elemente zu ergänzen. Es sind dann sensomotorisch-perzeptuell-affektive Schemata. Da sensomotorische Erfahrungen weitgehend mit Handlungsempfindungen identisch sind, kann man an die Stelle des Ausdrucks »sensomotorisch« den der »Handlung« setzen. Die sensomotorisch-perzeptuell-affektiven Schemata werden dann zu Handlungs-Wahrnehmungs-Affekt-Mustern. *Diese sind die Äquivalente dessen, was die Psychoanalyse bisher als infantile Phantasien beschrieben hat und die Äquivalente für die Selbst-Objekt-Affekt-Einheiten des Jacobson-Kernberg-Modells der frühen Entwicklung.*

Lichtenberg (1983, Kap. 7) hat eine originelle Theorie entwickelt, wie sich Selbst- und Objektrepräsentanzen im Sinne evozierbarer Symbole aus diesen Mustern entwickeln. Er postuliert eine spezielle Fähigkeit, die er »imaging capacity« nennt.* Der Ausdruck ist ein wenig irreführend, denn er meint gerade *nicht* die Fähigkeit, Bilder zu machen, sondern ist ihr Vorläufer und Motor. Die *imaging capacity* entsteht zwischen neun und 13 Monaten. Mit ihrer Hilfe löst das Kleinkind den visuell-bildhaften Wahrnehmungsanteil aus dem gesamten Wahrnehmungs-Affekt-Handlungsmuster heraus. So entsteht allmählich das innere Bild.

Eine Analogie mag zum besseren Verständnis hilfreich sein. Wenn man im Vorbeigehen einen rasch ablaufenden Film betrachtet, hat man verschiedene Empfindungen – solche, die von der visuellen Wahrnehmung herrühren, gefühlsmäßige, und solche aus der Bewegung. Diese drei schließen sich zu einem typischen Muster zusammen, wenn das Ereignis mehrmals stattfindet. Nun bleibt man plötzlich stehen, hält den Film an und betrachtet sich das Standbild genauer. Dadurch wird der bildhafte Anteil des Gesamtmusters herausisoliert, und das ist die Aufgabe der *imaging capacity*. Auf die Dauer und nach

---

* In der deutschen Ausgabe mit »Abbildungsfähigkeit« übersetzt.

vielen Wiederholungen entsteht daraus (aus der beständigen Durcharbeitung des visuellen Perzepts) das innere Bild, also die Fähigkeit, den bildhaften Anteil aus der kaleidoskopartigen Totalität des Gesamtmusters herauszupräparieren, zu betrachten und mit der Zeit auch vorzustellen. Die Entstehung des inneren Bildes wird in dieser Theorie weniger aus der Verinnerlichung von Nachahmungshandlungen wie bei Piaget und mehr aus der Wirksamkeit der *imaging capacity* abgeleitet. Sie beginnt mit neun bis 13 Monaten und führt mit 18 Monaten zum Erwerb des inneren Bildes. Beide Theorien kommen auf unterschiedlichem Weg zum selben Resultat: Kein inneres Bild vor 18 Monaten.

Ein wichtiger und gelegentlich übersehener Gesichtspunkt in Piagets Theorie ist die Tatsache, daß Erfahrung in Form von Schemata organisiert wird. Piaget geht davon aus, daß aus verschiedenen ähnlichen Erfahrungen ein Schema gebildet wird, das eine Art Durchschnitt oder Prototyp der gemachten Erfahrung darstellt. An diesem Schema werden neue Erfahrungen gemessen, und ihm werden sie einverleibt, wodurch das Schema modifiziert wird. Wenn das Kind an der Mutterbrust saugt, bildet sich nach einigen Wiederholungen ein Saugschema. Dieses Schema konstituiert eine durchschnittliche Erwartung, die aktiviert wird, wenn eine neue Fütterungsepisode stattfindet. Dadurch wird ein Vergleich des aktivierten Schemas mit der aktuell ablaufenden Episode möglich. Die Episode modifiziert das Schema, ebenso wie das Schema – als Summe der bisherigen Erfahrung – die Wahrnehmung der ablaufenden Fütterungsepisode beeinflußt. Es gibt also eine wechselseitige Durchdringung von Allgemeinem (Schema) und Besonderem (aktuelle Episode). Wichtig für die folgenden Ausführungen ist der erste Aspekt, d. h. die schematische Form der Aufzeichnung und die Annahme, daß die Schematisierungsaktivität schon früh beginnt.

Aus diesen Ideen entwickelt Stern (1985, S. 111 ff.; 1988 b; 1989 a) eine von Piaget und Lichtenberg abweichende Theorie der präsymbolischen Interaktionsrepräsentierung. Sie ist recht kompliziert, und ich werde nur den Teil schildern, der für die beabsichtigte Reformulierung des Wiederholungszwangs wichtig ist. Ausgangspunkt seiner Überlegungen ist die in der neueren Gedächtnispsychologie berühmt gewordene Unterscheidung von semantischem und episodischem Gedächtnis (Tulving 1972). Sie ist von Schank/Abelson (1977) zu einer Skripttheorie des Gedächtnisses und der Repräsentation ausgebaut, und von K. Nelson und Mitarbeitern für Kinder im Vorschulalter adaptiert worden (Nelson 1978, 1986; Nelson/Gruendel 1981).* Die Theorie lautet »stark schematisiert« so:

Im kindlichen (und natürlich auch im Erwachsenenleben) gibt es Ereignisse, die immer wiederkehren. Diese Ereignisse haben eine bestimmte zeitliche Reihenfolge. Besucht man z. B. ein Restaurant, so geht man erst hinein, setzt sich dann hin, ein Ober kommt, und man bestellt. Nach dem Essen erhält man die Rechnung, zahlt und geht. Morgens steht man auf, zieht sich den Bademantel an, macht Kaffee, frühstückt, putzt sich die Zähne und geht dann in den Kindergarten oder zur Arbeit. Solche Abläufe heißen »events«, und ihre Wiederholung führt zu einem »event-schema« oder Skript. Es gibt viele Skripten: Ein Restaurant-Skript, ein Aufsteh-Skript etc.

Die Skripten sind *Generalisierungen* individueller Episoden. In ihnen werden viele individuelle Ereignisse hinsichtlich gemeinsamer typischer Merkmale und Abläufe zusammengefaßt. Auf diese Weise entsteht der Prototyp eines Geschehensablaufs, das Skript, auch »generalized event representation« (GER) genannt. Daran werden neue bzw. aktuell ablaufende Ereignisse gemessen. Mit einem Skript gehen wir ins Restaurant und erwarten einen bestimmten Ablauf der Dinge, z. B. daß nach dem Essen gezahlt wird. Sollen wir plötzlich vor dem Bestellen oder während des Essens zahlen, sind wir verblüfft. Größere Abweichungen können, wenn sie sich ständig wiederholen, neue Skripte erzeugen. Bei McDonald's wird immer vor dem Essen gezahlt, und entsprechend ist das Schnellimbiß-Skript von dem eines traditionellen Restaurantbesuchs verschieden. Bleiben die Abweichungen ein Einzelfall, so werden sie entweder vergessen oder haften, falls von heftigen Affekten begleitet (Prügelei im Restaurant), als untypische Ereignisse besonders gut im Gedächtnis. Kleine Abweichungen modifizieren das bisherige Skript und werden ihm einverleibt.

Stern übernimmt diese, hier nur sehr impressionistisch geschilderte Theorie der Erfahrungs- und Wissensrepräsentation als für die präverbale Zeit gültig und wendet sie nicht nur auf äußere Ereignisse, wie Restaurantbesuche, sondern auf die affektbesetzte Interaktion zwischen Mutter und Säugling an. Der hungrige Säugling wird zur Brust genommen und hat dabei verschiedene Empfindungen – taktile, propriozeptive, kinästhetische, visuelle, geschmackliche. Diese »Brust-

---

* Über die Unterschiede und Ähnlichkeiten zwischen Piaget und Nelson informiert Cocking (1983). Einen ausführlichen Überblick über Skript- und Schematheorien gibt Mandler (1984).

Milch-Espisode« wiederholt sich mehrmals am Tag mit kleinen Abweichungen. Auf die Dauer wird eine Durchschnittsrepräsentanz dieser Episoden gebildet. Die 2, 3, 4, 5, 6 Episoden werden zu einer verallgemeinerten Brust-Milch-Espisode umgeformt. Die entsprechende Repräsentanz nennt Stern »representation of interaction generalized«, abgekürzt RIG. (RIG ist also die präverbale Form von Nelsons GER.) Diese Repräsentanz, z. B. RIG 1–6 für sechs Brust-Milch-Espisoden, ist eine für das Individuum und seine Interaktionserfahrung spezifische, aber zugleich verallgemeinerte, d. h. abstrakte. Eine RIG ist die prototypische Repräsentation individueller Interaktionserfahrung und der Hintergrund und die Folie, auf der neue, aktuell ablaufende Episoden (z. B. Episode Nr. 7) eingeschätzt und wahrgenommen werden. Wenn der Prototyp von 6 Episoden gebildet worden ist (RIG 1–6) sind die einzelnen ihn konstituierenden Episoden (1, 2, 3, 4, 5, 6) nicht mehr oder nur schwer erinnerbar.

»Nach der Verschmelzung der verschiedenen Episoden ist die spezifische Erinnerung an ein Erlebnis nicht mehr zugänglich… Wiederholte Erlebnisse führen… zu einem Standardskript… einzelne Beispiele dieses verskripteten Ereignisses sind schwer erinnerbar« (Nelson/Gruendel 1981, S. 148).

Je mehr Erfahrungen (20, 30, 40 Episoden) in Form von RIGs konserviert sind, desto mehr Gewicht haben die RIGs und desto geringer ist der modifizierende Einfluß *einer* aktuell stattfindenden Episode (Nr. 41). Sie vermag wenig gegen die Macht der gesammelten Erfahrung. Die in der Vergangenheit gemachten und in RIGs gespeicherten prototypischen Erfahrungen wiegen schwer. Sie konstituieren Erwartungen über den wahrscheinlichen weiteren Verlauf und färben so die Beurteilung einer konkret ablaufenden Episode. Dadurch wird die gegenwärtige Episode (Nr. 41) im Lichte der vergangenen Erfahrungen (Nr. 1–40) gesehen. *RIGs sind konservativ!*

Die Psychoanalyse beschreibt die Übertragung als einen Prozeß, in dem vergangene Erfahrungen an aktuelle Interaktionen und Wahrnehmungen herangetragen werden und ihre Einschätzung färben. Auch hier wiegt die Vergangenheit schwer und widersetzt sich schneller Veränderung. Die Schwierigkeit, dauerhafte psychische Strukturveränderungen zu erreichen, zeugt vom Konservativismus des Seelenlebens. Freud (1937a) ist deswegen bezüglich der Erfolgschancen der psychoanalytischen Therapie am Ende seines Lebens zu außerordentlich pessimistischen Schlußfolgerungen gelangt. Die Schwierigkeiten der Veränderung hat er auf die konservative Natur der Triebe, ihre Trägheit, Zähigkeit und Klebrigkeit zurückgeführt.

Im vorliegenden Konzept wird die Tendenz zur Wiederholung nicht auf die konservative Eigenschaft der Triebe und nicht auf den letztlich im Todestrieb wurzelnden Wiederholungszwang zurückgeführt, sondern auf die konservative Natur mentaler Repräsentationen. In der traditionellen Terminologie könnte man sagen, daß nicht die Triebe konservativ sind und zur Wiederholung neigen, sondern das Ich (s. a. Greenwald 1980). Damit schließt sich der Kreis. Wie bei der Diskussion von Primär- und Sekundärprozeß ergibt sich, daß triebenergetische Argumente entbehrlich sind. Ebensowenig wie zur Erklärung primärprozeßhaften Denkens die Annahme einer freibeweglichen Energie nötig ist, ist zur Erklärung von Wiederholungsphänomenen die Annahme eines Todestriebs oder sonstiger konservativer Triebeigenschaften nötig.

Diejenigen, die der Verzicht auf die triebtheoretische Unterfütterung psychoanalytischer Begriffe stört, seien getröstet. Es werden nicht die primärprozeßhaften oder konservativen Eigenschaften des Seelenlebens geleugnet, sondern sie werden anerkannt. Ihre Entdeckung durch Freud bleibt eine Errungenschaft ersten Ranges. Ja, ich denke sogar, daß sich die Größe der Errungenschaft gerade darin zeigt, daß sie von der mit ihr verknüpften theoretischen Erklärung unabhängig ist und andere ermöglicht. Die primärprozeßhaften und konservativen Eigenschaften des Seelenlebens werden in der vorliegenden Konzeptualisierung bestätigt, aber ins Ich hineingezogen. Das Ich wird »vertrieblicht«, indem ihm Eigenschaften zugesprochen werden, die vormals den Trieben zukamen.[*]

Mein vorläufiges Fazit lautet: Die Einbeziehung neuerer Forschungsergebnisse zur Repräsentation von Alltagserfahrung führt zu dem aufregenden Resultat, daß sich im Herzen der kognitiven Psychologie – beim Thema der mentalen Repräsentation – Freudianische Prinzipien entdecken lassen. Diese Prinzipien können mit den Mitteln und in der Sprache der modernen Wissenschaft reformuliert werden. Das ist kein Modernismus um jeden Preis, sondern der Versuch, Begriffen, die

---

[*] Ich vermerke nur am Rande, daß Marcuse (1955) ein umgekehrtes Programm verfolgt hat. Unter dem Titel der »Selbstsublimierung der Triebe« schreibt er den Trieben die Fähigkeit zur Sublimierung zu, die normalerweise als Ich-Funktion gilt. Während Marcuse also die Triebe »verichlicht«, wird bei mir das Ich vertrieblicht.

zu Recht eine glänzende Vergangenheit hatten, eine ebensolche Zukunft zu sichern.*

Dennoch hat der psychoanalytisch versierte Leser wahrscheinlich ein ungutes Gefühl. Freuds Theorie des Wiederholungszwangs enthält in ihren klinischen Anwendungen ja durchaus ich-psychologische Elemente. Die Tendenz zur Wiederholung traumatischer Erlebnisse wird oft als Meisterungsversuch des Ichs beschrieben. In diesem Sinne unterscheidet Bibring (1943) einleuchtend zwischen einer wiederholenden Tendenz des Es (Todestrieb, Herstellung eines früheren anorganischen Zustandes) und einer restitutiven Tendenz des Ichs. Dieser Dualismus reflektiert Freuds Ahnung, daß es neben der Tendenz zu »Wiederholung von Bedürfnissen« noch ein fundamentaleres »Bedürfnis nach Wiederholung« geben muß, das ich-psychologisch, d. h. als Bewältigungsversuch nicht erklärt werden kann. An dieser Stelle erscheint der Todestrieb auf der theoretischen Bühne. Die wenigsten Psychoanalytiker sind Freud in diesem Punkt gefolgt, und ich tue es auch nicht. Dennoch erkenne ich im Todestriebkonzept die ernst zu nehmende Überzeugung, daß es Wiederholungen gibt, die so hartnäckig sind, daß psychologische Erklärungen zu versagen scheinen und biologische an ihre Stelle treten müssen.

Wie aber kann der »Leib« in die Wiederholung einbezogen werden, wo sie doch gerade im »Geist« (den mentalen Repräsentationen) verortet wurde? Zur Beantwortung dieser Frage muß man sich ins Gedächtnis rufen, daß die frühen mentalen Repräsentationen, deren Konservativismus betont wurde, keine Bilder und Symbole sind, sondern präsymbolische, psychobiologische Aufzeichnungen. Sie sind deshalb nicht einfach dem Ich zuzurechnen. Frühe Interaktionsepisoden bestehen aus Wahrnehmungs-Affekt-Handlungsmustern, in denen der Affekt eine bedeutsame Stellung hat, allerdings nicht als symbolisierter, sondern als sensorischer.

»Primär in der frühen Entwicklung ist eine Schicht psychobiologisch fundierter organischer Gefühlszustände, die im Kontext der Mutter-Kind-Beziehung erlebt werden.« (Wilson/Malatesta 1989, S. 283).

* Andere psychoanalytisch inspirierte kognitive Theorien des Wiederholungszwangs stammen von Horowitz/Becker (1972) und Pfeiffer/Leuzinger-Bohleber (1986).

Die zitierten Autoren unterscheiden deshalb eine primäre oder Urwiederholung (*primal repetition*) von einer symbolisch vermittelten. Die primäre Wiederholung ist sprachlos, archaisch und operiert unterhalb der symbolischen Ebene. Sie wird von präverbalen und präsymbolischen Erfahrungen gespeist, die der symbolischen Umschrift entgangen sind. Sie drängen zu Wiederholungshandlungen, weil sie anders nicht erinnert werden können. Die abgesprengten und von der weiteren Erfahrung ausgeschlossenen Erfahrungen entwickeln ein unterirdisches Eigenleben. Was nicht symbolisiert wurde, *muß* wiederholt werden.* Diese Konzeption verweist die Ursprünge hartnäckiger Wiederholungen in die präverbale Zeit, in der Affekte noch nicht symbolisiert sind (s. a. Gedo 1981, S. 314f.). *Der unbewältigte sensorische Affekt, nicht der Todestrieb, ist die biologische Wurzel des Wiederholungszwangs.*

Diese Auslegung entspricht dem Geist von Freuds Theorie, wenn auch nicht ihrem Buchstaben. Den biologischen Wurzeln, den körpernahen sensorischen Affektempfindungen, wird eine elementare Kraft zugeschrieben, die symbolische Repräsentationen und symbolisch encodierte Affekte nicht in gleichem Maße haben. Der mutmaßliche Grund dafür ist, daß Symbolisierungen eher der selbstreflexiven und kommunikativen Korrektur zugänglich sind, während präsymbolische Erfahrungen dazu erst symbolisiert werden müssen. Dieser schwierige und möglicherweise immer unvollständige Prozeß macht die psychoanalytische Arbeit mit schwergestörten und psychosomatischen Patienten so langwierig.

Die konservative Natur mentaler Repräsentationen, die zu Anfang der Ausführungen als Erklärung für die Wiederholungsneigung und den Konservativismus des Seelenlebens angeführt wurde, ist also nur die erste Schicht. Sie gilt für unsymbolisierte und symbolisierte Aufzeichnungen gleichermaßen. Die zweite Schicht, die hartnäckigen Wiederholungen, stammen aus unbewältigten, passiv erlittenen sensorischen Affekterlebnissen, die aktiv repetiert werden, weil sie anders nicht erinnert oder ausgedrückt werden können. Es versteht sich von selbst, daß, wenn Erwachsene und ältere Kinder solche Affekte agieren, sie immer in nachträglich symbolisierter und mit Phantasien verknüpfter Form erscheinen.

---

* Für Kinston/Cohen (1986) ist das Nicht-Symbolisierte das Urverdrängte. Es wird in der Urwiederholung zur Darstellung gebracht.

Symbol, Wunsch, Konflikt, Abwehr *

Die Fähigkeit zur Symbolbildung, von der in diesem Kapitel so oft die Rede war, hat einschneidende Auswirkungen auf das Seelenleben. Mit dem Erwerb der Symbolfunktion wird Denken und Phantasieren im erwachsenen Sinne möglich. Ab 1 ½ Jahren sind Kinder in der Lage, sich ein Objekt trotz seiner Abwesenheit bildhaft vorzustellen. Damit löst sich das Denken von der konkreten Wahrnehmung und wird zum freien Phantasieren, das von der Realität unabhängig ist und sogar zu ihr in Gegensatz treten kann. Das Kind hat nun die Möglichkeit, sich eine andere Realität als die aktuelle vorzustellen und zu wünschen. Der Wunsch als symbolisches Gebilde ist – im Gegensatz zum bloßen Bedürfnis und seinem Ausdruck und im Gegensatz zum sensorischen Affekt – an die Fähigkeit zur Symbolbildung gebunden. Erst mit ihr ist eine phantasierende Verzerrung der Realitätswahrnehmung möglich. Vorher gibt es eine Färbung der Wahrnehmung durch den aktuellen Bedürfniszustand, Affekt und die kognitiven Mängel, aber keine *Vorstellung*, daß es auch anders sein könnte, als es ist. Es gibt kein »Umphantasieren« der Realität unter dem Einfluß von Ängsten oder Bedürfnissen, sondern höchstens ein Leiden an der Realität unter dem Eindruck unbefriedigter Bedürfnisse. Es gibt nichts, was die aktuelle Realität transzendieren könnte.

> »Erfahrung hat für das Kleinkind deutlich das Merkmal der Unvermeidlichkeit: Sie kann unmöglich anders sein als so, wie sie ist« (Ogden 1984, S. 187).

Die im Gedächtnis gespeicherten »besseren« Inhalte vergangener Befriedigungssituationen stellen noch keine Gegenwelt dar, die das Kleinkind *an*rufen könnte, weil es sie nicht willkürlich *ab*rufen kann. Wohl kann es die aktuelle Realität mit gespeicherten Erinnerungen vergleichen, aber die Erinnerungen können nicht frei evoziert werden. Wenn die Mutter da ist, kann der Säugling die aktuelle Fütterungsepisode mit den gespeicherten Erinnerungen vergangener Episoden in Zusammenhang bringen; wenn sie weg ist, kann er die vergangenen Episoden nicht mehr aktivieren, sondern nur noch unter der Abwesenheit der Mutter leiden. *Der Wunsch als intrapsychisches Gebilde ist konstitutiv mit der*

---

* Die folgenden Überlegungen sind in Teilen eine freie Wiedergabe von Stern (1985, S. 166 f., S. 228 ff.).

Symbolfunktion verknüpft. Wunschdenken ist für das präsymbolische
Kind unmöglich.

Herzog (1980) berichtet in einem anrührenden Fallbeispiel von einem 18 Monate alten Jungen, der gerade den Auszug des Vaters aus dem elterlichen Haushalt erlebt hat. Um das Schlimmste zu mildern, darf er wieder bei der Mutter im Bett schlafen. In der Spielsitzung wird die Sehnsucht des Kindes nach dem Vater deutlich. Die Babypuppe liegt bei der Mutter im Bett, und der Junge wird unruhig. Herzog versucht, ihn zu beruhigen, indem er die Mutterpuppe die Babypuppe streicheln läßt. Das hilft nicht. Daraufhin legt Herzog die Vaterpuppe neben die Babypuppe zur Mutter ins Bett, aber auch damit ist der Junge nicht zufrieden. Er sorgt vielmehr dafür, daß die Vaterpuppe die Babypuppe in ein separates Bett legt, legt dann selbst die Vaterpuppe zur Mutter ins Bett und sagt: »Alles besser jetzt« (S. 225).

Hier kann man den symbolischen Ausdruck eines Wunsches *in statu nascendi* beobachten. Der Junge drückt im Spiel aus, daß der Vater, der in der Realität abwesend ist, wieder zu Hause sein möge. Es soll alles wieder so sein, wie es war. Dazu braucht er Herzogs Hilfe und die Vergegenständlichung des Vaters in einer Puppe. Der Wunsch ist noch nicht rein symbolisch, aber es ist klar, daß jetzt zwei Versionen der Realität auseinandergehalten werden, die aktuelle und die gewünschte. Ohne die Fähigkeit zur Symbolisierung würde der Junge Unbehagen darüber empfinden, daß jetzt etwas anders ist als früher und mit Symptomen reagieren (was er auch tut; er hat Schlafstörungen), aber er könnte den Wunsch nach dem Vater nicht im symbolischen Spiel ausdrücken. Er würde unter der Abwesenheit des Vaters leiden, ohne sein Bedürfnis nach Abwesenheit anders ausdrücken zu können als in Symptomen. Diese Symptome symbolisieren nichts und sind nicht das Ergebnis intrapsychischer Operationen, sondern das direkte Resultat der mit dem Weggang des Vaters entstandenen ungehaglichen Realitätsveränderung. Erst die Symbolfunktion setzt dem blinden Leiden ein seelisches Bild ein, und im beginnenden symbolischen Spiel wird die gewünschte Form der Realität erstmals (proto-)symbolisch ausgedrückt. Damit entsteht eine Entlastung vom Druck der Realität und eine innere Welt des Wunsches und des Tagtraumes. Jetzt kann *der Wunsch* mit der Realität in Konflikt geraten, vorher konnten es nur die Triebe oder die Bedürfnisse.

Daraus folgt, daß die Anfänge des Seelenlebens keine psychodynamischen sind, auch wenn es von Anfang an im Seelenleben aktiv zugeht. Vor der Existenz der Symbolfunktion gibt es keinen intrapsychischen Konflikt, weil es erstens keinen Wunsch gibt und zweitens die Realität noch nicht als intrapsychische symbolische Instanz verinnerlicht ist. Das Konfliktmodell scheint daher auf das frühe Seelenleben nicht anwendbar zu sein (s. a. Gedo / Goldberg 1973). Das frühe Seelenleben ist präkonfliktuös, wenn auch nicht ohne Schwierigkeiten und sicher kein Paradies.

Vielleicht ist das Festhalten an der Idee, daß der Säugling phantasieren kann, ein Widerstand und ein Versuch, seine Abhängigkeit von der Realität zu verleugnen. Wenn man ihn mit Phantasien ausstattet, räumt man ihm immerhin die Möglichkeit ein, aktiv mit der Realität und ihren frustrierenden Aspekten umzugehen. Zumindest in der Phantasie kann er sie umdeuten und bewältigen: Er kann projizieren, introjizieren, projektiv identifizieren etc. Aber diese Möglichkeit gibt es nicht. Der Säugling ist auf Gedeih und Verderb der Realität ausgeliefert – jedoch nicht ganz! Er kann sich *verhaltensmäßig* gegen sie wehren: durch Signale an die Mutter, die ihre Interaktion beeinflussen; durch Vorläufer von Abwehrmechanismen, wie Schreien oder Einschlafen; und, wenn alles nichts nützt, durch Symptome wie Erbrechen oder Schlafstörungen. Seine Fähigkeiten zur Regulierung dystonischer Stimulation und Interaktion sind größer, als die Psychoanalyse bisher glaubte, seine Fähigkeit zur phantasiemäßigen Umarbeitung sicher kleiner. Weil es die nicht gibt, gibt es auch keine Abwehr*mechanismen*, sondern nur Abwehr*maßnahmen* (ausführliche Beschreibung bei Fraiberg 1982; s. a. Lichtenberg 1983, S. 75 f.).*

Im Festhalten am Phantasiekonzept drückt sich aber nicht nur ein Widerstand aus, sondern auch eine richtige Ahnung von der Kompetenz des Säuglings. Er *ist* kompetent, allerdings nicht in der Phantasie, sondern im interaktiven, perzeptiven und affektiven Bereich. Indem die

* Entsprechendes gilt für die Verdrängung. Sie ist kein ursprünglicher, sondern ein relativ reifer Abwehrmechanismus (s. Freud 1915 b; Anna Freud 1936; Lichtenberg/Slap 1972; Kernberg 1976; Sandler/Sandler 1984; Liebsch 1986). Ich vermute, daß sie ungefähr mit 3–5 Jahren beginnt. – In Fortführung des Programms, psychoanalytische Begriffe von ihrer problematischen triebenergetischen Grundlage zu befreien, müßte auch der Verdrängungsbegriff reformuliert werden. Neutralisierte Gegenbesetzungsenergien, die ein zentraler Bestandteil der Metapsychologie der Verdrängung sind, dürften dabei keine Rolle mehr spielen. Erste Ansätze dazu liegen vor (G. Klein 1976, S. 198, 241, 293 f.; Eagle 1984 a, Kap. 8; 1987, S. 178 ff.; Hohage 1985, S. 193 f.; Levine/Slap 1985, S. 47 f., 53 f.). Freud verwendet übrigens in den »Studien über Hysterie« selbst einen Verdrängungsbegriff ohne Triebtheorie, der wiederbelebt werden kann (s. Pogodda 1981).

Psychoanalyse ihm komplexe Phantasien zuschreibt, ahnt sie seine Kompetenz, aber sie lokalisiert sie falsch: Nicht in der Phantasie ist er kompetent, sondern in der Realität! Mit dieser dialektischen Pointe, die noch das Wahre (Kompetenz) im Falschen (Phantasie) dingfest macht, will ich es bewenden lassen.[5]

9. Phantasie und Interaktion

Einleitung

Im letzten Kapitel habe ich dargestellt, daß psychoanalytische Hypothesen über infantiles Phantasieren problematisch sind und reformuliert werden müssen. Ich habe in Anlehnung an Piaget und andere Autoren das Mentale bei Säuglingen neu betrachtet und Konsequenzen diskutiert. Jetzt wende ich mich der anderen Seite der Dyade zu: den Phantasien der Eltern. Die Wirklichkeitsverarbeitung der Eltern ist im Gegensatz zu der ihrer Säuglinge symbolisch organisiert, und dieses symbolische Universum hat einen außerordentlichen Einfluß auf die Interaktion mit dem Kind. Es kann biologisch auf Zusammenpassen und Normalität programmierte interaktive Verhaltensweisen überformen und den präverbalen Dialog entgleisen lassen. »Intuitive Elternschaft« (Papousek/Papousek 1987), d. h. elterliches Verhalten, das zum Gelingen des Dialogs beiträgt, wird durch bewußte und unbewußte Phantasien beeinflußt und gelegentlich ins Gegenteil verkehrt.

Der Beitrag der Psychoanalyse zur Säuglingsforschung: Die phantasmatische Dimension der Interaktion

An den Interaktionsstudien der Säuglingsforscher fällt auf, daß sie die Subtilität und Angepaßtheit der Interaktion von Mutter und Kind beeindruckend und gründlich beschreiben, aber das Nicht-Zusammenpassen findet nicht die gleiche Aufmerksamkeit. Es wird meist nur in der Form berücksichtigt, daß die einzelnen Verhaltensweisen, die nicht zueinander passen, detailliert beschrieben werden, die »interactional failures« (Papousek/Papousek 1983) werden gut dokumentiert, aber die Gründe dafür bleiben oft im dunkeln. Es wird zwar diagnostiziert, daß untypisches Interaktionsverhalten vorliegt, und es wird auch gezeigt, in welchem Bereich, mit welcher Häufigkeit und in welchem Ausmaß, aber die auch im Sinne von Prävention und Intervention wichtige Frage nach den Ursachen dieser Abweichung bleibt merkwürdig unterbelichtet.

Dazu ein Beispiel: Eine der ersten Interaktionsstudien von Stern (1971) beginnt mit folgender, quasi programmatischer Feststellung:

»Wenn man Mutter und Säugling zusammen beobachtet, gewinnt man rasch viele Eindrücke über die Beziehung: ob die Mutter ›feindselig‹ oder ›liebevoll‹ oder ›kontrollierend‹ oder »responsiv« ist usw. Ähnlich gewinnt man Eindrücke vom Interaktionsprozeß: ob das Paar ein glattes und leichtes Interaktionsmuster ›ausgearbeitet‹ hat oder ein schwieriges, das charakteristischerweise an bestimmten Punkten ›blockiert‹... Dennoch bleibt unklar, welche Interaktionen es genau sind, die die entstehenden sozialen Verhaltensweisen des Säuglings beeinflussen... ›Kontrollierendes‹ Verhalten der Mutter beispielsweise ist eine abstrakte Aussage über die Mutter, die für einen Säugling keine faßbare Bedeutung haben kann. Dem Eindruck von ›Kontrolle‹ liegt allerdings ein Bündel mütterlicher Verhaltensweisen zugrunde, das in einer bestimmten zeitlichen Beziehung zu bestimmten Verhaltensweisen des Säuglings steht. Diese Verhaltensweisen der Mutter bilden einen sehr realen Teil des Säuglingserlebens. Solange wir nicht wissen, welche speziellen mütterlichen und kindlichen Verhaltensweisen beteiligt sind, verbleiben wir auf einem Verallgemeinerungsniveau, das nicht länger fruchtbar ist. Die vorliegende Untersuchung versucht, einige der spezifischen Interaktionen zwischen mütterlichen Verhaltensweisen und denen des Säuglings sichtbar zu machen... Unter Verwendung der Methode der Einzelbild-Filmanalyse haben wir ein Beispiel ›kontrollierenden‹ und ›überstimulierenden‹ mütterlichen Verhaltens im Detail untersucht« (S. 113 f.).

Die Interaktionsforscher betrachten also klinische Begriffe und globale Konstrukte wie kontrollierende oder zurückweisende Mutter als eine Art »versiegelter Umschläge« (Papousek et al. 1986), die man öffnen muß, um ihr Geheimnis zu enthüllen. Die Öffnung besteht darin, mit Hilfe verfeinerter Beobachtungsmethoden zu demonstrieren, in welcher Vielfalt von Verhaltensweisen sich Zurückweisung oder Kontrolle ausdrücken kann. Stern beschreibt in seiner Studie die Interaktion einer Mutter mit ihren 3 ½ Monate alten Zwillingen. Der klinische Eindruck ist, daß die Mutter mit einem Säugling eine gute und glattlaufende Interaktion hat, während sie mit dem anderen eher kontrollierend und überstimulierend umgeht. Dies konnte durch vergleichende Analyse des Interaktionsverhaltens auch belegt werden. Die Muster des wechselseitigen Blickontakts wurden analysiert, und es stellte sich heraus, daß der Eindruck von Kontrolle und Überstimulierung u. a. daher rührt, daß die Mutter bei ihrem Erstgeborenen das Wegblicken als Zeichen dafür akzeptieren kann, daß er im Moment genug hat, während sie beim Zweitgeborenen das Wegblicken nicht duldet und immer wieder versucht, forciert Blickkontakt herzustellen.

Im begleitenden Gespräch stellt sich heraus, daß die Mutter ziemlich ambivalent in bezug auf ihren Ehemann ist und in bezug auf die Tatsache, daß sie Zwillinge hat. Diese Ambivalenz wird so bewältigt, bzw. ausgedrückt, daß sie im Erstgeborenen die guten, im Zweitgeborenen die schlechten und kontrollbedürftigen Gefühle unterbringt. Der Erstgeborene repräsentiert die guten mütterlichen Selbstanteile, der Zweitgeborene die schlechten Anteile des Ehemanns. Nachdem dieser Sachverhalt von Stern eher kurz und beiläufig erwähnt wird, heißt es dann:

»Die Absicht dieser Untersuchung war es jedoch nicht, herauszufinden, wie und warum verschiedene Interaktionen entstehen, sondern eher die, die Struktur des Interaktionsprozesses selbst zu untersuchen« (S. 115).

Ich denke, daß der originäre Beitrag der Psychoanalyse zur Säuglingsforschung und zum Studium der frühen Interaktion darin bestehen kann, daß sie zur Klärung des »wie und warum« beiträgt. Dazu ist es notwendig, über den beobachtenden und vorwiegend deskriptiven Ansatz der Säuglingsforscher hinauszugehen und die Phantasien der Eltern über sich und ihre Kinder zum Gegenstand der Untersuchung zu machen. Ihre Kenntnis kann zum Dreh- und Angelpunkt werden, wenn es darum geht, nicht nur zu beschreiben, *wie* die Interaktion verläuft, sondern zu erklären, *warum* sie so verläuft.

Grundsätzlich gibt es drei Möglichkeiten der Verursachung. Entweder das Kind verursacht die interaktionellen Abweichungen aufgrund bestimmter Anomalien in seiner Ausstattung, oder die Mutter tut es, oder beide tragen ihr Scherflein dazu bei, wenn auch in unterschiedlichem Ausmaß. Die »Ausstattung« der Mutter ist jedoch reichhaltiger als die des Säuglings, nicht nur die biologisch-verhaltensmäßige, sondern vor allem die symbolische, die beim Säugling fehlt. Natürlich beschäftigen sich auch die nicht psychoanalytischen Säuglingsforscher mit dem Problem der Verursachung (z. B. Papousek/Papousek 1975, S. 256; 1983, S. 35; Field 1987), aber sie berücksichtigen zu wenig die gestaltende Kraft elterlicher Phantasien. Dazu sind Untersuchungen notwendig, in denen gleichzeitig die Interaktion beobachtet und die Phantasien der Eltern exploriert werden, damit mögliche Zusammenhänge beider in den Blick geraten können. Diese Aufgabe ist von psychoanalytischen Säuglingsforschern in Angriff genommen worden.

Beispiele

1. Eine Mutter kommt mit ihrem sieben Monate alten Baby zur Beratung, weil es sich den Kopf an den Wänden anstößt, seit sie es eine Woche lang verlassen hat, um Urlaub zu machen. Von Anfang an hat sie sich mit ihrem kleinen Mädchen nicht verstanden. Der Analytiker legt ihr das Kind in die Arme und gibt ihm ein Spielzeug. Die Mutter sagt: »Du wirst mir damit doch nicht weh tun.« Sofort haut ihr das Baby auf den Kopf und zeigt so deutlich, daß es bei der Erwähnung der ständigen Zerwürfnisse Affekte der Mutter wahrgenommen hat (Lebovici 1986, S. 105). In diesem Beispiel wird leider nicht berichtet, von welchen beobachtbaren Mikroverhaltensweisen der Bericht der Mutter über die Zerwürfnisse begleitet ist, aber offenkundig gibt es solche, und sie werden vom Kind wahrgenommen und beantwortet.
2. In der Klinik erscheint eine Mutter mit ihrer 22 Monate alten Tochter wegen beträchtlicher Eßschwierigkeiten und Erbrechen. Das Kind setzt sich friedlich auf den Boden und spielt. Im Fluß der Erzählung holt die Mutter plötzlich eine Milchflasche aus der Tasche und schiebt sie dem Kind in den Mund, ohne daß es Anzeichen von Hunger oder Durst gegeben hätte. Einige Minuten später wiederholt sich diese Szene. Der Analytiker interveniert und beschreibt der Mutter, was sie gerade gemacht hat. Etwas zögernd nimmt sie die Flasche an sich, greift nach kurzer Zeit wieder in die Tasche, holt ein Bonbon heraus und schiebt es sich selbst in den Mund (Cramer 1987, S. 1048).

Im Gespräch wird deutlich, daß die Mutter von der Angst gepackt ist, ihr Kind könnte verhungern. Weiter wird deutlich, daß diese Angst eine auf das Kind projizierte Angst ist, sie selber könnte verhungern. Die Mutter erzählt nämlich im weiteren Gesprächsverlauf von ihren intensiven, in ihrer eigenen Kindheit schwer frustrierten Wünschen nach einer warmherzigen und nährenden Mutter. Eine bis dahin unbewußte Phantasie über den eigenen Hunger verursacht ein Interaktionsverhalten, das die Quelle von Symptomen beim

Kind ist. Das Kind wird zum Träger einer unbewußten Phantasie der Mutter über Aspekte des eigenen Selbst.

Eine solche »Übertragung« unbewußter Phantasien macht aus dem realen Kind ein »phantasmatisches« (Lebovici 1983 b, S. 131). Das phantasmatische Kind ist der Repräsentant und Adressat unbewußter Phantasien und Affekte. Der Prozeß der Übertragung unbewußter Phantasien führt dazu, daß das Kind für die Mutter kein reales Kind mehr mit realem Hunger oder Durst ist, sondern eine »Phantasieaufladung« erfährt, in der die Realität des Kindes verschwindet. Es wird gefüttert, obwohl es *keinen* Hunger hat. Die Mutter füttert sich selbst. Das Kind lehnt diese Übertragung ab und bringt sich im Erbrechen und den Fütterungsschwierigkeiten als reales Kind gegen das Phantasma der Mutter zur Geltung. In Winnicotts Sprache könnte man sagen, daß es mit Hilfe des Symptoms sein wahres Selbst – das am Anfang des Lebens eine Art organismischer Totalität ist, die sich im Verhalten des Kindes manifestiert (wahrscheinlich sogar mit ihm identisch ist) – gegen die Übergriffe der Mutter verteidigt.*

3. Das sechs Monate alte Mädchen einer Mutter schläft immer ein, wenn sie es an die Brust legt. Die Mutter füttert kurz, häufig und extrem angespannt. Im Gespräch stellt sich heraus, daß sie glaubt, daß ihr Mädchen im Schreien seine Macht bekunde und sie diesen kindlichen Forderungen nicht widerstehen dürfe. Die Mutter hatte in ihrer eigenen Kindheit eine enge Beziehung zu ihrer Großmutter, die sie als außerordentlich kraftvolle und mächtige Frau beschreibt. Ihr Kind erlebt sie unbewußt als Verkörperung dieser Großmutter, der sie nicht widersprechen durfte. Außerdem stellt sich heraus, daß die Mutter manisch-depressive Episoden hat. In den manischen Episoden fühlt sie sich außerordentlich stark und kann keinerlei Einschränkungen ertragen. In den depressiven Phasen – in einer davon ist sie gerade – fühlt sie sich schwach und kraftlos und schreibt die Stärke ihrer manischen Phasen dem Kind zu. Sie meint dann, ihr Kind würde ebensowenig Widerspruch dulden wie sie selbst, wenn sie manisch ist.

Das Kind repräsentiert also zu bestimmten Zeiten sowohl Figuren

---

* Vom phantasmatischen Kind unterscheidet Lebovici das »imaginäre«, das zum Träger bewußter oder vorbewußter Phantasien wird (1986, S. 103 Anm.). Ein Beispiel dafür ist die Mutter, die auf ihren Buben immer eine Spur zu unterkühlt reagiert, damit er nicht seine Initiative verliert und so lahm wird wie sein Vater (s. Kap. 7). Hier wird eine bewußte Phantasie über den Ehemann auf den Sohn übertragen, und die Mutter interagiert jetzt mit dem imaginären Sohn.

aus der Vergangenheit der Mutter wie auch bestimmte gegenwärtige Selbstanteile. Die Projektion dieser unbewußten Phantasien auf das Kind macht die Mutter unfähig, auf das reale Kind und seine realen Anzeichen von Hunger oder Sättigung zu reagieren. Aus dem realen Kind ist ein phantasmatisches geworden. Die Interaktionen der Mutter, die, gemessen an den realen kindlichen Verhaltensweisen und Signalen, in hohem Maße intrusiv und uneinfühlsam sind, sind, gemessen an den Phantasien über ihr Kind, in hohem Maße passend (Cramer 1987, S. 1048ff.). Die Mutter interagiert nicht mit dem realen Kind in der Welt, sondern mit dem phantasmatischen Kind in ihrem Kopf, gewissermaßen mit sich selbst bzw. mit ihrem Bild vom Kind. Der Druck der Phantasien überformt die Wahrnehmung und macht die Mutter unfähig, die Signale ihres Kindes differenziert zu lesen und zu beantworten. Der biologisch auf Angepaßtheit präprogrammierte Dialog entgleist aufgrund seiner symbolischen Überformung.*

Phantasie in der akademischen Entwicklungspsychologie: Bedeutungszuschreibungen

Bisher ist vorwiegend an Beispielen mit symptomatischem, d. h. potentiell pathologischem Ausgang gezeigt worden, daß die Realität von Kindern eine Phantasieaufladung erfährt und Eltern ihren Kindern und deren Verhaltensweisen bewußt und unbewußt Bedeutungen zuschreiben. Die Frage ist, ob dieser Prozeß der Bedeutungszuschreibung nur in solchen Extremfällen auftritt oder ob er nicht ein universales Phänomen ist, das sich in jeder alltäglichen Interaktion ereignet. Diese Meinung wird von einer Reihe nicht psychoanalytischer Entwicklungspsychologen mit Nachdruck vertreten.

Hinde, ein Verhaltensbiologe, formuliert pointiert, daß die Mutter-Kind-Beziehung auf einer »Täuschung« (1976, S. 14) beruht, weil Mütter den Verhaltensweisen ihrer Kinder immer Bedeutungen zuschreiben, die man an den Verhaltensweisen selbst nicht ablesen kann. »Die Bedeutung von Signalen kann niemals allein aus ihrer äußeren Form erschlossen werden« (Newson 1977, S. 53). Ein drastisches Beispiel dafür ist die Mutter eines Säuglings, der in Zuständen von Unruhe gelegentlich die Hand zur Faust schließt. Danach gefragt, was das ihrer Meinung nach bedeute, meint sie: »Er zeigt seinem Vater die Faust!«

* Weitere Beispiele bei Brazelton/Cramer (1989, S. 159ff.) und Cramer (1989).

(Lebovici 1983a, S. 271). Die größte Angst der Mutter ist, wie sich im Gespräch herausstellt, daß der Vater ihr die beiden Kinder wegnimmt.

Auch bei interpretativ zurückhaltenderen Müttern ereignet sich der Prozeß der Bedeutungszuschreibung auf Schritt und Tritt. Hier ein Beispiel aus dem Alltag: Die Aufmerksamkeit eines Kindes wendet sich einem neuen Objekt zu, z. B. einem Kreisel. Die Mutter fragt: »Das magst du?« Das Kind sagt: »Da-Da«, und die Mutter kommentiert: »Ja, das ist ein schöner Kreisel.« Die relativ unspezifische Da-Da-Vokalisierung des Kindes wird von der Mutter so behandelt, *als ob* sie eine kommunikativ zustimmende Mitteilung des Kindes wäre. Auf diese Weise erhalten Handlungen oder Äußerungen des Kindes durch mütterliche Bedeutungszuschreibungen den Status intentionaler Mitteilungen (s. a. Newson 1977, S. 57f.).

Von Anfang an behandeln Eltern ihre Kinder so, als ob sie bestimmte Absichten hätten. Die haben sie auch, aber die Zuschreibung von Absichten geht weit über das hinaus, was auf kindlicher Seite ursprünglich vorhanden ist. Kindliche Äußerungen, beispielsweise Gesten oder Schreien, drücken zunächst nur innere Zustände aus und werden erst ab ca. sieben bis neun Monaten in Mitteilungsabsicht eingesetzt (Überblick bei Harding 1982).* Newson, von dem das Beispiel mit dem Kreisel stammt, schreibt:

»In diesem Beispiel hat sich die Mutter eine unabsichtliche und vielleicht ziemlich wenig überlegte Handlung des Kindes zunutze gemacht, aber darauf reagiert, wie wenn es ein überlegter Kommentar des Kindes wäre... Viele Gesten von Säuglingen haben nur insoweit den Status kommunikativer Gesten, wie die Mutter ihnen diesen Status zuschreibt« (1977, S. 57; ähnlich 1979, S. 208, 211 ff.).

Diese Zuschreibung halten so verschiedene Autoren wie Wygotski (1934), Oevermann (1976), Kohut (1977), Newson (1977, 1979), Bruner (1982), Dunn (1982), Kaye (1982), Lebovici (1983 a,b,) und Cramer (1987) für fundamental. Wygotski und Oevermann leiten (mit unterschiedlichen Argumenten) daraus ab, daß der soziale Charakter der Interaktion gegenüber dem biologisch-motorischen der fundamentalere ist und daß die *soziale* Konstitution kognitiver Fähigkeiten wie der Intentionalität in den bisherigen Entwicklungstheorien unterschätzt

---

* Vorformen von Intentionalität wie z. B. das frühe Greifen, kann man schon mit wenigen Wochen finden (Bruner 1973).

wurde. Kaye meint, daß die Eltern durch den Prozeß der Bedeutungszuschreibung aus dem kindlichen Organismus eine Person machen.*
Kohut spricht von einem bloß virtuellen Selbst des Kindes, das sich
dadurch, daß die Eltern so tun, als ob es existiere, in ein tatsächliches
Selbst verwandelt. Dunn behauptet, daß das Kind im Prozeß der Zuschreibung von Intentionalität lernt, *wie* man intendiert, bevor es lernt,
etwas zu intendieren. Das sind aufregende Themen, die ich hier nicht
ausschöpfen kann. (Überblick bei Mueller 1982; van de Voort 1983).

Es steht jedenfalls fest, daß es sich bei Bedeutungszuschreibungen,
die vom Standpunkt der rein deskriptiven Interaktionswissenschaft
Überschätzungen und Täuschungen sind, um benigne Formen des
Adultomorphismus handelt, die nach Meinung der genannten Autoren
von großer Bedeutung für die Struktur der Interaktion zwischen Mutter und Kind sind. Bedeutungszuschreibungen sind also kein Privileg
neurotischer Eltern, sondern ein universaler Prozeß. Nur ihre Hyper-
trophie und der Inhalt solcher Zuschreibungen können zu pathogenen
Resultaten führen. Der Prozeß selbst hat, wohl dosiert und die Realität
des Kindes berücksichtigend, entwicklungsfördernde Potenzen.**

Innere Repräsentationen vergangener Erfahrung und ihre Bedeutung für die Interaktion: Die Bindungstheorie

Die Grenzen des deskriptiven Ansatzes werden auf andere Weise von
einer Forschungsrichtung erkannt, die personell und inhaltlich an der
Schnittstelle zwischen Psychoanalyse und akademischer Entwicklungspsychologie liegt: der Bindungstheorie von John Bowlby und
Mary Ainsworth. Personell an der Schnittstelle, weil Bowlby Psychoanalytiker ist, Ainsworth akademische Psychologin (mit absolvierter
Psychoanalyse); inhaltlich, weil die Bindungstheorie mit experimentellen Methoden ein Grundanliegen der psychoanalytischen Entwicklungspsychologie aufnimmt: die Untersuchung der Qualität der frühen
Mutter-Kind-Beziehung und der Nachweis ihrer Bedeutung für die
spätere Entwicklung.

---

* »...die Evolution hat Säuglinge geschaffen, die ihre Eltern verleiten, sie als intelligenter zu
behandeln, als sie wirklich sind; und nur weil Eltern sich auf diese Fiktion einlassen, wird sie
tatsächlich wahr« (Kaye 1982, S. 53).
** Eine interessante Untersuchung von Adamson et al. (1987) zeigt übrigens, daß Eltern in
Videoaufnahmen von Kleinkindern mehr Handlungen als bedeutungsvoll klassifizieren als eine
Kontrollgruppe von Nicht-Eltern.

Die Bindungstheorie begann mit einer detaillierten Beschreibung kindlicher Verhaltensweisen, die das Band zwischen Mutter und Kind stiften und mit einer von der Triebtheorie abweichenden Erklärung der Ursachen dieser Bindung (Bowlby 1958, 1969). Sie schritt fort mit dem Entwurf einer standardisierten Beobachtungssituation (dem sog. Fremde-Situations-Test) zur empirischen Untersuchung verschiedener Typen der Mutter-Kind-Beziehung (Ainsworth et al. 1978; Ainsworth 1979). Drei Bindungstypen wurden festgestellt: sicher gebundene Kinder, vermeidend gebundene und ambivalent gebundene (näheres s. Kap. 10).

Ein für die Psychoanalyse interessantes Ergebnis dieser Forschungen ist der empirische Nachweis der langfristigen Effekte der frühen Mutter-Kind-Beziehung. Aus deren Qualität, wie sie im Fremde-Situations-Test mit einem Jahr festgestellt werden kann, lassen sich eine Reihe zutreffender Vorhersagen ableiten. Sicher gebundene Kinder zeigen später adäquateres Sozialverhalten im Kindergarten und in der Schule, mehr Phantasie und positive Affekte beim freien Spiel, größere und längere Aufmerksamkeit, höheres Selbstwertgefühl und weniger depressive Symptome (Bretherton 1985; Erickson et al. 1985; Sroufe 1983, 1988).* Auch »carry over«-Effekte der frühen Bindungen, also Verallgemeinerungen der Bindungserfahrung und ihre »Übertragung« auf andere Personen wurden nachgewiesen. Sicher gebundene Kinder sind später offener und aufgeschlossener für neue Sozialkontakte mit Erwachsenen und Gleichaltrigen als vermeidend oder ambivalent gebundene (George/Maine 1979; Sroufe/Fleeson 1986).

Lewis et al. (1984b) haben einen signifikanten Zusammenhang zwischen Bindungsqualität mit einem Jahr und Psychopathologie mit sechs Jahren festgestellt. Kinder, die mit einem Jahr als sicher gebunden eingeschätzt wurden, zeigten mit sechs Jahren signifikant weniger Psychopathologie als unsicher gebundene. Dieser Zusammenhang ist bisher nur für Jungen gesichert, und andere Faktoren (ungeplante Geburt; »life-stress-events« wie Krankheit, Umzug etc.) spielen ebenfalls eine Rolle. Trotz dieser Relativierungen dokumentieren diese Ergebnisse die Bedeutung der Qualität der frühen Mutter-Kind-Beziehungen für die spätere seelische Entwicklung (weitere Literatur bei Belsky/Nezworski 1988).

---

* Es ist geltend gemacht worden, daß diese Zusammenhänge nicht die langfristige Wirksamkeit der *frühen* Mutter-Kind-Beziehung reflektieren, sondern die Wirksamkeit der *gegenwärtig immer noch andauernden*. Darüber gibt es beträchtliche Debatten (Lamb et al. 1984/86; Lamb/Bornstein 1987, Kap. 13,14; Sroufe 1988).

Neuerdings sind die Bindungstheoretiker dabei, ein weiteres Thema der Psychoanalyse auf ihre Weise einzuholen. Sie untersuchen mit Hilfe des *Adult-Attachment*-Interviews die inneren Repräsentationen der Mutter und ihre Bedeutung für die Entstehung der erwähnten Bindungstypen (Maine et al. 1985; Ricks 1985; Grossmann et al. 1988, 1989). Gefragt wird, wie mütterliche Bindungsangebote und die Sensibilität und Antwortbereitschaft gegenüber kindlichen Signalen, die sich als wesentliche Ursache für die entstehende Qualität der Mutter-Kind-Beziehung herausgestellt hat, nicht nur gemessen und dokumentiert, sondern auch erklärt werden können. Dabei spielen die vergangenen Erfahrungen der Mutter mit ihrer eigenen Mutter, deren Repräsentation in sogenannten »working models of the mind« (Bowlby 1973) und der Grad der Zugänglichkeit oder Verdrängung dieser Repräsentationen eine bedeutsame Rolle. Dies ist bekanntlich ein altes Thema der Psychoanalyse, und entsprechend finden sich in der neueren Literatur zur Bindungstheorie erfreulich ausführliche und verständige Darstellungen der Psychoanalyse (z. B. Bretherton 1987).

Die Einbeziehung der mütterlichen Repräsentanzen in den Prozeß der Erforschung der mütterlichen Bindungs- und Interaktionsangebote hat zu Ergebnissen geführt, die psychoanalytische Hypothesen auf einem gänzlich anderen methodischen Weg überprüfen. Maine/Goldwyn (1984) konnten aus der Art, wie Mütter über ihre Erfahrungen mit ihrer eigenen Mutter sprechen, mit hoher Wahrscheinlichkeit (75 %) *vorhersagen*, ob und z. T. wie sie ihre eigenen Kinder zurückweisen werden. Steele et al. (1991) und Fonagy et al. (1991 a, b) haben Frauen im letzten Schwangerschaftstrimester nach ihren Beziehungserfahrungen in der Kindheit befragt und konnten mit fünfundsiebzigprozentiger Treffsicherheit vorhersagen, welche Bindungsqualität sich zwischen diesen Müttern und ihren späteren Kindern entwickeln wird. Solche Zusammenhänge sind von der Psychoanalyse bisher nur retrospektiv gefunden worden. Wichtig ist, daß der entscheidende prognostische Faktor weniger in den vergangenen guten oder schlechten Erfahrungen mit der eigenen Mutter besteht als vielmehr darin, ob diese Erfahrungen bewußt sind oder nicht. Je abwehrender die Mütter im Interview auf Fragen nach ihren eigenen Beziehungserfahrungen reagierten, desto ungünstiger war die Prognose. Schlechte Erinnerungen allein, sofern sie bewußt und zugänglich sind, waren kein negativ prognostischer Faktor (Maine et al. 1985, S. 96 f.; Grossmann et al. 1988, S. 356 f.).

Dies bestätigt aufs schönste den von der Psychoanalyse schon immer behaupteten Zusammenhang von Wiederholungszwang und Unbewußtheit. Die Psychoanalyse kann diese Befunde noch präzisieren. Fraiberg et al. (1975) schildern eindrucksvoll eine Reihe von Müttern, bei denen selbst die volle Bewußtheit traumatischer Vernachlässigung den Wiederholungszwang nicht bricht: solange die dazugehörigen Affekte nicht ebenfalls erlebt werden, bleiben sie abgespalten und werden trotz der Bewußtheit der traumatischen Erfahrung in der Beziehung zum Kind agiert. Erst ihre Integration ins *Erleben* ermöglicht eine Veränderung des Interaktionsverhaltens.

Ich fasse die bisherigen Ausführungen zum Prozeß der Bedeutungszuschreibung und zur Rolle der inneren Repräsentation bei der Beziehungsgestaltung zusammen:

1. Der Einschluß des Kindes in das symbolische Universum der Eltern ist unausweichlich. Er ist einzigartig für die menschliche Gattung.
2. Er ist universal, aber unter pathologischen Umständen besonders deutlich ausgeprägt. Je drängender die unbewußten Phantasien, desto wahrscheinlicher ist die subjektiv übermäßig verzerrte Ausdeutung kindlicher Signale mit potentiell pathologischen Konsequenzen.
3. Die Rolle von Bedeutungszuschreibungen und inneren Repräsentationen wird auch außerhalb der Psychoanalyse erkannt. Die Untersuchungsmethoden sind anders, aber die Ergebnisse erstaunlich übereinstimmend.
4. Diese Konvergenz unabhängig voneinander erzielter Resultate ist ein Indiz für ihre Wahrheit.

Die kausale Rolle unbewußter Phantasien in der Interaktion

Die Besonderheit der Psychoanalyse ist es, nicht nur die bewußten, sondern auch die unbewußten Bedeutungszuschreibungen zu erhellen. Dabei geht sie von der begründeten Annahme aus, daß die bewußten Phantasien Abkömmlinge und Kompromißbildungen sind und erst die Aufklärung ihrer unbewußten Dimension zu einer vollständigen Kenntnis der motivierenden Gründe und Ursachen des Verhaltens beiträgt. Zur Illustration dieses Sachverhalts ein weiteres Fallbeispiel (Cramer 1987, S. 1050ff.).

Eine Mutter sucht die Klinik auf, weil ihr zehn Monate alter Säugling viel schreit und schlecht schläft. Sie hat den Eindruck, daß das Kind gar nicht so recht an sie gebunden ist. Ihre bewußte Phantasie ist, daß es keinen Körperkontakt mag. Zur Begründung kann sie auf das Verhalten ihres Kindes verweisen. Folgende Szene spielt sich ab: Das Kind sitzt auf dem Boden, und der Analytiker fordert die Mutter auf, es auf ihre Knie zu setzen. Sie tut es, und das Kind fängt an, ihr Gesicht zu explorieren. Sie versteift sich und sagt: »Tu mir nicht weh.« Dann setzt sie das Kind wieder auf den Boden. Es fängt an zu schreien, und sie meint: »Er mag es eben nicht, gehalten zu werden.« Im Gespräch erzählt sie, daß sie als Kind eine Reihe von Verletzungen erlitten hat und viele Operationen überstehen mußte; weiter, daß Thomas ihr schon im Mutterleib weh getan habe und ihr nach der Entbindung als erste Begrüßung die Infusionsnadel aus dem Arm riß.

Das Mißgeschick bei der Geburt wird als aggressive Handlung des Kindes gedeutet, das sich die Mutter vom Leib halten muß, wenn sie ihren zerbrechlichen Körper schützen will. Der Zusammenhang zwischen einer Phantasie über die Schwäche des eigenen Körpers und einem Körperkontakt vermeidenden Intraktionsstil ist deutlich sichtbar.

Grundsätzlich ist eine solche Korrelation von Phantasie und Interaktion noch kein Beweis für einen kausalen Zusammenhang. Mit Cramer (1987) bin ich der Meinung, daß sich die kausale Rolle der Phantasien in diesen Interaktionen dennoch beweisen läßt, und zwar auf eine indirekte Art und Weise. Wenn die Erhellung und partielle Durcharbeitung der Phantasien (oder Affekte) zu einer Änderung des Interaktionsstils führt, ist nachgewiesen, daß sie in ihrer ursprünglichen Gestalt zum pathogenen Interaktionsverhalten beigetragen haben. Die eingetretene Änderung berechtigt zu der Schlußfolgerung, daß die anfänglich unbewußte Phantasie ursächlich oder zumindest mitursächlich für das gezeigte Verhalten war. Cramers Beispiel illustriert dies. Nach wenigen Gesprächen bessert sich der Zustand des Kindes. Es schreit weniger, sucht häufiger Körperkontakt und schläft besser. In Filmaufnahmen der dritten Sitzung ist eine aufschlußreiche Episode zu sehen. Die Mutter spricht über ihren zerbrechlichen Körper und ihre Angst vor Körperkontakt. Sie erinnert sich dabei an quälende Passivitätsbedürfnisse aus ihrer eigenen Kindheit, deren Wiederkehr sie durch »hektische« Interaktion mit dem Kind abwehrt. In seiner Gegenwart kann sie nicht »loslassen«. Während dieser Erzählung ist das Kind auf ihre Knie geklettert, hat sich an ihre Schulter gelehnt und ist sanft eingeschlafen.

»Für mich ist diese Begebenheit kein Zufall. Indem die Mutter es sich erlaubt, ihre abwehrbedingten Bedürfnisse nach ›Aufputschen‹ der Interaktion und nach Distanz zwischen Thomas und sich zu lokkern, fördert sie, was für diese beiden Partner zum Erreichen eines entspannten, spannungsfreien und schlaffördernden Körperkontakts nötig war. Was die Veränderung erlaubte, war die verringerte Macht der Bedeutungszuschreibung ›körperliche Verletzung‹« (Cramer 1987, S. 1053 f.)*

Infantile Symptome und unbewußte Bedeutungszuschreibung

Ursprünglich klagte die Mutter darüber, daß ihr Sohn keinen Körperkontakt mag. Sie schreibt also bestimmten Ereignissen wie dem Ausreißen der Infusionsnadel bei der Geburt eine Bedeutung zu, welche die Probleme schafft, die sie beklagt. *Sie* vermeidet den Körperkontakt, weil sie sich vor phantasierten Angriffen des Kindes schützen muß. Natürlich kommt es im weiteren Verlauf der Entwicklung dahin, daß auch das Kind keinen Kontakt mehr mag. Was aber passiert, wenn das Symptom entstanden ist?

Im 8. Kapitel habe ich behauptet, daß infantile Symptome nicht das Resultat intrapsychischer Operationen sind. Sie haben von seiten des Kindes aus keine unbewußte Bedeutung und keine psychischen Ursachen, sondern sind direkte Reaktionen auf interaktionelle Realitäten. Nahrungsverweigerung ist eine Reaktion auf Fütterungszwang, und Fütterungszwang ist das interaktionelle Korrelat der *mütterlichen* intrapsychischen Konflikte. Bestimmte konstitutionelle Empfindlichkeiten des Säuglings (Cramer 1990) und rudimentäre Repräsentationsleistungen (Stern 1985, S. 202 f., 223 ff.) können beim Prozeß der Symptombildung ebenfalls eine Rolle spielen, aber im wesentlichen ist das Symptom des Säuglings das Ergebnis einer für ihn aversiven Stimulierung in der Interaktion.

Die ganze Wahrheit über die infantilen Symptome ist das aber noch nicht. Obwohl sie vom Kind aus gesehen keine psychische Bedeutung haben, werden sie von den Eltern mit einer solchen ausgestattet. Dazu folgendes Beispiel (Cramer 1987, S. 1050 ff.). Eine Mutter kommt wegen chronischer Ernährungsschwierigkeiten mit ihrem fünf Wochen alten Mädchen in die Klinik. Der Säugling hat seit seiner Geburt 500

---

* Grünbaum (1984) hat in seiner Kritik der Grundlagen der Psychoanalyse behauptet, daß die Veränderung von Symptomen kein Beweis für die Richtigkeit von Deutungen ist. Entsprechend könnte man argumentieren, daß die Veränderung der Interaktion kein Beweis für die kausale Rolle der Phantasie ist. Ohne auf die verzweigte Grünbaum-Debatte einzugehen, schließe ich mich Wallace (1989, S. 507 f.) an, der überzeugend nachweist, daß Grünbaums Kausalitätsansprüche ans Absurde grenzen und daß die Psychoanalyse realistischen Kausalitätsansprüchen durchaus gewachsen ist.

Gramm an Gewicht verloren und schläft ein, wenn er die Flasche bloß sieht. Die Mutter praktizierte von Anfang an ein zwanghaftes Fütterungsritual. Sobald das Kind sich regte, schob sie ihm eine Flasche in den Mund. Bis zu 20 Milchflaschen hatte sie an verschiedenen Stellen der Wohnung deponiert, um immer eine griffbereit zu haben. Man ahnt, welche Konflikte bei der Mutter dahinterstehen. Das ist eindrucksvoll beschrieben, soll aber hier nicht ausgeführt werden, weil ich auf die Frage hinaus will, wie das Symptom, wenn es erst einmal *entstanden* ist, in den Prozeß der Bedeutungszuschreibung hineingezogen wird.

Im vorliegenden Fall berichtet die Mutter zunächst, es sei für sie nicht angenehm, das Kind zu füttern. Sie leide sehr darunter, dem widerstrebenden Kind jedesmal mit Gewalt die Flasche in den Mund zu stecken. Dann erzählt sie, daß sie selbst nur ungern der passive Adressat »gewalttätiger« Handlungen ist. Sie mag keinen Geschlechtsverkehr, speziell keine Penetration (durch ihren 65 Jahre alten Ehemann) und hat ihm noch nie Zeichen sexueller Erregung gezeigt. Sie befürchtet, er könnte sie dann total besitzen. Eigentlich findet sie es deshalb sehr geschickt von ihrer Tochter, bei jedem Fütterungsversuch sofort einzuschlafen und sich so den gewaltsamen Fütterungen zu entziehen.

Die Weigerung der Tochter, sich »oral penetrieren« zu lassen, die auf der bewußten Ebene so viel Leid und Unbehagen verursacht, wird auf einer unbewußten Ebene von der Mutter begrüßt. Die Tochter verhält sich wie die Mutter und entlastet sie so ein Stück von der Angst, durch Penetration passiv überwältigt, erregt und abhängig zu werden. Man darf vermuten, daß eine lustvolle Fütterung des Kindes bei der Mutter zu einer Wiederbelebung und Aktualisierung gerade dieser Ängste geführt hätte, und versteht dann, welche unbewußte Bedeutung das kindliche Symptom – unabhängig von seiner Genese – für die Mutter gewonnen hat: Es steht im Dienste der Abwehr mütterlicher Ängste. Das Kind ist in den Augen der Mutter klug genug, diese Abwehr mit ihr zu teilen und sich zu benehmen wie sie selbst. Beide verweigern die Penetration. Auf der interaktionellen Ebene ist die Fütterung aversiv, und nichts paßt zusammen. Im Unbewußten der Mutter besteht maximale Wechselseitigkeit. Ich halte es für wahrscheinlich, daß elterliche Symptomdeutungen, wie die geschilderte, zur Aufrechterhaltung der kindlichen Symptomatik beitragen können.

Das obige Beispiel sollte nicht dazu verwendet werden, Verhalten als trügerisch und die Ebene unbewußter Bedeutungen als die tiefere oder wahrere zu begreifen. Alle bisher angeführten Beispiele illustrieren, daß das Verhalten der Mutter eine verläßliche Übersetzung ihrer unbewußten Phantasien ist und das des Kindes eine verständliche und sinnvolle Antwort. Verhalten ist nicht etwas, von dem wir uns abwenden sollten, weil es auf der Suche nach der Wahrheit in die Irre führt, sondern es ist ein relevantes Kommunikationsmedium, das in der präverbalen Zeit Informationen transportiert, die anders nicht vermittelt werden könnten. Das Faszinierendste an den referierten Fallbeispielen ist, daß sie erhellen, wie mentale Inhalte mittels nicht mentaler Verhaltensweisen ausgedrückt und mitgeteilt werden. Die Phantasien der Eltern

»werden dem Kind nicht magisch übermittelt. Sie folgen den Regeln der interaktiven Kommunikation: über Handlungen, Gesichtsausdrücke, Intonation, ›Vitalitätskonturen‹ usw. bestimmen diese Zuschreibungen die Reaktion des Säuglings in der Interaktion« (Cramer 1987, S. 1049).

Und:

»Das dynamisch Unbewußte liegt nicht einfach in den dunklen Ekken des psychischen Erlebens herum; es zeigt sich im beobachtbaren Verhalten…« (Kernberg 1987, S.21).

Dadurch erhalten bestimmte von Verhaltenswissenschaftlern als spekulativ empfundene Behauptungen der Psychoanalyse ihren durchaus unspekulativen Sinn. Es wird dann deutlicher, was es konkret heißt, wenn behauptet wird, der Säugling »introjiziere« das mütterliche Phantasma oder, jede Mutter gestalte ihr Kind nach Maßgabe ihrer eigenen unbewußten Phantasien. *Die Interaktionsstudien erhellen den Weg und die Art, wie solche Phantasien in der präverbalen Zeit kommuniziert und verstanden werden, die Psychoanalyse erhellt den Inhalt des Phantasmas und seine die Interaktion determinierende Kraft.* Die einen beschreiben das Wie, die anderen das Warum. Beides ist wichtig, und beides zusammen gibt erst einen vollen Eindruck von der Komplexität der (frühen) zwischenmenschlichen Beziehungen.[*]

Die Interaktionsstudien zeigen zugleich, daß bestimmte, von Verhaltenswissenschaftlern oft als mythologisch empfundene Begriffe wie »Introjektion des mütterlichen Phantasmas« ein spezifisches, angebba-

---

[*] Auf die psychoanalytische Situation angewendet impliziert das eine verstärkte Berücksichtigung körperlicher, gestischer und affektmotorischer Bekundungen des Patienten durch den Analytiker sowie umgekehrt die Berücksichtigung solcher Empfindungen beim Analytiker vor allem hinsichtlich ihrer möglichen Gegenübertragungsbedeutungen (Literatur dazu s. Kap. 6).

res und mittels objektiver Methoden faßbares Korrelat haben. Auf diese Weise wird sowohl die Validität psychoanalytischer Konzepte demonstrierbar als auch die Einheit und Vielfalt menschlicher Kommunikation. Die Psychoanalyse muß sich zur Rechtfertigung ihrer Begriffe nicht auf eine »andere Empirie« zurückziehen. Vielmehr kann sie offensiv und begründet die Auffassung vertreten, daß Sinn und Bedeutung, von denen sie spricht und die sie deutet, auch und gerade im Verhalten sichtbar werden und sich darin ebenso ausdrücken wie in der symbolischen Kommunikation.

Möglicherweise sind diese Bemerkungen etwas zu prononciert. Es ist denkbar, daß Phantasie und Verhalten nicht immer komplementär sind und daß beide im Verlauf der Entwicklung relativ unabhängig voneinander werden können. Es kann dann Symbolisierungen ohne ausgeprägte Körperkorrelate und Verhalten ohne ausgeprägte Symbolisierung geben. Beide können sogar in Gegensatz zueinander treten, etwa wenn ein intrapsychisch hohes Aggressionsniveau von freundlichem oder unterwürfigem Verhalten begleitet ist. Dennoch glaube ich, daß die genaue Untersuchung dieses Verhaltens mit den neueren mikroanalytischen Methoden auch die dabei abgewehrten aggressiven Impulse enthüllen würde. Die Spezifizierung dieser Vermutung muß einschlägigen empirischen Untersuchungen vorbehalten bleiben. Sollte sie zutreffen, wofür einiges spricht*, so geraten einige liebgewordene Dichotomien ins Wanken: Leib versus Seele, intrapsychisch versus interpersonell, Phantasie versus Verhalten.

Zusammenfassung: Zehn Thesen

1. Die Beobachtung der frühen Interaktion ist ein wichtiges Instrument von großem dokumentarischem und diagnostischem Wert.
2. Zur Herausarbeitung der Ursachen bestimmter elterlicher Verhaltensweisen ist die Analyse ihrer bewußten und unbewußten Phantasien unerläßlich.
3. Phantasie und Interaktion sind oft in erstaunlichem Ausmaß synchron. Pathogene Interaktionsstile werden verständlich, wenn sie als Ausdruck unbewußter auf das Kind projizierter Phantasien begriffen werden.

---

* Zum Beispiel die in Kapitel 6 geschilderte Untersuchung von Krause/Lütolf (1989), in der das Lächeln, das Aggressionen maskiert, vom echten, freudigen Lächeln unterschieden werden konnte.

4. Ergibt die Bewußtmachung der Phantasien eine Veränderung der Interaktion, so darf von einem ursächlichen Fundierungszusammenhang beider ausgegangen werden.

5. Phantasien werden dem Kind über beobachtbare averbale (Mikro-) Verhaltensweisen mitgeteilt, die der Transmissionsriemen und das Medium dieser Phantasien sind.

6. Die Psychoanalyse steht zur Säuglingsforschung in einem ähnlichen Verhältnis wie einst Dichtung und Literatur zu Psychoanalyse. Freud hat des öfteren hervorgehoben, daß die großen Dichter seelische Zusammenhänge erahnt und beschrieben haben, deren »Mechanismen« die Psychoanalyse wissenschaftlich ausformuliert habe. Ähnlich objektiviert die Kleinkindforschung das, was die psychoanalytische Entwicklungspsychologie in gelegentlich »dichterischer« Begrifflichkeit als entscheidend für die frühe Kindheit betrachtet hat: die gestaltende Kraft elterlicher Phantasien. Das Rätsel, wie bewußte und unbewußte Phantasien von Säuglingen verstanden werden, bevor sie zur symbolischen Kommunikation und zum Symbolverständnis fähig sind, löst die Säuglingsforschung durch die Mikroanalyse averbaler Verhaltensweisen, die solche Phantasien begleiten.* Dadurch erhalten psychoanalytische Hypothesen wie die »Introjektion« elterlicher Phantasien einen spezifizierbaren Sinn. Die Psychoanalyse hat Einsichten der großen Dichter in einer neuen wissenschaftlichen Sprache reformuliert. Ähnlich verfährt die Säuglingsforschung mit Begriffen der Psychoanalyse.

7. Die phantasmatische Interaktion lebt von den Beiträgen der Eltern, weil der Säugling nicht phantasierend, sondern sensomotorisch-affektiv denkt und erlebt. In dieser Hinsicht sind beide Interaktionspartner nicht gleichwertig, und ihre Beziehung ist asymmetrisch. Dem symbolischen »Input« der Eltern steht kein ebensolcher des Kindes gegenüber. Der Säugling ist Empfänger, nicht Sender von Phantasien. Die traditionelle psychoanalytische Konzeptualisierung der Mutter-Kind-Beziehung als asymmetrisch, in der die Mutter der aktivere und kompetentere Teil ist, enthält hier ihr Körnchen Wahrheit.

8. Paradoxerweise ergibt sich diese Wahrheit daraus, daß die Säuglingsforschung dem Säugling eine Kompetenz aberkennt, die ihm die Psychoanalyse noch zusprach: die Fähigkeit zur phantasieren-

---

* Einschließlich der nicht verbalen Eigenschaften der Sprache wie Tonfall, Stimmlage, Sprechtempo etc.

den Realitätsverarbeitung. Auf diesem Gebiet ist der Säugling weniger kompetent, als die Psychoanalyse annimmt, aber genau diese Inkompetenz macht einen wesentlichen Teil der Asymmetrie aus, der in der psychoanalytischen Sichtweise so prominent war.

9. Die erweiterte Anwendung des Simultanparadigmas auf die klinische Situation ist wünschenswert. Phantasie und Verhalten sollten vermehrt, wenn möglich unter Einbeziehung von Videoaufnahmen, in der psychoanalytischen Situation studiert werden. Erste Ansätze dazu liegen vor.

10. Ebenfalls wünschenswert sind weitere Interaktionsstudien, in denen sowohl die Interaktionen beobachtet, als auch die Phantasien der Eltern über ihre Kinder und sich selbst exploriert werden. Besonders wichtig sind Langzeitstudien, die die Schicksale und Transformationen solcher Phantasien und ihre langfristige, dauerhafte Übersetzung in äußere Verhaltensweisen verfolgen.

Langzeitstudien

Eine der wenigen Langzeitstudien stammt von Massie et al. (1988). Er und seine Mitarbeiter haben gefragt, wie sich innere Themen der Mutter und der Familie langfristig, also über Jahre hinweg, in äußere Verhaltensweisen übersetzen.* Hauptgegenstand ihrer Untersuchung war:

1. Die mütterliche Persönlichkeit einschließlich ihrer bewußten Wünsche und unbewußten Konflikte.
2. Die Art, wie sich diese im Interaktionsstil der Mutter ausdrücken.
3. Die Auswirkungen auf die kindliche Persönlichkeit. Zwanzig Familien wurden untersucht; zwei davon ausführlich beschrieben.

Das Hauptthema in Familie 1 ist: Wie muß die Erziehung sein, damit ein unabhängiges, selbständiges und erfolgreiches Kind dabei herauskommt. Die Mutter ist von ihren Eltern nachdrücklich zur Selbständigkeit angehalten und damit erfolgreich geworden. Projektive Tests und Interviews ergaben abgewehrte regressive Sehnsüchte und depressive Verlassenheitsgefühle. Deren Abwehr wird in der aktuellen Mutter-Kind-Interaktion wiederholt. Körperliche Nähe zum Kind wird vermieden. Filmaufnahmen, neun Tage nach der Geburt, zeigen die Mut-

---

* Siehe auch Escalona/Corman (1974), die ihre Studie mit weniger ausgefeiltem methodischem Repertoire durchführten.

ter, wie sie dem Kind die Brust gibt, ohne es dabei in den Armen zu halten. Ihr Kommentar bei der Fütterung ist: »Er ist so gierig.« Körperliche Kontaktvermeidung ist in allen späteren Filmaufnahmen nachweisbar. Mit 6 ½ Monaten spielen beide Backe-backe-Kuchen. Das Kind gerät in freudige Erregung, fängt an zu sabbern und versucht, der Mutter die Faust in den Mund zu stecken – eine normale Handlung in diesem Alter. Die Mutter zieht die Faust weg und wischt den Speichel mit einem Taschentuch ab. Die Erregung des Kindes wird nicht konsumiert, sondern auf distanzierte Weise gedämpft. »Sauberkeit vor Nähe« heißt die Devise. Konflikthafte orale Bedürfnisse und solche nach Nähe werden von der Mutter abgewehrt, auf das Kind projiziert und dort bekämpft.

Auch in den gefilmten Spielsitzungen im Alter von zwei und drei Jahren ist wenig Körperkontakt und eher direktive mütterliche Interaktion zu sehen. Die Mutter zeigt dem Kind, wie man »richtig« spielt, und läßt wenig Raum für seine Initiative. Alle Mikroverhaltensweisen in den verschiedenen Bereichen (Füttern, wechselseitiger Blickkontakt, frühes Spiel, späteres Spiel) sind konsistenter Ausdruck des mütterlichen Strebens nach einem selbständigen Kind. Dieser bewußte Wunsch ist das Ergebnis einer nahezu vollständigen Abwehr eigener regressiver Abhängigkeitsbedürfnisse. Mit sieben Jahren ist das Kind ängstlich, unruhig und in der Schule eher unterdurchschnittlich. Die unterdrückten Kontaktbedürfnisse zeigen sich in der Form, daß es bei Ausflügen als erstes die Hand der Lehrer halten will, zu Hause ständig in der Nähe der Eltern herumstreicht, ohne sich von ihnen trennen zu können, aber auch ohne ihnen wirklich nahe zu sein. Wie zu befürchten war, hat der auf Distanz und frühe Selbständigkeit gerichtete Interaktionsstil der Mutter, der vom Vater unterstützt wurde, ein von Trennungsangst geplagtes, unselbständiges Kind hervorgebracht.

Die unbewußte Angst der Mutter vor Abhängigkeit und Nähe ist über ihren Interaktionsstil dem Kind mitgeteilt worden. Durch die Abwehr von Nähe, die die Mutter braucht, unterminiert sie beim Kind die Ressourcen an Urvertrauen, die es benötigen würde, um ohne Angst selbständig zu werden. Bei der Mutter gibt es Selbständigkeit ohne Urvertrauen. Sie ist eines von acht Kindern und wurde von ihren ehrgeizigen Eltern durch Schule und College gepeitscht. Heute ist sie eine erfolgreiche Geschäftsfrau. Das bei ihren Eltern und ihr Verdrängte kehrt erst in der dritten Generation bei ihrem Sohn offen wieder.

Das Thema in Familie 2 ist: Wie setzt man einem Kind Grenzen, ohne es zu traumatisieren. Die Balance zwischen Frustration und Befriedigung steht im Mittelpunkt. Das Kind soll wohlerzogen und nicht aufsässig werden, aber möglichst nicht durch strenge Erziehung. Die unbewußte Furcht vor einem aufsässigen Kind, die hinter dem bewußten Wunsch nach einem wohlerzogenen aufscheint, ist in dieser Familie allerdings weniger bedrohlich und wesentlich bewußtseinsnäher als die Furcht vor Nähe und Passivität in Familie 1. Die Verhaltensweisen der Eltern in Krisen- und Alltagssituationen sind deswegen flexibler. Zwar wird schlechtes Benehmen von der Mutter nachdrücklich mißbilligt, aber es gibt Gelegenheit zur Kompensation. Eine Szene mit 2 ½ Jahren macht das deutlich. Die Eltern unterhalten sich mit den Interviewern, und das Kind steckt dabei die Finger in den Mund. Die Mutter meint: »Nimm die Finger aus dem Mund, du bist doch schon ein großes Mädchen.« Sie möchte, daß sich das Kind vor den Interviewern gut benimmt. Der Vater bemerkt die Irritation des Kindes und mildert die Schroffheit des Verbots, indem er das Kind fragt, ob es etwas Milch trinken möchte; es will.

Auch bei der Mutter gibt es Bereiche, in denen sie für Abweichungen toleranter ist. Schlafstörungen des Kindes trägt sie mit Fassung, und seine oralen Bedürfnisse befriedigt sie lange. Die Filmaufnahmen nach der Geburt dokumentieren engen Körperkontakt zwischen Mutter und Kind; die Spielsitzungen mit zwei und drei Jahren sind eher didaktisch als direktiv. Die Mutter leitet das Spiel an, läßt aber Raum für die Initiative ihres Kindes. Mit sieben Jahren ist ein hübsches Mädchen herangewachsen, das von den Lehrern als hilfsbereit, wohlerzogen und intellektuell über dem Durchschnitt geschildert wird. Es hat sich mit dem bewußten Wunsch seiner Mutter identifizieren können und legt Wert darauf, daß auch andere Schulkinder sich gut benehmen. Dennoch ist es kein pathologisch braves Kind geworden. Streitereien mit dem drei Jahre älteren Bruder werden nicht vermieden, auch wenn sie von diskretem Unbehagen begleitet sind.

In dieser Familie haben die bewußten Absichten der Eltern zum Ziel geführt. Den Grund dafür sehe ich darin, daß die unbewußten Ängste weniger stark verdrängt sind. In der Interaktion drückt sich das so aus, daß das Aufsässigkeitsthema flexibler gehandhabt wird als das Nähethema in Familie 1. Dort wurde Nähe in jedem Interaktionsbereich konsistent vermieden. In der zweiten Familie wird das Aufsässigkeitsthema nicht in gleicher Weise abgewehrt. Das Kind »darf« schlecht schlafen, und es darf im Spiel unpassende Bauklötze verwenden, ohne daß die Mutter eingreift. Der Unterschied zwischen beiden Familien besteht weniger darin, daß die eine unbewußte Konflikte hat und die andere nicht, als vielmehr in ihrer Stärke und im Ausmaß ihrer Verdrängung.*

Diese kurze Schilderung kann den Reichtum der Beobachtungen von Massie et al. nur unzureichend wiedergeben. Ihr Verdienst ist es, die Übersetzung innerer Themen der Eltern in den ganzen Bereich der Mikroverhaltensweisen, die sich im Spiel, der Fütterung und der alltäglichen Interaktion zeigen, über Jahre hinweg verfolgt zu haben. Dadurch wird die Kontinuität der Transmission elterlicher Konflikte und die Anpassung des Kindes daran deutlich. Die ausgefeilte Dokumentation macht den Weg nachvollziehbar, auf dem diese Themen dem Kind mitgeteilt werden.

»Was wir als Familienthemen erkennen konnten, scheinen Organisatoren der Familie auf allen Ebenen des Fühlens und Verhaltens zu sein, die die Entwicklung von Geburt an formen... Wir wollten ein sorgfältiges Verständnis der mütterlichen Persönlichkeit mit den tatsächlichen Verhaltensweisen in Beziehung setzen, die sie in die Interaktion mit ihrem Baby einbringt, und wir wollten eine genaue Beobachtung von Mustern der Mutter-Säuglings-Interaktion mit der darauffolgenden emotionalen Entwicklung des Säuglings in Beziehung setzen... Wir konnten beobachten, wie Eltern ihre Konflikte auf ihre Kinder übertragen, indem sie sie, auf der einfachsten Ebene, in ihren Handlungen ihren Babys gegenüber ausdrücken.« (Massie et al. 1988, S. 240).

Die determinierende Kraft der Initialphantasie

Broussard hat sich schon Ende der 60er Jahre damit beschäftigt, ob es einen Zusammenhang zwischen mütterlicher Phantasie über das Neugeborene und dessen späterer Entwicklung gibt (Broussard/Hartner 1970; Broussard 1976). Sie befragte Mütter zwei Tage nach der Geburt und noch einmal einen Monat später, wie sie ihr Neugeborenes ein-

---

* Je unbewußter der Konflikt, desto stärker projizieren die Eltern ihre Ängste auf das Kind. Sie interagieren dann mehr mit dem phantasmatischen als mit dem realen Kind. Das Ergebnis ist bei aller Anstrengung nicht wirkliche Empathie, sondern Pseudoempathie. Im Falle wirklicher Empathie versetzt sich die Mutter in das Kind, und die relative Freiheit von unbewußten Phantasien ermöglicht ihr ein vergleichsweise realitätsgerechtes Entziffern der kindlichen Signale. Im Falle der Pseudoempathie fühlt sich die Mutter nicht in ihr Kind ein, sondern in ihre eigenen unbewußten Ängste, die sie auf das Kind projiziert hat. In der überwiegend phantasmatischen Interaktion dominiert eine auf projektiver Identifizierung der Mutter beruhende Pseudoempathie.

schätzen. Die Antworten wurden grob in drei Kategorien eingeteilt: Überdurchschnittlich (61,2 %), durchschnittlich (13,2 %) und unterdurchschnittlich (25,6 %). Erstaunlicherweise ergab sich ein statistisch hochsignifikanter Zusammenhang zwischen diesen Einschätzungen und der weiteren Entwicklung der Kinder. Aus der Gruppe der unterdurchschnittlich Eingeschätzen wiesen 66 % im Alter von 4 ½ Jahren behandlungsbedürftige psychopathologische Symptome auf, aus der Gruppe der Überdurchschnittlichen waren es nur 20,6 %. Eine weitere Untersuchung zwischen zehn und elf Jahren ergab, daß die im ersten Monat als unterdurchschnittlich Eingeschätzten in 85 % der Fälle auffällig waren, bei den Überdurchschnittlichen wares es nur ca. 42 %. Von den mit 4 ½ Jahren auffälligen war keiner mit zehn bis zwölf Jahren gebessert; die Spontanremissionsrate war 0. Auch bei Nachuntersuchungen im Alter von 15 und 19 Jahren ergab sich ein signifikanter Zusammenhang zwischen anfänglicher Einschätzung und Häufigkeit der späteren Psychopathologie (Broussard 1984).*

Der Zusammenhang zwischen anfänglicher mütterlicher Einschätzung und späterer Entwicklung läßt zwei mögliche Schlußfolgerungen zu: Entweder haben die Mütter ihre unterdurchschnittlichen Kinder schon im ersten Monat realistisch eingeschätzt und ihr Urteil reflektiert eine akkurate Wahrnehmung; oder die anfängliche Einschätzung entwickelt die Kraft einer sich selbsterfüllenden Prophezeiung. Das zweite ist wahrscheinlicher, weil die untersuchenden Ärzte bei den unterdurchschnittlich Eingeschätzten keinerlei Probleme feststellen konnten. Ähnliches galt für die überdurchschnittlichen Kinder.

Leider wurden die Phantasien der Mutter, die der jeweiligen Einschätzung zugrunde lagen, nicht detailliert untersucht, aber trotz dieses Mangels wird deutlich, daß die ursprüngliche Einschätzung des Kindes durch die Mutter eine bedeutsame Variable für die weitere Entwicklung ist. Andere Variablen, wie Alter der Mutter, Größe der Familie, Bildungsstand und Einkommen der Eltern, Geschlecht des Kindes etc., hatten keinen vergleichbaren Einfluß. Mit einer Ausnahme: Broussard hatte die Mütter zweimal befragt, zuerst zwei Tage nach der Geburt und dann nach einem Monat. Die oben referierten Zahlen beziehen sich auf Kinder, die zu *beiden* Zeitpunkten gleich beurteilt wurden. Es gab aber auch Mütter, die mit einem Monat ein ande-

---

* Die Zahl der pathologischen Fälle ist erstaunlich hoch, vermutlich zu hoch (s. Palisin 1980), was jedoch nicht den signifikanten Unterschied zwischen der überdurchschnittlich und der unterdurchschnittlich eingeschätzten Gruppe berührt.

res Urteil abgaben als mit zwei Tagen. Als entscheidend für den weiteren Verlauf erwies sich das Urteil nach einem Monat, nicht das nach zwei Tagen.

Der psychopathologische Trend war um so auffälliger, je mehr die Urteile zu beiden Zeitpunkten übereinstimmten. In der Gruppe mit gemischten Urteilen gab es eine unterschiedliche Entwicklung für Mädchen und Buben, bei homogenem Urteil nicht. Von den mit zwei Tagen und einem Monat unterschiedlich eingeschätzten Buben hatten nur 10 % später keine Probleme, bei den Mädchen waren es fast 40 %. Dies belegt die mittlerweile für fast alle Gebiete der Entwicklung festgestellte höhere Anfälligkeit des »starken« Geschlechts für Entwicklungsrisiken. Nimmt man, etwas gewagt, die widersprüchliche Einschätzung als Indikator einer auch längerfristig wirksamen Ambivalenz der Mutter, so scheint diese von Mädchen besser vertragen zu werden als von Buben. Wie auch immer man die Zahlen im einzelnen bewertet, die negative mütterliche Einschätzung ihres Neugeborenen ist ein nicht unbedeutender Risikofaktor. Ihr detailliertes Studium sollte bei der Erforschung solcher Risikofaktoren und entsprechenden Interventionsprogrammen auf keinen Fall vernachlässigt werden.[*]

Ein weiterer Beitrag der Psychoanalyse zur Säuglingsforschung

Die Analyse bewußter und unbewußter Phantasien und der Nachweis ihrer prägenden Kraft für den Interaktionsstil und die weitere Entwicklung ist bisher als Hauptbeitrag der Psychoanalyse zur Säuglingsforschung hervorgehoben worden. Zum Abschluß dieses Kapitels möchte ich auf zwei Arbeiten des Chicagoer Psychoanalytikers Barglow hinweisen, die erhellen, wie Erfahrungen aus der psychoanalytischen Behandlung Erwachsener zu Fragestellungen führen können, die für die Säuglingsforschung fruchtbar sind. Barglow et al. (1987, 1989) haben die Qualität der Mutter-Kind-Beziehung mit Hilfe des Fremde-Situations-Tests von Ainsworth untersucht und folgendes festgestellt:

[*] Gaertner / Kothe (1986) berichten in einem unpublizierten Forschungsbericht von vergleichbaren Ergebnissen. Sie haben Mütter im letzten Schwangerschaftstrimester, vier bis acht Wochen nach der Geburt und 1 ½ Jahre danach zum Thema Schwangerschaft, Geburt und Kind interviewt. Bei den zwei postnatalen Gesprächen wurde auch die Mutter-Kind-Interaktion beobachtet. In allen untersuchten Fällen konnte »eine thematische Kontinuität des inneren Dialogs der Mutter mit dem Kind und ihrem späteren Interaktionsangebot« nachgewiesen werden (S. 3). Auch die anfänglichen Phantasien der Mutter über sich selbst, z. B. als insuffiziente Mutter, wurden später präzise interaktionelle Realität.

1. Kinder, deren Mütter im Laufe des ersten Lebensjahres voll berufstätig werden, entwickeln später signifikant häufiger eine unsicher-vermeidende Bindung als solche, deren Mütter nicht oder nur teilweise berufstätig sind.*
2. Immerhin 53 % der Kinder vollberufstätiger Mütter – also die Mehrheit – entwickeln trotzdem eine sichere Bindung. Ganztägige mütterliche Berufstätigkeit kann also nicht der einzige oder entscheidende Faktor für die Entstehung einer unsicheren Bindung sein. Barglow et al. vermuteten, daß es bestimmte Persönlichkeitseigenarten der Mutter sein könnten, die neben anderen Faktoren von Bedeutung sind. Psychologische Tests der berufstätigen und nicht berufstätigen Mütter ergaben jedoch keine signifikanten Unterschiede. Ein möglicherweise wichtiger Faktor wurde durch die verwendeten Tests anscheinend nicht erfaßt, aber welcher?

Die psychoanalytische Behandlung einer vollberufstätigen Mutter mit einem unsicher gebundenen Kind führte auf eine interessante Spur. Die Mutter empfand keine Trennungsangst, wenn sie morgens zur Arbeit ging und dachte während der Arbeit selten oder gar nicht an ihr Kind. Der behandelnde Psychoanalytiker (Barglow) hatte die Idee, daß das Fehlen mütterlicher Trennungsangst ein Faktor sein könnte, der die unterschiedlichen Bindungstypen innerhalb der Gruppe der berufstätigen Mütter miterklären könnte.

Ein entsprechendes Untersuchungsdesign wurde entwickelt, und es wurden besondere Tests für die Messung mütterlicher Trennungsreaktionen verwendet. Es ergaben sich signifikante Korrelationen zwischen der Abwesenheit bewußt erlebter mütterlicher Trennungsgefühle während der Berufstätigkeit und der Qualität der sich entwickelnden Bindung. Mütter ohne innere Beschäftigung mit der Trennung hatten signifikant häufiger unsicher-vermeidend gebundene Kinder als die anderen. Der entscheidende Faktor war also nicht die Berufstätigkeit, sondern, ob das Kind während der Abwesenheit der Mutter in ihr psychisch repräsentiert war; anders ausgedrückt, ob die Mutter die Trennung von ihrem Kind als einen psychisch relevanten Sachverhalt bewußt erlebt oder eher verdrängt bzw. verleugnet.**

Natürlich sind Trennungsgefühle beim Abschied und bei der Berufstätigkeit nichts, was auf irgendeine telepathische Weise dem Kind zur

---

* Dieser Befund ist nicht unumstritten; siehe dazu den letzten Absatz dieses Abschnitts.
** Sie kann ihn auch übertreiben! Ein Übermaß an Trennungsangst ist ebenfalls höher mit unsicherer Bindung korreliert als durchschnittliche Trennungsangst (McBride / Belski 1988).

Kenntnis kommt und die unsicher-vermeidende Bindung produziert. Das Fehlen von Trennungsgefühlen bei der Mutter ist eher ein Symptom oder Indiz für bestimmte mütterliche Einstellung in bezug auf die Bindungsbedürfnisse ihres Kindes. Ich vermute, daß eine abwehrende Einstellung in der Art des Abschiednehmens, des Begrüßens nach der Rückkehr (Hock et al. 1989), aber auch in der Zeit, in der Mutter und Kind zusammen sind, zum Ausdruck kommt. Das muß noch genauer untersucht werden, ebenso wie andere mögliche Einflußfaktoren. Es könnte sich beispielsweise herausstellen, daß temperamentsbedingt unterschiedliche Reaktionen der Kinder auf Trennung, die Qualität der Fremdbetreuung in der Zeit der Abwesenheit, das Ausmaß familiärer Spannungen, die Stellung in der Geschwisterreihe und viele andere Faktoren ebenfalls eine Rolle spielen (s. Lamb/Sternberg 1989). Trotz der noch offenen Fragen illustriert Barglows Vorgehensweise, wie Beobachtungen aus der psychoanalytischen Situation (hier: fehlende Trennungsangst der Mutter) zu neuen Fragestellungen und empirischen Untersuchungen über die Ursachen der Verschiedenheit der Mutter-Kind-Bindung führen können.

Die Studie von Barglow ist aus zwei weiteren Gründen interessant. Erstens enthält sie Material, mit dessen Hilfe psychoanalytische Rekonstruktionen empirisch überprüft werden können. Darauf werde ich im 10. Kapitel näher eingehen. Zweitens unterscheidet sie sich wohltuend von einer leider unter Psychoanalytikern weitverbreiteten Argumentationsstrategie, mit der extraklinische Forschungsergebnisse, vor allem solche, die der Psychoanalyse zu widersprechen scheinen, zurückgewiesen werden.

Säuglingsforscher und Entwicklungspsychologen haben gefunden, daß frühe ungünstige Lebensumstände weniger sicher zu späteren Persönlichkeitsbeeinträchtigungen führen, als die Psychoanalyse aufgrund ihrer klinischen Rekonstruktionen vermutet. Sie haben von einer erstaunlichen Erholungskraft berichtet, mit deren Hilfe die Langzeitwirkungen ungünstiger frühkindlicher Erfahrungen gemildert oder sogar überwunden werden können. Das mittlerweile angesammelte Material ist beeindruckend (Überblick aus psychoanalytischer Sicht bei Emde 1981 und Tress 1986a; ansonsten Rutter 1987). Dennoch ist in informellen Diskussionen oft zu hören, die behauptete Überwindung der schädlichen Folgen sei in Wirklichkeit gar keine und nur darauf zurückzuführen, daß die Tests, mit denen die spätere Persönlichkeitsentwicklung als normal ausgewiesen wird, nicht sensibel genug sind, um »tieferliegende« Störungen zu erfassen. Grundsätzlich ist das durchaus

denkbar, aber bedauerlicherweise ist dieses Argument dazu miß-
braucht worden, die Befunde der akademischen Entwicklungspsychologie bezüglich der Reversibilität traumatischer frühkindlicher Erfahrungen als oberflächlich zurückzuweisen, anstatt sie genauer zu untersuchen. Oft ist es einfach bei der Behauptung geblieben, die von den
psychologischen Tests nicht erfaßten Langzeitwirkungen würden sich
in einer psychoanalytischen Behandlung schon zeigen, ohne daß dafür
der Beweis angetreten wurde.

Barglows Beitrag zeigt, wie man es besser machen kann. Aus der Tatsache, daß Mütter, die während des ersten Lebensjahres ihres Kindes
eine volle Berufstätigkeit aufnehmen, häufiger unsicher-vermeidend
gebundene Kinder haben, wird nicht der sozialpolitisch konservative
Schluß gezogen, sie sollten zurück an den Herd, weil frühe Berufstätigkeit dem Säugling schade, sondern umgekehrt: Es wird gefragt,
wie es kommt, daß die Mehrzahl der Kinder (53 %) dennoch eine sichere Bindung entwickelt. Ich halte das für die produktivere Vorgehensweise. Die Untersuchung dieser Frage kann dazu beitragen, die
Faktoren zu spezifizieren, die bei Berufstätigkeit zu einer unsicheren
Bindung führen. Eine Hypothese wäre, daß die mangelhafte innere Repräsentation des Kindes durch die Mutter (oder den Vater) ein relevan-
ter Faktor ist und nicht Berufstätigkeit *per se*. Allgemein läßt sich zum
Effekt mütterlicher Berufstätigkeit folgendes sagen:

1. Was die kognitive Entwicklung des Kindes angeht, sind keinerlei
negative Auswirkungen bekannt. Wenn überhaupt, wird sie durch
die Berufstätigkeit der Mutter eher stimuliert als beeinträchtigt.
Diese Tendenz ist für Mädchen ausgeprägter als für Jungen, für beide
jedoch nur kurzfristig. Langfristig ist der Effekt nahe null (Clarke-
Stewart 1989).
2. Auch die sozial-emotionale Entwicklung wird in keiner (meßbaren)
Weise beeinträchtigt, wenn das Kind bei Aufnahme der Berufstätigkeit mindestens 24 Monate oder älter ist.
3. Nur die mütterliche Berufstätigkeit im ersten Lebensjahr ist strittig.
Manche der Autoren meinen, sie führe zu einer erhöhten Anzahl
unsicher-gebundener Kinder (Barglow et al. 1987; Belsky/Rovine
1988). Andere konnten diesen Befund nicht replizieren (Chase-
Landsdale/Owen 1987). Seine eventuelle Gültigkeit ist selbst nach
Meinung derer, die ihn vertreten, eingeschränkt. Der Effekt tritt nur
auf, wenn
a) die Mutter mehr als halbtags arbeitet und
b) das Kind ein Erstgeborenes ist. Warum das so ist, ist unklar.

Diese eventuelle und eingeschränkte Gültigkeit des Risikofaktors »mütterlicher Vollzeitbeschäftigung im ersten Lebensjahr bei Erstgeborenen« wird noch weiter dadurch relativiert, daß die Mehrzahl der davon betroffenen Kinder dennoch eine sichere Bindung zur Mutter entwickeln. Außerdem ist unklar, ob es wirklich die mütterliche Berufstätigkeit ist, welche die Effekte produziert, oder ob nicht andere intervenierende Variablen wie die Anfälligkeit des Kindes für Trennungsstreß oder die Qualität der Fremdbetreuung während der Abwesenheit der Mutter eine Rolle spielen. Alles in allem läßt sich auf der Basis der bisherigen Forschungen ein »Zurück-zum-Herd« berufstätiger Mütter nicht rechtfertigen. Vermutlich wäre es sowieso konstruktiver und für Mutter und Kind förderlicher, die Bedingungen, unter denen Mütter arbeiten und Kinder betreuen lassen, zu verbessern, als den offensichtlich irreversiblen Trend zur mütterlichen Berufstätigkeit mit schwachen Argumenten zu kritisieren. Hier sind auch die Väter gefordert, die sich dieser wichtigen Aufgabe aber nur zögerlich stellen.*

* Überblicksarbeiten zum gesamten Thema der elterlichen Berufstätigkeit und ihrem Einfluß auf die kindliche Entwicklung: Lehr 1978; Scarr 1984; Belsky 1988; Clarke-Stewart 1988, 1989; Hoffman 1989; Lamb/Sternberg 1989.

10. Die klinische Bedeutung der Säuglingsforschung

Fallbeispiele und grundsätzliche Überlegungen

Ein junger Mann beginnt eine Analyse, weil er, sowohl in der Arbeit wie in der Liebe, jede Aktivität nach enthusiastischem Beginn schnell abbricht. Dieses Muster stellt sich alsbald in der Übertragung her. Er begrüßt die Deutungen der Analytikerin zunächst freudig, um sie kurze Zeit später wieder fallenzulassen. Lange Zeit ändern Deutungen daran nichts. Eines Tages spricht er in ängstlichem Ton von seiner Küche, die für alles, was er darin unterbringen möchte, immer zu klein ist. Dann von seiner Putzfrau, die ihr Fahrrad ständig im dafür zu engen Hausflur abstellt, was seinen Hauswirt verärgern könnte. Die thematischen Assoziationen »eng, zu eng, ängstlich, überquellend« bringen die Analytikerin auf die Idee, der Patient könne als Kind ständig erbrochen haben. Sie fragt ihn danach, er erkundigt sich zu Hause und berichtet in der nächsten Stunde, seine Mutter habe ihm erzählt, daß er als Säugling an einer Pylorusstenose gelitten habe. Darauf erfolgt ein Durchbruch in der Analyse mit dramatischem Wandel des basalen Musters von Konsumieren und Ausspucken (A.-M. Sandler in: Thiel / Treurniet 1976).

Dieses Beispiel ist, wie alle Beispiele, vielen Ausdeutungen zugänglich. Dennoch illustriert es anschaulich, wie bestimmte frühe Erfahrungen Muster etablieren können, die auf spätere Erfahrungen ausstrahlen. Im vorliegenden Fall war das Spuckmuster die Basis, auf der Affekte und Objektbeziehungen ausgestaltet und erlebt wurden. Die frühen Erlebnisse sind in die späteren eingearbeitet worden und bestimmten ihre Gestalt.

Das nächste Beispiel zeigt, daß eine solche Einarbeitung nicht immer stattfindet. Frühe präsymbolische Erfahrungen können unsymbolisiert bleiben und werden dann als bizarre körperliche Symptome »erinnert«. Eine Patientin beginnt wegen phobischer Symptome und genereller Angstanfälligkeit eine Analyse. Ziemlich zu Beginn erwähnt sie ein kurioses Symptom: Manchmal muß sie, wie um zu gähnen, den Mund öffnen, zieht dann aber nicht die Luft ein, sondern versucht vorher, den Mund wieder zu schließen. Das Symptom verschwindet im Laufe der Analyse, ohne daß Analytiker und Patientin ihm weitere Beachtung schenken. Es taucht in den letzten Monaten der Analyse in folgendem Kontext wieder auf:

Die Patientin erzählt von einer Begebenheit, die sich gerade zu Hause mit ihrem Neugeborenen abgespielt hat. Es bekam die Flasche, und die fünfjährige Tochter wollte es auch einmal füttern. Die Mutter blickt einen Moment lang weg und bemerkt dann, daß der Säugling unruhig wird. Die Tochter hatte ihm die Flasche zu tief in den Hals gesteckt, und er begann zu würgen. Bei diesem Anblick ergreift die Mutter Panik, und sie hat den Impuls zu schreien. Sie beherrscht sich und bringt die Situation zu einem ruhigen Ende. Analytiker und Patientin freuen sich, daß ihre Panikneigung mittlerweile anscheinend besser kontrolliert werden kann. Der Analytiker bemerkt, daß er im Lauf der Erzählung den Mund geöffnet und ein würgendes Gefühl im Hals bekommen hat. Das Gähnsymptom der Patientin fällt ihm ein, und gerade, als er sie danach fragen will, produziert sie es selbst – erstmals seit vielen Jahren.

Lichtenberg, von dem das Fallbeispiel stammt (1983, S. 180 ff.), vermutet, daß es sich bei dem Symptom der Patientin um eine somatische Erinnerung an uneinfühlsame Fütterung aus der eigenen Säuglingszeit handelt, die durch die aktuelle Situation erneut evoziert wurde. Diese Vermutung kann nicht verifiziert werden, ist aber auf dem Hintergrund der bisher in der Analyse erarbeiteten Kindheitsgeschichte der Patientin plausibel. Interessant ist, daß die analytische Arbeit bis zu diesem Zeitpunkt nichts zutage gefördert hatte, was als symbolische Überarbeitung dieser somatischen Erinnerungen verstanden werden konnte. Es scheint, als ob bestimmte Erfahrungen zwar sensomotorisch aufgezeichnet sind, aber keine spätere symbolische Repräsentierung erfahren haben und deswegen als abgesprengte symptomatische Inseln ein Eigenleben führen. Sie entgehen so leicht dem deutenden Zugang und der Aufmerksamkeit des Analytikers, obwohl in ihnen, wie in einem Fokus, Interaktionsthemen gespeichert sind, die psychisch genauso bedeutsam sein können wie symbolisches Material.

Beide Beispiele machen deutlich, wie präverbale Erfahrungen die spätere Entwicklung beeinflussen können. Es ist kein Zufall, daß sie von Analytikern stammen, die sich besonders für die frühe Kindheit interessieren. Gute Kenntnisse der frühen Kindheitsentwicklung erleichtern den Zugang zu dieser Zeit, weil sie

1. für die Bedeutung dieser Lebensspanne sensibilisieren und
2. darüber informieren, wie Erfahrung in dieser Zeit verarbeitet wird.

Das erhöht die Plausibilität und Genauigkeit therapeutischer Rekonstruktionen und damit wahrscheinlich auch ihre therapeutische Effektivität.

»Tatsächlich bestehen kaum Zweifel, daß wir, je detaillierter und konkreter unser Wissen über Frühkindheit und Kindheit ist, je besser wir uns ihr nähern können, auch um so größere Aussichten haben, dem Patienten Rekonstruktionen anzubieten, die... schließlich zum Erinnerungserlebnis führen können« (Kris 1950, S. 75).

Und:

»Bei der psychoanalytischen Arbeit mit Erwachsenen sollten wir eine klare Vorstellung von der altersspezifischen Komplexität der kindlichen Innenwelt... haben: Eine klare Vorstellung von der Spannweite kindlichen Erlebens und von verschiedenen Formen kindlicher Anpassung. Mit wachsender Kenntnis des kindlichen Erlebens und seiner Folgen für die Entwicklung... steigt unsere Fähigkeit, dem Wirken der Vergangenheit in der Gegenwart auf die Spur zu kommen...« (A.-M. Sandler 1981, S. 309).

Viele Psychoanalytiker schließen sich dieser Meinung an (Ritvo 1977; Glenn 1979; Gedo 1985, 1986; Gunsberg 1987; Blum 1989; Cooper 1989; Valenstein 1989). Besonders Lichtenberg (1983; 1987 a,b; 1989 b), der sich am ausführlichsten damit beschäftigt hat, betont immer wieder, daß ihn sein Wissen über normale und pathologische Entwicklung im Säuglings- und Kleinkindalter in die Lage versetzt hat, präverbale Traumen seiner Patienten hinter ihrer symbolischen und konflikthaften Überarbeitung zu erspüren und dadurch therapeutische Fortschritte zu erzielen, die bis dahin ausgeblieben waren.

Die Verwendung von Theoriewissen in der klinischen Arbeit ist jedoch nicht ohne Gefahren. Unter Psychoanalytikern ist gut bekannt, daß die Diagnose und Behandlung der Psychopathologie des Patienten stark davon beeinflußt wird, welche Theorie der Analytiker bevorzugt. Ob und wie viele Patienten narzißtisch gestört oder Borderline-Fälle sind, hängt auch von theoretischen Moden ab. Die Beiträge eines Heftes der Zeitschrift »Psychoanalytic Inquiry« (Pulver 1987) zeigen, wie unterschiedlich ein Patient von verschiedenen psychoanalytischen Schulen gesehen werden kann. Prominente Psychoanalytiker verschiedener Richtungen interpretieren ein und dieselbe Fallgeschichte. Wie zu erwarten, hält jeder etwas anderes für bedeutsam, und der Patient ist in der Vielfalt der Ausdeutungen als derselbe kaum noch erkennbar.* Das kann man beklagen, aber es ist offenkundig eine Tatsache. Es lehrt, daß jedes klinische Material in spezifisch theorieinspirierter Gestalt organisiert wird, was die Gefahr mit sich bringt, den Patienten mit theoretischen Vorlieben zu überziehen und *seine* Realität aus dem Blick zu verlieren.

Bions Rat (1967), jede Stunde zu beginnen, als ob es die erste wäre und alles Vorwissen über den Patienten möglichst zu vergessen, ist deshalb am Platz, auch wenn es sich dabei eher um eine regulative Idee als um ein durchführbares Programm handelt. Bion hätte sich bei diesem Rat übrigens auf Freud berufen können, der einmal gesagt hat, daß jene Fälle am besten belingen,

> »bei denen man wie absichtslos verfährt, sich von jeder Wendung überraschen läßt, und denen man immer wieder unbefangen und voraussetzungslos entgegentritt« (Freud 1912 b, S. 174).

An anderer Stelle beschreibt er, wie seine theoretische Besessenheit seine therapeutische Arbeit stört und fährt fort:

> »Ich habe mir so geholfen, daß ich auf alle bewußte Gedankenarbeit verzichtet habe, um nur mit einem dunkeln Takt weiter in den Rätseln zu tappen. Seitdem mache ich die Arbeit, vielleicht geschickter als je, aber ich weiß nicht recht, was ich mache. Ich könnte nicht Auskunft geben, wie die Sache steht« (Freud 1950, S. 268).

Aus diesem Dilemma gibt es kein Entkommen. Die beste Lösung ist, als Praktiker die Theorien wie Übergangsobjekte zu behandeln, auf die man im Bedarfsfall zurückgreifen kann, ohne sich ihrer exklusiven oder exzessiven Nutzung zu verschreiben. Bekanntlich führt der übertriebene Gebrauch von Übergangsobjekten zur fetischistischen Erstarrung (Greenacre 1970; Roiphe/Galenson 1975; Dickes 1978), wobei die kreativen Möglichkeiten, die das Übergangsobjekt zur Realitätsbewältigung bietet, stillgestellt sind. Mein Plädoyer für die Einbeziehung der

---

* Dasselbe gilt für den Säugling. Balint (1937, S. 94) hat schon vor Jahrzehnten festgestellt, daß sich der Säugling in Wien nicht sehr von dem in London oder Budapest unterscheidet, aber die Theorien der drei Schulen über ihn sind völlig verschieden. Es gilt sogar für Psychoanalytiker *derselben* Richtung. Streeck (1986) hat in einer interessanten Untersuchung drei Psychoanalytiker mit ähnlicher theoretischer und technischer Orientierung ein Stundenprotokoll kommentieren lassen. Die Kommentare waren ausgesprochen heterogen.

Ergebnisse der Säuglingsforschung in den Korpus des Praktikers will ein weiteres Übergangsobjekt *hinter* der Couch verfügbar machen. Es kann den Psychoanalytiker in seiner affektiven und kognitiven Einsamkeit orientieren, ohne ihn zu fesseln.

Der Empfehlung, möglichst viele Theorien möglichst flexibel zu benutzen, wird vermutlich kaum jemand widersprechen. Gibt es darüber hinaus noch weitere Gründe, sich als Kliniker mit der Säuglingsforschung zu befassen?

Modellszenen

Es ist keine leichte Aufgabe, die klinische Nützlichkeit eines spezifischen Theoriewissens (hier der Säuglingsforschung) zu begründen. Gute Theorien können zwar als ein Wert an sich betrachtet werden, aber der Nachweis, daß dadurch die Behandlungsergebnisse verbessert werden, ist schwer zu führen, weil zwischen Theorie und Effekt der Therapeut als entscheidende Variable tritt. Eine gute und richtige Theorie kann durch einen schlechten Therapeuten um ihre heilsame Wirkung gebracht werden, und eine schlechte kann in guter Übersetzung dennoch brauchbare Ergebnisse erzielen. Deswegen kann die Überlegenheit oder Unterlegenheit einer Theorie nicht mit Therapieergebnissen begründet werden (s. a. Cremerius 1982).

Der praktische Wert einer Theorie ist kaum direkt beweisbar, sondern eher ein indirekter. Theorien sensibilisieren die Wahrnehmung für bestimmte Aspekte der Realität, und die neuen Theorien der Säuglingsforschung lenken die Aufmerksamkeit auf Bereiche, die bisher nicht oder in anderer Weise wahrgenommen wurden. Die Säuglingsforschung stellt »Modellszenen« zur Verfügung, die klinisches Material auf neue und therapeutisch inspirierende Art und Weise organisieren (Lichtenberg 1987a, 1989b; Lachman/Lichtenberg 1990). Psychoanalytiker haben schon immer solche Modellszenen benützt, um Übertragungsmaterial zu ordnen und zu deuten.

> »Die Benutzung von Erfahrungsmodellen oder Modellszenen ist allgemein gebräuchlich: Denken wir an den ödipalen Knaben, der in sinnlicher Liebe seiner Mutter folgt, oder an das sich sträubende Kleinkind, das, während es sich von seiner Mutter weiter denn je entfernt, angstvoll (Mahler) oder stolz (Kohut) oder mit einer Mischung von beidem zurückblickt« (Lichtenberg 1987a, S. 134).

Diesen ödipalen, exhibitionistischen und Wiederannäherungsmodell-szenen fügt die Säuglingsforschung neue hinzu, die aus der Beobachtung typischer Verhaltensweisen kleiner Kinder in bestimmten experimen-tellen Standardsituationen stammen.

Die fremde Situation als Modellszene

Ainsworth et al. (1978) haben typische Reaktionen einjähriger Kinder auf kurze Trennungen von der Mutter, die Begegnung mit einem Frem-den und die Rückkehr der Mutter untersucht. Die »fremde Situation« besteht aus acht Episoden, von denen jede ca. drei Minuten dauert:

1. Mutter und Kind betreten das Spielzimmer.
2. Sie akklimatisieren sich, und das Kind hat Gelegenheit zur Erkun-dung des neuen Raumes.
3. Eine fremde Person tritt ein und nimmt mit beiden Kontakt auf.
4. Die Mutter verläßt den Raum, und der Fremde bleibt mit dem Kind zurück.
5. Die Mutter kommt zurück, und der Fremde geht.
6. Die Mutter geht, und das Kind bleibt allein zurück.
7. Der Fremde kommt.
8. Die Mutter kommt, und der Fremde geht (wie in 5.).

Ainsworth und ihre Mitarbeiter haben drei typische Verhaltensmu-ster in diesen Situationen beobachtet. Es gibt Kinder, die Zeichen von Kummer zeigen, wenn die Mutter den Raum verläßt. Sie unterbrechen ihr Spiel und suchen aktiv nach ihr. Vom Fremden lassen sie sich nur ungern trösten, aber immerhin zur Neuaufnahme ihres Spiels überre-den. Wenn die Mutter zurückkommt, begrüßen sie sie freudig, suchen offen ihre Nähe und beginnen nach kurzer Zeit wieder mit dem Spiel. Diese Kinder sind sicher gebunden (B-Gruppe).

Ein zweite Gruppe von Kindern (A) ignoriert den Weggang der Mut-ter. Sie setzen ihr Spiel fort, als wenn nichts geschehen wäre, und spielen mit dem Fremden oft lebhafter als mit der Mutter. Auch die Rückkehr der Mutter wird ignoriert. Die Kinder vermeiden den Blickkontakt, begrüßen sie nicht und suchen auch nicht ihre Nähe. Ainsworth nennt sie die unsicher-vermeidend gebundenen Kinder.

Eine dritte Gruppe, die unsicher-ambivalent Gebundenen (C), wirkt unruhig und gestreßt, wenn die Mutter den Raum verläßt. Sie lassen sie nur ungern gehen. Bei ihrer Rückkehr begrüßen sie sie zwar erleichtert, fangen aber Sekunden später an, sie zu schlagen oder zu treten. Sie sind hin und her gerissen zwischen Freude und Verärgerung.

Bei Ainsworth, die amerikanische Mittelschichtkinder untersucht hat, waren 68 % der Kinder sicher gebunden, 20 % vermeidend und 12 % ambivalent. Interkulturelle Untersuchungen in Deutschland, Japan und Israel haben ergeben, daß die Häufigkeitsverteilung in anderen Kulturen anders ist. In Japan und Israel ist die Zahl der ambivalent gebundenen Kinder größer als in den USA, in Deutschland die der vermeidend gebundenen (Überblick bei van Ijzendoorn / Kroonenberg 1988; van Ijzendoorn et al. 1990). Diese Untersuchungen sind auch ohne nähere Würdigung der Details für den Kliniker interessant, weil die Reaktionen kleiner Kinder auf kurze Trennungen von der Mutter ihm wichtige Modellszenen liefern können, mit deren Hilfe er die Bedeutung von Träumen, Assoziationen und Übertragungsäußerungen bei erwachsenen Patienten, die mit einer Trennung konfrontiert sind, verstehen kann (Lichtenberg 1987a, S. 134). Jeder Analytiker kennt Patienten, die auf Ferien oder Stundenausfälle ähnlich reagieren, wie die Kinder in der fremden Situation auf den Weggang der Mutter. Die Reaktionen der Patienten können als Ausgangspunkt für Rekonstruktionen dienen, die erhellen, wie diese Patienten als Kinder Trennungen erlebt haben und mit ihnen umgegangen sind.

Wichtig ist, daß in Ainsworth' Untersuchungen das Trennungsverhalten der Kinder ein Indiz für die Qualität der Mutter-Kind-Beziehung ist. Sicher gebundene Kinder benehmen sich anders als vermeidend oder ambivalent gebundene. Wie kommt es zu den verschiedenen Bindungstypen? Die entscheidende Einflußgröße für die später festgestellte Qualität der Bindung ist die Feinfühligkeit der Mutter für die Signale ihres Säuglings in den ersten neun Monaten.

»Mütter, die feinfühliger auf die subtilen Signale eingehen, mit denen Säuglinge ihre Bedürfnisse ausdrücken, erreichen eine sicherere Bindungsqualität mit ihren Kindern. Bei weniger feinfühligen Müttern ist dagegen die Wahrscheinlichkeit größer, daß sich eine unsichere Bindungsqualität mit ihren Kindern entwickelt. Feinfühligkeit ist die Fähigkeit, Signale nicht nur wahrzunehmen und richtig zu interpretieren, sondern prompt und angemessen darauf zu antworten« (Grossmann 1987, S. 211).

Die mütterliche Feinfühligkeit wird differenziert in verschiedenen Dimensionen erfaßt: Wie sich die Mutter bei der Pflege und dem Körperkontakt benimmt; wie beim Füttern; wie sie auf das Schreien des Kindes reagiert; wie auf Kontaktanbahnungen des Kindes nach Trennung;

wie auf Autonomiesignale und Anzeichen für Selbständigkeit und vieles mehr. Dadurch entsteht ein genaues Bild mütterlicher Verhaltensweisen und davon, wie diese im einzelnen mit der späteren Bindungsqualität zusammenhängen. Diese Befunde sind für Psychoanalytiker keine Überraschung. Sie sind allerdings hier erstmals in einer gründlichen Längsschnittuntersuchung an normalen Einjährigen mit den ausgefeilten Methoden der empirischen Psychologie dokumentiert worden. Sie machen klar, daß es eine ausgeprägte Korrelation zwischen verhaltensmäßig ausgedrückter früher mütterlicher Sensibilität und der Qualität der späteren Bindung gibt. Diese Korrelation darf kausal interpretiert werden (Ainsworth 1979). Bestimmte mütterliche Verhaltensweisen in den ersten neun Monaten *bestimmen* die Bindungsqualität mit zwölf und 18 Monaten. Das Verhalten der Kinder in der fremden Situation zeigt nicht nur, welche Bindung aktuell vorherrscht, sondern erlaubt Rückschlüsse, wie sich die Mutter in den ersten neun Monaten in verschiedenen Situationen wahrscheinlich benommen haben muß.

Entsprechend kann der Analytiker aus den Reaktionen seiner Patienten auf Trennungen innerhalb und außerhalb der psychoanalytischen Situation mit einer gewissen Wahrscheinlichkeit rekonstruieren, wie

1. der Patient als Kind auf solche Trennungen reagiert hat und
2. welche Art der Mutter-Kind-Beziehung in der frühen Kindheit tatsächlich vorherrschend war und den späteren Gefühlen und Verhaltensweisen als »historischer Kern« zugrunde lag.

Rekonstruktion und empirische Evidenz

Die Zeitspanne zwischen Gegenwart und früher Kindheit ist zugegebenermaßen gewaltig und die Irrtumsanfälligkeit diesbezüglicher Rekonstruktionen entsprechend groß. Dennoch müssen sie nicht bloße Vermutungen bleiben, sondern können empirisch bestätigt werden. Barglow et al. (1989) haben Rekonstruktionen aus der Analyse einer Mutter mit Material aus der Psychotherapie ihrer Tochter und Ergebnissen der Säuglingsforschung verglichen und zur wechselseitigen Überprüfung eingesetzt.

Die Mutter, eine 35 Jahre alte erfolgreiche Geschäftsfrau, kommt in Analyse, weil sie mit ihrer elfjährigen Tochter nicht mehr fertig wird. Sie fühlt sich eingeklemmt zwischen den Verpflichtungen einer 60-Stunden-Woche und den lautstark vorgetragenen Bedürfnissen des Kindes nach mehr gemeinsam verbrachter Zeit. Dieses Problem bestand von Anfang an. Einige Monate nach der Geburt nahm die Mutter ihre Berufstätigkeit wieder auf, und das Kind wurde von einer Angestellten betreut. Die Mutter war froh, daß es von ihr kaum Notiz nahm, wenn sie es verließ oder wieder zurückkehrte. Am Ende des ersten Lebensjahres erlebte sie ihre Tochter allerdings als nagend und fordernd. Das Bedürfnis nach Körperkontakt ging ihr auf die Nerven, und sie konnte es kaum erwarten, daß das Kind größer wurde. Nun ist es größer, aber die Schwierigkeiten sind es auch. Lautstarke Auseinandersetzungen sind an der Tagesordnung, und zu Hause hat die Mutter keine ruhige Sekunde mehr. Die Leistungen in der Schule werden immer schlechter. Mit provozierendem Benehmen bringt Georgia die Lehrer zur Weißglut. Viele Freundschaften gehen darüber zu Bruch. Die Mutter muß dann die Lehrer und die Eltern der vor den Kopf gestoßenen Freundinnen anrufen und alle wieder »versöhnen«.

Der mütterliche Bericht über das Kind wird in dessen Psychotherapie bestätigt. Georgias Hauptklage ist, daß die Mutter keine Zeit für sie hat. Sie befürchtet, vergessen zu werden, wenn sie keinen Lärm macht.

Mutter und Tochter beschreiben in ihren jeweiligen Therapien einen Beziehungstypus und seine Folgen, den die Bindungsforscher als vermeidende Bindung bezeichnet haben. Als Säugling hatte Georgia den Weggang oder die Rückkehr der Mutter kaum zur Kenntnis genommen. Genau das tun vermeidend gebundene Kinder im Fremde-Situations-Test. Die Mutter hatte den Körperkontakt zurückgewiesen, und genau das beschreiben die Bindungsforscher als einen wesentlichen Faktor bei der Entstehung einer vermeidenden Bindung. Das Schulverhalten und die Beziehung zu Gleichaltrigen passen ebenfalls ins Bild. Die Bindungsforscher haben herausgefunden, daß die mit einem Jahr vorherrschende Qualität der Bindung zuverlässige Prognosen über das spätere Sozialverhalten im Kindergarten und in der Schule ermöglicht. Vermeidende Kinder benehmen sich mit hoher Wahrscheinlichkeit in der Schule und mit Kameraden, wie Georgia es tat.

> »Immer wenn ein Kind einen Lehrer so ärgerlich machte, daß er es in einem anderen Raum oder in einer Ecke absondern wollte, war es unausweichlich so, daß dieses Kind chronische (elterliche) Unerreichbarkeit oder Zurückweisung erlebt hatte und ein Säugling der A-Gruppe gewesen war« (Sroufe 1983, S. 76).

Alle Quellen ergeben also ein übereinstimmendes Bild. In ihm passen die Rekonstruktionen aus der Therapie der Tochter sowohl mit den mütterlichen Berichten und Erzählungen zusammen als auch mit dem, was die Kleinkindforscher zu diesem Thema beschreiben. Daraus ziehe ich zwei Schlußfolgerungen:

1. Psychoanalytische Rekonstruktionen können in ihrer Richtigkeit durch andere Quellen bestätigt werden.
2. Rekonstruktionen sind nicht bloß narrativ wahr und beziehen sich nicht nur auf die psychische Realität, sondern auch auf die tatsächliche.

»...die thematische Nähe von Daten aus deutlich verschiedenen Beobachtungsbereichen ist möglicherweise der beste erreichbare Beweis für die Validität psychoanalytischer Rekonstruktionen. Es ist behauptet worden, daß das, was Analytiker rekonstruieren, sich nie ereignet haben mag und daß, weil die Realität weder gegeben noch notwendigerweise in unmodifizierter Form aufgezeichnet wird, Analytiker sich vielleicht nur um die Rekonstruktion narrativer statt tatsächlicher Wahrheit bemühen sollten... Im Gegensatz dazu behaupten wir, daß empirische Kleinkinduntersuchungen Analytikern tatsächliche Wahrheit anbieten können, die auf einen spezifischen Patienten anwendbar ist. Diese Behauptung steht auch im Gegensatz zu der Auffassung, daß die einzige Wahrheit, die Analytiker suchen können, die vergangene oder gegenwärtige psychische Wahrheit des Patienten ist... Sein ganzes Leben lang hat er (Freud; M. D.) beständig die Suche nach externer Validierung psychoanalytischer Behauptungen unter Zuhilfenahme von Beobachtungsdaten unterstützt... Wir haben einen zeitgemäßen Versuch einer solchen Zusammenarbeit dargestellt, in voller Übereinstimmung mit Freuds lebenslanger Hingabe an beides, menschliche Psychologie und Naturwissenschaft« (Barglow et al. 1989, S. 432 f.).

Rekonstruktion, Realtrauma, Wahrheit

Zu Beginn des Kapitels hatte ich vermutet, daß gute Theorien die Treffsicherheit und Genauigkeit von Rekonstruktionen verbessern können. Möglichst genaue Rekonstruktionen der Vergangenheit zu formulieren ist ein erstrebenswertes Ziel. Die Genauigkeit sollte sich nicht nur auf die vermuteten damaligen Erlebnisse, sondern auch auf die tatsächlichen Ereignisse beziehen. Eine phantasierte Verführung ist etwas anderes als eine reale, und die Anerkennung der Bedeutung der psychischen Realität entbindet uns nicht von der Anerkennung dieses Unterschieds. Der Analytiker sollte deshalb durchaus in Betracht ziehen, daß das, was der Patient erzählt, sich wirklich ereignet hat. Trotz der gelegentlichen Suggestibilität und Unzuverlässigkeit des Gedächtnisses (Loftus 1975), des Ineinanderschiebens von zeitlich auseinanderliegenden Ereignissen (A. Freud 1951), der Schwierigkeit bei der Überprüfung der Erinnerungen (Novey 1968) und ihren oft abwehrbedingten Verzerrungen gibt es genügend Beispiele in der psychoanalytischen Literatur, die zeigen, daß exakte Rekonstruktionen, die objektiver Nachprüfung standhalten, möglich sind (Freud 1916; Bonaparte 1945; Rosen 1955; Flummerfelt 1962; Serota 1964; Novey 1968; Anthi 1983; Wallace 1985; Lisman-Pieczanski 1990; Janus 1990).

Es ist ein gesichertes Ergebnis der Forschung zum autobiographischen Gedächtnis, daß es zwar in manchen Details irren kann, im wesentlichen aber zuverlässig funktioniert (Rubin/Kozin 1984, S. 84). So mag ein Kind nicht mehr wissen, ob es morgens, mittags oder abends vergewaltigt wurde, aber über den Sachverhalt selbst wird es sich kaum täuschen, und sogar seine Einzelheiten werden oft mit verblüffender Genauigkeit erinnert, berichtet und im Spiel dargestellt (Terr 1988; Sherkow 1990). Die Glaubwürdigkeit kindlicher Berichte ist in sensiblen Interviews feststellbar, und es gibt eindeutige Kriterien, die es dem Interviewer erlauben, den tatsächlichen Wahrheitsgehalt solcher Berichte einzuschätzen (A. H. Green 1986).

Die Kenntnis von Theorien über die normale Kindheitsentwicklung kann dazu beitragen, den Möglichkeitsspielraum von Rekonstruktionen, die Wahrheit beanspruchen können, einzugrenzen. Wenn bekannt ist, was Säuglinge und Kinder in einem bestimmten Alter normalerweise können und was nicht, kann besser entschieden werden, ob ein für einen bestimmten Zeitpunkt rekonstruiertes Erlebnis damals wirklich möglich war. »Mit zunehmendem Wissen über die kindliche Entwicklung sind wir auch eher in der Lage, Wirklichkeit und Phantasie zu unterscheiden« (Williams 1987, S. 945). Diese Unterscheidung kann von zentraler Bedeutung für echten therapeutischen Fortschritt sein. Die Wahrscheinlichkeit, daß ein drei Monate alter Säugling Angriffe auf die mütterliche Brust phantasiert oder sich von ihr verfolgt fühlt, ist relativ gering. Entsprechend sollte man Rekonstruktionen mißtrauen, in denen unwahrscheinliche Annahmen über Wahrnehmungs- und Denkleistungen des Säuglings enthalten sind (s. a. Blum 1989, S. 161). Der Wahrheitswert einer Rekonstruktion ist aber nicht ohne Einfluß auf ihre therapeutische Wirksamkeit. In seinem berühmten

»Übereinstimmungsargument« behauptet Freud (1916/17, S. 435), daß die Lösung von Konflikten und die Überwindung von Widerständen nur gelingt, wenn man dem Patienten Deutungen und Rekonstruktionen anbietet,

> »die mit der Wirklichkeit in ihm übereinstimmen. Was an den Vermutungen des Arztes unzutreffend war, das fällt im Laufe der Analyse wieder heraus, muß zurückgezogen und durch richtigeres ersetzt werden«.

Es gibt also richtige und weniger richtige Vermutungen, und das Kriterium dafür ist die Wirklichkeit im Patienten. Sie umfaßt nach meiner Lesart sowohl die psychische, subjektive als auch die materielle, objektive bzw. historische. Die subjektive Wirklichkeit oder Wahrheit, wie sie in den Phantasien über vergangene und gegenwärtige Ereignisse zum Ausdruck kommt, ist keine beliebige Ausdeutung dieser Ereignisse. Ob das Trauma wirklich stattgefunden hat oder »nur« phantasiert wurde, ist für die psychische Realität von erheblicher Bedeutung, wovon die symptomatischen und charakterologischen Folgen der Kindesmißhandlung und des realen Inzest beredtes Zeugnis ablegen (Kempe/Kempe 1978; Rush 1980; Hirsch 1987, Kap. 9; Levine 1990).

Das Problem mißhandelter Kinder und Patienten besteht in der Regel nicht darin, daß sie ein nicht stattgefundenes Trauma phantasieren oder konfabulieren, sondern eher darin, daß sie ein real stattgefundenes in der Phantasie *verleugnen*. Die Aufhebung dieser Verleugnung durch die Anerkennung der Realität der Traumatisierung ist in vielen Fällen der entscheidende Wendepunkt in der Behandlung (Sachs 1967; Shengold 1979; Kramer 1990). Eine wahre Rekonstruktion sollte deshalb immer die subjektive *und* die objektive Wirklichkeit umfassen. Wie das in der analytischen Arbeit im Einzelfall aussieht, hat Williams (1987) überzeugend beschrieben. Im Lichte dieser Forschung halte ich Freuds Behauptung (1916/17, S. 361), es sei

> »uns bis heute nicht gelungen, einen Unterschied in den Folgen nachzuweisen, wenn die Phantasie oder die Realität den größeren Anteil an diesen Kinderbegebenheiten hat«,

für falsch (s. a. Greenacre 1981, S. 41). Allein die Tatsache, daß es einen signifikanten Zusammenhang zwischen frühen Realtraumen wie Vergewaltigung und späteren schweren Psychopathologien wie Dissozialität, Prostitution und Drogensucht gibt, spricht für den Unterschied in den Folgen.

Der Unterschied ist auch in der analytischen Situation erkennbar. Zwei Indizien werden immer wieder als indikativ für schwere Realtraumatisierung beschrieben: Hartnäckige und stereotype Wiederholungen und immer wiederkehrende Träume, in denen das Grauen der Vergangenheit kaum verhüllt ist. Ihr Auftauchen sollte jeden Analytiker an Realtraumatisierung denken lassen. Bei realen Traumen wird dem Ich etwas angetan, bei phantasierten tut sich das Ich selbst etwas an (A. Freud 1976). Im ersten Fall kommt es zu strukturellen Ich-Schädigungen, im zweiten zur abwehr- und konfliktbedingten Einschränkungen eines potentiell gesunden Ichs. Natürlich ist das Realtrauma in der Regel kein isoliertes oder einmaliges Ereignis, das in einem sonst intakten Familienmilieu unvermittelt auftaucht, sondern die Spitze eines Eisbergs ständiger, über Jahre andauernder Übergriffe (Steele 1990). Seine Anerkennung als Realität impliziert in keiner Weise, daß die phantasiemäßige Bearbeitung der Realität vernachlässigt werden müßte.

»Nach gebührender Beachtung der Phantasietätigkeit als pathogenen Faktor mußte ich mich in der Tat in der letzteren Zeit schließlich immer häufiger mit dem pathogenen Trauma selbst beschäftigen« (Ferenczi 1930, S. 268).

Die von mir behauptete größere therapeutische Wirksamkeit wahrer Rekonstruktionen oder Deutungen wird unter Analytikern allerdings kontrovers diskutiert (Überblick bei Wallace 1985, S. 76 ff.; Mertens 1990, S. 120 ff.). Spätestens seit Glovers Arbeit von 1931 ist bekannt, daß auch ungenaue Deutungen wirken. Glover war allerdings der Meinung, daß ihre Wirkung nur vorläufig und der Suggestion vergleichbar ist. Ungenaue Deutungen helfen, weil sie wichtiges ängstigendes Material *zudecken* und den Patienten dadurch zunächst erleichtern. Langfristig verhindern sie dauerhaften therapeutischen Fortschritt. Genau das kann passieren, wenn eine traumatische Realität als Phantasie gedeutet wird (Sachs 1967). Für Vermutungen, wie die Tatsachen wirklich waren, liefert sowohl die Übertragung, inklusive Träume, Agieren und nonverbal kommunizierte Verhaltensweisen, als auch normatives Theoriewissen über Säuglingsentwicklung Hinweise. Die Benutzung beider Quellen kann die Richtigkeit von Rekonstruktionen verbessern und ihren therapeutischen Effekt erhöhen.[1]

Das Kontingenzparadigma als Modellszene

Zurück zu den Modellszenen. Außer dem Verhalten in der fremden Situation haben die Säuglingsforscher noch andere Experimente erfunden, aus denen sich Modellszenen herausfiltern lassen, die für den Kliniker interessant sind. Sie ändern sein Bild vom Säugling und damit auch das vom Patienten.*

Beispiele

DeCasper/Carstens (1981) spielten drei Tage alten Säuglingen den Gesang einer weiblichen Stimme vor. Das Tonband war mit einem Schnuller verbunden und so konstruiert, daß die Säuglinge es durch eine bestimmte Saughäufigkeit einschalten konnten. Der Gesang wurde ausgelöst, wenn die Pause zwischen zwei Saugbewegungen mindestens zwei Sekunden oder länger war. Bei kleineren Pausen oder beim kontinuierlichen Saugen schaltete sich das Tonband ab bzw. wurde nicht eingeschaltet. Der Zusammenhang von Saugmuster und resultierendem Effekt heißt Kontingenz. Säuglinge lernen das auslösende Muster schnell, wenn sie es einmal entdeckt haben, und wiederholen es dann immer wieder. Dabei zeigen sie alle Zeichen freudiger Erregung. Wenn man nach einer Weile die Gesangspräsentation randomisiert und der Gesang nicht mehr »kontingent« auf die Bemühungen des Säuglings ist, also durch sie nicht mehr ausgelöst wird, passiert folgendes: Zunächst verstärkt der Säugling seine Aktivität, bewegt z. B. den Kopf hin und her oder vokalisiert; wenn das nichts nützt, fängt er an zu grimassieren und zu schreien (s. a. Fagen/Ohr 1985).

Ähnliche Resultate erhält man, wenn der Säugling durch Kopfdrehungen das Aufflackern einer Anzahl bunter Lichter oder die Gabe eines Schlucks Milch auslösen kann (Papousek/Papousek 1975). Belohnt man ein dreimaliges Kopfdrehen nach links oder eine links-rechts Kombination von Drehungen mit einem Schluck Milch, so stellt sich nach kurzer Zeit ein Lerneffekt ein, und die entsprechende Kopfbewegung wird häufiger ausgeführt. Das funktioniert sogar, wenn der Säugling schon satt ist, und auch, wenn statt Milch als Belohnung die bunten Lichter angehen. Die Kopfdrehungen, die das

---

* Auch Thomä/Kächele (1985, S. 48 ff.) betonen den Einfluß, den das Bild vom Säugling auf das des Patienten hat.

Ereignis auslösen, sind von positiven Affekten (Lächeln, freudiges Vokalisieren) begleitet.

Eine Änderung der Versuchsanordnung bewirkt zunächst erhöhte Aktivität des Säuglings. Er macht sich zielstrebig auf die Suche nach neuen Lösungen und probiert andere Varianten aus, etwa zweimaliges Kopfdrehen. Hat er damit keinen Erfolg, wird er unruhig, seine Motorik wird unkoordiniert, und er beginnt zu »dekompensieren«. Manche Säuglinge ziehen sich nach anfänglichem Schreien aus der Experimentalsituation zurück. Die jüngeren (unter zwei Monaten) schrumpfen zusammen, bekommen einen glasigen Blick und bleiben mit schlafähnlicher Atmung unbeweglich liegen; die älteren (über zwei Monate) zeigen aktive Vermeidungs- und Abwendungsreaktionen. Die Dynamik dieses Rückzugsverhaltens unterscheidet sich nach Meinung der Autoren (Papousek/Papousek 1975, S. 247f.) deutlich von zufälligen Abwendungs- oder einfachen Ermüdungserscheinungen.

Diese Beispiele erlauben die Schlußfolgerung, daß die Entdeckung des Zusammenhangs zwischen eigener Aktivität und Veränderung in der Außenwelt einen mächtigen motivierenden Einfluß auf den Säugling hat. Ein ums andere Mal werden die einschlägigen Aktivitäten wiederholt, um den entsprechenden Effekt wieder zu erzielen. Dabei ist es nicht in erster Linie die angenehme Eigenschaft des Stimulus selbst – der Geschmack der Milch, der Ton der Stimme, der Reiz der neuen Lichter –, welche die Wiederholung veranlaßt, sondern die Entdeckung eines bewirkten Zusammenhangs. Selbst der satte Säugling dreht noch den Kopf, um zu sehen, ob die Milchflasche erscheint; er trinkt dann nicht mehr, sondern lächelt. Nicht die Milch, sondern ihr Herbeirufen interessiert ihn. Für die Lichter gilt dasselbe. Zeigt man sie längere Zeit, so langweilen sich die Säuglinge und beachten sie nicht mehr. Das ändert sich schlagartig, wenn die Reizdarbietung nach erfolgter Habituierung im Kontingenzparadigma stattfindet. Die Kinder fangen sofort an, den Reiz herbeizurufen, obwohl er Sekunden vorher noch uninteressant war. Nicht der Reiz motiviert, sondern der Akt des Herbeirufens und das damit verknüpfte Gefühl, etwas in der Außenwelt in vorhersagbarer und erwartbarer Weise als Resultat eigener Anstrengung bewirken zu können.[*]

---

[*] Vermutlich ist es nicht nur das Gefühl der Wirkmächtigkeit, sondern auch die Bestätigung einer Erwartung, die als intrinsischer Verstärker wirkt.

Theoretische und klinische Implikationen

Die Kontingenzexperimente lehren, daß nicht nur Trieb- und Körperlust, sondern auch Entdeckerlust und das Gefühl, in der Außenwelt sinnvolle Zusammenhänge bewirken und erkennen zu können, zentrale Motivatoren von Lebensbeginn an sind. Der »instinct to master« von Hendrick (1942, 1943 a,b) und das »effectance principle« von White (1959, 1963) waren leider zu wenig beachtete Versuche innerhalb der Psychoanalyse, eine die Triebtheorie ergänzende Motivationstheorie zu formulieren (s. a. Hoffmann 1972). Diesen motivationstheoretischen Implikationen, so spannend sie sind, möchte ich hier nicht weiter nachgehen, wohl aber den klinischen.[2]

Das Kontingenzparadigma kann in mehrfacher Hinsicht klinisch nützlich sein. Zum einen kann es das Verständnis von Psychopathologie verbessern; zum zweiten das Bild vom Patienten in bedeutsamer Weise korrigieren; zum dritten auf bekannte Begriffe der psychoanalytischen Therapietheorie, wie den der emotionalen Einsicht, ein neues Licht werfen.

Kontingenzerfahrung und Psychopathologie

Die Erfahrung von Nicht-Kontingenz ist ein Beispiel für »narzißtische« Traumen in der präsymbolischen Zeit. Sie haben weniger mit Triebversagung als mit der Beeinträchtigung eines sich entwickelnden gesunden Selbstgefühls zu tun.* Broucek (1979) bringt die Dauer und Häufigkeit solcher Erfahrungen mit bestimmten Störungen bei Erwachsenen in Zusammenhang. Seiner Meinung nach können extreme Erfahrungen von Nicht-Kontingenz für bestimmte Formen der Schizophrenie prädisponieren. Arieti (1974) habe in seinem großen Buch über die Schizophrenie eindrucksvoll beschrieben, wie der kataton Schizophrene sich von seiner Umwelt zurückzieht, und den Rückzug darauf zurückgeführt, daß der Katatone in seiner Kindheit kein Willensgefühl und kein Vertrauen in seine Handlungen und deren vorhersagbare Wirkung entwickeln konnte. Die Analogie zum zwei Monate alten Säugling, der mit schlafähnlicher Atmung, glasigem Blick und vollständiger Bewegungslosigkeit in der Experimentalsituation liegenbleibt, drängt sich auf.

Weniger gravierende aber immer noch ausgedehnte Kontingenzstö-

---

* Triebversagung kann natürlich auch das Selbstgefühl beeinträchtigen.

rungen könnten zu bestimmten Formen schwerer Depression führen. Dabei spielt nicht Über-Ich-Aggression gegen das Ich, sondern ein primärer Erschöpfungszustand des Ich als Reaktion auf eine nicht zu verändernde katastrophale Situation die ätiologisch herausragende Rolle. Dieser Faktor wird in den Depressionstheorien von Bibring (1952), Seligman (1975) und Widlöcher (1983) betont.

Auch narzißtische Störungen im engeren Sinn könnten auf mangelnde Kontingenzerfahrung zurückzuführen sein. Mangelnde Kontingenz kann als verhaltensmäßiges Korrelat mangelnder empathischer Responsivität betrachtet werden, die bei Kohut bekanntlich eine der Hauptursachen späterer narzißtischer Störungen ist. Harmlosere oder weniger ausgedehnte Erfahrungen von Nicht-Kontingenz können zu phobischen Reaktionen disponieren. Sie ähneln mehr der aktiven Vermeidung und Abwendung, mit der ältere Säuglinge auf die nicht kontingente Stimulierung in der Experimentalsituation reagieren.

Wie man sieht, sind viele Möglichkeiten denkbar, was ein Indiz für die relative Unspezifität des Kontingenzfaktors in der Ätiologie späterer Erkrankungen ist. Aus diesen und anderen Gründen, z. B. der vielfachen späteren symbolischen Überarbeitung solcher Erfahrungen, sollte man die vorstehenden Überlegungen nicht überstrapazieren. Es ist immer ein schwieriges Unterfangen, spezifische Vorläufer späterer Pathologien dingfest zu machen, nicht zuletzt deshalb, weil, retrospektiv betrachtet, alle möglichen Verknüpfungen plausibel sind, ohne daß damit bewiesen ist, daß die plausiblen Verknüpfungen auch die kausal wirksamen sind, d. h. diejenigen, die den Patienten damals wirklich beeinflußten. Dennoch kann die Suche nach Kindheitsvorläufern von Erwachsenenerkrankungen im Einzelfall ziemlich genau und erfolgreich sein. Zumindest können die Verknüpfungen, wenn man sie als heuristische Hypothesen versteht und nicht als definitive Behauptungen, das Nachdenken über die Kindheitsgeschichte von Patienten beträchtlich inspirieren.

Das Mount-Zion-Modell des psychoanalytischen Prozesses

Das Kontingenzparadigma verdeutlicht, welch motivierende Kraft der Suche nach Zusammenhängen innewohnt. Ich lese die geschilderten Beispiele als Modellszenen über Patienten in der psychoanalytischen Situation. Dadurch verändert sich das Bild des Patienten erneut. In dieser Sichtweise ist er nicht in erster Linie regressiv und von dem Wunsch beherrscht, vergangene Befriedigungen oder Versagungen mit dem

Analytiker zu wiederholen, als vielmehr – genau wie der kontingenzsuchende Säugling – aktiv und planmäßig damit beschäftigt, verborgene Zusammenhänge zu entdecken und vergangene und neue Probleme zu meistern.

Diese optimistische Vision scheint auf den ersten Blick weit hergeholt, stimmt aber gut mit neueren Ergebnissen der psychoanalytischen Prozeßforschung überein. Weiss, Sampson und die Mount-Zion-Psychotherapie-Forschungsgruppe (Sampson 1976; Weiss/Sampson 1986a,b; Weiss 1988) unterscheiden nach langjähriger theoretischer und empirischer Arbeit zwei Modelle des psychoanalytischen Prozesses: das »traditionelle« und das von ihnen sogenannte »control-mastery«-Modell.

Das traditionelle Modell hat Freud in seinen behandlungstechnischen Schriften (1911–1915) dargestellt.* Es enthält folgende Annahmen:

1. Der Patient hat keine Kontrolle über seine unbewußten Konflikte und deren Bewußtwerdung, weil unbewußte Prozesse vorwiegend automatisch nach dem Lustprinzip ablaufen.
2. Das stärkste unbewußte Motiv des Patienten ist die Suche nach Befriedigung infantiler Wünsche. Die verdrängten Wünsche werden in der psychoanalytischen Therapie durch das Behandlungsangebot des Analytikers mobilisiert. Gleichzeitig werden sie durch die Abstinenz und Neutralität des Analytikers intensiviert.
3. Sie drohen, bewußt zu werden, weshalb der Patient die Abwehr verstärkt. All das läuft ohne Kontrolle des Patienten ab.
4. Die Deutungen des Analytikers führen aus dem Patt von Impulsmobilisierung und Abwehrverstärkung heraus. Sie ermöglichen es, die mobilisierten Wünsche bewußt zuzulassen, ohne sie erneut dauerhaft abzuwehren. Dadurch wird erstmals Kontrolle über sie möglich.
5. Ziel der Therapie ist die Aufgabe oder Beherrschung (Meisterung) der infantilen Wünsche durch Bewußtmachung.

Im Gegensatz dazu postuliert die *control-mastery*-Theorie folgendes:

1. Der Patient hat beträchtliche Kontrolle über die Bewußtwerdung seiner unbewußten Konflikte.
2. Sein stärkstes unbewußtes Motiv ist nicht die Suche nach infantiler Triebbefriedigung, sondern das Bestreben, seine Probleme zu lösen.

---

* S. Freud (bes. 1912a,b; 1913a; 1914; 1915d).

3. Diese bewußte und unbewußte Problemlösungsabsicht veranlaßt ihn, konflikthaftes Material zu präsentieren. Dahinter steht die Hoffnung, es besser als bisher zu machen, weil der Analytiker anders damit umgeht als die Personen der Vergangenheit. Die Darstellung des unbewußten Konflikts erfolgt damit in der unbewußten Absicht, den Analytiker zu testen, ob er einen sicheren Rahmen für die Problemlösung bereitstellt. Der Grund für die Wiederholung ist weniger ein triebhafter Wiederholungszwang mit dem Ziel infantiler Befriedigung als ein Bedürfnis nach Bewältigung.

4. Die volle Darstellung des Konflikts ist nicht das Resultat einer vom Patienten unkontrollierbaren Intensivierung von Konflikt und Abwehr durch das Behandlungssetting, sondern das Ergebnis seines unbewußten Urteils, daß der Analytiker den Test bestanden hat und ein sicherer Rahmen für die Neubearbeitung alter Probleme vorhanden ist.

5. Die Neutralität des Analytikers hat in diesem Modell nicht die Funktion, Impulse und Wünsche zu intensivieren und so den Bewußtwerdungsdruck zu verstärken. Sie soll vielmehr die unbewußte Befürchtung des Patienten, der Analytiker werde sich wie seine Eltern benehmen, widerlegen.

6. Die Aufgabe des Analytikers ist es nicht, wie im alten Modell, etwas zu *verhindern*, was der Patient unbewußt anstrebt (Triebbefriedigung), sondern zu *unterstützen*, was er unbewußte beabsichtigt – die Suche nach der Lösung seiner Probleme. Der Patient kommt also nicht nur mit einem bewußten, sondern auch mit einem unbewußten Problemlösungswunsch.

»Statt anzunehmen, daß der Patient in erster Linie von dem Verlangen motiviert sei, unbewußte infantile Wünsche zu befriedigen, geht die Mount-Zion-Gruppe von der radikal verschiedenen Vorstellung aus, daß die Patienten in die Therapie mit dem bewußten und unbewußten Verlangen kommen, frühe Konflikte, Traumen und Ängste zu *meistern*, und mit unbewußten *Plänen*, wie dies erreicht werden könne. Zu diesem Zweck versucht der Patient, *sichere Voraussetzungen* zu finden oder herzustellen, um seinen Plan verwirklichen zu können... Dementsprechend veranstalten Patienten – weitgehend unbewußt – *Tests*, die der Therapeut entweder besteht oder nicht. Fällt er durch, folgen darauf eher gesteigerte Angst, es werden Abwehren mobilisiert, und abgewehrte unbewußte Inhalte tauchen in geringerer Zahl auf. Besteht er hingegen die Prüfung, so verringert sich die Angst, Gefühle vertiefen sich, und es besteht eine größere Wahrscheinlichkeit, daß abgewehrte Inhalte verstärkt auftauchen« (Eagle 1984a, S. 125f.).

Die Durchschlagskraft dieser Betrachtungsweise ist aus der vorliegenden knappen Darstellung vermutlich nicht ganz ersichtlich, und ebensowenig ist klar, ob sich die beiden Modelle wechselseitig ausschließen (wie die Autoren meinen) oder nicht eher ergänzen (s. z. B. Wallerstein 1987). Es ist aber deutlich erkennbar, daß ein anderes Menschenbild als das der Triebtheorie hinter diesem Konzept steckt bzw. aus diesem empirisch überprüften Konzept erwachsen ist: das Bild eines aktiven, planenden, nach Meisterung strebenden Subjekts, wie es in den Kontingenzexperimenten der Säuglingsforscher ebenfalls aufscheint.

Kontingenzerfahrung und emotionale Einsicht

Zum Schluß möchte ich die Aufmerksamkeit noch einmal auf die affektiven Reaktionen des Säuglings lenken, welche die Wahrnehmung und Herstellung von Kontingenz begleiten. Die Kontingenzexperimente zeigen nicht nur, welch motivierende Kraft der Suche nach Zusammenhängen innewohnt, sondern auch, daß der Mißerfolg von starken negativen, der Erfolg von starken positiven Affekten begleitet ist. Generell scheint Kontingenz wachstumsfördernd zu sein. Säuglinge, die kontingent stimuliert werden, lächeln mehr, lernen schneller, sind länger aufmerksam und weniger nervös als eine Kontrollgruppe ohne solche Stimulierung (Lewis et al. 1985). Der Einsichtstopos der psychoanalytischen Therapietheorie, die behauptete heilende Kraft der Einsicht (von manchen Philosophen, z. B. Habermas 1968, als autonomes Selbstreflexionsbedürfnis überhöht), erhält durch diese Ergebnisse ein materielles Fundament.

Die Wahrnehmung von Kontingenz, die Herstellung eines (Sinn-) zusammenhanges, die Einsicht in verborgene, bisher unintegrierte Verbindungen, ist ein Akt des Bewußtseins *und* mit positiven körperlichen Affektreaktionen verknüpft. Die Suche nach Sinn (Kognition) und die Suche nach Lust (Affekt) sind am Anfang des Lebens noch nahe beieinander. Daraus schließe ich, daß die Funktionslust und die Neugier, die Lust des Bewußtseins und die der Einsicht keine bloß intellektuellen Phänomene sind, obwohl sie dazu werden können. Die Rede von der emotionalen Einsicht, die kurativ sein soll, bekommt so einen zusätzlichen Sinn und ein entwicklungspsychologisches Unterfutter. Sie ist nicht nur Einsicht *in* bisher verdrängte Affekte oder Triebregungen, sondern *als* Einsicht, d. h., als Herstellung eines früher zerrissenen Zusammenhangs, ist sie mit positiven Affekten verbunden, ebenso wie ihr Fehlen mit dysphorischen. Dabei fallen das Spiel des Bewußtseins und der Ernst der Affekte in eins. Die Utopie der Versöhnung des Zerrissenen scheint auf, und von ihr sollte in jeder psychoanalytischen Therapie gekostet werden können.

»Der Ernst, mit welchem sie (die Psychoanalyse; M. D.) die wissenschaftliche Erfassung ihres Gegenstandes verfolgt, müßte von der spielerischen Lust durchsetzt sein, um die potentiellen Möglichkeiten des Menschen in ganzem Umfang wahrzunehmen, alles, was bisher festgefügt erschien, zu relativieren, zu erweitern, neu zu formulieren, anders zu verstehen. Die Ergebnisse eines solchen Prozesses entsprächen dem Ernst, der jedem echten Spiel zugrundeliegt« (Morgenthaler 1977, S. 138).

Zusammenfassung

Säuglingsforschung ist nützlich für die psychoanalytische Therapie, weil sie:
- für die Wirkung und Struktur präsymbolischer Traumen sensibilisiert und deren Aufspüren fördert;
- die Genauigkeit psychoanalytischer Rekonstruktionen verbessert und ihre Überprüfung ermöglicht;
- Modellszenen liefert, mit deren Hilfe Analytiker die Abkömmlinge der Kindheitsgeschichte in der Übertragung auf neue Weise sehen lernen (wie durch den Fremde-Situations-Test das Trennungsverhalten der Patienten);
- neue Faktoren von Psychopathologie entdeckt (nichtkontingente Stimulierung) und alte Begriffe (emotionale Einsicht) in neuem Licht erscheinen läßt;
- klinisch nützliche Metaphern und Analogien bereitstellt (Lichtenberg 1983; S. 186 ff.; 1987 a,b);
- nachweist, daß die dyadische interaktionelle Konzeption des psychoanalytischen Prozesses der menschlichen Natur entspricht (Thomä / Kächele 1985, S. 48);
- ein vertieftes Verständnis der Bedeutung von Objektbeziehungen bei

der Entstehung und Behandlung von Charakterstörungen ermöglicht (Scharfman 1989, S. 62 f.);

– eine Veränderung des Bildes vom Kind im Patienten bewirkt und zu einer Veränderung der Sprachfiguren und impliziten Anthropologien beiträgt, die in Deutungen und Rekonstruktionen Eingang finden und Einfluß nehmen (Cooper 1989, S. 80 ff.).

Das ist für eine junge Disziplin kein schlechter Ertrag. Ich bin zuversichtlich, daß er sich noch verbessern läßt, wenn die Ergebnisse der Säuglingsforschung von einem größeren Kreis von Analytikern rezipiert und vermehrt in der psychoanalytischen Praxis auf ihre Fruchtbarkeit erprobt werden.

Anmerkungen

Kapitel 1
1. Die besten Kritiken stammen von Wallace (1985, S. 80 ff.), Shengold (1985; 1989, S. 32 ff.) und Hanly (1990). Loch thematisiert in seinem großen Aufsatz (1976) nicht explizit das Problem der therapeutischen Effektivität. Solche Probleme hat er hinter sich gelassen. Für ihn ist Psychoanalyse ein Unternehmen zweier Personen zum Zwecke der Produktion intersubjektiv validierbarer »existenztragender Wahrheit« und keine wissenschaftlich angeleitete Heilmethode von Krankheiten. Existenztragende Wahrheiten waren früher Sache der Theologie; nach deren Niedergang im Gefolge des Siegeszuges der Wissenschaften fanden sie Zuflucht bei der Existenzphilosophie. Deren unbezweifelbare Berechtigung liegt in der Einsicht, daß wissenschaftliche Wahrheiten allein zum »guten Leben« im Sinne der antiken Philosophie nicht ausreichen und daß die Verwissenschaftlichung der Welt ein Sinndefizit hinterlassen hat und ein Bedürfnis nach existenztragenden Wahrheiten, das von der Wissenschaft selbst nicht mehr befriedigt werden kann, weil es ihr Resultat ist. Die Psychoanalyse soll, in der Lochschen Version, das Erbe der Existenzphilosophie antreten. Das ist tief gedacht und hat beträchtliche Konsequenzen. Ich zweifle, ob die meisten Psychoanalytiker bereit wären, sie zu ziehen. Eine davon ist, daß Psychoanalytiker ihre Krankenkassenzulassung zurückgeben müßten, denn die Produktion existentieller Wahrheit ist keine abrechnungsfähige Position in der ärztlichen Gebührenordnung. Die Krankenkassen bezahlen dafür nicht, sondern nur für Krankenbehandlung, und deswegen kommen auch die Patienten. »Würden Patienten glauben, daß therapeutischen Deutungen nur Schönheit und Kohärenz zu Grunde liegen, so würden viele wahrscheinlich eine etwas traditionellere erkenntnistheoretische Rechtfertigung fordern« (Sass/Woolfolk 1988, S. 452). Anders läge die Sache, wenn gezeigt werden könnte, daß die Produktion existentieller Wahrheiten nicht nur Sinn stiftet, sondern (dadurch) auch Symptome und Krankheiten bessert. Dies muß allerdings dann im Einzelfall belegt und nicht nur behauptet oder gehofft werden. Die von Loch gerne gestellte Frage, »ob das noch Psychoanalyse ist«, was die anderen betreiben (etwa Thomä/Kächele), läßt sich also durchaus auch an ihn selbst richten. Meine Antwort darauf wäre, obwohl ich eine andere Version der Psychoanalyse vertrete als er: Ja! *Die* Psychoanalyse gibt es nicht bzw. nicht mehr. Sie ist mittlerweile zu einer vielseitigen Abstraktion geworden, unter deren breitem Dach erfreulicherweise viele divergierende Strömungen Platz haben: hermeneutische und tiefenhermeneutische, narrative und existentialistische, empirische und strukturalistische, feministische und patriarchalische, system- und informations-

theoretische und andere mehr. Angesichts dieser Tatsache und der weiteren, daß Freud zeit seines Lebens mindestens vierzehn sich zum Teil widersprechende Definitionen dessen gegeben hat, »was Psychoanalyse ist« (übersichtlich zusammengestellt bei Kutter 1989, S. 84 f.), sollte man den Versuch aufgeben mit einer fünfzehnten Definition klüger zu sein als der Meister. Als Psychoanalytiker muß man die mit dieser Heterogenität von Theorien einhergehende Labilisierung der beruflichen und theoretischen Identität einfach aushalten.

2. Das geschichtsphilosophische Pendant zur rein rekonstruktiv verfahrenden Entwicklungspsychologie ist übrigens die »Dialektik der Aufklärung« von Horkheimer/Adorno (1944). In ihr wird versucht, ausgehend von der Pathologie der gegenwärtigen Gesellschaft, durch Rückprojektion die totalitäre Tiefenstruktur der abendländischen Geschichte zu entziffern. Dabei wird der Faschismus als die zivilisatorische Pathologie genommen, die ausdrückt, was an Destruktionspotentialen schon in vergangenen Zeiten schlummerte. Diese philosophische Konstruktion der Weltgeschichte geht aber mit den historischen Fakten allzu selbstherrlich um. »Das entscheidende Problem der retrospektiven Geschichtsdeutung ist also das der Projektion. Die Deutung der Vergangenheit kann gegenwartsbezogenen Schematisierungen in einer Weise verhaftet bleiben, daß das gedeutete Phänomen der Vergangenheit signifikant verfälscht wird« (Schmid Noerr 1989, S. 79 ff.; Zit. S. 81). Dasselbe gilt meines Erachtens für die Konstruktion einer genetischen Geschichte des Individuums in der die Entwicklungsgeschichte im engeren Sinn für entbehrlich gehalten wird. Die wahre Übertreibung, die nach Horkheimer/Adorno dieses einseitige Verfahren der Rückprojektion rechtfertigen soll, führt eher zu neuen Ursprungsmythologien, als daß es die alten erhellt.

Kapitel 2

1. Ein entsprechendes Experiment geht so: Man gibt einem Säugling einen Schnuller, und er wird, je nach Temperament und Zustand, einen bestimmten Saugrhythmus entwickeln, d. h. eine bestimmte Häufigkeit des Saugens pro Zeiteinheit. Davon leitet man eine base-line-Saugrate ab. Dann führt man einen Ton ein, und die Saugrate steigt signifikant an. Dies ist ein Indiz dafür, daß der Säugling etwas hört. Nach einer gewissen Zeit sinkt die Saugrate wieder ab. Der Säugling hat habituiert, das Neue hat seinen Reiz verloren. Die Präsentation eines anderen Tons führt zu einer Dishabituierung, ausgedrückt im Wiederansteigen der Saugrate. Dies zeigt, daß der Säugling einen Unterschied zwischen dem alten und neuen Ton bemerkt. Das Ganze kann dann mit unterschiedlichen Tönen, Bildern, Säuglingspopulationen und Kontrollgruppen durchgeführt werden. Eine Bemerkung ist noch wichtig: Wenn die Rede davon ist, daß »der Säugling« diesen oder jenen Unterschied bemerkt, so ist damit immer eine statistisch signifikante Anzahl von Säuglingen einer Untersuchungsgruppe gemeint, eine Art »Durchschnittssäugling« also. Es gibt beträchtliche Unterschiede zwischen einzelnen Exemplaren dieser Gattung, und es kann vorkommen, daß der eine oder andere in einer

Altersgruppe die abgefragte Fähigkeit noch nicht zeigt. Die entsprechenden Altersangaben beziehen sich also immer auf die Mehrzahl einer untersuchten Gruppe, nicht auf jeden Einzelfall.

2. Dem aufmerksamen Leser ist hier vielleicht ein Widerspruch aufgefallen. Weiter oben – im Experiment mit den genoppten Schnullern – wurde gesagt, daß der Säugling visuell den Schnuller bevorzugt, den er schon im Mund gefühlt hat, also das Bekannte. Jetzt ist es so, daß er das bevorzugt, was er *nicht* gefühlt hat, also das Neue. Solche scheinbar widersprüchlichen Ergebnisse können viele Gründe haben (Rose/Ruff 1987, S. 323 f., 351 f.). Es genügt zu sagen, daß in beiden Fällen – bei bekundeter Präferenz für Vertrautes und bei Präferenz für Neues – ein kreuzmodaler Vergleich stattgefunden haben muß, der es erlaubt, den gesehenen Gegenstand entweder als vertraut oder als neu im Vergleich mit dem gefühlten Gegenstand einzuschätzen. Nur wenn keine Präferenz bekundet würde, wäre das ein Indiz für fehlende kreuzmodale Wahrnehmung.

Kapitel 3

1. Der Widerspruch dieser Befunde zur Psychoanalyse bedarf einer kurzen Erläuterung. Es ist klar, daß für Freud das Neugeborene in erster Linie wegen der Abwesenheit eines die Triebe zähmendes Ichs asozial ist und nicht wegen der anfänglich fehlenden Unterscheidungsfähigkeit zwischen belebt und unbelebt. Entsprechend ergeben sich unterschiedliche Konzepte von sozial und asozial, ja nachdem, welches Kriterium man dabei zugrunde legt. Die soziale Natur des Säuglings, die der klassischen psychoanalytischen Triebtheorie in der Tat widerspricht, hängt nun aber nicht davon ab, ob er belebt von unbelebt unterscheiden kann. Die referierten Interaktionsstudien machen zwei grundlegende Sachverhalte deutlich, die es rechtfertigen, den menschlichen Säugling als primär sozial zu begreifen: Erstens ist das Kind von Anfang an ein kompetenter Teilnehmer in der sozialen Interaktion. Zweitens sucht es den sozialen Kontakt auch unabhängig von Triebbedürfnissen. Ich denke, das genügt, um einen Gegensatz zwischen diesem Bild des Säuglings und dem der Triebtheorie festzustellen. Die Psychoanalyse ist aber nicht bei Freuds Triebtheorie stehengeblieben, und einige ihrer Weiterentwicklungen, insbesondere die Objektbeziehungstheorien (Überblick bei Greenberg/Mitchell 1983), haben zu Ergebnissen geführt, die denen der Kleinkindforschung – bei allen verbleibenden Divergenzen – gar nicht so unähnlich sind, vor allem, was den primären Drang zum Objekt angeht und seine teilweise Unabhängigkeit von Körper- oder Triebbedürfnissen. Um den Vorwurf des Biologismus abzuweisen, den man gegen die obigen Ausführungen vielleicht erheben könnte, möchte ich noch hinzufügen, daß es natürlich unstrittig ist, daß ein großer Teil der Interaktionskompetenz im sozialen Austausch erlernt wird und die mitgebrachten Fähigkeiten dort weiter ausgeformt werden. Aber was von Geburt an schon da ist, ist erstaunlich!

2. Hierzu ein Beispiel. Ein Säugling wacht auf und fängt an zu schreien, weil er Hunger hat. Er steckt seinen Daumen oder Schnuller in den Mund, entspannt

sich und lächelt. Die traditionelle Erklärung ist, daß er die Erinnerung an frühere Befriedigungserlebnisse halluzinatorisch-bildhaft wiederbelebt. Die Aktivierung des Bildes ist begleitet von einem positiven Affekt, der mit der erinnerten Befriedigung einhergeht. Dadurch kommt es zu einer temporären Beruhigung, wobei das Lächeln ein Indikator für die halluzinatorische Wunscherfüllung ist. – Eine alternative Erklärung wäre, daß der Hunger nicht eine bildhafte Erinnerung aktiviert, sondern die motorische Aktivität des Saugens. Das Saugen aktiviert dann den in der ursprünglichen befriedigenden Situation damit verknüpften positiven Affekt. Dadurch tritt die Hungerspannung zeitweise in den Hintergrund, und der Säugling lächelt zufrieden. Beide Erklärungen schließen die Elemente Gedächtnis, Affekt und Spannungslösung ein. Die erste behauptet, daß die Erinnerung in einem Bild (Phantasie, Halluzination) besteht. In der zweiten ist sie an die Körperempfindung des Saugens gebunden und nicht an ein Bild. Der positive Affekt wird in der ersten Erklärungsvariante durch die Halluzination und ihre befriedigenden Eigenschaften ausgelöst, in der zweiten durch die motorische Aktivität des Saugens und deren spannungslösende Eigenschaften. Dies illustriert, daß für bestimmte Phänomene, die herkömmlicherweise mit Hilfe von Phantasien erklärt werden, alternative Erklärungen möglich sind (Lichtenberg 1983, S. 54ff., 63f.).

Kapitel 4

1. Untersuchungen des Verhaltens kleiner Kinder vor dem Spiegel haben mittlerweile eine relativ klare Chronologie der Entstehung des Ich-Bewußtseins erbracht. Die einschlägigen Ergebnisse aus verschiedenen entwicklungspsychologischen Labors stimmen weitgehend überein (Amsterdam 1972; Modarressi/Kenny 1977; Schulman/Kaplowitz 1978; Berthental/Fischer 1978; Lewis/Brooks-Gunn 1979; Brooks-Gunn/Lewis 1984).

– Im ersten Jahr reagieren Kinder enthusiastisch auf ihr Spiegelbild, sie lächeln, fangen an zu plappern, wackeln begeistert mit dem Körper, küssen und berühren es. Ein verzerrtes Spiegelbild beunruhigt sie nicht. Im Spiegel läuft ein interessantes Spektakel ab, das sie dirigieren, und es gibt keine sicheren Anzeichen dafür, daß sie sich erkennen.

– Ab zwölf Monaten fangen die meisten Kinder an, ihr Spiel zu unterbrechen und hinter dem Spiegel zu suchen, wenn sie sich darin sehen. Zwischen zwölf und 18 Monaten interagieren sie weniger mit ihrem Spiegelbild und sind gelegentlich ernüchtert. Reibt man ihnen heimlich einen roten Fleck auf die Nase und macht sie dann darauf aufmerksam, indem man ihnen den Spiegel zeigt und »schau« ruft, greifen sie nicht an die eigene Nase, sondern an die des Spiegelbildes.

– Erst mit 18 bis 24 Monaten fassen sich die meisten Kinder in dieser Situation an die eigene Nase. Keines der Kinder sucht ab 18 Monaten noch hinter dem Spiegel. Ein verzerrtes Spiegelbild ihrer selbst versuchen sie aktiv zu vermeiden. Im Laufe der ersten beiden Jahre entwickelt sich also ein zunehmendes Bewußtsein darüber, daß die Informationen, die der

Spiegel vermittelt, etwas mit der eigenen Person zu tun haben. Die Tatsache, daß sich die meisten Kinder zwischen 18 und 24 Monaten an die *eigene* Nase fassen, wenn das *Spiegelbild* einen roten Fleck auf der Nase hat, ist das Indiz für den sicheren Erwerb des Selbstbewußtseins. Spitz (1957, Kap. 13) und Stechler/Kaplan (1980) sind aufgrund anderer Überlegungen und Beobachtungen zu ähnlichen Resultaten gelangt. Interessanterweise sind Menschenaffen die einzigen Tierarten, die den Spiegel nach zwei bis drei Tagen Umgang damit zur Exploration unsichtbarer Körperteile benutzen. Gallup (1977) hat Schimpansen narkotisiert und eine Augenbraue oder ein Ohr mit geruchsfreier roter Farbe angemalt. Kaum hatten sie das angemalte Körperteil im Spiegel entdeckt, fingen sie an, es häufiger zu betasten und betrachten. Alle anderen Affenarten sind dazu nicht fähig, selbst wenn sie Tausende von Stunden vor dem Spiegel verbringen.

Kapitel 5

1. Leichte Unstimmigkeiten gibt es noch. Von Säuglingsforschern wird manchmal Unbehagen/Schmerz (*distress/pain*) als diskreter Affekt angeführt, der sich in der Erwachsenenliteratur nicht findet. Auch die Scham bereitet Probleme, weil es für sie kein invariantes Gesichtsausdrucksmuster gibt. Izard/Hyson (1986) halten sie dennoch für eine Basisemotion. Typisch für sie ist das Senken des Kopfes und der Augenlider, ein leichtes, nach vorn gerichtetes Zusammenrollen des Körpers, wie um sich zu verbergen, und möglicherweise einige physiologische Parameter. – Es ist interessant, daß es nicht nur im Gesicht, sondern auch bei vokalen Äußerungen wie Brummen, Stöhnen und Schreien spezifische Charakteristika in Tonhöhe, Tempo und Modulierung gibt, je nach vorherrschendem Gefühlszustand. Scherer (1982, 1986) hat vokale Spezifität für Ärger, Überraschung, Traurigkeit und Freude entdeckt. Die bisherige Forschung hat sich allerdings weitgehend auf die Vokalisierungen von Erwachsenen beschränkt.

Kapitel 8

1. Harris (1983, S. 725, 730 f.) meint, Piaget habe in seiner Diskussion der Objektpermanenz eine erkenntnistheoretische Fragestellung (wann *glaubt* das Kind an die Permanenz des Gegenstandes) mit einer empirisch-entwicklungspsychologischen vermengt (wann *sucht* das Kind einen verdeckten Gegenstand). Das Nicht-Suchen nach dem verdeckten Gegenstand müsse nicht unbedingt einen Nicht-Glauben an die Permanenz anzeigen, sondern könne auch auf defizitäre Suchstrategien zurückzuführen sein. In anderen Worten: Der Schluß vom Nicht-Suchen auf das Nicht-Glauben an die Permanenz ist problematisch. Dieses subtile Argument kann hier nicht in extenso gewürdigt werden. Es genügt zu sagen, daß die Entstehung der frühen Objektpermanenz auch unabhängig von Suchhandlungen erforscht werden kann, und zwar mit Hilfe von Experimenten, die den Glauben an die Permanenz des Objekts am visuellen Verhalten des Säuglings ablesen und nicht aus

eventuell fehlenden Suchhandlungen schlußfolgern. Ein intuitiver Beleg für den Glauben an Permanenz ist beispielsweise der erstaunte Gesichtsausdruck des Säuglings, wenn ein Objekt plötzlich verschwindet, oder sein andauernder, konzentrierter Blick auf die Stelle, an der es sich befunden hat. (In Wirklichkeit sind die Experimente komplizierter.) Neueren Forschungen zufolge existieren die einfachsten Formen der Objektpermanenz, die Piaget auf acht Monate datiert, bereits mit fünf Monaten (Baillargeon et al. 1985; Baillargeon 1986, 1987).

2. Ein unter Psychoanalytikern oft zu hörendes Argument, mit dessen Hilfe dieser Konsequenz ausgewichen wird, besagt, daß die Mutter, weil sie so wichtig ist, früher zum permanenten Objekt wird als ein unbelebter Gegenstand (z. B. Cobliner 1965). Als Beleg wird meist auf die Untersuchungen von Gouin-Décarie (1962) und Bell (1970) verwiesen. Die erste Autorin hat eine geringfügige Vorverlagerung des Zeitpunkts für die Mutter (15 Monate) im Vergleich mit unbelebten Gegenständen (18 Monate) festgestellt; die zweite meint, dies gelte nur für gute Mutter-Kind-Beziehungen, bei schlechten sei es eher umgekehrt (s. a. Fischer 1986). Selbst wenn diese Befunde repliziert wären – was nicht (Jackson et al. 1978) bzw. nur teilweise (Levitt et al. 1984) der Fall ist –, könnte aus ihnen nur abgeleitet werden, daß bei einigen Kindern die Mutter wenige Wochen früher permanent wird als ein unbelebter Gegenstand. Das genügt sicher nicht, um am Konzept des infantilen Phantasierens, das die Evozierbarkeit von Objektbildern impliziert, festzuhalten. Interessanterweise kehrt Lichtenberg (1983, S. 101; 1987b, S. 895) das geläufige Argument um und meint, gerade weil die Mutter so wichtig sei, werde sie als *letztes* Objekt permanent. Das Kind habe ein gesteigertes Bedürfnis, sie im Handlungsmodus präsent zu halten, weil er konkreter und faßbarer ist als der symbolische. Deshalb wehrt es sich gegen die Symbolisierung der Mutter, die dadurch verzögert wird. Diese Begründung und das angegebene empirische Material überzeugen mich zwar auch nicht restlos, machen aber ebenfalls deutlich, daß wenig für eine Vorverlagerung der Permanenz der Mutter spricht. Um eventuellen Mißverständnissen vorzubeugen, sei betont, daß der psychoanalytische Begriff der libidinösen Objektkonstanz etwas anderes meint als der der kognitiven Objektpermanenz. Objektpermanenz bezeichnet die Fähigkeit, ein Bild in Abwesenheit des Objekts zu evozieren, und ist eine Voraussetzung für libidinöse Objektkonstanz. Unter letzterer wird in der Regel die darüber hinausgehende Fähigkeit verstanden, angesichts affektiver Belastungen (z. B. Trennungen), die negative Affekte mobilisieren können, dennoch ein vorwiegend gutes Bild der Mutter aufrechtzuerhalten. Diese Fähigkeit entwickelt sich zwischen 24 und 36 Monaten und ist mit drei Jahren so stabil ausgebildet, daß Kinder längere Trennungen von der Mutter ertragen können. Nicht zuletzt deshalb ist dieser Zeitpunkt das Eintrittsalter für den Kindergarten.

3. Eine Schwierigkeit habe ich bei der Darstellung ausgeklammert. Die halluzinatorische Wunscherfüllung wurde in Übereinstimmung mit einem großen

Teil der Literatur als eine freie Evokation behandelt. Fraiberg (1969), Greenspan (1979, S. 38 f.) und Stern (1985, S. 117 f.) schlagen vor, sie als bedingte Evokation zu betrachten. Bedingte Evokationen gibt es schon vor der Symbolbildung, und sie können auch auf innere, nicht nur auf äußere Hinweisreize erfolgen. In dieser Lesart wäre der Hunger des Säuglings ein innerer Hinweisreiz, der andere Attribute der Fütterungssituation (z. B. die Brust) evoziert. Damit ist nicht gesagt, daß die Brust als Bild evoziert wird, sondern nur, daß irgendeine Form affektiv getönter Präsenzerfahrung stattfindet. Das ist denkbar, wenn auch experimentell kaum demonstrierbar.

4. Es ist klar, daß auch die psychoanalytische Theorie des symbolischen Spiels, die den Akzent auf den wunschausdrückenden und wunscherfüllenden Charakter legt und seine unbewußte Symbolik betont, überdacht werden muß. Piaget (1945) betont seine adaptiven und realitätsorientierten Eigenschaften. Man kann darüber streiten, ob damit das Unbewußte geleugnet wird (Nitsch-Berg 1978) oder nicht. Auch der von Langer (1942) eingeführte Unterschied zwischen präsentativer (bildhafter) und diskursiver (zeichenhaft-sprachlicher) Symbolik müßte genauer erörtert werden. Ebenso die Protosymbolik des Übergangsobjekts. Fenichel (1945, S. 74 ff.) macht einen Unterschied zwischen archaischer Symbolik und dem Symbol als Repräsentant von Verdrängtem. Im archaischen Denken sind Penis und Schlange auch ohne Verdrängung dasselbe. »Der Anblick der Schlange ruft mit dem Penis verbundene Gefühle hervor, und gerade dieser Zusammenhang wird später benutzt, um die unbewußte Vorstellung des Penis durch die bewußte der Schlange zu ersetzen.« Das ist ausgezeichnet gedacht und in seiner Klarheit unerreicht. Die entscheidende Einschränkung ist jedoch, daß »später« eine Vorstellung durch eine andere ersetzt wird. Dazu muß sie aber erst gebildet und unabhängig von der Wahrnehmung geworden sein.

5. In der psychoanalytischen Theorie findet sich jedoch der Symbolisierungsbegriff noch in einer anderen Variante als der hier in den Vordergrund gestellten des »Bilder machens« bzw. der (bildhaften) Evokation eines abwesenden Objekts. Ausgehend von Melanie Kleins früher Arbeit zur Symbolbildung (Klein 1930) und Winnicotts Theorie des Übergangsobjekts (1951) wird Symbolisierung als »psychische Bedeutungsverleihung« verstanden. Küchenhoff (1990, S. 81) weist zu Recht darauf hin, daß Symbolisierung nicht unbedingt gleichbedeutend mit psychischer Bildhaftigkeit sein muß. Jeder Erwachsene ist zu psychischer Bildhaftigkeit in der Lage, und dennoch können manche, insbesondere psychosomatisch Erkrankte, nicht »symbolisieren«, d. h. Körperempfindungen, Affekte, Bilder und Gedanken nicht in bedeutungsvoller Weise als Teil des eigenen Seelenlebens empfinden. Gefühle und Gedanken sind bei ihnen isoliert, fragmentiert und konkretistisch. Obwohl sie in der Lage sind, abwesende Objekte im Geist zu evozieren, sind ihre Phantasien über die Objekte oder den eigenen Körper eigentümlich leer und stereotyp. Dieser Symbolisierungsmangel ist von einem Verlust der Bildhaftigkeit im übertragenen Sinn begleitet: Nicht die Fähigkeit zum Bilder machen ist verlo-

rengegangen, sondern die Lebendigkeit, Plastizität und Bedeutung von Bildern und Affekten. Sie liegen gleichsam wie erratische Blöcke in der Seele herum und sind nicht in eine kohärente innere Welt integriert. Diese Form der Nicht- oder Desymbolisierung als Mangel an Bedeutungsverleihung wird von Autoren wie M. Klein, Winnicott, Bion, Lacan u. a. beschrieben (s. Green 1975, Ogden 1985 und Küchenhoff 1990 mit weiterer Literatur). Die Zukunft wird zeigen, ob und wie ein solcher Symbolisierungsbegriff mit dem von mir diskutierten zu verbinden ist.

Kapitel 10

1. Ich habe in Kapitel 1 auf eine Richtung innerhalb der Psychoanalyse hingewiesen, die behauptet, daß die Wirklichkeit vergangener Ereignisse überhaupt nicht zugänglich ist, und daß narrative und nicht historische Wahrheit heilt. Die Konstruktion plausibler Geschichten ermöglicht es dem Patienten, disparate Erlebnisse in eine kohärente »story« zu integrieren, was zur Besserung führt, ohne daß die Geschichte faktisch wahr, im Sinne einer Übereinstimmung mit der wirklichen Vergangenheit, sein muß. Auf die Möglichkeit zur Validierung von Deutungen und zur Überprüfung von Rekonstruktionen wird großzügig verzichtet. Dennoch kommen auch die Vertreter dieser Richtung an der wirklichen Vergangenheit ihrer Patienten nicht vorbei und fordern deren umfassende, möglichst genaue Berücksichtigung. Spence (1983, S. 469), einer der eloquentesten Vertreter der Narrativisten meint: »Für die narrative Wahrheit zu plädieren heißt nicht, zu behaupten, daß Analysieren bloßes Geschichtenerzählen ist…« und empfiehlt dem Analytiker »…mit den ihm zur Verfügung stehenden Tatsachen und den besten Vermutungen, wie die Tatsachen gewesen sein könnten, eine möglichst überzeugende Geschichte (zu konstruieren)«. An die therapeutische Wirkung dieses Verfahrens glaubt er allerdings nicht. Ähnlich hält Schafer (1980, S. 30) die Idee einer erreichbaren historischen Wahrheit für problematisch, will aber auf »Verifikationen« für konstruierte Geschichten nicht verzichten (1983, S. 206). Wie sie in seinem Konzept möglich und warum sie nötig sind, bleibt unklar. Eagle (1980, 1984b) hat auf die Paradoxie dieser Position hingewiesen. Aus Gründen der Höflichkeit, Ehrlichkeit und Aufrichtigkeit dem Patienten gegenüber, den bloße »Geschichten« vielleicht nicht überzeugen würden, wird empfohlen, möglichst nahe an den zugänglichen Tatsachen zu bleiben, obwohl der therapeutische Effekt weniger daraus als aus der narrativen Erzählkunst des Analytiker-Patient-Paares resultiert.

2. Drei Andeutungen zur theoretischen Relevanz des Kontingenzparadigmas sollen genügen. *Erstens* enthält es eine Kritik des Behaviorismus, obwohl die geschilderten Experimente methodologisch als Konditionierungsexperimente beschrieben werden können und historisch aus ihnen hervorgegangen sind. Ihre Ergebnisse müssen allerdings antibehavioristisch interpretiert werden, weil nicht mehr Futter und organismische Befriedigung, sondern Entdeckung und Bewirkung von Zusammenhängen, also intellektuelle, kognitive Befriedigung die entscheidende Erklärungsvariable ist. Außerdem

sind die physischen Aspekte der Stimulation weniger wichtig als die Beziehung zwischen der Aktivität des Kindes und der Veränderung der Umwelt. Damit ist das behavioristische Paradigma auf den Kopf gestellt. In ihm war es nämlich der »Stimulus«, der die »Response« kontrollierte, und der behavioristische Traum war, das Verhalten (Response) vollständig aus den Bedingungen der Reizumwelt (Stimulus) zu erklären. Stimulus kontrolliert Response, Objekt kontrolliert Subjekt. Im Kontingenzparadigma ist es gerade umgekehrt. Hier kontrolliert das Subjekt das Objekt, oder, anders ausgedrückt, es ist nicht der Stimulus bzw. das Objekt, das motiviert, sondern die Art der *Beziehung* zwischen beiden. Fast könnte man sagen, das Kontingenzparadigma ist der beziehungstheoretische und mentale Salto mortale des Behaviorismus. *Zweitens:* Winnicott hat mehrfach betont, wie die Sensibilität der Mutter für die Signale des Säuglings zu seinem Gefühl illusionärer Omnipotenz beiträgt. Er will die Brust, und wenn sie rechtzeitig erscheint, erlebt er das als Resultat seines Wollens. Das illusionäre Allmachtsgefühl ist eine der Grundlagen des gesunden Narzißmus. Ich halte diesen Gedanken für richtig und wertvoll, habe aber im 8. Kapitel Vorbehalte gegen eine Phantasieversion der Omnipotenz angemeldet. In meiner Lesart ist die Kontingenzerfahrung des Säuglings das Äquivalent von Winnicotts illusionärer Omnipotenzerfahrung. Das Bewußtsein und Gefühl, die Umwelt kraft eigener Anstrengungen beeinflussen zu können, ist ihr Kernpunkt. Kontingenzerfahrung setzt keine Phantasietätigkeit voraus und ist keine Illusion, sondern real. *Drittens:* Man kann sich fragen, ob Kontingenzerfahrungen *der* Motivationsfaktor in der Kindheit sind und die Triebtheorie dadurch entbehrlich wird (wie z. B. Basch 1987 glaubt) oder ob sie *ein* Motivationsfaktor neben anderen sind (Cooper 1987). In Übereinstimmung mit meinem Plädoyer für eine Pluralisierung der psychoanalytischen Motivationslehre im 7. Kapitel halte ich, wie Cooper, Kontingenz für einen Faktor unter anderen.

Literaturverzeichnis

Abrams, S. (1977): The genetic point of view: Antecedents and transformations. Journ. Amer. Psychoanal. Assn. 25, pp. 417–425

Adamson, L./Bakeman, R./Smith, C./Walters, A. (1987): Adult's interpretation of infant's acts. Developm. Psychol. 23, pp. 383–387

Ainsworth, M. (1979): Attachment as related to mother-infant interaction. In: J. Rosenblatt/R. Hinde/C. Beer/M. Busnell (Eds.): Advances in the Study of Behavior. Vol. 9. New York u. a.: Academic Pr., pp. 1–51

Ainsworth, M./Blehar, M./Waters, E./Wall, S. (1978): Patterns of Attachment. A Psychological Study of the Strange Situation. Hillsdale, NJ: Erlbaum

Amsterdam, B. (1972): Mirror self-image reactions before age two. Developm. Psychobiol. 5, pp. 297–305

Angel, K. (1967): On symbiosis and pseudosymbiosis. Journ. Amer. Psychoanal. Assn. 15, pp. 294–316

Anthi, P. (1983): Reconstruction of preverbal experiences. Journ. Amer. Psychoanal. Assn. 31, pp. 33–58

Anthony, J. (1957): The system makers: Freud and Piaget. British Journ. med. Psychol. 30, pp. 255–269

Applegarth, A. (1971): Comments on aspects of the theory of psychic energy. Journ. Amer. Psychoanal. Assn. 19, pp. 379–416

Arieti, S. (1974): Interpretation of Schizophrenia. New York: Basic Books (2nd compl. revised and expanded ed.)

Arlow, J. (1977): Die Affekte und die psychoanalytische Situation. Psyche 31, S. 637–659

Aronson, E./Rosenbloom, S. (1971): Space perception in early infancy: Perception within a common auditory-visual space. Science 172, pp. 1161–1163

Asendorpf, J. (1984): Lassen sich emotionale Qualitäten im Verhalten unterscheiden? Empirische Befunde und ein Dilemma. Psychol. Rundschau 35, S. 125–135

Aslin, R./Pisoni, D./Jusczyk, P. (1983): Auditory development and speech perception in infancy. In: M. Haith/J. Campos (Eds.): Infancy and Developmental Psychobiology = P. Mussen (Gen. Ed.): Handbook of Child Psychology, Vol. 2. New York u. a.: Wiley, pp. 573–687 (4th ed.)

Bahrick, L./Watson, J. (1985): Detection of intermodal proprioceptive-visual contingency as a potential basis of self-perception in infancy. Developm. Psychol. 21, pp. 963–973

Baillargeon, R. (1986): Representing the existence and location of hidden objects: Object permanence in 6- and 8-month-old infants. Cognition 23, pp. 21–41

Baillargeon, R. (1987): Object permanence in 3 ½- and 4 ½-month-old infants. Developm. Psychol. 23, pp. 655–664

Baillargeon, R./Spelke, E./Wassermann, S. (1985): Object permanence in five-month-old infants. Cognition 20, pp. 191–208

Balint, M. (1937): Frühe Entwicklungsstadien des Ichs. Primäre Objektliebe. In: M. Balint (1966): Die Urformen der Liebe und die Technik der Psychoanalyse. Stuttgart: Huber-Klett, S. 93–115

Balint, M. (1960): Primärer Narzißmus und primäre Liebe. Jahrb. Psychoanal. 1, S. 3–34

Balint, M. (1968): Therapeutische Aspekte der Regression. Reinbek bei Hamburg: Rowohlt 1973

Banks, M./Salapatek, Ph. (1983): Infant visual perception. In: M. Haith/J. Campos (Eds.): Infancy and Developmental Psychobiology = P. Mussen (Gen. Ed.): Handbook of Child Psychology, Vol. 2. New York. u. a.: Wiley, pp. 435–571 (4th ed.)

Bard, A./Milewski, A. (1981): Matching of facial gestures by young infants: Imitation or releaser? Unpublished Paper ref. in B. Zimmerman (1985): Children's imitation and cognitive development: Piaget's view reconsidered. In: C. Brainerd/V. Reyna (Eds.): Developmental Psychology. North-Holland: Elsevier, pp. 271–282

Barglow, P./Vaughn, B./Molitor, N. (1987): Effects of maternal absence due to employment on the quality of infant-mother attachment in a low-risk sample. Child Developm. 58, pp. 945–954

Barglow, P./Jaffe, C./Vaughn, B. (1989): Psychoanalytic reconstructions and empirical data: Reciprocal contributions. Journ. Amer. Psychoanal. Assn. 37, pp. 401–435

Barrera, M./Maurer, D. (1981 a): The perception of facial expressions by three-month-old. Child Developm. 52, pp. 203–206

Barrera, M./Maurer, D. (1981 b): Recognition of mother's photographed face by the three-month-old infant. Child Developm. 52, pp. 714–716

Barrett, K./Campos, J. (1987): Perspectives on emotional development II: A functionalist approach to emotion. In: J. Osofsky (Ed.): Handbook of Infant Development. New York u. a.: Wiley, pp. 555–578 (2nd ed.)

Basch, F. (1976 a): The concept of affect: A re-examination. Journ. Amer. Psychoanal. Assn. 24, pp. 759–777

Basch, F. (1976 b): Psychoanalysis and communication science. Ann. Psychoanal. 4, pp. 385–421

Basch, F. (1981): Psychoanalytic interpretation and cognitive transformation. Int. Journ. Psycho-Anal. 62, pp. 151–175

Basch, F. (1985): Some clinical and theoretical implications of infant research. Psychoanal. Inquiry 5, pp. 509–516

Basch, F. (1987): The interpersonal and the intrapsychic: Conflict or harmony? Contemp. Psychoanal. 23, pp. 367–381

Baumgart, M. (1991): Psychoanalyse und Säuglingsforschung. Psyche 45, S. 780–809

Bebee, B. (1986): Mother-infant mutual influence and precursors of self- and object-representations. In: J. Masling (Ed.): Empirical Studies of Psychoanalytic Theories. Vol. 2. Hillsdale, NJ: The Analytic Pr., pp. 27–48

Bebee, B./Stern, D. (1977): Engagement-disengagement and early object experiences. In: N. Freedman/S. Grand (Eds.): Communicative Structures and Psychic Structures. New York: Plenum Pr., pp. 35–55

Bebee, B./Lachman, F. (1988): Mother-infant mutual influence and precursors of psychic structure. In: A. Goldberg (Ed.): Progress in Self Psychology. Vol. 3. Hillsdale, NJ: The Analytic Pr., pp. 3–25

Bell, S. (1970): The development of the concept of object as related to infant-mother attachment. Child Developm. 41, pp. 291–311

Belsky, J. (1988): The effects of infant day care reconsidered. Early Childhood Research Quart. 3, pp. 235–272

Belsky, J./Nezworski, T. (1988): Clinical implications of attachment. In: J. Belsky/T. Nezworski (Eds.): Clinical Implications of Attachment. Hillsdale, NJ: Erlbaum, pp. 3–17

Belsky, J./Rovine, M. (1988): Nonmaternal care in the first year of life and the security of infant-parent attachment. Child Developm. 59, pp. 157–167

Benedetti, G. (1977): Das Borderline-Syndrom. Ein kritischer Überblick zu neueren psychiatrischen und psychoanalytischen Auffassungen. Der Nervenarzt 48, S. 641–650

Benjamin, J. (1988): Die Fesseln der Liebe. Psychoanalyse, Feminismus und das Problem der Macht. Basel und Frankfurt a. M.: Stroemfeld/Roter Stern 1990

Beres, J. (1965): Symbol und Objekt. Psyche 24, 1970, S. 921–941

Bergman, A./Ellman, S. (1985): Margaret Mahler: Symbiosis and Separation-Individuation. In: J. Reppen (Ed.): Beyond Freud. A Study of Modern Psychoanalytic Theorists. Hillsdale, NJ: The Analytic Pr., pp. 231–256

Bergmann, A./Pollens, D. (1985): Comments from the perspective of separation-individuation theory. Psychoanal. Inquiry 5, pp. 543–552

Berna-Simons, L. (1982): Säuglingsbeobachtung in der Psychoanalyse – Ein historischer Überblick. Arbeitshefte Kinderanalyse, Heft 2, hg. vom Wissenschaftlichen Zentrum II der GH-Kassel, Dez. 1982, S. 141–181

Bernfeld, S. (1925): Psychologie des Säuglings. Wien: Springer

Berthental, B./Fischer, K. (1978): Development of self-recognition in the infant. Developm. Psychol. 14, pp. 44–50

Berthental, B./Profitt, D. (1984): Infant sensitivity to figural coherence in biomechanical motions. Journ. Experim. Child Psychol. 37, pp. 213–230

Berthental, B./Profitt, D./Kramer, S./Spetner, N. (1987): Infants' encoding of kinetic displays varying in relative coherence. Developm. Psychol. 23, pp. 171–178

Bettelheim, B. (1967): Die Geburt des Selbst. Erfolgreiche Therapie autistischer Kinder. München: Kindler 1977

Bibring, E. (1943): The concept of the repetition compulsion. Psychoanal. Quart. 12, pp. 486–519

Bibring, E. (1952): Das Problem der Depression. Psyche 6, S. 81–101

Bion, W. (1959): Attacks on linking. Int. Journ. Psycho-Anal. 30, pp. 308–315; republ. in: W. Bion (1984): Second Thoughts. Selected Papers on Psycho-Analysis. New York: Aronson, pp. 93–109

Bion, W. (1967): Notes on memory and desire. The Psychoanal. Forum 2, pp. 271–280

Bischoff, N. (1985): Das Rätsel Ödipus. Die biologischen Wurzeln des Urkonflikts von Intimität und Autonomie. München und Zürich: Piper

Bischoff, N. (1987): Zur Stammesgeschichte der menschlichen Kognition. Schweizerische Zeitschr. für Psychol. 46, S. 77–90

Bischoff-Köhler, D. (1989): Spiegelbild und Empathie. Die Anfänge der sozialen Kognition. Bern u. a.: Huber

Blaney, P. (1986): Affect and memory: A review. Psychol. Bull. 99, pp. 229–246

Blank, G. / Blank, R. (1979): Ich-Psychologie II: Psychoanalytische Entwicklungspsychologie. Stuttgart: Klett-Cotta 1980

Blechschmidt, E. (1968): Vom Ei zum Embryo: Die Gestaltungskraft des menschlichen Keimes. Eine Einführung in die Humanembryologie. Reinbek bei Hamburg: Rowohlt (2. verb. Aufl. 1970)

Blum, H. (1978): Symbolic processes and symbol formation. Int. Journ. Psycho-Anal. 59, pp. 455–471

Blum, H. (1989): The value, use, and abuse of infant developmental research. In: S. Dowling / A. Rothstein (Eds.): The Significance of Infant Observational Research for Clinical Work with Children, Adolescents, and Adults. Madison, Connecticut: Int. Univ. Pr., pp. 157–174

Boden, M. (1979): Piaget. London: Fontana Pr. (2nd ed. 1985)

Bonaparte, M. (1945): Notes on the analytic discovery of a primal scene. Psychoanal. Study Child 1, pp. 119–125

Bower, G. (1981): Mood and memory: A review. Amer. Psychologist 36, pp. 129–148

Bower, T. (1976): Die Wahrnehmungswelt des Kindes. Stuttgart: Klett-Cotta 1978

Bower, T. (1977): A Primer of Infant Development. San Francisco: Freeman

Bower, T. (1979): Human Development. San Francisco: Freeman

Bower, T. / Broughton, J. / Moore, M. (1970): The coordination of visual and tactual input in infants. Perception and Psychophysics 8, pp. 51–53

Bowlby, J. (1951): Mütterliche Zuwendung und geistige Gesundheit. München: Kindler 1973

Bowlby, J. (1958): Über das Wesen der Mutter-Kind-Bindung. Psyche 13, 1959, S. 415–456

Bowlby, J. (1960): Ethologisches zur Entwicklung der Objektbeziehungen. Psyche 15, 1961, S. 508–516

Bowlby, J. (1969): Bindung. Eine Analyse der Mutter-Kind-Beziehung. München: Kindler 1975

Bowlby, J. (1973): Trennung. Psychische Schäden als Folge der Trennung von Mutter und Kind. München: Kindler 1976

Bowlby, J. (1980): Verlust, Trauer und Depression. Frankfurt a. M.: Fischer 1983

Bowlby, J. (1988): A Secure Base: Parent-Child Attachment and Healthy Human Development. New York: Basic Books

Brazelton, B./Als, H. (1979): Four early stages in the development of mother-infant interaction. Psychoanal. Study Child 34, pp. 349–369

Brazelton, B./Cramer, B. (1989): Die frühe Bindung. Die erste Beziehung zwischen dem Baby und seinen Eltern. Stuttgart: Klett-Cotta 1991

Brazelton, B./Koslowski, B./Main, M. (1974): The origins of reciprocity: The early mother-infant interaction. In: M. Lewis/L. Rosenblum (Eds.): The Effect of the Infant on Its Caregiver. New York u. a.: Wiley, pp. 49–76

Brazelton, B./Tronick, E./Adamson, L./Als, H./Weise, S. (1975): Early mother-infant reciprocity. In: Parent-Infant Interaction. Ciba Foundation Symposium 33 (New Series). North-Holland: Elsevier, pp. 137–154

Bremner, J. (1985): Object tracking and search in infancy: A review of data and a theoretical evaluation. Developm. Rev. 5, pp. 371–396

Brenner, Ch. (1972): Grundzüge der Psychoanalyse. Fischer: Frankfurt a. M. 1976 (2. erg. Aufl.)

Brenner, Ch. (1974a): Depression, anxiety, and affect theory. Int. Journ. Psycho-Anal. 55, pp. 25–32

Brenner, Ch. (1974b): On the nature and development of affects: A unified theory. Psychoanal. Quart. 43, pp. 532–556

Brenner, Ch. (1982): Elemente des seelischen Konflikts. Theorie und Praxis der modernen Psychoanalyse. Frankfurt a. M.: Fischer 1986

Bretherton, I. (1985): Attachment theory: Retrospect and prospect. In: I. Bretherton/E. Waters (Eds.): Growing Points of Attachment. Theory and Research. Monographs of the Society for Research in Child Development. Vol. 50. Chicago: Univ. Chicago Pr., pp. 3–35

Bretherton, I. (1987): New perspectives on attachment relations: Security, communication, and internal working models. In: J. Osofksy (Ed.): Handbook of Infant Development. New York u. a.: Wiley, pp. 1061–1100 (2nd ed.)

Brierley, M. (1937): Affects in theory and practice. Int. Journ. Psycho-Anal. 18, pp. 256–268

Brody, S. (1982): Psychoanalytic theories of infant development and its disturbances: A critical evaluation. Psychoanal. Quart. 51, pp. 526–597

Broerse, J./Peltola, C./Crassini, B. (1983): Infants' reactions to perceptual paradox during mother-infant interaction. Developm. Psychol. 19, pp. 310–316

Brooks-Gunn, J./Lewis, M. (1984): The development of early self recognition. Developm. Rev. 4, pp. 215–239

Broucek, F. (1979): Efficacy in infancy: A review of some experimental studies and their possible implications for clinical theory. Int. Journ. Psycho-Anal. 60, pp. 311–316

Broussard, E. (1976): Neonatal prediction and outcome at 10/11 years. Child Psychiatry and Human Developm. 7, pp. 85–93

Broussard, E. (1984): The Pittsburgh firstborns at age nineteen years. In: J. Call / E. Galenson / R. Tyson (Eds.): Frontiers of Infant Psychiatry. Vol. 2. New York: Basic Books, pp. 522–530

Broussard, E. / Hartner, M. (1970): Maternal perception of the neonate as related to development. Child Psychiatry and Human Developm. 1, pp. 16–25

Bruner, J. (1973): Organization of early skilled action. Child Developm. 44, pp. 1–11

Bruner, J. (1982): The organization of action and the nature of the adult-infant transaction. In: E. Tronick (Ed.): Social Interchange in Infancy. Affect, Cognition, and Communication. Baltimore: Univ. Park Pr., pp. 23–35

Bruner, J. / Sherwood, V. (1983): Thought, language, and interaction in infancy. In: J. Call / E. Galenson / R. Tyson (Eds.): Frontiers of Infant Psychiatry. Vol. 1. New York: Basic Books, pp. 38–52

Buck, R. (1980): Nonverbal behavior and the theory of emotion: The facial feedback hypothesis. Journ. of Personality and Social Psychol. 38, pp. 811–824

Buck, R. (1983): Emotional development and emotional education. In: R. Plutchik / H. Kellerman (Eds.): Emotion: Theory, Research, and Experience. Vol. 2: Emotions in Early Development. New York u. a.: Academic Pr., pp. 259–292

Buggle, F. (1985): Die Entwicklungspsychologie Jean Piagets. Stuttgart u. a.: Kohlhammer

Bushnell, I. (1982a): Visual-tactual knowledge in 8, 9½-, and 11-month-old infants. Infant Behav. and Developm. 5, pp. 63–75

Bushnell, I. (1982b): Discrimination of faces by young infants. Journ. Experim. Child Psychol. 33, pp. 298–308

Butterworth, G. (1981): Object permanence and identity in Piaget's theory of infant cognition. In: G. Butterworth (Ed.): Infancy and Epistemology. An Evaluation of Piaget's Theory. Brighton: Harvester Pr., pp. 137–169

Butterworth, G. (1983): Structure of the mind in human infancy. In: Advances in Infancy Research. Vol. 2. Norwood, NJ: Ablex, pp. 1–29

Campos, J. / Barrett, K. (1984): Toward a new understanding of emotions and their development. In: C. Izard / J. Kagan / R. Zajonc (Eds.): Emotions, Cognition, and Behavior. Cambridge u. a.: Cambridge Univ. Pr.; pp. 229–263

Campos, J. / Barrett, K. / Lamb, M. / Goldsmith, H. / Stenberg, C. (1983): Socioemotional development. In: M. Haith / J. Campos (Ed.): Infancy and Developmental Psychobiology = P. Mussen (Gen. Ed.): Handbook of Child Psychology. Vol. 2. New York u. a.: Wiley, pp. 783–915 (4th ed.)

Carpenter, G. (1975): Mother's face and the newborn. In: R. Lewin (Ed.): Child Alive. Anchor Books, pp. 124–133

Castelnuovo-Tedesco, P. (1974) (rep.): Toward a theory of affects. Journ. Amer. Psychoanal. Assn. 22, pp. 612–625

Chase-Landsdale, P. / Owen, M. (1987): Maternal employment in a family context: Effects on infant-mother and infant-father attachments. Child Developm. 58, pp. 1505–1512

Ciompi, L. (1982): Über Affektlogik. Auf der Grundlage von Psychoanalyse und genetischer Epistemologie. Psyche 36, S. 226–266

Clarke-Stewart, A. (1988): »The effects of infant day care reconsidered« reconsidered: Risks for parents, children, and researchers. Early Childhood Research Quart. 3, pp. 293–318

Clarke-Stewart, A. (1989): Infant day care: Maligned or malignant? Amer. Psychologist 44, pp. 266–273

Cobliner, W. (1965): Die Genfer Schule der genetischen Psychologie und die Psychoanalyse: Parallelen und Gegensätze. In: R. Spitz (1965a): Vom Säugling zum Kleinkind. Naturgeschichte der Mutter-Kind-Beziehungen im ersten Lebensjahr. Stuttgart: Klett-Cotta, S. 312–367 (4. Aufl. 1974)

Cocking, R. (1983): Early concept formation: Models from Nelson and Piaget. In: E. Scholnick (Ed.): New Trends in Conceptual Representation: Challenges to Piaget's Theory? Hillsdale, NJ: Erlbaum, pp. 151–163

Cohen, L./Strauss, M. (1979): Concept acquisition in the human infant. Child Developm. 50, pp. 419–424

Cohler, B. (1980): Developmental perspectives on the psychology of the self in early childhood. In: A. Goldberg (Ed.): Advances in Self Psychology. New York: Int. Univ. Pr., pp. 69–115

Cohn, J./Tronick, E. (1983): Three-month-old infants' reaction to simulated maternal depression. Child Developm. 54, pp. 185–193

Cole, P. (1985): Display rules and the socialization of affective displays. In: G. Zivin (Ed.): The Development of Expressive Behavior. Biology-Environment Interactions. Orlando u. a.: Academic Pr., pp. 269–290

Cole, P. (1986): Children's spontaneous control of facial expression. Child Developm. 57, pp. 1309–1321

Compton, A. (1983a): The current status of the psychoanalytic theory of instinctual drives. I: Drive concept, classification, and development. Psychoanal. Quart. 52, pp. 364–401

Compton, A. (1983b): The current status of the psychoanalytic theory of instinctual drives. II: The relation of the drive concepts to structures, regulatory principles, and objects. Psychoanal. Quart. 52, pp. 402–426

Condon, W. (1975): Speech makes babies move. In: R. Lewin (Ed.): Child Alive. Anchor Books, pp. 75–85

Condon, W. (1977): A primary phase in the organization of infant responding behavior. In: H. Schaffer (Ed.): Studies in Mother-Infant Interaction. New York u. a.: Academic Pr., pp. 153–176

Condon, W./Sander, L. (1974): Neonate movement is synchronized with adult speech: Interactional participation and language acquisition. Science 183, pp. 99–101

Contole, J./Over, R. (1981): Change in selectivity of infant social behavior between 15 and 30 weeks. Journ. Exp. Child Psychol. 32, pp. 21–35

Cooper, A. (1987): Discussion of Basch 1987. Contemp. Psychoanal. 23, pp. 382–391

Cooper, A. (1989): Infant research and adult psychoanalysis. In: S. Dowling/

A. Rothstein (Eds.): The Significance of Infant Observational Research for Clinical Work with Children, Adolescents, and Adults. Madison, Connecticut: Int. Univ. Pr., pp. 79–89

Cramer, B. (1984): Realität als Problem der psychoanalytischen Erkenntnistheorie: Kritische Überlegungen auf Grund direkter Kinderbeobachtung. Jahrb. Psychoanal. 16, S. 153–185

Cramer, B. (1987): Objective and subjective aspects of parent-infant-relations: An attempt at correlation between infant studies and clinical work. In: J. Osofsky (Ed.): Handbook of Infant Development. New York u. a.: Wiley, pp. 1037–1057 (2. Aufl.)

Cramer, B. (1989): Frühe Erwartungen. Unsichtbare Bindungen zwischen Mutter und Kind. München: Kösel 1991

Cramer, B. (1990): Studie zur Interaktion. Der Beitrag der Eltern zur Psychopathologie des Säuglings. In: J. Stork (Hg.): Neue Wege im Verständnis der allerfrühesten Entwicklung des Kindes. Erkenntnisse der Psychopathologie des Säuglingsalters. Stuttgart-Bad Cannstatt: Frommann-Holzboog, S. 219–233

Cremerius, J. (1978): Einige Überlegungen über die kritische Funktion des Durcharbeitens in der Geschichte der psychoanalytischen Technik. In: J. Cremerius (1984): Vom Handwerk des Psychoanalytikers: Das Werkzeug der psychoanalytischen Technik. Bd. 1. Stuttgart-Bad Cannstatt: Frommann-Holzboog, S. 154–171

Cremerius, J. (1979): Gibt es *zwei* psychoanalytische Techniken? Psyche 33, S. 577–599

Cremerius, J. (1982): Kohuts Behandlungstechnik. Eine kritische Analyse. Psyche 36, S. 17–46

Cremerius, J. (1983): »Die Sprache der Zärtlichkeit und der Leidenschaften«. Reflexionen zu Sandor Ferenczis Wiesbadener Vortrag von 1932. Psyche 37, S. 980–1015

Crock, C. (1987): Taste and olfactation. In: Ph. Salapatek/L. Cohen (Eds.): Handbook of Infant Perception, Vol. 1: From Sensation to Perception. New York u. a.: Academic Pr., pp. 237–263

Davidson, R./Fox, N. (1982): Asymmetrical brain activity discriminates between positive versus negative affective stimuli in human infants. Science 218, pp. 1235–1237

DeCasper, A./Fifer, W. (1980): Of human bonding: Newborns prefer their mothers' voices. Science 208, pp. 1774–1776

DeCasper, A./Carstens, A. (1981): Contingencies of stimulation: Effects on learning and emotion in neonates. Infant Behav. and Developm. 4, pp. 19–35

DeCasper, A./Spence, M. (1986): Prenatal maternal speech influences newborns' perception of speech sounds. Infant Behav. and Developm. 9, pp. 133–150

Demos, V. (1982a): Affect in early infancy: Physiology or psychology? Psychoanal. Inquiry 1, pp. 533–574

Demos, V. (1982b): Facial expressions of infants and toddlers: A descriptive analysis. In: T. Field/A. Fogel (Eds.): Emotion and Early Interaction. Hillsdale, NJ: Erlbaum, pp. 127–160

Demos, V. (1983): Discussion of papers by Sander and Stern. In: J. Lichtenberg/S. Kaplan (Eds.): Reflections on Self Psychology. Hillsdale, NJ: The Analytic Pr., pp. 105–112

Demos, V. (1985): The elusive infant. Psychoanal. Inquiry 5, pp. 553–568

Demos, V. (1988): Affect and the development of the self: A new frontier. In: A. Goldberg (Ed.): Progress in Self Psychology. Vol. 3. Hillsdale, NJ: The Analytic Pr., pp. 27–53

Demos, V./Kaplan, S. (1986): Motivation and affect reconsidered: Affect biographies of two infants. Psychoanal. Contemp. Thought 9, pp. 147–221

Deutsch, F. (1952): Analytic posturology. Psychoanal. Quart. 21, pp. 196–214

Dickes, R. (1978): Parents, transitional objects, and childhood fetishes. In: S. Grolnick/L. Barkin (Eds.): Between Reality and Fantasy. Transitional Objects and Phenomena. New York u. a.: Aronson, pp. 307–319

Dickstein, S./Parke, R. (1988): Social referencing in infancy: A glance at fathers and marriage. Child Developm. 59, pp. 506–511

Dodd, B. (1979): Lip reading in infants: Attention to speech presented in-and-out-of-synchrony. Cognitive Psychol. 11, pp. 478–484

Dornes, M. (1981): Die Psychologie von René A. Spitz: Eine Einführung und kritische Würdigung. Frankfurt a. M.: Fachbuchhandlung für Psychologie, Verlagsabteilung.

Dowd, J./Tronick, E. (1983): Methods for quantitative analysis of infant limb movements. In: G. Young (Ed.): Manual Specialization and the Developing Brain. New York u. a.: Academic Pr., pp. 307–317

Dowling, S. (1981): Abstract report from the literature on neonatology. Psychoanal. Quart. 50, pp. 290–295

Dowling, S. (1985): A Piagetian Critique. Psychoanal. Inquiry 5, pp. 569–587

Dowling, S. (1990): Fantasy formation: A child analyst's perspective. Journ. Amer. Psychoanal. Assn. 38, pp. 93–111

Drews, S./Brecht, K. (1975): Psychoanalytische Ich-Psychologie. Grundlagen und Entwicklung. Frankfurt a. M.: Suhrkamp (2. Aufl. 1982)

Dunkeld, J. (1978): The function of imitation in infancy. Unpublished Diss. ref. in A. Meltzoff/K. Moore (1983 a): Newborn infants imitate adult facial gestures. Child Developm. 54, pp. 702–709

Dunn, J. (1982): Comment: Problems and promises in the study of affect and intention. In. E. Tronick (Ed.): Social Interchange in Infancy. Affect, Cognition, and Communication. Baltimore: Univ. Park Pr., pp. 197–206

Eagle, M. (1980): Psychoanalytic interpretations: Veridicality and therapeutic effectiveness. Noûs 14, pp. 405–425

Eagle, M. (1983): Emotion und Gedächtnis. In: H. Mandl/G. Huber (Hg.): Emotion und Kognition. München u. a.: Urban & Schwarzenberg, S. 85–122

Eagle, M. (1984a): Neuere Entwicklungen in der Psychoanalyse. Eine kritische Würdigung. München–Wien: Verl. Int. Psa. 1988

Eagle, M. (1984b): Psychoanalysis and ›narrative truth‹: A reply to Spence. Psychoanal. Contemp. Thought 7, pp. 629–640

Eagle, M. (1987): The psychoanalytic and the cognitive unconscious. In: R. Stern (Ed.): Theories of the Unconscious and Theories of the Self. Hillsdale, NJ: The Analytic Pr., pp. 155–189

Edelson, M. (1984): Hypothesis and Evidence in Psychoanalysis. Chicago and London: Univ. Chicago Pr.

Edgcumbe, R. (1984): The development of symbolization. Bull. Hampstead Clin. 7, pp. 105–126

Ekman, P. (1972): Weltweite Gleichheit und kulturbedingte Unterschiede des Ausdrucks von Gefühlen im Gesicht. In: P. Ekman (1988), S. 15–80

Ekman, P. (1984): Der Ausdruck und das Wesen von Gefühlen. In: P. Ekman (1988), S. 149–179

Ekman, P. (1988): Gesichtsausdruck und Gefühl. 20 Jahre Forschung von Paul Ekman. Paderborn: Jungfermann Verl.

Ekman, P. / Oster, H. (1979): Der Gesichtsausdruck als Ausdruck von Gefühlen. In. P. Ekman (1988), S. 115–147

Ekman, P. / Friesen, W. (1982): Die Messung der Gesichtsbewegungen mit Hilfe des Facial Action Coding Systems (FACS). In: P. Ekman (1988), S. 188–224

Ekman, P. / Friesen, W. / Ellsworth, P. (1972): Gesichtssprache. Wien: Böhler 1974

Ekman, P. / Levenson, R. / Friesen, W. (1983): Autonomic nervous system activity distinguishes among emotions. Science 221, pp. 1208–1210

Ellsworth, P. / Tourangeau, R. (1981): On our failure to disconfirm what nobody ever said. Journ. of Personality and Social Psychol. 40, pp. 363–369

Emde, R. (1980a): Toward a psychoanalytic theory of affect I: The organizational model and its propositions. In: S. Greenspan / G. Pollock (Eds.): The Course of Life: Psychoanalytic Contributions toward Understanding Personality Development. Vol. 1: Infancy and Early Childhood. Washington: U. S. Government Printing Office, pp. 63–83

Emde, R. (1980b): Toward a psychoanalytic theory of affect II: Emerging models of emotional development in infancy. In: S. Greenspan / G. Pollock (Eds.): The Course of Life: Psychoanalytic Contributions toward Understanding Personality Development. Vol. 1: Infancy and Early Childhood. Washington: U. S. Government Printing Office, pp. 85–112

Emde, R. (1981): Changing models of infancy and the nature of early development: Remodeling the foundation. Journ. Amer. Psychoanal. Assn. 29, pp. 179–219

Emde, R. (1983a): The prerepresentational self and its affective core. Psychoanal. Study Child 38, pp. 165–192

Emde, R. (1983b): The Pinneau-Spitz Controversy. In: R. Spitz (1983): Dialogues from Infancy. Selected Papers, ed. by R. Emde. New York: Int. Univ. Pr., pp. 84–86

Emde, R. (1987): Infant mental health: Clinical dilemmas, the expansion of meaning, and opportunities. In: J. Osofsky (Ed.): Handbook of Infant Development. New York u. a.: Wiley, pp. 1297–1320 (2. Aufl.)

Emde, R. (1988a): Die endliche und die unendliche Entwicklung. I. Angeborene und motivationale Faktoren aus der frühen Kindheit. Psyche 45, 1991, S. 745–779

Emde, R. (1988b): Die endliche und die unendliche Entwicklung. II. Neuere psychoanalytische Theorie und therapeutische Überlegungen. Psyche 45, 1991, S. 890–913

Emde, R./Harmon, R. (1972): Endogenous and exogenous smiling systems in early infancy. Journ. Amer. Acad. Child Psychiatry 11, pp. 177–200

Emde, R./Robinson, J. (1979): The first two months: Recent research in developmental psychobiology and the changing view of the newborn. In: J. D. Nosphitz (Ed.): Basic Handbook of Child Psychiatry, Vol. 1: Development. New York and London: Basic Books, pp. 72–105

Emde, R./Gaensbauer, T./Harmon, R. (1976): Emotional Expression in Infancy: A Biobehavioral Study. New York: Int. Univ. Pr.

Emde, R./Katz, E./Thorpe, J. (1978): Emotional expression in infancy II: Early deviations in Down's Syndrome. In: M. Lewis/L. Rosenblum (Eds.): The Development of Affect. New York and London: Plenum Pr., pp. 351–360

Erickson, M./Sroufe, A./Egeland, B. (1985): The relationship between quality of attachment and behavior problems in preschool in a high-risk sample. In: I. Bretherton/E. Waters (Eds.): Growing Points of Attachment. Theory and Research. Monographs of the Society for Research in Child Development. Vol. 50. Chicago: Univ. Chicago Pr., pp. 147–166

Erikson, E. (1950): Kindheit und Gesellschaft. Stuttgart: Klett (5. Aufl. 1974)

Escalona, S./Corman, H. (1974): Early life experience and the development of competence. Int. Rev. Psychoanal. 1, pp. 151–168

Esman, A. (1983): Die Reizschranke. Forschungsbericht und Neubetrachtung. Psyche 45, 1991, S. 143–156

Fagan, J. (1976): Infants' recognition of invariant features of faces. Child Developm. 47, pp. 627–638

Fagen, J./Ohr, P. (1985): Temperament and crying in response to the violation of learned expectancy in early infancy. Infant Behav. and Developm. 8, pp. 157–166

Fagen, J./Morrongiello, B./Rovee-Collier, C./Gekoski, M. (1984): Expectancies and memory retrieval in three-month-old infants. Child Developm. 55, pp. 936–943

Fantz, R. (1961): Der Ursprung der Formwahrnehmung. In: O. Ewert (Hg.) (1972): Entwicklungspsychologie Bd. 1. Köln: Kiepenheuer & Witsch, S. 244–252

Fast, I. (1985a): Infantile narcissism and the active infant. In: I. Fast: Event Theory: A Piaget-Freud Integration. Hillsdale, NJ: Erlbaum, pp. 17–30

Fast, I. (1985b): Primary process cognition: A reformulation. In: I. Fast: Event Theory: A Piaget-Freud Integration. Hillsdale, NJ: Erlbaum, pp. 31–54

Fenichel, O. (1941): Das Ich und die Affekte. In: O. Fenichel (1981): Aufsätze. Bd. 2. Olten: Walter, S. 243–257

Fenichel, O. (1945): Psychoanalytische Neurosenlehre, Bd. 1. Olten: Walter 1974

Ferenczi, S. (1913): Entwicklungsstufen des Wirklichkeitssinnes. In: S. Ferenczi (1970): Schriften zur Psychoanalyse. Bd. 1. Frankfurt a. M.: Fischer, S. 148–163

Ferenczi, S. (1930): Relaxationsprinzip und Neokatharsis. In: S. Ferenczi (1972): Schriften zur Psychoanalye. Bd. 2. Frankfurt a. M.: Fischer, S. 257–273

Fiedler, K. (1985): Zur Stimmungsabhängigkeit kognitiver Funktionen. Psychol. Rundschau 36, S. 125–134

Field, T. (1982): Individual differences in the expressivity of neonates and young infants. In: R. Feldman (Ed.): Development of Nonverbal Behavior in Children. New York: Springer

Field, T. (1985): Neonatal perception of people: Maturational and individual differences. In: T. Field / N. Fox (Eds.): Social Perception in Infants. Norwood, NJ: Ablex, pp. 31–52

Field, T. (1987): Affective and interactive disturbances in infants. In: J. Osofsky (Ed.): Handbook of Infant Development. New York u. a.: Wiley, pp. 972–1005 (2nd ed.)

Field, T. / Walden, T. (1982a): Production and discrimination of facial expressions by preschool children. Child Developm. 53, pp. 1299–1311

Field, T. / Walden, T. (1982b): Perception and production of facial expressions in infancy and early childhood. In: H. Reese / L. Lipsitt (Eds.): Advances in Child Development and Behavior. Vol. 16. Norwood, NJ: Ablex, pp. 169–211

Field, T. / Woodson, R. / Greenberg, R. / Cohen, D. (1982): Discrimination and imitation of facial expressions by neonates. Science 218, pp. 179–181

Fischer, G. (1986): Die Beziehung des Kindes zur gegenständlichen und personalen Welt. Praxis der Kinderpsychologie und Kinderpsychiatrie 35, S. 2–8

Flummerfelt, J. (1962): On reconstruction. Bull. Philadelphia Assn. Psychoanal. 12, pp. 53–68

Fogel, A. (1977): Temporal organization in mother-infant face-to-face interaction. In: H. Schaffer (Ed.): Studies in Mother-Infant Interaction. London u. a.: Academic Pr., pp. 119–151

Fonagy, P. / Steele, M. / Moran, G. / Steele H. / Higgitt, A. (1991a): Measuring the ghost in the nursery. Bull. Anna Freud Centre 14, pp. 115–131

Fonagy, P. / Steele, H. / Steele, M. (1991b): Maternal representations of attachment during pregnancy predict the organization of infant-mother attachment at one year of age. Child Developm. 62, pp. 891–905

Fontaine, R. (1984): Imitative skills between birth and six months. Infant Behav. and Developm. 7, pp. 323–333

Fox, N. / Davidson, R. (1984): Hemispheric substrates of affect: A developmental model. In: N. Fox/R. Davidson (Eds.): The Psychobiology of Affective Development. Hillsdale, NJ: Erlbaum, pp. 353–381

Fox, N./Davidson, R. (1986): Psychophysiological measures of emotion: New directions in developmental research. In: C. Izard/P. Read (Eds.): Measuring Emotions in Infants and Children. Vol. II. Cambridge u. a.: Cambridge Univ. Pr., pp. 13–47

Fox, R./McDaniels, C. (1982): The perception of biological motion by human infants. Science 218, pp. 486–487

Fraiberg, S. (1969): Libidinal object constancy and mental representation. Psychoanal. Study Child 24, pp. 9–47

Fraiberg, S. (1982): Pathological defenses in infancy. Psychoanal. Quart. 51, pp. 612–635

Fraiberg, S./Adelson, E./Shapiro, V. (1975): Ghosts in the nursery. Journ. Amer. Acad. Child Psychiatry 14, pp. 387–422

Freud, A. (1936): Das Ich und die Abwehrmechanismen. In: Die Schriften der Anna Freud. Bd. 1, S. 191–355

Freud, A. (1951): Kinderentwicklung in direkter Beobachtung. In: Die Schriften der Anna Freud. Bd. 4, S. 1141–1159

Freud, A. (1970): Kinderanalyse als Spezialfach der Psychoanalyse. In: Die Schriften der Anna Freud. Bd. 9, S. 2553–2567

Freud, A. (1976): Die Beziehung zwischen Psychopathologie und Normalentwicklung. In: Die Schriften der Anna Freud. Bd. 10, S. 2705–2718

Freud, S. (1895): Studien über Hysterie. GW 1, S. 75–312

Freud, S. (1900): Die Traumdeutung. SA 2

Freud, S. (1905): Drei Abhandlungen zur Sexualtheorie. SA 5, S. 37–145

Freud, S. (1909a): Analyse der Phobie eines fünfjährigen Knaben. SA 8, S. 11–123

Freud, S. (1909b): Diskussionsbemerkung zum Vortrag von Friedjung: Was kann die Kinderheilkunde von der psychoanalytischen Forschung erwarten? In: H. Nunberg/E. Federn (Hg.): Protokolle der Wiener Psychoanalytischen Vereinigung. Bd. II. Frankfurt a.M.: Fischer 1977

Freud, S. (1911): Formulierungen über zwei Prinzipien des psychischen Geschehens. SA 3, S. 15–24

Freud, S. (1912a): Zur Dynamik der Übertragung. SA Erg. Bd., S. 157–168

Freud, S. (1912b): Ratschläge für den Arzt bei der psychoanalytischen Behandlung. SA Erg. Bd., S. 169–180

Freud, S. (1913a): Zur Einleitung der Behandlung. SA Erg. Bd., S. 181–203

Freud, S. (1913b): Das Interesse an der Psychoanalyse. GW 8, S. 389–420

Freud, S. (1914): Erinnern, Wiederholen und Durcharbeiten. SA Erg. Bd., S. 205–215

Freud, S. (1915a): Triebe und Triebschicksale. SA 3, S. 76–102

Freud, S. (1915b): Die Verdrängung. SA 3, S. 105–118

Freud, S. (1915c): Das Unbewußte. SA 3, S. 121–173

Freud, S. (1915d): Bemerkungen über die Übertragungsliebe. SA Erg. Bd., S. 217–230

Freud, S. (1916): Einige Charaktertypen aus der psychoanalytischen Arbeit. SA 10, S. 229–253

Freud, S. (1916/17): Vorlesungen zur Einführung in die Psychoanalyse. SA 1, S. 34–445

Freud, S. (1917): Metapsychologische Ergänzungen zur Traumlehre. SA 3, S. 177–191

Freud, S. (1920a): Vorwort zur 4. Auflage der Drei Abhandlungen zur Sexualtheorie. SA 5, S. 45–46

Freud, S. (1920b): Jenseits des Lustprinzips. SA 3, S. 213–272

Freud, S. (1923): Das Ich und das Es. SA 3, S. 273–330

Freud, S. (1924): Das ökonomische Problem des Masochismus. SA 3, S. 341–354

Freud, S. (1926): Hemmung, Symptom und Angst. SA 6, S. 229–308

Freud, S. (1927): Fetischismus. SA 3, S. 379–388

Freud, S. (1933): Neue Folge der Vorlesungen zur Einführung in die Psychoanalyse. SA 1, S. 448–608

Freud, S. (1937a): Die endliche und die unendliche Analyse. SA Erg. Bd., S. 351–392

Freud, S. (1937b): Konstruktion in der Analyse. SA Erg. Bd., S. 393–406

Freud, S. (1940): Abriß der Psychoanalyse. GW 17, S. 63–147

Freud, S. (1950): Aus den Anfängen der Psychoanalyse. Briefe an Wilhelm Fließ. Abhandlungen und Notizen aus den Jahren 1887–1902, (hg.) von M. Bonaparte / A. Freud / E. Kris. Frankfurt a. M.: Fischer 1975

Freud, W. E. (1967): Assessment of early infancy. Psychoanal. Study Child 22, pp. 216–238

Freud, W. E. (1971): The baby profile. Psychoanal. Study Child 26, pp. 172–194

Freud, W. E. (1975): Die Beobachtung der frühkindlichen Entwicklung im Rahmen der psychoanalytischen Ausbildung. Psyche 30, 1976, S. 723–743

Frye, D. / Rawling, P. / Moore, C. / Myers, I. (1983): Object-person discrimination and communication at 3 and 10 months. Developm. Psychol. 19, pp. 303–309

Fromm, E. (1941): Die Flucht vor der Freiheit. Frankfurt: Europ. Verlagsanst. 1966

Furth, H. (1987): Wissen als Leidenschaft. Eine Untersuchung über Freud und Piaget. Frankfurt a. M.: Suhrkamp 1990

Gaensbauer, Th. (1982a): The differentiation of discrete affects: A case report. Psychoanal. Study Child 37, pp. 29–66

Gaensbauer, Th. (1982b): Regulation of emotional expression in infants from two contrasting caretaking environments. Journ. Amer. Acad. Child Psychiatry 21, pp. 163–170

Gaensbauer, Th. (1985): The relevance of infant research for psychoanalysis. Psychoanal. Inquiry 5, pp. 517–530

Gaensbauer, Th. / Hiatt, S. (1984): Facial communication of emotion in early infancy. In: N. Fox / R. Davidson (Eds.): The Psychobiology of Affective Development. Hillsdale, NJ: Erlbaum, pp. 207–229

Galatzer-Levy, R. (1976): Psychic energy: A historical perspective. Ann. Psychoanal. 4, pp. 41–61

Gallup, G. (1977): Self-recognition in primates. Amer. Psychologist 32, pp. 329–338

Gaertner, A./Kothe, B. (1986): Zur Psychodynamik der Mutter-Kind-Interaktion während der Schwangerschaft und bis zum Ende der symbiotischen Phase. Abschlußbericht an die Breuninger-Stiftung. Kassel und Bielefeld (unveröffentl.)

Garz, D. (1989): Sozialpsychologische Entwicklungstheorien: Von Mead, Piaget und Kohlberg bis zur Gegenwart. Opladen: Westdeutscher Verlag

Gedo, J. (1980): Reflections on some current controversies in psychoanalysis. Journ. Amer. Psychoanal. Assn. 28, pp. 363–383

Gedo, J. (1981): Measure for measure: A response. Psychoanal. Inquiry 1, pp. 289–316

Gedo, J. (1985): On the dawn of experience: The past recaptured. Psychoanal. Inquiry 5, pp. 601–620

Gedo, J. (1986): Conceptual Issues in Psychoanalysis: Essays in History and Method. Hillsdale, NJ: The Analytic Pr.

Gedo, J./Goldberg, A. (1973): Models of the Mind. A Psychoanalytic Theory. Chicago and London: The Univ. Chicago Pr.

George, C./Maine, M. (1979): Social interactions of young abused children: Approach, avoidance, and aggression. Child Developm. 50, pp. 306–318

Gianino, A./Tronick, E. (1988): The mutual regulation model. In: T. Field/ P. McCabe/N. Schneiderman (Eds.): Stress and Coping Across Development. Hillsdale, NJ: Erlbaum, pp. 47–68

Gibson, E./Spelke, E. (1983): The development of perception. In: J. Flavell/ E. Markman (Eds.): Cognitive Development = P. Mussen (Gen. Ed.): Handbook of Child Psychology. Vol. 3. New York u. a.: Wiley, pp. 1–76 (4th ed.)

Gibson, E./Walker, A. (1984): Development of knowledge of visual-tactual affordances of substance. Child Developm. 55, pp. 453–460

Gill, M. (1967): The primary process. In: R. Holt (Ed.): Motives and Thought: Psychoanalytic Essays in Honor of David Rapaport. New York: Int. Univ. Pr., pp. 259–298

Gill, M. (1977): Psychic energy reconsidered: Discussion. Journ. Amer. Psychoanal. Assn. 25, pp. 581–597

Ginsburg, H./Opper, S. (1969): Piagets Theorie der geistigen Entwicklung. Stuttgart: Klett-Cotta 1978 (2. erw. Aufl.)

Giovacchini, P. (1972): The symbiotic phase. In: P. Giovacchini (Ed.): Tactics and Techniques in Psychoanalytic Therapy. Science House, pp. 137–169

Glenn, J. (1979): The development point of view in adult analysis: A survey and a critique. Journ. Philadelphia Assn. Psychoanal. 6, pp. 21–38

Glover, E. (1931): The therapeutic effect of inexact interpretation: A contribution to the theory of suggestion. Int. Journ. Psycho-Anal. 12, pp. 397–411

Glover, E. (1943): Der Begriff der Dissoziation. In: P. Kutter / H. Roskamp (Hg.): Psychologie des Ich. Darmstadt: Wiss. Buchges. 1974, S. 72–90

Golinkoff, R. (1983): Infant social cognition: Self, people, and objects. In: L. Liben (Ed.): Piaget and the Foundations of Knowledge. Hillsdale, NJ: Erlbaum, pp. 179–199

Golinkoff, R. / Uzgiris, I. / Gibson, E. / Watson, J. (1984): The development of causality in infancy: A symposion. In: Advances in Infancy Research. Vol. 3. Norwood, NJ: Ablex, pp. 125–165

Gouin-Décarie, T. (1962): Intelligence and Affectivity in Early Childhood. An Experimental Study of Jean Piaget's Object Concept and Object Relations. New York: Int. Univ. Pr. 1965 (2nd ed. 1974)

Green, A. (1975): Analytiker, Symbolisierung und Abwesenheit im Rahmen der psychoanalytischen Situation. Psyche 29, S. 503–541

Green, A. (1977): Psychoanalytische Theorien über den Affekt. Psyche 33, 1979, S. 681–732

Green, A. H. (1986): True and false allegations of sexual abuse in child custody disputes. Journ. Amer. Acad. Child Psychiatry 25, pp. 449–456

Greenacre, Ph. (1970): The transitional object and the fetish: With special reference to the role of illusion. In: P. Greenacre (1971): Emotional Growth. Vol. 1. New York: Int. Univ. Pr., pp. 335–352

Greenacre, Ph. (1981): Reconstruction: Its nature and therapeutic value. Journ. Amer. Psychoanal. Assn. 29, pp. 27–46

Greenberg, J. / Mitchell, S. (1983): Object Relations in Psychoanalytic Theory. Cambridge: Harv. Univ. Pr.

Greenspan, S. (1979): Intelligence and Adaption. An Integration of Psychoanalytic and Piagetian Developmental Psychology. New York, Int. Univ. Pr.

Greenspan, S. / Porges, S. (1984): Psychopathology in infancy and early childhood: Clinical perspectives on the organization of sensory and affective-thematic experience. Child Developm. 55, pp. 49–70

Greenwald, A. (1980): The totalitarian ego. Fabrication and revision of personal history. Amer. Psychologist 35, pp. 603–618

Grosskurth, P. (1986): Melanie Klein. Her World and Her Work. New York: A. A. Knopf

Grossmann, K. (1987): Die natürlichen Grundlagen zwischenmenschlicher Bindungen. Anthropologische und biologische Überlegungen. In: C. Niemitz (Hg.): Erbe und Umwelt. Zur Natur von Anlage und Selbstbestimmung des Menschen. Frankfurt a. M.: Suhrkamp, S. 200–235

Grossmann, K. / Fremmer-Bombik, E. / Rudolph, J. / Grossmann, K. (1988): Maternal attachment representations as related to patterns of infant-mother attachment and maternal care during the first year. In: R. Hinde / J. Stevenson-Hinde (Eds.): Relationships within Families. Mutual Influences. Oxford: Oxford Science Publ., pp. 241–260

Grossmann, K. / August, P. / Fremmer-Bombik, E. / Friedl, A. / Grossmann, K. / Scheuerer-Englisch, H. / Spangler, G. / Stephan, C. / Suess, G. (1989):

Die Bindungstheorie: Modell und entwicklungspsychologische Forschung. In: H. Keller (Hg.): Handbuch der Kleinkindforschung. Berlin u. a.: Springer, S. 31–55

Grünbaum, A. (1984): Die Grundlagen der Psychoanalyse. Stuttgart: Reclam 1988

Gunsberg, L. (Ed.) (1987): Applications of infant research to adult psychoanalytic treatment. Psychoanal. Inquiry 7, pp. 301–456 (= No. 3)

Habermas, J. (1968): Erkenntnis und Interesse. Frankfurt a. M.: Suhrkamp

Hager, J./Ekman, P. (1981): Methodological problems in Tourangeau and Ellsworth's study of facial expression and experience of emotion. Journ. of Personality and Social Psychol. 40, pp. 358–362

Haith, M. (1978): Visual competence in early infancy. In: R. Held/H. Leibowitz/H. Teubner (Eds.): Handbook of Sensory Physiology, Vol. 8: Perception. New York u. a.: Springer, pp. 311–356

Haith, M./Bergman, T./Moore, M. (1977): Eye contact and face scanning in early infancy. Science 198, pp. 853–855

Hanly, Ch. (1990): The concept of truth in psychoanalysis. Int. Journ. Psycho-Anal. 71, pp. 375–383

Harding, C. (1982): Development of the intention to communicate. Human Developm. 25, pp. 140–151

Harlow, H. (1958): Das Wesen der Liebe. In: O. Ewert (Hg.): Entwicklungspsychologie. Bd. 1. Köln: Kiepenheuer & Witsch 1972, S. 128–138

Harris, P. (1983): Infant cognition. In: M. Haith/J. Campos (Eds.): Infancy and Developmental Psychobiology = P. Mussen (Gen. Ed.): Handbook of Child Psychology, Vol. 2. New York u. a.: Wiley, pp. 689–782 (4th ed.)

Harris, P. (1987): The development of search. In: Ph. Salapatek/L. Cohen (Eds.): Handbook of Infant Perception. Vol. 2: From Perception to Cognition. New York u. a.: Academic Pr., pp. 155–207

Harrison, I. (1986): On ›merging‹ and the fantasy of merging. Psychoanal. Study Child 41, pp. 155–170

Hartmann, H. (1950): Psychoanalyse und Entwicklungspsychologie. In: H. Hartmann: Ichpsychologie. Studien zur psychoanalytischen Theorie. Stuttgart: Klett 1972, S. 106–118

Hay, D. (1986): Infancy. Ann. Rev. Psychol. 37, pp. 135–171

Hayman, A. (1989): What do we mean by ›phantasy‹? Int. Journ. Psycho-Anal. 70, pp. 105–114

Haynal, A. (1975): Freud und Piaget. Psyche 29, S. 242–272

Haynal, A. (1987): Die Technik-Debatte in der Psychoanalyse. Freud, Ferenczi, Balint. Frankfurt a. M.: Fischer 1989

Haynal, A. (1988): Probleme aus der Geschichte der psychoanalytischen Praxis und Technik. Psyche 42, S. 561–576

Hendrick, I. (1942): Instinct and ego during infancy. Psychoanal. Quart. 11, pp. 33–58

Hendrick, I. (1943a): Work and the pleasure principle. Psychoanal. Quart. 12, pp. 311–329

Hendrick, I. (1943 b): The discussion of the instinct to master. Psychoanal. Quart. 12, pp. 561–565

Henseler, H. (1989): Zur Entwicklung der psychoanalytischen Affekttheorie. Zeitschr. f. psa. Theorie u. Praxis 4, S. 3–16

Herdieckerhoff, G. (1985): Körpersprache in der psychoanalytischen Behandlungssituation. Zeitschr. f. psychosom. Med. u. Psychoanal. 31, S. 129–150

Herdieckerhoff, G. (1986): Therapeutischer Umgang mit habitueller Körpersprache. Zeitschr. f. psychosom. Med. u. Psychoanal. 32, S. 181–195

Herzog, J. (1980): Sleep disturbance and father hunger in 18- to 28-month-old boys: The Erlkönig-Syndrome. Psychoanal. Study Child 35, pp. 219–233

Herzog, J. (1986): Rezension von J. Kagan (1984 a), The Nature of the Child. Int. Journ. Psycho-Anal. 67, pp. 380–381

Hiatt, S. / Campos, J. / Emde, R. (1979): Facial patterning and infant emotional expression: Happiness, surprise, and fear. Child Developm. 50, pp. 1020–1035

Hinde, R. (1960): Energy models of motivation. Symposia of the Society of Experimental Biology 14, pp. 199–213

Hinde, R. (1976): On describing relationships. Journ. Child Psychol. Psychiatry 17, pp. 1–19

Hinshelwood, R. (1989): A Dictionary of Kleinian Thought. London: Free Association Books

Hirsch, M. (1987): Realer Inzest. Psychodynamik des sexuellen Mißbrauchs in der Familie. Berlin u. a.: Springer

Hirshberg, L. (1990): When infants look to their parents. II: Twelve-month-old's response to conflicting parental emotional signals. Child Developm. 61, pp. 1187–1191

Hirshberg, L. / Svejda, M. (1990): When infants look to their parents. I: Infants social referencing of mothers compared to fathers. Child Developm. 61, pp. 1175–1186

Hock, E. / McBride, S. / Guzeda, T. (1989): Maternal separation anxiety: Mother-infant separation from the maternal perspective. Child Developm. 60, pp. 793–802

Hoffman, L. (1989): Effects of maternal employment in the two parent family. Amer. Psychologist 44, pp. 283–292

Hoffmann, S. (1972): Neutralisierung oder autonome Ich-Energie? Der Beitrag von Robert White. Psyche 26, S. 405–422

Hohage, R. (1985): Das Selbst zwischen Ambivalenz und Ambiguität: Zur Theorie des unbewußten Konflikts. Forum Psychoanal. 1, S. 189–200

Holt, R. (1967): The development of the primary process: A structural view. In: R. Holt (Ed.): Motives and Thought: Psychoanalytic Essays in Honor of David Rapaport. New York: Int. Univ. Pr., pp. 344–383

Horkheimer, M. / Adorno, T. (1944): Dialektik der Aufklärung. Philosophische Fragmente. Mit einem Nachwort von J. Habermas. Frankfurt a. M.: Fischer 1969

Horner, T. (1985): The psychic life of the young infant: Review and critique of the psychoanalytic concepts of symbiosis and infantile omnipotence. Amer. Journ. Orthopsychiat. 55, pp. 324–344

Hornik, R./Risenhoover, N./Gunnar, M. (1987): The effects of maternal positive, neutral, and negative affective communications on infant responses to new toys. Child Developm. 58, pp. 937–944

Horowitz, M. (1977): The quantitative line of approach in psychoanalysis: A clinical assessment of its current status. Journ. Amer. Psychoanal. Assn. 25, pp. 559–579

Horowitz, M./Becker, S. (1972): Cognitive response to stress: Experimental studies of a ›compulsion to repeat trauma‹. Psychoanal. Contemp. Science 1, pp. 258–305

Ijzendoorn van, M./Kroonenberg, P. (1988): Cross-cultural patterns of attachment: A meta-analysis of the strange situation. Child Developm. 59, pp. 147–156

Ijzendoorn van, M./Sagi, A./Takahashi, K./Grossmann, K./Main, M./Hinde, R./LeVine, R. (1990): Special topic: Cross-cultural validity of attachment theory. Human Developm. 33, pp. 2–80

Isaacs, S. (1948): The nature and function of phantasy. Int. Journ. Psycho-Anal. 29, pp. 73–97

Izard, C. (1977): Die Emotionen des Menschen. Eine Einführung in die Grundlagen der Emotionspsychologie. Weinheim und Basel: Beltz 1981

Izard, C. (1978): On the ontogenesis of emotions and emotion-cognition relationships in infancy. In: M. Lewis/L. Rosenblum (Eds.): The Development of Affect. New York and London: Plenum Pr., pp. 389–413

Izard, C. (1979): Emotions as motivations: An evolutionary-developmental perspective. In: R. Dienstbier/H. Howe (Eds.): Nebraska Symposium on Motivation. Vol. 26. Lincoln and London: Nebraska Univ. Pr., pp. 163–200

Izard, C. (1981): Differential emotions theory and the facial feedback hypothesis of emotion activation: Comments on Tourangeau and Ellsworth. Journ. of Personality and Social Psychol. 40, pp. 350–354

Izard, C. (1982): Ref. in E. Lester (1982) (rep.): New directions in affect theory. Journ. Amer. Psychoanal. Assn. 30, pp. 197–211

Izard, C. (1984): Emotion-cognition relationships and human development. In: C. Izard/J. Kagan/R. Zajonc (Eds.): Emotions, Cognitions, and Behavior. Cambridge u. a.: Cambridge Univ. Pr., pp. 17–37

Izard, C./Dougherty, L. (1982): Two complementary systems for measuring facial expressions in infants and children. In: C. Izard (Ed.): Measuring Emotions in Infants and Children. Vol. I. Cambridge u. a.: Cambridge Univ. Pr., pp. 97–126

Izard, C./Hyson, M. (1986): Shyness as a discrete emotion. In: W. Jones/J. Cheek/S. Briggs (Eds.): Shyness. Perspectives, Research, and Treatment. New York and London: Plenum Pr., pp. 147–160

Izard, C./Malatesta, C. (1987): Perspectives on emotional development I: Differential emotions theory of early emotional development. In: J.

Osofsky (Ed.): Handbook of Infant Development. New York u. a.: Wiley, pp. 494–554 (2nd ed.)

Izard, C. / Huebner, R. / Risser, D. / McGiness, G. / Dougherty, L. (1980): The young infant's ability to produce discrete emotion expressions. Developm. Psychol. 16, pp. 132–140

Izard, C. / Hembree, E. / Dougherty, L. / Spizzirri, C. (1983): Changes in facial expressions of 2- to 19-month-old infants following acute pain. Developm. Pschol. 19, pp. 418–426

Izard, C. / Hembree, E. / Huebner, R. (1987): Infants' emotion expressions to acute pain: Developmental change and stability of individual differences. Developm. Psychol. 23, pp. 105–113

Jackson, E. / Campos, J. / Fischer, K. (1978): The question of decalage between object permanence and person permanence. Developm. Psychol. 14, pp. 1–10

Jacobs, Th. (1973): Posture, gesture, and movement in the analyst: Clues to interpretation and countertransference. Journ. Amer. Psychoanal. Assn. 21, pp. 77–92

Jacobs, Th. (1986): On countertransference enactments. Journ. Amer. Psychoanal. Assn. 34, pp. 289–307

Jacobson, E. (1953): The affects and their pleasure-unpleasure qualities in relation to the psychic discharge process. In: R. Loewenstein (Ed.): Drives, Affects, Behavior. Vol. 1. New York: Int. Univ. Pr., pp. 38–66

Jacobson, E. (1954): The self and the object world. Psychoanal. Study Child 9, pp. 75–127

Jacobson, E. (1964): Das Selbst und die Welt der Objekte. Frankfurt a. M.: Suhrkamp 1973

Jacobson, E. (1971): Zur psychoanalytischen Theorie der Affekte. In: E. Jacobson (1977): Depression. Eine vergleichende Untersuchung normaler, neurotischer und psychotisch-depressiver Zustände. Frankfurt a. M.: Suhrkamp, S. 17–61

Jacobson, S. (1979): Matching behavior in the young infant. Child Developm. 50, pp. 425–430

Jaffe, D. / Naiman, J. (1978) (rep.): Plenary session on affects and the psychoanalytic situation. Int. Journ. Psycho-Anal. 59, pp. 7–18

Janus, L. (1990): Die Psychoanalyse der vorgeburtlichen Lebenszeit und der Geburt. Pfaffenweiler: Centaurus (2. überarb. und erw. Aufl.)

Jappe, G. (1971): Über Wort und Sprache in der Psychoanalyse. Frankfurt: Fischer

Johansson, G. (1973): Visual perception of biological motion and a model for its analysis. Perception and Psychophysics 14, pp. 201–211

Johansson, G. (1978): Visual event perception. In: R. Held / H. Leibowitz / H. Teubner (Eds.): Handbook of Sensory Physiology. Vol. 8: Perception. New York u. a.: Springer, pp. 675–711

Johnson, W. / Emde, R. / Panabecker, B. / Stenberg, C. / Davis, M. (1982): Maternal perception of infant emotion from birth through 18 months. Infant Behav. Developm. 5, pp. 313–332

Jones, E. (1919): Die Theorie der Symbolik I + II. Psyche 24, 1970, S. 942–959

Jones, E. (1922): Die Theorie der Symbolik III + IV. Psyche 26, 1972, S. 581–622

Jones, E. (1953): Das Leben und Werk von Sigmund Freud. Bd. 1. Bern und Stuttgart: Huber 1960

Kagan, J. (1974): Das Auftreten von Angst während der frühen Kindheit. In: U. Lehr / F. Weinert (Hg.): Entwicklung und Persönlichkeit. Stuttgart: Kohlhammer 1975, S. 89–101

Kagan, J. (1984 a): Die Natur des Kindes. München-Zürich: Piper 1987

Kagan, J. (1984 b): Continuity and change in the opening years of life. In: R. Emde / R. Harmon (Eds.): Continuities and Discontinuities in Development. New York and London: Plenum Pr., pp. 15–39

Kaitz, M. / Meschulach-Sarfaty, O. / Auerbach, J. / Eidelman, A. (1988): A re-examination of newborns' ability to imitate facial expressions. Developm. Psychol. 24, pp. 3–7

Kaplan, L. (1978): Die zweite Geburt. München: Piper 1981

Kaplan, L. (1987): Beitrag zum Symposion über D. Stern: ›The Interpersonal World of the Infant‹. Contemp. Psychoanal. 23, pp. 27–44

Karush, A. (1989): Instinct and affect. In: A. Cooper / O. Kernberg / E. Person (Eds.): Psychoanalysis. Toward the Second Century. New Haven and London: Yale Univ. Pr., pp. 76–90

Kaufman, Ch. (1960): Instinkt, Energie, Trieb. Einige Folgerungen aus der Verhaltensforschung bei Tieren für die psychoanalytische Theorie. Psyche 15, 1961, S. 494–507

Kaye, K. (1977): Toward the origin of dialogue. In: H. Schaffer (Ed.): Studies in Mother-Infant Interaction. London u. a.: Academic Pr., pp. 89–117

Kaye, K. (1982): The Mental and Social Life of Babies. How Parents Create Persons. Chicago: Univ. Chicago Pr.

Keller, H. / Meyer, H.-J. (1982): Psychologie der frühesten Kindheit. Stuttgart u. a.: Kohlhammer

Kempe, R. / Kempe, C. (1978): Kindesmißhandlung. Stuttgart: Klett-Cotta 1980

Kernberg, O. (1972): Early ego integration and object relations. Annals of the New York Academy of Sciences 193, pp. 233–247

Kernberg, O. (1975): Borderline-Störungen und pathologischer Narzißmus. Frankfurt: Suhrkamp 1978

Kernberg, O. (1976): Objektbeziehungen und Praxis der Psychoanalyse. Stuttgart: Klett-Cotta 1981

Kernberg, O. (1984): Schwere Persönlichkeitsstörungen. Theorie, Diagnose, Behandlungsstrategien. Stuttgart: Klett-Cotta 1988

Kernberg, O. (1987): The dynamic unconscious and the self. In: R. Stern (Ed.): Theories of the Unconscious and Theories of the Self. Hillsdale, NJ: The Analytic Pr., pp. 3–25

Kesselring, T. (1988): Jean Piaget. München: Beck

Khan, M. (1963): Das kumulative Trauma. In: M. Khan (1977): Selbsterfahrung in der Therapie. München: Kindler, S. 50–70

Khan, M. (1983): Erfahrungen im Möglichkeitsraum. Psychoanalytische Wege zum verborgenen Selbst. Frankfurt: Suhrkamp 1990

Kinston, W./Cohen, J. (1986): Primal repression: Clinical and theoretical aspects. Int. Journ. Psycho-Anal. 67, pp. 337–355

Klein, G. (1976): Psychoanalytic Theory. An Exploration of Essentials. New York: Int. Univ. Pr.

Klein, Me. (1930): Die Bedeutung der Symbolbildung für die Ich-Entwicklung. In: M. Klein (1972), S. 36–54

Klein, Me. (1935): Zur Psychogenese der manisch-depressiven Zustände. In: M. Klein (1972), S. 45–73

Klein, Me. (1946): Bemerkungen über einige schizoide Mechanismen. In: M. Klein (1972), S. 101–125

Klein, Me. (1960): Über das Seelenleben des Kleinkindes. In: M. Klein (1972), S. 144–173

Klein, Me. (1972): Das Seelenleben des Kleinkindes und andere Beiträge zur Psychoanalyse. Reinbek bei Hamburg: Rowohlt

Klein, Mi. (1981): On Mahler's autistic and symbiotic phases. An exposition and evaluation. Psychoanal. Contemp. Thought 4, pp. 69–105

Klinnert, M./Campos, J./Sorce, J./Emde, R./Svejda, M. (1983): Emotions as behavior regulators: Social referencing in infancy. In: R. Plutchik/H. Kellerman (Eds.): Emotion. Theory, Research, and Experience. Vol. 2: Emotions in Early Development. New York u. a.: Academic Pr., pp. 57–86

Klinnert, M./Sorce, J./Emde, R./Stenberg, C./Gaensbauer, Th. (1984): Continuities and change in early emotional life: Maternal perceptions of surprise, fear, and anger. In: R. Emde/R. Harmon (Eds.): Continuities and Discontinuities in Development. New York and London: Plenum Pr., pp. 339–354

Knapp, P. (1987): Some contemporary contributions to the study of emotions. Journ. Amer. Psychoanal. Assn. 35, pp. 205–248

Köhler, L. (1985): Beiträge der Kleinkindforschung in den USA zum Thema Narzißmus und Aggression. In: H. Luft/G. Maas (Hg.): Narzißmus und Aggression; DPV-Arbeitstagung Nov. 1984; Hofheim/Wiesbaden, S. 119–139

Köhler, L. (1986): Von der Biologie zur Phantasie. Forschungsbeiträge zum Verständnis der frühkindlichen Entwicklung aus den USA. In: J. Stork (Hg.): Zur Psychologie und Psychopathologie des Säuglings – neue Ergebnisse in der psychoanalytischen Reflexion. Stuttgart-Bad Cannstatt: Frommann-Holzboog, S. 73–92

Köhler, L. (1990): Neuere Ergebnisse der Kleinkindforschung: Ihre Bedeutung für die Psychoanalyse. Forum Psychoanal. 6, S. 32–51

König, W. (1981): Zur Neuformulierung der psychoanalytischen Metapsychologie. In: W. Mertens (Hg.): Neue Perspektiven der Psychoanalyse: Stuttgart u. a.: Kohlhammer, S. 83–123

Kohut, H. (1971): Narzißmus. Eine Theorie der psychoanalytischen Behandlung narzißtischer Persönlichkeitsstörungen. Frankfurt a. M.: Suhrkamp 1973

Kohut, H. (1975): Bemerkungen zur Bildung des Selbst. In: H. Kohut (1975): Die Zukunft der Psychoanalyse. Frankfurt a. M.: Suhrkamp, S. 252–285

Kohut, H. (1977): Die Heilung des Selbst. Frankfurt a. M.: Suhrkamp 1979

Kramer, S. (1990): Residues of incest. In: H. Levine (Ed.): Adult Analysis and Childhood Sexual Abuse. Hillsdale, NJ: The Analytic Pr., pp. 149–170

Krause, R. (1983): Zur Onto- und Phylogenese des Affektsystems und ihrer Beziehungen zu psychischen Störungen. Psyche 37, S. 1016–1043

Krause, R. (1985): Über die psychoanalytische Affektlehre am Beispiel der Einsicht. In: L. Eckensberger / E. Lantermann (Hg.): Emotion und Reflexivität. München u. a.: Urban & Schwarzenberg, S. 267–290

Krause, R. (1988): Eine Taxonomie der Affekte und ihre Anwendung auf das Verständnis der »frühen« Störungen. Psychother. med. Psychol. 38, S. 77–86

Krause, R. (1990): Psychodynamik der Emotionsstörungen. In: K. Scherer (Hg.): Psychologie der Emotion. Göttingen u. a.: Hogrefe, S. 630–705

Krause, R. / Lütolf, P. (1989): Mimische Indikatoren von Übertragungsvorgängen. Erste Untersuchungen. Zeitschr. f. klin. Psychol. 18, S. 55–67

Kris, E. (1950): Bemerkungen zur Entwicklung und zu derzeitigen Problemen der psychoanalytischen Kinderpsychologie. In: E. Kris (1976): Psychoanalytische Kinderpsychologie. Frankfurt a. M.: Suhrkamp, S. 56–80

Kubie, L. (1975): The language tools of psychoanalysis: A search for better tools drawn from better models. Int. Rev. Psychoanal. 2, pp. 11–24

Kuchuk, A. / Vibbert, M. / Bornstein, M. (1986): The perception of smiling and its experiental correlates in three-month-old infants. Child Developm. 57, pp. 1054–1061

Küchenhoff, J. (1990): Über verstehbare und nicht-verstehbare Zusammenhänge in der psychoanalytischen Psychosomatik. In: U. Streeck / H.-V. Werthmann (Hg.): Herausforderungen für die Psychoanalyse. Diskurse und Perspektiven. München: Pfeiffer, S. 67–86

Küfner, H. (1989): Bindung und Autonomie als Grundmotivationen des Erlebens und Verhaltens. Forum Psychoanal. 5, S. 99–123

Kuhl, P. / Meltzoff, A. (1982): The bimodal perception of speech in infancy. Science 218, pp. 1138–1140

Künzler, E. (1980): Freuds somatisch fundierte Trieblehre in den »Drei Abhandlungen zur Sexualtheorie«. Psyche 34, S. 280–302

Kutter, P. (1980): Über die Rolle der Emotionen in der Psychoanalyse. Psychoanalyse 1, S. 188–201

Kutter, P. (1989): Moderne Psychoanalyse. Eine Einführung in die Psychologie unbewußter Prozesse. München–Wien: Verl. Int. Psa.

Lachman, F. / Lichtenberg, J. (1992): Model scenes: Implications for psychoanalytic treatment. Journ. Amer. Psa. Assn. 40, pp. 117–137

Laird, J. (1984): The real role of facial response in the experience of emotion: A reply to Tourangeau and Ellsworth, and others. In: Journ. of Personality and Social Psychol. 47, pp. 909–917

Lamb, M. / Bornstein, M. (1987): Development in Infancy: An Introduction. New York: Random House (2nd rev. ed.)

Lamb, M./Sternberg, K. (1989): Tagesbetreuung. In: H. Keller (Hg.): Handbuch der Kleinkindforschung. Berlin u. a.: Springer, S. 587–608

Lamb, M./Thompson, R./Gardner, W./Charnov, E./Estes, D. (1984/86): Security of infantile attachment as assessed in the strange situation: Its study and biological interpretation. The Behavioral and Brain Sciences 7, 1984, pp. 127–171, and 9, 1986, pp. 555–561

Lamb, M./Morrison, D./Malkin, C. (1987): The development of infant social expectations in face-to-face interaction: A longitudinal study. Merrill-Palmer Quart. 33, pp. 241–254

Lang, H.-J. (1988): Die ersten Lebensjahre: Psychoanalytische Entwicklungspsychologie und empirische Forschungsergebnisse. München: Profil

Langer, S. (1942): Philosophie auf neuem Wege. Das Symbol im Denken, im Ritus und in der Kunst. Frankfurt a. M.: Fischer (2. Aufl. 1987)

Langsdorf, P./Izard, C./Rayias, M./Hembree, E. (1983): Interest expression, visual fixation, and heart rate changes in 2- to 8-month-old infants. Developm. Psychol. 19, pp. 375–386

Laplanche, J./Pontalis, J.-B. (1967): Das Vokabular der Psychoanalyse. Frankfurt a. M.: Suhrkamp 1972

Lasky, R./Gogel, W. (1978): The perception of relative motion by young infants. Perception 7, pp. 617–623

Lebovici, S. (1983a): Der Säugling, die Mutter und der Psychoanalytiker. Stuttgart: Klett-Cotta 1990

Lebovici, S. (1983b): Bemerkungen zum Begriff der phantasmatischen Interaktion. In: H. Lobner (Hg.) (1986): Psychoanalyse heute. Festschrift zum 60. Geburtstag von Harald Leupold-Löwenthal. Wien: Orac S. 121–138

Lebovici, S. (1986): Klinische Gesichtspunkte der frühen Interaktion. In: J. Stork (Hg.): Zur Psychologie und Psychopathologie des Säuglings – neue Ergebnisse in der psychoanalytischen Reflexion. Stuttgart-Bad Cannstatt: Frommann-Holzboog, S. 93–107

Lee, V./Brooks-Gunn, J./Schnur, E./Liaw, F. (1990): Are head start effects sustained? A longitudinal follow-up comparison of disadvantaged children attending head start, no preschool, and other preschool programs. Child Developm. 61, pp. 495–507

Lehr, U. (1978): Die Rolle der Mutter in der Sozialisation des Kindes. Darmstadt: Steinkopf (2. Aufl.)

Leichtman, M. (1990): Developmental psychology and psychoanalysis I: The context for a revolution in psychoanalysis. Journ. Amer. Psychoanal. Assn. 38, pp. 915–950

Leon, I. (1984): Psychoanalysis, Piaget, and Attachment. Int. Rev. Psychoanal. 11, pp. 255–278

Leslie, A. (1979): The representation of perceived causal connection in infancy. Unpublished Paper ref. in J. Call/E. Galenson/R. Tyson (Eds.) (1983): Frontiers of Infant Psychiatry. Vol. 1. New York: Basic Books, pp. 40 f.

Leslie, A. (1982): The perception of causality in infants. Perception 11, pp. 173–186

Leslie, A. (1984a): The infant's encoding of simple causal events. Unveröffentlicht, ref. in H. Keller (Hg.) (1989): Handbuch der Kleinkindforschung. Berlin u. a.: Springer, S. 412

Leslie, A. (1984b): Spatiotemporal continuity and the perception of causality in infants. Perception 13, pp. 287–305

Leslie, A. / Keeble, S. (1987): Do six-month-old infants perceive causality? Cognition 25, pp. 265–288

Lester, E. (1982) (rep.): New directions in affect theory. Journ. Amer. Psychoanal. Assn. 30, pp. 197–211

Lester, E. (1983): Separation-individuation and cognition. Journ. Amer. Psychoanal. Assn. 31, pp. 127–156

Leventhal, H. (1984): A perceptual-motor theory of emotion. Advances in Experimental Social Psychol. 17, pp. 117–182

Leventhal, H. (1988): Emotion and the autonomic nervous system: A prospectus for research on autonomic specificity. In: H. Wagner (Ed.): Social Psychophysiology and Emotion. Theory and Clinical Applications. Chichester u. a.: Wiley, pp. 17–42

Leventhal, H. / Tomarken, A. (1986): Emotions: Today's problems. Ann. Rev. Psychol. 37, pp. 565–610

Leventhal, H. / Ekman, P. / Friesen, W. (1990): Voluntary facial action generates emotion-specific nervous system activity. Psychophysiology 27, pp. 363–384

Levin, R. (1986): Infantile omnipotence and grandiosity. Psychoanal. Rev. 73, pp. 57–76

Levine, H. (Ed.) (1980): Adult Analysis and Childhood Sexual Abuse. Hillsdale, NJ: The Analytic Pr.

Levine, F. / Slap, J. (1985): George S. Klein: Psychoanalytic Empiricist. In: J. Reppen (Ed.): Beyond Freud. A Study of Modern Psychoanalytic Theorists. Hillsdale, NJ: The Analytic Pr., pp. 29–59

Levitt, M. / Antonucci, T. / Clark, C. (1984): Object-person permanence and attachment: Another look. Merrill-Palmer-Quart. 30, pp. 1–10

Lewis, M. / Brooks-Gunn, J. (1978): Self-knowledge and emotional development. In: M. Lewis / L. Rosenblum (Eds.): The Development of Affect. New York and London: Plenum Pr., pp. 205–226

Lewis, M. / Brooks-Gunn, J. (1979): Social Cognition and the Acquisition of Self. New York and London: Plenum Pr.

Lewis, M. / Michalson, L. (1985): Faces as signs and symbols. In: G. Zivin (Ed.): The Development of Expressive Behavior. Biology-Environment Interactions. Orlando u. a.: Academic Pr., pp. 153–179

Lewis, M. / Sullivan, M. / Michalson, L. (1984a): The cognitive-emotional fugue. In: C. Izard / J. Kagan / R. Zajonc (Eds.): Emotions, Cognition, and Behavior. Cambridge u. a.: Cambridge Univ. Pr., pp. 264–287

Lewis, M. / Feiring, C. / McGuffog, C. / Jaskir, J. (1984b): Predicting psychopathology in six-year-olds from early social relations. Child Developm. 55, pp. 123–136

Lewis, M./Sullivan, M./Brooks-Gunn, J. (1985): Emotional behavior during the learning of a contingency in early infancy. British Journ. Developm. Psychol. 3, pp. 307–316

Lewis, M./Sullivan, M./Vasen, A. (1987): Making faces: Age and emotion differences in the posing of emotional expression. Developm. Psychol. 23, pp. 690–697

Lewkowicz, D./Turkewitz, G. (1980): Cross-modal equivalence in early infancy: Auditory-visual intensity matching. Developm. Psychol. 16, pp. 597–607

Lichtenberg, J. (1981): Implications for psychoanalytic theory of research on the neonate. Int. Rev. Psychoanal. 8, pp. 35–52

Lichtenberg, J. (1982): Reflections on the first year of life. Psychoanal. Inquiry 1, pp. 695–729

Lichtenberg, J. (1983): Psychoanalyse und Säuglingsforschung. Berlin u. a.: Springer 1991

Lichtenberg, J. (1985): Response: In search of the elusive baby. Psychoanal. Inquiry 5, pp. 621–648

Lichtenberg, J. (1987a): Die Bedeutung der Säuglingsbeobachtung für die klinische Arbeit mit Erwachsenen. Zeitschr. f. psa Theorie u. Praxis 2, S. 123–147

Lichtenberg, J. (1987b): Einige Parallelen zwischen den Ergebnissen der Säuglingsbeobachtung und klinischen Beobachtungen an Erwachsenen, besonders Borderline-Patienten und Patienten mit narzißtischer Persönlichkeitsstörung. Psyche 44, 1990, S. 871–901

Lichtenberg, J. (1988): Motivational-funktionale Systeme als psychische Strukturen. Forum Psychoanal. 7, 1991, S. 85–97

Lichtenberg, J. (1989a): Psychoanalysis and Motivation. Hillsdale, NJ: The Analytic Pr.

Lichtenberg, J. (1989b): Modellszenen, Affekte und das Unbewußte. In: E. Wolf/A. Ornstein/P. Ornstein/J. Lichtenberg/P. Kutter: Selbstpsychologie nach Heinz Kohut. München–Wien: Verl. Int. Psa., S. 75–106

Lichtenberg, J./Slap, J. (1972): On the defense mechanism: A survey and synthesis. Journ. Amer. Psychoanal. Assn. 20, pp. 767–792

Liebsch, B. (1986): Zum Verhältnis von Psychoanalyse und Genfer Konstruktivismus: Primärprozeß, Sekundärprozeß und kognitive Struktur. Psyche 40, S. 220–247

Lilleskov, R. (1977) (rep.): Nonverbal aspects of child and adult analysis. Journ. Amer. Psychoanal. Assn. 25, pp. 693–705

Lisman-Pieczanski, N. (1990): Countertransference in the analysis of an adult who was sexually abused as a child. In: H. Levine (Ed.): Adult Analysis and Childhood Sexual Abuse. Hillsdale, New Jersey: The Analytic Press, pp. 137–147

Loch, W. (1976): Psychoanalyse und Wahrheit. Psyche 30, S. 865–898

Loch, W./Jappe, G. (1974): Die Konstruktion der Wirklichkeit und der Phantasien. Psyche 28, S. 1–31

Loewald, H. (1971): Über Motivation und Triebtheorie. In: H. Loewald

(1986): Psychoanalyse. Aufsätze aus den Jahren 1951–1979. Stuttgart: Klett-Cotta, S. 81–119

Loewald, H. (1984): Rezension von ›The Selected Papers of M. Mahler‹. Journ. Amer. Psychoanal. Assn. 32, pp. 165–175

Löfgren, B. (1968) (rep.): Psychoanalytic theory of affect. Journ. Amer. Psychoanal. Assn. 16, pp. 638–650

Loftus, E. (1975): Leading questions of the eyewitness report. Cognitive Psychol. 7, pp. 560–572

Lorenz, K. (1963): Das sogenannte Böse. Zur Naturgeschichte der Aggression. München: dtv 1974

Lorenz, K. (1978): Vergleichende Verhaltensforschung. Grundlagen der Ethologie. Wien und New York: Springer

Lorenzer, A. (1971): Kritik des psychoanalytischen Symbolbegriffs. Frankfurt a. M.: Suhrkamp

Lorenzer, A. (1972): Zur Begründung einer materialistischen Sozialisationstheorie. Frankfurt a. M.: Suhrkamp

Maccoby, E./Martin, J. (1983): Socialization in the context of the family: Parent-child interaction. In: M. Hetherington (Ed.): Socialization, Personality, and Social Development = P. Mussen (Gen. Ed.): Handbook of Child Psychology. Vol. 4. New York u. a.: Wiley, pp. 1–101 (4th ed.)

Macfarlane, A. (1974): Olfactation in the development of social preferences in the human neonate. In: Parent-Infant Interaction. Ciba Foundation Symposium 33 (New Series), North Holland: Elsevier, pp. 103–117

Mahl, G. (1977): Body movement, ideation, and verbalization during psychoanalysis. In: N. Freedman/S. Grand (Eds.): Communicative Structures and Psychic Structures. New York and London: Plenum Pr., pp. 291–310

Mahler, M. (1952): Kindliche Psychose und Schizophrenie: Autistische und symbiotische kindliche Psychosen. In: M. Mahler (1985), S. 164–189

Mahler, M. (1958): Autism and symbiosis: Two extreme disturbances of identity. In: The Selected Papers of Margaret Mahler. Vol. 1: Infantile Psychosis and Early Contributions. New York and London: Aronson 1979, pp. 169–181

Mahler, M. (1961): Über Traurigkeit und Kummer bei Säuglingen und Kleinkindern: Verlust und Wiederherstellung des symbiotischen Liebesobjekts. In: M. Mahler (1985), S. 253–273

Mahler, M. (1968): Symbiose und Individuation. Bd. 1: Psychosen im frühen Kindesalter. Stuttgart: Klett 1972

Mahler, M: (1974): Symbiose und Individuation. Die psychische Geburt des Menschenkindes. Psyche 29, 1975, S. 609–625 (auch in: Mahler, M. 1985)

Mahler, M. (1985): Studien über die drei ersten Lebensjahre. Stuttgart: Klett-Cotta

Mahler, M. (1988): Mein Leben, mein Werk, Hg. von P. Stepansky. München: Kösel 1989

Mahler, M./Gosliner, B. (1955): Zur symbiotischen kindlichen Psychose: Genetische, dynamische und Wiederherstellungsaspekte. In: M. Mahler 1985, S. 141–163

Mahler, M. / Pine, F. / Bergman, A. (1975): Die psychische Geburt des Menschen. Symbiose und Individuation. Frankfurt a. M.: Fischer 1978

Maine, M. / Goldwyn, R. (1984): Predicting rejection of her infant from mother's representation of her own experience: Implications for the abused-abusing intergenerational cycle. Child Abuse and Neglect 8, pp. 203–217

Maine, M. / Kaplan, M. / Cassidy, J. (1985): Security in infancy: A move to the level of representation. In: I. Bretherton / E. Waters (Eds.): Growing Points of Attachment. Theory and Research. Monographs of the Society for Research in Child Development. Vol. 50. Chicago: Univ. Chicago Pr., pp. 66–104

Malatesta, C. (1985): Developmental course of emotion expression in the human infant. In: G. Zivin (Ed.): The Development of Expressive Behavior. Biology-Environment Interactions. Orlando u. a.: Academic Pr., pp. 183–219

Malatesta, C. / Haviland, J. (1982): Learning display rules: The socialization of emotion expression in infancy. Child Developm. 53, pp. 991–1003

Malatesta, C. / Izard, C. (1984): The ontogenesis of human social signals: From biological imperative to symbol utilization. In: N. Fox / R. Davidson (Eds.): The Psychobiology of Affective Development. Hillsdale, NJ: Erlbaum, pp. 161–206

Malatesta, C. / Haviland, J. (1985): Signals, symbols, and socialization: The modification of emotional expression in human development. In: M. Lewis / C. Saarni (Eds.): The Socialization of Emotions. New York and London: Plenum Pr., pp. 89–116

Malatesta, C. / Culver, C. / Tesman, J. / Shepard, B. (1989): The Development of Emotion Expression During the First Two Years of Life. Monographs of the Society for Research in Child Development. Vol. 54 (1–2), Chicago: Univ. Chicago Pr.

Mandler, G. (1982): The construction of emotion in the child. In: C. Izard (Ed.): Measuring Emotions in Infants and Children. Vol. I. Cambridge u. a.: Cambridge Univ. Pr., pp. 335–343

Mandler, J. (1983): Representation. In: J. Flavell / E. Markman (Eds.): Cognitive Development = P. Mussen (Gen. Ed.): Handbook of Child Psychology. Vol. 3. New York u. a.: Wiley, pp. 420–494 (4th ed.)

Mandler, J. (1984): Stories, Scripts, and Scenes: Aspects of Schema Theory. Hillsdale, NJ: Erlbaum

Mandler, J. (1988): How to build a baby: On the development of an accessible representational system. Cognitive Developm. 3, pp. 113–136

Manstead, A. (1988): The role of facial movement in emotion. In: H. Wagner (Ed.): Social Psychophysiology and Emotion: Theory and Clinical Applications. Chichester u. a.: Wiley, pp. 105–129

Marcuse, H. (1955): Triebstruktur und Gesellschaft. Frankfurt a. M.: Suhrkamp 1973

Massie, H./Bronstein, A./Afterman, J./Campbell, B. (1988): Inner themes and outer behavior in early childhood development: A longitudinal study. Psychoanal. Study Child 43, pp. 213–242

Matsumoto, D. (1987): The role of facial response in the experience of emotion: More methodological problems and a meta-analysis. In: Journ. of Personality and Social Psychol. 52, pp. 769–774

Maurer, D. (1985): Infants' perception of facedness. In: T. Field/N. Fox (Eds.): Social Perception in Infants. Norwood, NJ: Ablex, pp. 73–100

Maurer, D./Barrera, M. (1981): Infants' perception of natural and distorted arrangements of a schematic face. Child Developm. 52, pp. 196–202

McBride, S./Belsky, J. (1988): Characteristics, determinants, and consequences of maternal separation anxiety. Developm. Psychol. 24, pp. 407–414

McCanne, T./Anderson, J. (1987): Emotional responding following experimental manipulation of facial electromyographic activity. Journ. of Personality and Social Psychol. 52, pp. 759–768

McGurk, H./Lewis, M. (1974): Space perception in early infancy: Perception within a common auditory-visual space? Science 186, pp. 649–650

McIntosh, D. (1986): The economy of desire: Psychic energy as a purely psychological concept. Psychoanal. Contemp. Thought 9, pp. 405–435

McLaughlin, J. (1978): Primary and secondary process in the context of cerebral hemispheric specialization. Psychoanal. Quart. 47, pp. 237–266

McLaughlin, J. (1987): The play of transference: Some reflections on enactment in the psychoanalytic situation. Journ. Amer. Psychoanal. Assn. 36, pp. 557–582

McLaughlin, J. (1989): The relevance of infant observational research for the analytic understanding of adult patients' nonverbal behaviors. In: S. Dowling/A. Rothstein (Eds.): The Significance of Infant Obeservational Research for Clinical Work with Children, Adolescents, and Adults. Madison, Connecticut: Int. Univ. Pr., pp. 109–122

Mehler, J: (1985): Language related dispositions in early infancy. In: J. Mehler/R. Fox (Eds.): Neonate Cognition: Beyond the Blooming Buzzing Confusion. Hillsdale, NJ: Erlbaum, pp. 8–28

Meltzoff, A. (1985): Immediate and deferred imitation in fourteen- and twenty-four-month-old infants. Child Developm. 56, pp. 62–72

Meltzoff, A. (1988): Infant imitation after 1-week delay: Long-term memory for novel acts and multiple stimuli. Developm. Psychol. 24, pp. 470–476

Meltzoff, A./Moore, M. (1977): Imitation of facial and manual gestures by human neonates. Science 189, pp. 75–78

Meltzoff, A./Borton, R. (1979): Intermodal matching by human neonates. Nature 282, pp. 403–404

Meltzoff, A./Moore, M. (1983a): Newborn infants imitate adult facial gestures. Child Developm. 54, pp. 702–709

Meltzoff, A./Moore, M. (1983b): The origins of imitation in infancy. In: L. Lipsitt/C. Rovee-Collier (Eds.): Advances in Infancy Research. Vol. 2. Norwood, NJ: Ablex, pp. 265–301

Meltzoff, A./Moore, K. (1989): Imitation in newborn infants: Exploring the range of gestures imitated and the underlying mechanisms. Developm. Psychol. 25, pp. 954–962

Mentzos, S. (1982): Neurotische Konfliktverarbeitung. Einführung in die psychoanalytische Neurosenlehre unter Berücksichtigung neuer Perspektiven. München: Kindler

Mertens, W. (1990): Einführung in die psychoanalytische Therapie. Bd. 2. Stuttgart u. a.: Kohlhammer

Mertens, W. (1991): Einführung in die psychoanalytische Therapie. Bd. 3. Stuttgart u. a.: Kohlhammer

Miller, A. (1979): Das Drama des begabten Kindes und die Suche nach dem wahren Selbst. Frankfurt a. M.: Suhrkamp

Miller, A. (1980): Am Anfang war Erziehung. Frankfurt a. M.: Suhrkamp

Miller, A. (1981): Du sollst nicht merken. Variationen über das Paradies-Thema. Frankfurt a. M.: Suhrkamp

Modarressi, T./Kenny, T. (1977): Children's response to their true and distorted mirror images. Child Psychiatry and Human Developm. 8, pp. 94–101

Moersch, E. (1976): Symbol, Repräsentanz, Primärprozeß. Psyche 30, S. 503 ff

Montgomery, W. (1985): Charles Darwin's thought on expressive mechanisms in evolution. In: G. Zivin (Ed.): The Development of Expressive Behavior. Biology-Environment Interactions. Orlando u. a.: Academic Pr., pp. 27–50

Moog, W./Moog, S. (1979): Die entwicklungspsychologische Bedeutung von Umweltbedingungen im Säuglings- und Kleinkindalter. Neuere psychologische Beiträge zur Deprivationsforschung. Berlin: Carl Marhold Verlagsbuchhandlung (4. Aufl.)

Morgenthaler, F. (1977): Verkehrsformen der Perversion und die Perversion der Verkehrsformen. Ein Blick über den Zaun der Psychoanalyse. Kursbuch 49, S. 135–148

Morrongiello, B./Fenwick, K./Chance, G. (1990): Sound localization accuity in very young infants: An observer-based testing procedure. Developm. Psychol. 26, pp. 75–85

Moser, U. (1983): Beiträge zu einer psychoanalytischen Theorie der Affekte. Teil I. Berichte aus der interdisziplinären Konfliktforschungsstelle Zürich (Bericht Nr. 10)

Mueller, U. (1982): Die Entwicklung des Denkens. Entwicklungslogische Modelle in Psychologie und Soziologie. Darmstadt und Neuwied: Luchterhand

Muir, D./Field, J. (1979): Newborn infants orient to sound. Child Developm. 50, pp. 431–436

Muir, D./Clifton, R. (1985): Infants' orientation to the location of sound sources. In: G. Gottlieb/N. Krasnegor (Eds.): Measurement of Audition and Vision in the First Year of Postnatal Life: A Methodological Overview. Norwood, NJ: Ablex, pp. 171–194

Murphy, L. (1980): Psychoanalytic views of infancy. In: S. Greenspan/ G. Pollock (Eds.): The Course of Life. Vol. 1: Infancy and Early Childhood. Washington: U. S. Government Printing Office, pp. 313–363

Murphy, C./Messer, D. (1977): Mothers, infants, and pointing: A study of a gesture. In: H. Schaffer (Ed.): Studies in Mother-Infant Interaction. London u. a.: Academic Pr., pp. 325–354

Nachman, P./Stern, D. (1984): Affect retrieval: A form of recall memory in prelinguistic infants. In: J. Call/E. Galenson/R. Tyson (Eds.): Frontiers of Infant Psychiatry. Vol. 2. New York: Basic Books, pp. 95–100

Nathanson, D. (1987): A timetable for shame. In: D. Nathanson (Ed.): The Many Faces of Shame. New York and London: Guilford Pr., pp. 1–63

Neisser, U. (1976): Kognition und Wirklichkeit: Prinzipien und Implikationen der kognitiven Psychologie. Stuttgart: Klett-Cotta 1979

Nelson, C. (1985): The perception and recognition of facial expressions in infancy. In: T. Field/N. Fox (Eds.): Social Perception in Infants. Norwood, NJ: Ablex, pp. 101–126

Nelson, C. (1987): The recognition of facial expressions in the first two years of life: Mechanisms and development. Child Developm. 58, pp. 889–909

Nelson, K. (1978): How children represent knowledge of their world in and out of language: A preliminary report. In: R. Siegler (Ed.): Children's Thinking: What Develops? Hillsdale, NJ: Erlbaum, pp. 255–273

Nelson, K. (1986): Event Knowledge. Structure and Function in Development. Hillsdale, NJ: Erlbaum

Nelson, K./Gruendel, J. (1981): Generalized event representations: Basic building blocks of cognitive development. In: M. Lamb/A. Brown (Eds.): Advances in Developmental Psychology 1. Hillsdale, NJ: Erlbaum, pp. 131–158

Newson, J. (1977): An intersubjective approach to the systematic description of mother-infant interaction. In: H. Schaffer (Ed.): Studies in Mother-Infant Interaction. London u. a.: Academic Pr., pp. 47–61

Newson, J. (1979): The growth of shared understanding between infant and caregiver. In: M. Bullowa (Ed.): Before Speech. The Beginning of Interpersonal Communication. Cambridge u. a.: Cambridge Univ. Pr., pp. 207–222

Nissen, G. (1980): Autistische Syndrome. In: H. Harbauer et al. (Hg.): Lehrbuch der speziellen Kinder- und Jugendpsychiatrie. Berlin u. a.: Springer, S. 428–443 (4. erg. Aufl.)

Nitsch-Berg, H. (1978): Kindliches Spiel zwischen Triebdynamik und Enkulturation. Der Beitrag der Psychoanalyse und der Entwicklungstheorie Piagets. Stuttgart: Klett-Cotta

Novey, S. (1968): The Second Look. The Reconstruction of Personal History in Psychiatry and Psychoanalysis. Baltimore: John Hopkins Pr.

Novick, J. (1989): How does infant research affect our clinical work with adolescents? In: S. Dowling/A. Rothstein (Eds.): The Significance of Infant Obeservational Research for Clinical Work with Children, Adolescents, and Adults. Madison, Connecticut: Int. Univ. Pr., pp. 27–37

Noy, P. (1969): A revision of the psychoanalytic theory of the primary process. Int. Journ. Psycho-Anal. 50, pp. 155–178

Noy, P. (1979): The psychoanalytic theory of cognitive development. Psychoanal. Study Child 34, pp. 169–216

Nunberg, H. (1930): Die synthetische Funktion des Ich. In: P. Kutter/H. Roskamp (Hg.): Psychologie des Ich. Darmstadt: Wiss. Buchges. 1974, S. 30–49

Oevermann, U. (1976): Programmatische Überlegungen zu einer Theorie der Bildungsprozesse und zur Strategie der Sozialisationsforschung. In: K. Hurrelmann (Hg.): Sozialisation und Lebenslauf. Reinbek bei Hamburg: Rowohlt, S. 34–52

Ogden, Th. (1984): Trieb, Fantasie und psychologische Tiefenstruktur. Forum Psychoanal. 2, S. 177–196

Ogden, T. (1985): On potential space. Int. Journ. Psycho-Anal. 66, pp. 129–141

Oster, H. (1978): Facial expression and affect development. In: M. Lewis/ L. Rosenblum (Eds.): The Development of Affect. New York and London: Plenum Pr., pp. 43–75

Oster, H./Ekman, P. (1978): Facial behavior in child development. In: W. Collins (Ed.): Minnesota Symposia on Child Psychology. Vol. 11, pp. 231–276

Palisin, H. (1980): The neonatal perception inventory: Failure to replicate. Child Developm. 51, pp. 737–742

Panksepp, J. (1982): Toward a general psychobiological theory of emotions. The Behavioral and Brain Sciences 5, pp. 407–467

Papousek, H./Papousek, M. (1975): Cognitive aspects of preverbal social interactions between human infants and adults. In: Parent-Infant Interaction. Ciba Foundation Symposium 33 (New Series), North-Holland: Elsevier, pp. 241–269

Papousek, H./Papousek, M. (1983): Interactional failures: Their origins and significance in infant psychiatry. In: J. Call/E. Galenson/R. Tyson (Eds.): Frontiers of Infant Psychiatry, Vol. 1. New York: Basic Books, pp. 31–37

Papousek, H./Papousek, M. (1987): Intuitive parenting: A dialectic counterpart to the infant's integrative competence. In: J. Osofsky (Ed.): Handbook of Infant Development. New York u. a.: Wiley, pp. 669–720 (2nd ed.)

Papousek, H./Papousek, M./Giese, R. (1986): Neue wissenschaftliche Ansätze zum Verständnis der Mutter-Kind-Beziehung. In: J. Stork (Hg.): Zur Psychologie und Psychopathologie des Säuglings – neue Ergebnisse in der psychoanalytischen Reflexion. Stuttgart-Bad Cannstatt: Frommann-Holzboog, S. 53–71

Passett, P. (1981): Gedanken zur Narzißmuskritik: Die Gefahr, das Kind mit dem Bade auszuschütten. In: Die neuen Narzißmustheorien: Zurück ins Paradies? Hg. vom Psychoanalytischen Seminar Zürich. Frankfurt a.M.: Syndikat, S. 159–187

Pawlby, S. (1977): Imitative interaction. In: H. Schaffer (Ed.): Studies in Mother-Infant Interaction. London u. a.: Academic Pr., pp. 203–224

Peterfreund, E. (1971): Information, Systems, and Psychoanalysis. An Evolutionary Biological Approach to Psychoanalytic Theory. New York: Int. Univ. Pr.

Peterfreund, E. (1978): Some critical comments on psychoanalytic conceptualizations of infancy. Int. Journ. Psycho-Anal. 59, pp. 427–441

Peters, R. (1978): Die Beziehung zwischen Piagets und Freuds Entwicklungstheorien. In: Psychologie des 20. Jahrhunderts. Bd. VII: Piaget und die Folgen. München: Kindler, S. 385–400

Pfeiffer, R. / Leuzinger-Bohleber, M. (1986): Applications of cognitive science methods to psychoanalysis: A case study and some theory. Int. Rev. Psychoanal. 13, pp. 221–240

Piaget, J. (1936): Das Erwachen der Intelligenz beim Kinde. Stuttgart: Klett 1975 (Studienausgabe, Gesammelte Werke Bd. 1)

Piaget, J. (1937): Der Aufbau der Wirklichkeit beim Kinde. Stuttgart: Klett 1975 (Studienausgabe, Gesammelte Werke Bd. 2)

Piaget, J. (1945): Nachahmung, Spiel und Traum. Stuttgart: Klett 1975 (Studienausgabe, Gesammelte Werke Bd. 5)

Piaget, J. / Inhelder, B. (1966): Die Entwicklung des inneren Bildes beim Kind. Frankfurt a. M.: Suhrkamp 1978

Pine, F. (1977): Discussion of ›Early object experiences in the development of communicative structures‹. In: N. Freedman / S. Grand (Eds.): Communicative Structures and Psychic Structures. New York and London: Plenum Pr., pp. 75–83

Pine, F. (1979): On the pathology of the separation-individuation process as manifested in later clinical work: An attempt at delineation. Int. Journ. Psycho-Anal. 60, pp. 225–242

Pine, F. (1981): In the beginning: Contributions to a psychoanalytic developmental psychology. Int. Rev. Psychoanal. 8, pp. 15–32

Pine, F. (1986): The ›symbiotic phase‹ in light of current infancy research. Bull. Menn. Clin. 50, pp. 564–569

Pinneau, S. (1955): The infantile disorders of hospitalism and anaclitic depression. Psychol. Bull. 52, pp. 429–452

Pogodda, G. (1981): Aspekte einer kognitiven Theorie der Verdrängung. Psychoanalyse 2, S. 194–209

Pollock, G. (1964): On symbiosis and symbiotic neurosis. Int. Journ. Psycho-Anal. 45, pp. 1–30

Pulaski, M. (1971): Piaget. Eine Einführung in seine Theorie und sein Werk. Frankfurt a. M.: Fischer 1978

Pulver, S. (1971): Can affects be unconscious? Int. Journ. Psycho-Anal. 52, pp. 347–354

Pulver, S. (Ed.) (1987): How theory shapes technique: Perspectives on a clinical study. Psychoanal. Inquiry 7, pp. 141–299 (= No. 2)

Rangell, L. (1967): Die Affekte und der Kern des Menschen. In: L. Rangell (1976): Gelassenheit und andere menschliche Möglichkeiten. Frankfurt a. M.: Suhrkamp, S. 270–299

Rangell, L. (1968): Angst. Eine Vereinheitlichung der beiden Angsttheorien Freuds. In: L. Rangell (1976): Gelassenheit und andere menschliche Möglichkeiten. Frankfurt a. M.: Suhrkamp, S. 233–269

Rapaport, D. (1953): On the psychoanalytic theory of affects. In: M. Gill (Ed.): The Collected Papers of David Rapaport. New York: Basic Books 1967, pp. 476–512

Rapaport, D. (1960a): Die Struktur der psychoanalytischen Theorie. Stuttgart: Klett-Cotta (3. Aufl. 1973)

Rapaport, D. (1960b): Psychoanalysis as a developmental psychology. In: M. Gill (Ed.): The Collected Papers of David Rapaport. New York: Basic Books 1967, pp. 820–852

Rapaport, D. / Gill, M. (1959): The points of view and assumptions of metapsychology. In: M. Gill (Ed.): The Collected Papers of David Rapaport. New York: Basic Books 1967, pp. 795–811

Rauh, H. (1987a): Frühe Kindheit. In: Oerter, Montada et al. (Hg.): Entwicklungspsychologie: Ein Lehrbuch. München–Weinheim: Psychologie Verlags Union (2. neubearb. und erw. Aufl.), S. 131–203

Rauh, H. (1987b): Verhaltensausstattung und erste Anpassungsleistungen des Säuglings. In: C. Niemitz (Hg.): Erbe und Umwelt. Zur Natur von Anlage und Selbstbestimmung des Menschen. Frankfurt a. M.: Suhrkamp, S. 174–199

Reiche, R. (1990): Geschlechterspannung. Eine psychoanalytische Untersuchung. Frankfurt a. M.: Fischer

Reisman, J. (1987): Touch, motion, and proprioception. In: Ph. Salapatek / L. Cohen (Eds.): Handbook of Infant Perception, Vol. 1: From Sensation to Perception. New York u. a.: Academic Pr., pp. 265–303

Reissland, N. (1988): Neonatal imitation in the first hour of life: Observations in rural Nepal. Developm. Psychol. 24, pp. 464–469

Remschmidt, H. (1986): Neuere Erkenntnisse zum Verständnis des frühkindlichen Autismus. In: M. DeMyer: Familien mit autistischen Kindern. Stuttgart: Enke, S. 1–7

Ricks, M. (1985): The social transmission of parental behavior: Attachment across generations. In: I. Bretherton / E. Waters (Eds.): Growing Points of Attachment. Theory and Research. Monographs of the Society for Research in Child Development. Vol. 50. Chicago: Univ. Chicago Pr., pp. 211–227

Rinn, W. (1984): The neuropsychology of facial expression: A review of the neurological and psychological mechanisms for producing facial expression. Psychol. Bull. 95, pp. 52–77

Ritvo, S. (1977): Ref. in P. Escoll (rep.): The contribution of psychoanalytic developmental concepts to adult analysis. Journ. Amer. Psychoanal. Assn. 25, pp. 219–234

Roffwarg, H. / Muzio, J. / Dement, W. (1966): Ontogenetic development of the human sleep-dream cycle. Science 152, pp. 604–619

Rogers, R. (1980): Psychoanalytic and cybernetic models of mentation. Psychoanal. Contemp. Thought 3, pp. 21–54

Roiphe, H./Galenson, E. (1975): Some observations on transitional object and infantile fetish. Psychoanal. Quart. 44, pp. 206–231 (repr. in: H. Roiphe/ E. Galenson 1981: Infantile Origins of Sexual Identity. New York: Int. Univ. Pr., chap. 9)

Rose, G. (1972): Fusion states. In: P. Giovaccini (Ed.): Tactics and Techniques in Psychoanalytic Therapy. Science House, pp. 170–188

Rose, S./Ruff, H. (1987): Cross-modal abilities in human infants. In: J. Osofsky (Ed.): Handbook of Infant Development. New York u. a.: Wiley, pp. 318–362 (2nd ed.)

Rosen, V. (1955): The reconstruction of a traumatic childhood event in a case of derealization. Journ. Amer. Psychoanal. Assn. 3, pp. 211–221

Rosenblatt, A./Thickstun, J. (1970): A study of the concept of psychic energy. Int. Journ. Psycho-Anal. 51, pp. 265–278

Rosenblatt, A./Thickstun, J. (1977a): Modern Psychoanalytic Concepts in a General Psychology. New York: Int. Univ. Pr.

Rosenblatt, A./Thickstun, J. (1977b): Energy, information, and motivation: A revision of psychoanalytic theory. Journ. Amer. Psychoanal. Assn. 25, pp. 537–558

Rosenfeld, H. (1978): Zur Psychopathologie und psychoanalytischen Behandlung einiger Borderline-Patienten. Psyche 35, 1981, S. 338–352

Rosenstein, D./Oster, H. (1981): Facial expression as a method of exploring infants' taste responses. Unpubl. Paper, Ref. in M. Lamb/M. Borstein (1987): Development in Infancy. An Introduction. New York: Random House, pp. 314f. (2nd ed.)

Rosenstein, D./Oster, H. (1988): Differential facial responses to four basic tastes in newborns. Child Developm. 59, pp. 1555–1568

Ross, N. (1975): Affect as cognition: With observations on the meanings of mystical states. Int. Rev. Psychoanal. 2, pp. 79–93

Rovee-Collier, C./Fagen, J. (1981): The retrieval of memory in early infancy. In: Advances in Infancy Research. Vol. 1: Norwood, NJ: Ablex, pp. 225–254

Rovee-Collier, C./Fagen, J. (1983): Memory retrieval: A time-locked process in infancy. Science 222, pp. 1349–1351

Rovee-Collier, C./Sullivan, M./Enright, M./Lucas, D./Fagen, J. (1980): Reactivation of infant memory. Science 208, pp. 1159–1161

Rubin, D./Kozin, M. (1984): Vivid memories. Cognition 16, pp. 81–95

Rubinfine, D. (1981): Reconstruction revisited: The question of the reconstruction of mental functioning during the earliest months of life. In: S. Tuttman/C. Kaye/M. Zimmermann (Eds.): Object and Self: A Developmental Approach. Essays in Honor of Edith Jacobson. New York: Int. Univ. Pr., pp. 383–395

Ruff, H. (1980): The development of perception and recognition of objects. Child Developm. 51, pp. 981–992

Rush, F. (1980): Das bestgehütete Geheimnis. Sexueller Kindesmißbrauch. Berlin: sub rosa Frauenverl. 1982

Rutter, M. (1972): Bindung und Trennung in der frühen Kindheit. Forschungs-ergebnisse zur Mutterdeprivation. München: Juventa 1978

Rutter, M. (1979): Maternal deprivation, 1972–1978: New findings, new concepts, new approaches. Child Developm. 50, pp. 283–305

Rutter, M. (1987): Continuities and discontinuities from infancy. In: J. Osofsky (Ed.): Handbook of Infant Development. New York u. a.: Wiley, pp. 1256–1296 (2nd ed.)

Sachs, O. (1967): Distinction between fantasy and reality elements in memory and reconstruction. Int. Journ. Psycho-Anal. 48, pp. 416–423

Sampson, H. (1976): A critique of certain traditional concepts in the psychoanalytic theory of therapy. Bull. Menn. Clin. 40, pp. 255–262

Samuels, C. (1986): Bases for the infant's developing self-awareness. Human Developm. 29, pp. 36–48

Sander, L. (1977): Regulation of exchange in the infant-caretaker-system: A viewpoint on the ontogeny of ›structures‹. In: N. Freedman/S. Grand (Eds.): Communicative Structures and Psychic Structures: A Psychoanalytic Interpretation of Communication. New York and London: Plenum Pr., pp. 13–34

Sander, L. (1980) (rep.): New knowledge about the infant from current research: Implications for psychoanalysis. Journ. Amer. Psychoanal. Assn. 28, pp. 181–198

Sander, L. (1983 a): To begin with – reflections on ontogeny. In: J. Lichtenberg/S. Kaplan (Eds.): Reflections on Self Psychology. Hillsdale, NJ: The Analytic Pr., pp. 85–104

Sander, L. (1983 b): Polarity, paradox, and the organizing process in development. In: J. Call/E. Galenson/R. Tyson (Eds.): Frontiers of Infant Psychiatry, Vol. 1. New York: Basic Books, pp. 333–340

Sandler, A.-M. (1975): Comments on the significance of Piaget's work for psychoanalysis. Int. Rev. Psychoanal. 2, pp. 365–377

Sandler, A.-M. (1981): Frühkindliches Erleben und Psychopathologie der Erwachsenen. Psyche 35, S. 305–318

Sandler, J./Dare, Ch. (1970): Der psychoanalytische Begriff der Oralität. Psyche 27, 1973, S. 770–787

Sandler, J./Sandler, A.-M. (1978): On the development of object relationships and affects. Int. Journ. Psycho-Anal. 59, pp. 285–296

Sandler, J./Sandler, A.-M. (1984): Vergangenheits-Unbewußtes, Gegenwarts-Unbewußtes und die Deutung der Übertragung. Psyche 39, 1985, S. 800–829

Sandler, J./Holder, A./Dare, Ch. (1972): Frames of reference in psychoanalytic psychology IV: The affect-trauma frame of reference. British Journ. med. Psychol. 45, pp. 265–272

Sass, L./Woolfolk, R. (1988): Psychoanalysis and the hermeneutic turn: A critique of ›Narrative Truth and Historical Truth‹. Journ. Amer. Psychoanal. Assn. 36, pp. 429–454

Scaife, M./Bruner, J. (1975): The capacity for joint visual attention in the infant. Nature 253, pp. 265–266

Scarr, S. (1984): Wenn Mütter arbeiten. Wie Kinder und Beruf sich verbinden lassen. München: Beck 1987

Schachter, S./Singer, J. (1962): Cognitive, social, and physiological determinants of emotional state. Psychol. Rev. 69, pp. 379–399

Schafer, R. (1980): Narration in the psychoanalytic dialogue. Critical Inquiry 7, pp. 29–54

Schafer, R. (1982): The relevance of the ›here and now‹ transference interpretation to the reconstruction of early development. Int. Journ. Psycho-Anal. 63, pp. 77–82

Schafer, R. (1983): The Analytic Attitude. New York: Basic Books

Schaffer, H. (1979): Acquiring the concept of the dialogue. In: M. Bornstein/W. Kessen (Eds.): Psychological Development from Infancy: Image to Intention. Hillsdale, NJ: Erlbaum, pp. 279–305

Schank, R./Abelson, R. (1977): Scripts, Plans, Goals, and Understanding. Hillsdale, NJ: Erlbaum

Scharfman, M. (1989): The therapeutic dyad in the light of infant observational research. In: S. Dowling/A. Rothstein (Eds.): The Significance of Infant Obeservational Research for Clinical Work with Children, Adolescents, and Adults. Madison, Connecticut: Int. Univ. Pr., pp. 53–64

Scherer, K. (1982): The assessment of vocal expressions in infants and children. In: C. Izard (Ed.): Measuring Emotions in Infants and Children. Vol. I. Cambridge u. a.: Cambridge Univ. Pr., pp. 127–163

Scherer, K. (1986): Vocal affect expression: A review and a model for future research. Psychol. Bull. 99, pp. 143–165

Schmalohr, E. (1975): Frühe Mutterentbehrung bei Mensch und Tier. Entwicklungspsychologische Studie zur Psychohygiene der frühen Kindheit. München: Kindler (2. Aufl.)

Schmauch, U. (1978): Ist Autismus heilbar? Zur Psychoanalyse des frühkindlichen Autismus. Bruno Bettelheim und Margaret Mahler. Frankfurt a. M.: Fachbuchhandlung für Psychologie, Verlagsabteilung (2. erg. Aufl.)

Schmid Noerr, G. (1989): Unterirdische Geschichte und Gegenwart in der ›Dialektik der Aufklärung‹. In: H. Kunnemann/H. de Vries (Hg.): Die Aktualität der ›Dialektik der Aufklärung‹. Frankfurt a. M.: Campus

Schmidt, G. (1983): Motivationale Grundlagen sexuellen Verhaltens. In: H. Thomae (Hg.): Psychologie der Motive. Göttingen u. a.: Hogrefe, S. 70–109

Schmidt, G. (1984): Kurze Entgegnung auf Volkmar Siguschs Lob des Triebes. In: M. Dannecker/V. Sigusch (Hg.): Sexualtheorie und Sexualpolitik. Ergebnisse einer Tagung. Stuttgart: Enke, S. 17–19

Schulman, A./Kaplowitz, C. (1978): Mirror-image response during the first two years of life. Developm. Psychobiol. 10, pp. 133–142

Schur, M. (1969): Affects and cognition. Int. Journ. Psycho-Anal. 50, pp. 647–653

Schurz, G. (1985): Denken, Sprache und Erziehung: Die aktuelle Piaget-Kontroverse. Zeitschr. für Semiotik 7, pp. 335–366

Schwartz, G. (1982): Psychophysiological patterning and emotion revisited: A systems perspective. In: C. Izard (Ed.): Measuring Emotions in Infants and Children. Vol. I. Cambridge u. a.: Cambridge Univ. Pr., pp. 67–93

Segal, H. (1982): Early infantile development as reflected in the psychoanalytic process: Steps in integration. Int. Journ. Psycho-Anal. 63, pp. 15–22

Seligman, H. (1975): Erlernte Hilflosigkeit. München–Wien: Psychologie Verlags Union (3. erw. Aufl. 1986)

Serota, H. (1964): Home movies of early childhood: Correlative developmental data in the psychoanalysis of adults. Science 143, p. 1195

Shengold, L. (1979): Child abuse and deprivation: Soul murder. Journ. Amer. Psychoanal. Assn. 27, pp. 533–559

Shengold, L. (1985): Rezension von D. Spence (1982), Narrative Truth and Historical Truth. Journ. Amer. Psychoanal. Assn. 33, Supplement, pp. 239–244

Shengold, L. (1989): Soul Murder: The Effects of Childhood Abuse and Deprivation. New Haven and London: Yale Univ. Pr.

Sherkow, S. (1990): Evaluation and diagnosis of sexual abuse of little girls. Journ. Amer. Psychoanal. Assn. 38, pp. 347–369

Sherrod, L. (1981): Issues in cognitive-perceptual development. In: M. Lamb / L. Sherrod (Eds.): Infant Social Cognition: Empirical and Theoretical Contributions. Hillsdale, NJ: Erlbaum, pp. 11–36

Shevrin, H. (1983): The experimental foundations of the energy concept: An argument for its theoretical and empirical necessity in psychoanalysis. In: L. Chattan (rep.): Panel on metapsychology; its cultural and scientific roots. Journ. Amer. Psychoanal. Assn. 31, pp. 689–698

Sigusch, V. (1984): Lob des Triebes. In: M. Dannecker / V. Sigusch (Hg.): Sexualtheorie und Sexualpolitik. Ergebnisse einer Tagung. Stuttgart: Enke, S. 3–16

Silverman, D. (1986): Some proposed modifications of psychoanalytic theories of early childhood development. In: J. Masling (Ed.): Empirical Studies of Psychoanalytic Theories. Vol. 2. Hillsdale, NJ: The Analytic Pr., pp. 49–72

Sophian, C. / Huber, A. (1984): Early developments in children's causal judgements. Child Developm. 55, pp. 512–526

Sorce, J. / Emde, R. (1982): The meaning of infant emotional expressions: Regularities in caregiving responses in normal and Down's Syndrome infants. Journ. Child Psychol. Psychiatry 23, pp. 145–158

Sorce, J. / Emde, R. / Campos, J. / Klinnert, M. (1985): Maternal emotional signaling: Its effect on the visual cliff behavior in 1-year-olds. Developm. Psychol. 21, pp. 195–200

Speidel, H. (1977): Freuds Symbolbegriff. Psyche 31, S. 691–711

Speidel, H. (1978): Über den Symbolbegriff in der Psychoanalyse. Psyche 32, S. 289–328

Spelke, E. (1979): Perceiving bimodally specified events in infancy. Developm. Psychol. 15, pp. 626–636

Spelke, E. (1987): The development of intermodal perception. In: Ph. Salapatek / L. Cohen (Eds.): Handbook of Infant Perception, Vol. 2: From Perception to Cognition. New York u. a.: Academic Pr., pp. 232–273

Spence, D. (1982): Narrative Truth and Historical Truth. Meaning and Interpretation in Psychoanalysis. New York and London. W. W. Norton

Spence, D. (1983): Narrative persuasion. Psychoanal. Contemp. Thought 6, pp. 455–481

Spiegel, S. (1987): Beitrag zum Symposion über D. Stern: ›The Interpersonal World of the Infant‹. Contemp. Psychoanal. 23, pp. 6–17

Spitz, R. (1945 a): Hospitalismus: Eine Untersuchung der Genese psychischer Krankheitsbilder in der frühen Kindheit. In: G. Bittner / E. Schmid-Cords (Hg.): Erziehung in früher Kindheit. München: Piper 1969, S. 77–98

Spitz, R. (1945 b): Diacritic and coenesthetic organizations. In: R. Spitz, 1983, pp. 202–214

Spitz, R. (1946 a): Hospitalismus II: Katamnese zur 1945 veröffentlichten Untersuchung. In: G. Bittner / E. Schmid-Cords (Hg.): Erziehung in früher Kindheit. München: Piper 1969, S. 99–103

Spitz, R. (1946 b): Die anaklitische Depression. In: G. Bittner / E. Schmid-Cords (Hg.): Erziehung in früher Kindheit. München: Piper 1969, S. 104–135

Spitz, R. (1950): Relevancy of direct infant observation. Psychoanal. Study Child 5, pp. 66–73

Spitz, R. (1953): Aggression: Its role in the establishment of object relations. In: R. Spitz 1983, pp. 321–331

Spitz, R. (1955): Die Urhöhle. Zur Genese der Wahrnehmung und ihrer Rolle in der psychoanalytischen Theorie. Psyche 9, 1956, S. 641–667

Spitz, R. (1957): Nein und Ja. Die Ursprünge der menschlichen Kommunikation. Stuttgart: Klett (2. Aufl. 1970)

Spitz, R. (1959): Eine genetische Feldtheorie der Ichbildung. Frankfurt a. M.: Fischer 1972

Spitz, R. (1963): Das Leben und der Dialog. In: R. Spitz: Vom Dialog. Stuttgart: Klett 1976, S. 9–26

Spitz, R. (1965 a): Vom Säugling zum Kleinkind. Naturgeschichte der Mutter-Kind-Beziehungen im ersten Lebensjahr. Stuttgart: Klett (4. Aufl. 1974)

Spitz, R. (1965 b): Die Evolution des Dialogs. In: R. Spitz: Vom Dialog. Stuttgart 1976, S. 66–89

Spitz, R. (1972): Brücken – Zur Genese der Sinngebung. Psyche 28, 1974, S. 1003–1018

Spitz, R. (1983): Dialogues from Infancy. Selected Papers, ed. by R. Emde. New York: Int. Univ. Pr.

Sroufe, A. (1979): Socioemotional development. In: J. Osofsky (Ed.): Handbook of Infant Development. New York u. a.: Wiley, pp. 462–516 (1st ed.)

Sroufe, A. (1983): Infant-caregiver attachment and patterns of adaption in preschool: The roots of maladaption and competence. In: M. Perlmutter (Ed.): The Minnesota Symposia on Child Psychology. Vol. 16, pp. 41–84

Sroufe, A. (1988): The role of infant-caregiver attachment in development. In: J. Belsky/T. Nezworski (Eds.): Clinical Implications of Attachment. Hillsdale, NJ: Erlbaum, pp. 18–38

Sroufe, A./Fleeson, J. (1986): Attachment and the construction of relationships. In: W. Hartup/Z. Rubin (Eds.): Relationships and Development. Hillsdale, NJ: Erlbaum, pp. 51–71

Stechler, G. (1983): Infancy research: A contribution to self psychology. In: J. Lichtenberg/S. Kaplan (Eds.): Reflections on Self Psychology. Hillsdale, NJ: The Analytic Pr., pp. 43–48

Stechler, G. (1987): Clinical implications of a psychoanalytic systems model of assertion and aggression. Psychoanal. Inquiry 7, pp. 348–363

Stechler, G./Kaplan, B. (1980): The development of the self: A psychoanalytic perspective. Psychoanal. Study Child 35, pp. 85–105

Stechler, G./Halton, A. (1987): The emergence of assertion and aggression during infancy: A psychoanalytic systems approach. Journ. Amer. Psychoanal. Assn. 35, pp. 821–838

Steele, B. (1990): Some sequelae of the sexual maltreatment of children. In: H. Levine (Ed.): Adult Analysis and Childhood Sexual Abuse. Hillsdale, NJ: The Analytic Pr., pp. 21–34

Steele, M./Steele, H./Model, E. (1991): Links across generations: Predicting parent-child relationship patterns from structured interviews with expectant parents. In: Bull. Anna Freud Center 14, pp. 95–113

Steffens, W. (1987): Rezension von M. Mahler (1985), Studien über die drei ersten Lebensjahre. Psyche 41, S. 180–183

Steiner, J. (1973): The gustofacial response. Ref. in M. Lamb/M. Bornstein (1987): Development in Infancy. An Introduction. New York: Random House, pp. 314 f. (2nd ed.)

Stenberg, C. (1982): The development of anger facial expressions in infancy. Unpubl. Diss. ref. in Campos, J./Barrett, K./Lamb, M./Goldsmith, H./Stenberg, C. (1983): Socioemotional development. In: M. Haith/J. Campos (Eds.): Infancy and Developmental Psychobiology = Handbook of Child Psychology, Vol. 2, (Gen. Ed.): P. H. Mussen. New York u. a.: Wiley (4th ed.), p. 797

Stenberg, C./Campos, J./Emde, R. (1983): The facial expression of anger in seven-month-old infants. Child Developm. 54, pp. 178–184

Stern, D. (1971): A microanalysis of mother-infant interaction: Behavior regulating social contact between a mother and her 3 ½-month-old twins. In: E. Rexford/L. Sander/Th. Shapiro (1976) (Eds.): Infant Psychiatry. A New Synthesis. New Haven and London: Yale Univ. Pr., pp. 113–126

Stern, D. (1974): Mother and infant at play: The dyadic interaction involving facial, vocal, and gaze behaviors. In: M. Lewis/L. Rosenblum (Eds.): The Effect of the Infant on Its Caregiver. New York u. a.: Wiley, pp. 187–213

Stern, D. (1977): Mutter und Kind. Die erste Beziehung. Stuttgart: Klett-Cotta 1979

Stern, D. (1983): The early development of schemas of self, other, and ›self with other‹. In: J. Lichtenberg/S. Kaplan (Eds.): Reflections on Self Psychology. Hillsdale, NJ: The Analytic Pr., pp. 49–84

Stern, D. (1985): The Interpersonal World of the Infant. A View from Psychoanalysis and Developmental Psychology. New York: Basic Books

Stern, D. (1988 a): Affect in the context of the infant's lived experience: Some considerations. Int. Journ. Psycho-Anal. 69, pp. 233–238

Stern, D. (1988 b): The dialectic between the interpersonal and the intrapsychic: With particular emphasis on the role of memory and representation. Psychoanal. Inquiry 8, pp. 505–512

Stern, D. (1989 a): The representation of relational patterns: Some developmental considerations. In: A. Sameroff/R. Emde (Eds.): Relationship Disturbances in Early Childhood: A Developmental Approach. New York: Basic Books, pp. 52–69

Stern, D. (1989 b): Developmental prerequisites for the sense of a narrated self. In: A. Cooper/O. Kernberg/E. Person (Eds.): Psychoanalysis. Toward the Second Century. New Haven and London: Yale Univ. Pr., pp. 168–178

Stern, D. (1990): Tagebuch eines Babys. Was ein Kind sieht, spürt, fühlt und denkt. München: Piper 1991

Stern, D./Jaffe, J./Bebee, B./Bennett, S. (1975): Vocalizing in unisono and in alteration: Two modes of communication within the mother-infant dyad. Annals of the New York Academy of Sciences 263, pp. 89–99

Stern, D./Bebee, B./Jaffe, J./Benett, S. (1977): The infant's stimulus world during social interaction: A study of caregiver behaviors with particular reference to repetition and timing. In: H. Schaffer (Ed.): Studies in Mother-Infant Interaction. New York u. a.: Academic Pr., pp. 177–202

Stern, D./Hofer, L./Haft, W./Dore, J. (1985): Affect attunement: The sharing of feeling states between mother and infant by means of intermodal fluency. In: T. Field/N. Fox (Eds.): Social Perception in Infants. Norwood, NJ: Ablex, pp. 249–268

Stoller, R. (1985): Presentations of Gender. New Haven and London: Yale Univ. Pr.

Stolorow, R./Atwood, G. (1989): The unconscious and unconscious fantasy: An intersubjective-developmental perspective. Psychoanal. Inquiry 9, pp. 364–374

Stone, J./Smith, H./Murphy, L. (Eds.) (1973): The Competent Infant. New York: Basic Books

Stork, J. (1986): Die Ergebnisse der Verhaltensforschung im psychoanalytischen Verständnis. In: J. Storck (Hg.): Zur Psychologie und Psychopathologie des Säuglings – neue Ergebnisse in der psychoanalytischen Reflexion. Stuttgart-Bad Cannstatt: Frommann-Holzboog, S. 9–52

Streeck, U. (1986): Hintergrundannahmen im psychoanalytischen Behandlungsprozeß. Forum Psychoanal. 2, S. 98–110

Sullivan, M./Lewis, M. (1989): Emotion and cognition in infancy: Facial expression during contingency learning. Int. Journ. Behav. Developm. 12, pp. 221–237

Sulloway, F. (1979): Freud, Biologe der Seele. Jenseits der psychoanalytischen Legende. Köln-Lövenich: Hohenheim 1982

Suslick, A. (1969) (rep.): Nonverbal communication in the analysis of adults. Journ. Amer. Psychoanal. Assn. 17, pp. 955–967

Swanson, D. (1977): A critique of psychic energy as an explanatory concept. Journ. Amer. Psychoanal. Assn. 25, pp. 603–633

Szagun, G. (1986): Sprachentwicklung beim Kind. Eine Einführung. München–Weinheim: Psychologie Verlags Union (3. neubearb. Aufl.)

Terr, L. (1988): What happens to early memories of trauma: A study of twenty children under age five at the time of documented traumatic events. Journ. Amer. Acad. Child and Adolescent Psychiatry 27, pp. 96–104

Thiel, J./Treurniet, N. (1976): Panel on ›The implications of recent advances in the knowledge of child development for the treatment of adults‹. Int. Journ. Psycho-Anal. 57, pp. 429–439

Thomä, H. (1981): Die Aktivität des Psychoanalytikers als Determinante des therapeutischen Prozesses. In: H. Thomä (1981): Schriften zur Praxis der Psychoanalyse: Vom spiegelnden zum aktiven Psychoanalytiker. Frankfurt a. M.: Suhrkamp, S. 21–93

Thomä, H. (1983): Erleben und Einsicht im Stammbaum psychoanalytischer Techniken und der »Neubeginn« als Synthese im »Hier und Jetzt«. In: S. Hoffmann (Hg.): Deutung und Beziehung. Kritische Beiträge zur Behandlungskonzeption und Technik in der Psychoanalyse. Frankfurt a. M.: Fischer, S. 17–43

Thomä, H. (1984): Der »Neubeginn« Michael Balints (1932) aus heutiger Sicht. Psyche 38, S. 516–543

Thomä, H./Kächele, H. (1985): Lehrbuch der psychoanalytischen Therapie. Bd. 1: Grundlagen. Berlin u. a.: Springer

Thomä, H./Kächele, H. (1988): Lehrbuch der psychoanalytischen Therapie. Bd. 2: Praxis. Berlin u. a.: Springer

Tomkins, S. (1962): Affect, Imagery, Consciousness I: The Positive Affects. New York: Springer

Tomkins, S. (1963): Affect, Imagery, Consciousness II: The Negative Affects. New York: Springer

Tomkins, S. (1981 a): The role of facial response in the experience of emotion: A reply to Tourangeau and Ellsworth. Journ. of Personality and Social Psychol. 40, pp. 355–357

Tomkins, S. (1981 b): The quest for primary motives: Biography and autobiography of an idea. Journ. of Personality and Social Psychol. 41, pp. 306–329

Tomkins, S. (1987): Shame. In: D. Nathanson (Ed.): The Many Faces of Shame. New York and London: Guilford Pr., pp. 133–161

Tourangeau, R./Ellsworth, P. (1979): The role of facial response in the experience of emotion. Journ. of Personality and Social Psychol. 37, pp. 1519–1531

Traub-Werner, D. (1990): Affect deficit: A vicissitude of the phenomenon and experience of affect. Int. Journ. Psycho-Anal. 71, pp. 141–150

Tress, W. (1985): Psychoanalyse als Wissenschaft. Psyche 39, S. 385–412

Tress, W. (1986a): Das Rätsel der seelischen Gesundheit. Traumatische Kindheit und früher Schutz gegen psychogene Störungen. Göttingen: Vandenhoeck und Ruprecht

Tress, W. (1986b): Zur intentionalen Sprache der Handlung als dem Fundament einer wissenschaftlichen Psychoanalyse. Eine handlungs- und sprachphilosophische Kritik an R. Schafer. Jahrb. Psychoanal. 18, S. 100–139

Tress, W. (1987): Sprache – Person – Krankheit: Vorklärungen zu einer psychologischen Medizin der Person. Berlin u. a.: Springer

Trevarthen, C. (1974): Conversations with a two-month-old. New Scientist, 2. May, pp. 230–235

Trevarthen, C. (1977): Descriptive analysis of infant communicative behavior. In: H. Schaffer (Ed.): Studies in Mother-Infant Interaction. London u. a.: Academic Pr., pp. 227–270

Trevarthen, C. (1979): Communication and cooperation in early infancy: A description of primary intersubjectivity. In: M. Bullowa (Ed.): Before Speech: The Beginning of Interpersonal Communication. New York u. a.: Cambridge Univ. Pr., pp. 321–347

Trevarthen, C./Hubley, P. (1978): Secondary intersubjectivity. Confidence, confiding, and acts of meaning in the first year of life. In: A. Lock (Ed.): Action, Gesture, and Symbol. The Emergence of Language. London u. a.: Academic Pr., pp. 183–229

Tronick, E./Als, H./Adamson, L. (1979): Structure of early face-to-face communicative interactions. In: M. Bullowa (Ed.): Before Speech. The Beginning of Interpersonal Communication. London u. a.: Cambridge Univ. Pr., pp. 349–370

Tulving, E. (1972): Episodic and semantic memory. In: E. Tulving/W. Donaldson (Eds.): Organization of Memory. New York: Academic Pr., pp. 381–403

Tustin, F. (1991): Revised understandings of psychogenic autism. Int. Journ. Psycho-Anal. 72, pp. 585–591

Tyson, P. (1989): Two approaches to infant research. A review and integration. In: S. Dowling/A. Rothstein (Eds.): The Significance of Infant Observational Research for Clinical Work with Children, Adolescents, and Adults. Madison, Connecticut: Int. Univ. Pr., pp. 3–23

Tyson, P./Tyson, R. (1990): Psychoanalytic Theories of Development. An Integration. New Haven and London: Yale Univ. Pr.

Valenstein, A. (1989): Pre-oedipal reconstructions in psychoanalysis. Int. Journ. Psycho-Anal. 70, pp. 433–442

Voort van de, W. (1983): Sensorimotor egocentrism, social interaction, and the development of self and gesture. In: B. Lee/G. Noam (Eds.): Developmental Approaches to the Self. New York and London: Plenum Pr., pp. 143–188

Waal de, F. (1989): Wilde Diplomaten. Versöhnung und Entspannungspolitik bei Affen und Menschen. München: Hanser 1991

Wagner, S./Sakovits, L. (1986): A process analysis of infant visual and cross-modal recognition memory: Implications for an amodal code. In: C. Lipsitt/C. Rovee-Collier (Eds.): Advances in Infancy Research, Vol. 4. Norwood, NJ: Ablex, pp. 195–217

Wagner, W./Winner, E./Cicchetti, D./Gardner, H. (1981): ›Metaphorical‹ mapping in human infants. Child Developm. 52, pp. 728–731

Walker, A. (1982): Intermodal perception of expressive behaviors by human infants. Journ. Experim. Child Psychol. 33, pp. 514–535

Walker-Andrews, A. (1986): Intermodal perception of expressive behaviors: Relation of eye to voice? Developm. Psychol. 22, pp. 373–377

Walker-Andrews, A./Lennon, E. (1985): Auditory-visual perception of changing distance by human infants. Child Developm. 56, pp. 544–548

Wallace, E. (1985): Historiography and Causation in Psychoanalysis. Hillsdale, NJ: The Analytic Pr.

Wallace, E. (1989): Pitfalls of a one-sided image of science: Adolf Grünbaum's foundations of psychoanalysis. Journ. Amer. Psychoanal. Assn. 37, pp. 493–529

Wallerstein, R. (1976): Summary of the 6th pre-congress conference on training: ›The contribution of child analysis to the training in adult analysis‹. Int. Journ. Psycho-Anal. 57, pp. 198–205

Wallerstein, R. (1977): Psychic energy reconsidered: Introduction. Journ. Amer. Psychoanal. Assn. 25, pp. 529–535

Wallerstein, R. (1987): Rezension von Weiss/Sampson (1986a), The Psychoanalytic Process. Theory, Clinical Obeservations, and Empirical Research. Int. Journ. Psycho-Anal. 68, pp. 565–567

Watson, J. (1979): Perception of contingency as a determinant of social responsiveness. In: E. Thoman (Ed.): Origins of the Infant's Social Responsiveness. Hillsdale, NJ: Erlbaum, pp. 34–64

Watson, J. (1985): Contingency perception in early social development. In: T. Field/N. Fox (Eds.): Social Perception in Infants. Norwood, NJ: Ablex, pp. 157–176

Weil, A./Harley, M. (1979): Einleitung zu M. Mahler (1985), Studien über die drei ersten Lebensjahre, S. 7–19

Weiss, J. (1988): Testing hypotheses about unconscious mental functioning. Int. Journ. Psycho-Anal. 69, pp. 87–95

Weiss, J./Sampson, H. (1986a): The Psychoanalytic Process. Theory, Clinical Observations, and Research. New York and London: Guilford Pr.

Weiss, J./Sampson, H. (1986b): Testing alternative psychoanalytic explanations of the therapeutic process. In: J. Masling (Ed.): Empirical Studies of Psychoanalytic Theories. Vol. 2. Hillsdale, NJ: The Analytic Pr., pp. 1–26

Wellman, H./Cross, D./Bartsch, K. (1986): Infant Search and Object Permanence: A Meta-Analysis of the A-not-B Error. Monographs of the Society for Research in Child Development. Vol. 51 (3). Chicago: Univ. Chicago Pr.

Werner, H. (1927): On physiognomic modes of perception and their experimental investigations. In: Developmental Processes. Heinz Werner's Selected Writings, ed. by S. Barten/M. Franklin. Vol. 1: General Theory and Perceptual Experience. New York: Int. Univ. Pr. 1978, pp. 149–152

Werner, H. (1953): Einführung in die Entwicklungspsychologie. München: J. A. Barth (3. überarb. Aufl.)

Werner, H./Kaplan, B. (1963): Symbol Formation. Hillsdale, NJ: Erlbaum (2nd ed. 1984)

Wertheimer, M. (1963): Psycho-motor coordination of auditory-visual space at birth. Science 134, p. 1692

White, R. (1959): Motivation reconsidered: The concept of competence. Psychol. Rev. 66, pp. 297–333

White, R. (1963): Ego and Reality in Psychoanalytic Theory. A Proposal Regarding Independent Ego Energies. New York: Int. Univ. Pr.

Widlöcher, D. (1983): Die Depression. Logik eines Leidens – psychoanalytisch, biologisch, historisch, sozial. München und Zürich: Piper 1986

Wiertz, A. (1982): Zum Symbolbegriff in der Psychologie. Materialien zur Psychoanalyse 8, S. 250–297

Williams, M. (1987): Rekonstruktion einer frühen Verführung. Psyche 42, 1988, S. 945–960

Wilson, A./Malatesta, C. (1989): Affect and the compulsion to repeat: Freud's repetition compulsion revisited. Psychoanal. Contemp. Thought 12, pp. 265–312

Winnicott, D. (1951): Übergangsobjekte und Übergangsphänomene. In: D. Winnicott (1976): Von der Kinderheilkunde zur Psychoanalyse. München: Kindler, S. 293–312

Winnicott, D. (1958): Die Fähigkeit zum Alleinsein. In: D. Winnicott (1974), S. 36–46

Winnicott, D. (1960): Die Theorie der Beziehung zwischen Mutter und Kind. In: D. Winnicott (1974), S. 47–71

Winnicott, D. (1962): Ich-Integration in der Entwicklung des Kindes. In: D. Winnicott (1974), S. 72–81

Winnicott, D. (1963): Störungen aus dem Bereich der Psychiatrie bezogen auf infantile Reifungsprozesse. In: D. Winnicott (1974), S. 303–319

Winnicott, D. (1974): Reifungsprozesse und fördernde Umwelt. München: Kindler

Winton, W. (1986): The role of facial expression in self-reports of emotion: A critique of Laird. Journ. of Personality and Social Psychol. 50, pp. 808–812

Wolff, P. (1959): Observations on newborn infants. Psychosom. Med. 21, pp. 110–118

Wolff, P. (1960): The Developmental Psychologies of Jean Piaget and Psychoanalysis. New York: Int. Univ. Pr.

Wolff, P. (1966): The Causes, Controls, and Organization of Behavior in the Neonate. New York: Int. Univ. Pr.

Wolff, P. (1967): Überlegungen zu einer psychoanalytischen Theorie des Spracherwerbs. Psyche 28, 1974, S. 853–899

Wurmser, L. (1990): Die Maske der Scham. Die Psychoanalyse von Scham-
affekten und Schamkonflikten. Berlin u. a.: Springer

Wygotski, L. (1934): Denken und Sprechen. Frankfurt a. M.: Fischer (6. Aufl.
1986)

Yonas, A. (1981): Infants' responses to optical information for collision. In:
R. Aslin / J. Alberts / M. Peterson (Eds.): The Development of Perception,
Vol. 2: The Visual System. New York u. a.: Academic Pr.

Zelnick, L. / Buchholz, E. (1990): Der Begriff der inneren Repräsentanz im
Lichte der neueren Säuglingsforschung. Psyche 45, 1991, S. 810–846

Zepf, S. / Weidenhammer, B. / Baur-Morlock, J. (1986): Realität und Phantasie.
Anmerkungen zum Traumabegriff Sigmund Freuds. Psyche 40, S. 124–144

Zeppelin, I., von / Moser, U. (1987): Träumen wir Affekte? Teil 1: Affekte und
manifester Traum. Forum Psychoanal. 3, S. 143–152

Namen- und Sachregister

(Die Namen aus dem Literaturverzeichnis wurden nicht aufgenommen)

Zeit für Kinder

Elias Canetti
Die gerettete Zunge
Geschichte einer Jugend
Fischer

Hubert Fichte
Das Waisenhaus
Roman
Fischer

William Golding
Herr der Fliegen
Roman
Fischer

Fischer Taschenbuch Verlag

Zeit für Kinder

Kinderleben
Dichter erzählen
von Kindern
Fischer

Mary MacCracken
Charlie, Eric und
das ABC des Herzens
Außenseiter
im Klassenzimmer
Fischer

Neil Postman
Das Verschwinden
der Kindheit
Fischer

Ursula Köhler (Hg.)
Kinderleben
Dichter erzählen
von Kindern
Band 11542

Mary MacCracken
**Charlie, Eric und
das ABC des
Herzens**
Außenseiter im
Klassenzimmer
Band 11544

Margaret S. Mahler/
Fred Pine/
Anni Bergman
**Die psychische
Geburt des
Menschen**
Band 11545

Ulrike Millhahn
**Von der Schwierig-
keit, eine gute
Stiefmutter zu sein**
Band 11546

Neil Postman
**Das Verschwinden
der Kindheit**
Band 11547

Barbara
Sichtermann
**Leben mit einem
Neugeborenen**
Ein Buch über das
erste halbe Jahr
Band 11548

Daniel Widlöcher
**Was eine
Kinderzeichnung
verrät**
Methode und
Beispiele
psychoanalytischer
Deutung
Band 11549

Hans Zulliger
**Die Angst
unserer Kinder**
Band 11550

Fischer Taschenbuch Verlag

Psychologische Ratgeber

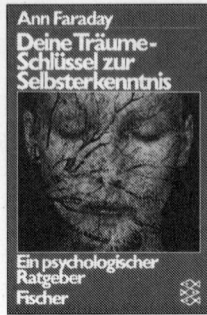

**George R. Bach /
Herb Goldberg
Keine Angst vor
Aggression**
Die Kunst der
Selbstbehauptung
Band 3314

**George R. Bach /
Peter Wyden
Streiten verbindet**
Spielregeln für
Liebe und Ehe
Band 3321

**Katharina Dalton
Mütter nach
der Geburt**
Wege aus
der Depression
Band 10955

**Ann Faraday
Deine Träume –
Schlüssel zur
Selbsterkenntnis**
Band 3306

**Ingrid Fiala
Mein Kind, dein Kind,
unser Kind**
Vom Umgang mit den
Problemen in einer
neuen Partnerschaft
Band 3529

**Günther Gauß
Angewandtes
Ganzheits-Training**
Übungen und
Erfahrungen
Band 3537
Der Weg zum Selbst
Übungen zur auto-
meditativen Energetik
Band 3536

**Liz Greene
Kosmos und Seele**
Wege zur Partnerschaft
Ein astro-psycho-
logischer Ratgeber
Band 10748

**Werner Gross
Sucht ohne Drogen**
Arbeiten, Spielen,
Essen, Lieben ...
Band 3531

**Wolfgang Hölzle
Krankheit als
Neubeginn**
Bewußter leben
nach dem Herzinfarkt
Band 3360

**Edith Laudowicz
Älter werden
wir doch alle ...**
Individuelle
Erfahrungen und
gesellschaftliche
Perspektiven
Band 11462

Fischer Taschenbuch Verlag

fi 9/6a

Psychologische Ratgeber

**Gottfried Lutz /
Barbara Künzer-
Riebel (Hg.)
Nur ein Hauch
von Leben**
Eltern berichten vom
Tod ihres Babys und
von der Zeit der Trauer
Band 10616

**Angelika Mechtel
Jeden Tag
will ich leben**
Ein Krebstagebuch
Band 10874

**Else Müller
Du spürst unter
deinen Füßen das Gras**
Autogenes Training
in Phantasie- und
Märchenreisen
Vorlesegeschichten
Band 3325

**Else Müller
Auf der Silberlicht-
straße des Mondes**
Autogenes Training
mit Märchen zum
Entspannen und
Träumen
Band 3363

**Wege in der
Wintersonne**
Autogenes Training
in Reiseimpressionen
Band 11354

**Karl Robert Rosa
Das ist
Autogenes Training**
Band 3323

**Renate Schwab
Der Drache im Herzen
des Lebensbaums**
Mit Märchen
meditieren
Band 10163

**Reinhart Stalmann
Psychosomatik**
Wenn die Seele leidet,
wird der Körper krank
Ein Therapeut erklärt
Fälle aus der Praxis
Band 3332

**Sven Wahlroos
Familienglück
kann jeder lernen**
Band 3302

Fischer Taschenbuch Verlag

Ratgeber: Leben mit Kindern

**Ekkehard
von Braunmühl
Zeit für Kinder**
Band 6705

**Ingeborg Bruns
Das wiedergeschenkte
Leben**
Tagebuch über die
Leukämieerkrankung
eines Kindes
Band 3247

**Elisabeth Dessai (Hg.)
Wohnen mit Kindern –
heute und morgen**
Band 3367

**Beate von Devivere
Umweltschutz
für Kinder**
Thema: Radioaktivität
Band 4125

**Martin Dornes
Der kompetente
Säugling**
Die präverbale
Entwicklung
des Menschen
Band 11263

**Petra Dreyer
Ungeliebtes
Wunschkind**
Eine Mutter lernt, ihr
behindertes Kind
anzunehmen
Band 3252

**Mechthild Firnhaber
Legasthenie**
Wie Eltern und Lehrer
helfen können
Band 3539

**Marianne Grabrucker
»Typisch Mädchen …«**
Prägung in den ersten
drei Lebensjahren
Band 3770

**Christine Hofmann
Stunden, die zählen**
Ein Kind findet
ein Zuhause
Band 3296

**Eugen E. Jungjohann
Kinder klagen an**
Leben mit Angst,
Leid und Gewalt
Band 10747

Mary MacCracken

**Charlie, Eric und
das ABC des Herzens**
Außenseiter im
Klassenzimmer
Band 3273

Lovey
Die Therapie eines
schwierigen Kindes
Band 3274

Fischer Taschenbuch Verlag

fi 8 / 14 a

Ratgeber: Leben mit Kindern

Aloys Leber /
Hans-Georg Trescher /
Elise Weiss-Zimmer
Krisen im Kindergarten
Psychoanalytische
Beratung in pädago-
gischen Institutionen
Band 42315

**Bettina Schubert
Erziehung als
Lebenshilfe**
Individualpsychologie
und Schule
Ein Modell
Band 11314

**Kathryn Seidick
Mit den Anforderungen
wächst der Mut**
Der Kampf einer
Mutter um ihr
schwerkrankes Kind
Band 3283

**Nina und Michael
Shandler
Mit Yoga zur
sanften Geburt**
Ratgeber für
werdende Mütter
und künftige Väter
Band 3322

**Barbara Sichtermann
Leben mit einem
Neugeborenen**
Ein Buch über das
erste halbe Jahr
Band 3308

**Sven Wahlroos
Familienglück
kann jeder lernen**
Band 3302

**Gerlinde M. Wilberg
Zeit für uns**
Ein Buch über
Schwangerschaft,
Geburt und Kind
Band 3307

**Franziska Wolters
Abenteuer Adoption**
Leben mit
verletzten Kindern
Band 3398

**Hans Zulliger
Heilende Kräfte
im kindlichen Spiel**
Band 42328

**Necha Zupnik
Janina ist nicht
wie die anderen**
Band 11325

Fischer Taschenbuch Verlag

Psychologie
Eine Auswahl

Alexandra Adler
**Individual-
psychologie
Anleitung zur
Praxis**
Band 10131

Robert F. Antoch
**Von der
Kommunikation zur
Kooperation**
Studien zur indivi-
dual-psychologischen
Theorie und Praxis
Band 4618

Charles Brenner
**Grundzüge der
Psychoanalyse**
Band 6309

**Praxis der
Psychoanalyse**
Psychischer Konflikt
und Behandlungs-
technik
Band 6740

Hilde Bruch
Eßstörungen
Zur Psychologie und
Therapie von Überge-
wicht und Magersucht
Band 6796

**Das verhungerte
Selbst**
Gespräche mit
Magersüchtigen
Band 10167

Almuth Bruder-Bezzel
**Geschichte der
Individualpsychologie**
Band 10793

Ernst Federn /
Gerhard
Wittenberger (Hg.)
**Aus dem Kreis
um Sigmund Freud**
Nachträge zu den
»Wiener Protokollen«
Band 10809

Sándor Ferenczi
**Schriften zur
Psychoanalyse**
Auswahl
in zwei Bänden
Herausgegeben von
Michael Balint
I. Band: Bd. 7316
II. Band: Bd. 7317

Bernhard
Handlbauer
**Die Adler-
Freud-Kontroverse**
Band 7425

Jolande Jacobi
**Die Psychologie
von C. G. Jung**
Eine Einführung
in das Gesamtwerk
Band 6365

Russell Jacoby
**Die Verdrängung
der Psychoanalyse**
oder Der Triumph
des Konformismus
Band 10518

Fischer Taschenbuch Verlag

Psychologie
Eine Auswahl

Arthur Koestler
**Die Armut
der Psychologie**
Zwischen Couch und
Skinner-Box und
andere Schriften
Band 4616

Marianne Krüll
Freud und sein Vater
Die Entstehung der
Psychoanalyse und
Freuds ungelöste
Vaterbindung
Band 11078

Margaret S. Mahler
**Studien über die drei
ersten Lebensjahre**
Band 10798

Josef Rattner
**Psychologie und
Psychopathologie
des Liebeslebens**
Band 6737
**Psychotherapie
als Menschlichkeit**
Band 6253
Tugend und Laster
Tiefenpsychologie als
angewandte Ethik
Band 10410

Reimut Reiche
Geschlechterspannung
Eine psychoanalytische
Untersuchung
Band 10329

Rainer Schmidt
**Träume und
Tagträume**
Eine individual-
psychologische
Analyse
Band 10649

Rainer Schmidt (Hg.)
**Die Individual-
psychologie
Alfred Adlers**
Band 6799

Harry Stroeken
**Freud und
seine Patienten**
Band 10856

Erwin Wexberg
**Zur Entwicklung der
Individualpsychologie**
und andere Schriften
Herausgegeben von
Gerd Lehmkuhl
Band 4619

Fischer Taschenbuch Verlag

fi 1191 / 4 b

Geist und Psyche
Begründet von Nina Kindler 1964

Kinderpsychologie

Fischer Taschenbuch Verlag

fi 347 / 13